합격을 위한 정확한 선택

아름국사
압축
개념완성 전근대사 01

합격을 위한 정확한 선택

아름국사
압축
개념완성 전근대사

고아름 편저

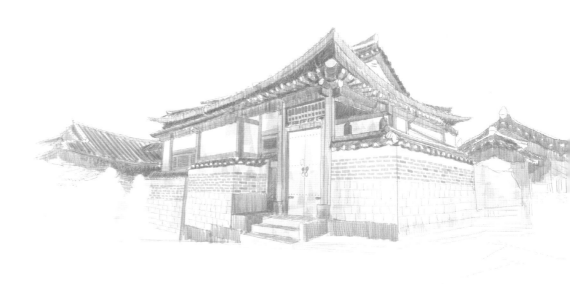

메가 공무원

eLk

contents

Ⅲ 고려 귀족 사회의 형성과 발전

Ⅳ 조선 유교 사회의 성립과 발전

Ⅴ 조선 후기

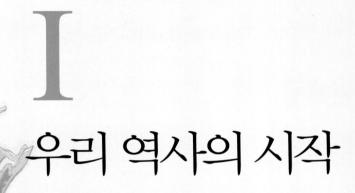

I

우리 역사의 시작

Chapter 01

선사문화의 전개와 민족의 기반 형성

390만 년 전 최초의 인류 등장	20만 년 전 호모 사피엔스 등장	기원전 2000년 경 만주와 한반도에 청동기 문화 등장
70만 년 전 한반도에 구석기 인류 등장	기원전 8000년 경 한반도에 신석기 인류 등장	기원전 5세기 경 고조선, 철기 보급

01 선사 문화의 전개

1 역사의 의미와 역사 학습의 목적

❶ 역사 학습의 두 가지 의미

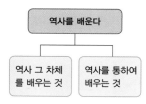

역사를 배운다

역사 그 차체를 배우는 것 | 역사를 통하여 배우는 것

(1) **역사의 의미** 역사란 일반적으로 '과거에 있었던 사실' 과 '조사되어 기록된 과거' 라는 두 가지 뜻을 지니고 있음. 즉, 역사라는 말은 사실로서의 역사와 기록으로서의 역사라는 두 가지 의미를 가진 것으로 정의되고 있음

사실로서의 역사 - 역(歷)	기록으로서의 역사 - 사(史)
• 과거에 있었던 사실	• 조사되어 기록된 과거
• 객관적 의미의 역사	• 주관적 의미의 역사
• 독일어 - Geschichte(어원), history as past	• 그리스 어 - Historia(어원), history as historiography
• 시간적으로 과거에서 현재에 이르기까지 일어났던 모든 과거 사건 • 역사는 바닷가의 모래알같이 수많은 과거 사건들의 집합체	• 과거의 사실을 토대로 역사가가 이를 조사하고 연구하여 주관적으로 재구성한 것 • 필연적으로 역사가의 가치관(주관적 요소)이 개입
• 학자 : 랑케	• 학자 : 크로체, 콜링우드, 베키, E.H.Car (사실과 기록의 조화 강조)

> ▶ **역사가들의 역사 인식**
> • 랑케 : "역사가는 자기 자신을 숨기고 과거가 본래 어떠한 상태에 있었는가를 밝히는 것을 그의 지상과제로 삼아야 하고, 이때 오직 역사적 사실로 하여금 말하게 하여야 한다"
> • 크로체 : "모든 역사는 현재의 역사이다. 서술되는 시간이 아무리 먼 시대의 것이라고 해도 역사가 실제로 반영되는 것은 현재의 요구나 상황이다"
> • 카 : "역사란 역사가와 사실 사이의 부단한 상호작용의 과정이며, 현재와 과거 사이의 끊임없는 대화이다"

▶ **우리의 역사연구**
동양에서는 역사학이 정책을 입안하는 데 이론적 근거와 참고 자료를 마련하기 위하여 연구되었다. 동양에서는 역사학의 제1차적인 목적을 귀감에서 찾는다. 그러기에 대부분의 역사책은 거울 감(鑑)자를 쓴다. 우리나라에서는 서거정의 '동국통감', 중국에서는 사마광의 '자치통감', 주희의 '통감강목', 원추의 '통감기사본말' 등이 그 대표적인 예

(2) **역사 학습의 목적** 역사 학습❶이 과거의 사실을 바르게 이해하는 것만이 아니라, 역사 학습을 통해서 현재에 사는 우리들의 삶의 지혜를 습득할 수 있게 하고 미래에 대한 전망을 가능하게 하며 스스로 역사적 문제를 인식하고 사고하여 해결할 수 있는 능력을 키우게 함

2 한국사와 세계사

(1) 한국사의 보편성과 특수성

① 세계사적 보편성 : 국가·민족을 초월한 전 세계 인류의 공통적 특징 ⇨ 자유, 평등, 박애, 평화, 행복 등

② 민족의 특수성 : 인간이 살아가는 지역의 자연 환경에 따른 고유한 언어, 풍속, 종교, 예술, 사회 제도 등을 의미

③ **한국사의 보편성** : 자유, 평등, 박애, 평화, 행복 등 전 인류의 공통된 가치관을 추구함

④ **한국사의 특수성** : 반만 년 이상의 유구한 역사와 나라에 충성하고, 부모에게 효도하는 것을 중시하고, 두레 · 계 · 향도와 같은 공동체 조직도 발달해 왔음

(2) **한국사의 바른 이해** 모든 민족의 역사에는 보편적인 면과 함께 특수성이 있다. 이 특수성이 결국 그 민족의 역사적인 성격의 핵심임. 한국사의 이해는 한국인의 역사적 삶의 특수성을 인식하고 그 가치를 깨우치는 것이어야 함 ⇨ 한국사의 특수성을 이해하기 위해서는 세계사와의 연관, 세계사적 보편성에 대한 관심과 이해가 필요

3 인류의 출현

약 390만 년 전부터 최초의 인류라고 불리는 오스트랄로피테쿠스(남방 원숭이)가 출현 ⇨ 약 200만 년 전에는 호모 하빌리스(도구 제작 사용인)가 나타남 → 이들의 화석은 아프리카의 남부와 동부에서 발견되었다

오스트랄로피테쿠스	약 390만 년 전	• '남방의 원숭이'라는 뜻, 아프리카에서 처음 등장 • 직립 보행, 간단한 도구 제작 사용
호모 에렉투스	약 180만 년 전	• 베이징인, 자와인, 간단한 언어 사용, • 불을 사용하고 사냥과 채집을 함
호모 네안데르탈렌시스	약 40만 년 전	• 네안데르탈인, 죽은 사람을 매장하기 시작
호모 사피엔스	약 20만 년 전	• 크로마뇽인(약 4만 5천년 전), 현생 인류의 조상

4 인류의 구석기 시대 모습

●주먹도끼, 찍개, 밀개, 긁개 등이 여기에 속한다

(1) **도구** 구석기인들은 동물의 뼈나 뿔로 만든 뼈도구와 뗀석기❷를 가지고 사냥과 채집을 함. 그 가운데 가장 널리 쓰인 것은 바로 주먹도끼❸ 임. 구석기 시대 후기로 가면 뗀석기는 더욱 정교해져, 작고 날카로운 돌을 나무 끝에 매달아 사용한 슴베찌르개❹가 나타남

① 다듬는 수법에 따라 전기, 중기, 후기의 세 시기로 나누어 짐

    ㉠ **전기** : 찍개 등의 도구를 가지고 여러 용도로 사용

    ㉡ **중기** : 뗀석기를 제작하는 기술이 발달 ⇨ 용도가 뚜렷한 작은 석기들을 만들게 됨

    ㉢ **후기** : 쐐기 등을 대고, 같은 형태의 여러 개의 돌날격지를 만들게 됨

② 용도에 따라 주먹도끼, 찍개, 찌르개 등 → 사냥도구 / 긁개, 밀개, 자르개 등 → 조리도구

(2) **주거지** 사냥감을 따라 이동 생활 ⇨ 동굴에서 살거나 강가에서 막집❺을 짓고 살았음, 집자리에는 기둥자리, 잠자리 및 불 땐 자리가 남아 있음 → 구석기 시대 후기

(3) **사회** 구석기 시대에는 무리 생활을 하였고, 모든 사람이 평등한 공동체적 생활을 함

    ●무리 가운데 경험이 많고 지혜로운 사람이 지도자가 되었으나,
     권력을 가지지는 못하였다

(4) **예술** 구석기 시대 후기에 오면서 석회암이나 동물의 뼈, 뿔 등을 이용한 조각품 등이 만들어짐. 공주 석장리와 단양 수양개에서 고래와 물고기 등을 새긴 조각이 발견됨.

    ●이는 사냥감의 번성을 비는 구석기인들의 주술적 의미가 깃들인 것으로
     보인다.

❷ **뗀석기**
돌을 다른 물체에 부딪혀 떼어 내는 방법으로 만든 석기를 말한다.

❸ **주먹도끼**
땅을 파거나 짐승을 사냥할 때, 또 짐승의 털과 가죽을 분리할 때 주로 사용하였다

❹ **슴베찌르개**
창끝에 매어 사용한 이음도구로 창촉에서 나무 등에 끼워 넣는 부분을 슴베라고 한다.

❺ **막집**
간단하게 막처럼 지은 집이다. 공주 석장리 유적에서 발견한 집터는 가로 7.5m, 세로 7m정도 크기로 8~10명이 살았을 것으로 보인다.

❶ 빗살무늬 토기

신석기 시대에 우리나라 전역에서 제작되어 사용된 토기이다. 표면에 기하학적인 빗살무늬가 새겨져 있어 '빗살무늬 토기'라고 부른다.

5 인류의 신석기 시대 모습

(1) **농경과 목축의 시작** 기원전 8,000년경부터 시작된 신석기 문화는 농경과 목축의 시작, 간석기와 토기의 사용, 정착 생활과 촌락 공동체의 형성 등을 특징으로 함. 신석기 시대 사람들은 농경과 목축을 시작하여 식량 생산의 경제 활동을 전개함.

(2) **도구** 이때부터 사람들은 돌을 정교하게 갈아서 간석기를 만들어 사용, 토기를 사용하여 음식물을 조리·저장함. 신석기 시대의 대표적인 토기인 빗살무늬 토기❶는 대부분 바닷가나 강가에서 출토됨.

(3) **생활** 가족, 친척들과 함께 모여 씨족 공동체를 이룸. 평등 사회.

┈┈┈┈● 각자 맡은 일을 하며 모두 평등하게 지냈고 함께 일하고 수확한 식량은 고루 나누어 가졌다.

6 청동기 문명의 형성

(1) **문명의 발생 배경❷** B.C. 3000년경을 전후하여 메소포타미아의 티그리스 강과 유프라테스 강, 이집트의 나일 강, 인도의 인더스 강, 중국의 황허 강 유역에서 문명이 탄생. ⇨ 이들 큰 강 유역에서는 관개 농업의 발달과 더불어 도시의 출현, 청동기의 사용, 계급의 형성, 문자의 사용, 국가의 형성 등의 발전이 급속히 이루어짐. →특히 문자의 사용으로 인류는 선사시대를 지나 역사 시대로 접어들게 되었다.

(2) **도구** 구리에 주석을 합금시킨 청동기를 만듦 → 청동으로 만든 무기·제기·장신구 등의 사용에 따라 전반적인 사회 변화가 일어났다.

02 우리 민족의 형성

❷ 문명의 발생 배경

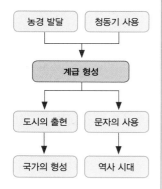

1 우리 민족의 기원

구석기 시대부터 여러 인류가 만주 지역과 한반도를 중심으로 한 동북아시아 지역에 넓게 분포하여 살고 있었음. 우리 조상들은 대체로 요서, 만주, 한반도를 중심으로 한 동북 아시아에 넓게 분포되어 있었음. 한반도에 사람이 살기 시작한 것은 약 70만 년 전 구석기 시대부터임. 이 구석기인들이 우리의 직접적인 조상이라고 볼 수는 없음. 민족의 기틀은 신석기 시대에서 청동기 시대를 거치는 과정에서 이루어지게 됨.

(1) **우리 민족의 계통** 인종상 황인종, 언어학상 알타이 어계에 속하는 우리 민족은 오래 전부터 하나의 민족 단위를 형성하고 농경 생활을 바탕으로 하여 독자적인 문화를 이룩함.

(2) **고대 문헌의 기록** 신석기 시대에서 청동기 시대의 한족들은 동쪽의 이민족을 동이족(東夷族)라 칭함 → 한족(韓族), 예족(濊族), 맥족(貊族), 예맥족(濊貊族)이 한민족의 기초가 된 것으로 이해되고 있다.

❸ 구석기 시대 시기에 따른 유적

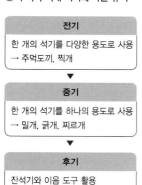

2 우리나라의 구석기 시대

(1) **형성** 우리 나라에서 구석기인들이 살기 시작한 것은 약 70만 년 전부터임.

(2) **석기의 시기 구분** 구석기 시대는 뗀석기를 사용한 시대로서 석기를 다듬는 수법에 따라 전기, 중기, 후기의 세 시기❸로 나누어 짐.

❹ 함경북도 종성군 동관진 유적

현재 우리나라 최초의 구석기 유적으로 평가되는 이곳에서는 들소, 털코끼리의 화석과 고인류의 유물 등도 함께 발견되었다. 그러나 일본 국내에서 아직 구석기 유적이 발견되지 않았고 뜻밖에 한반도에서 먼저 구석기 시대 유물이 발견되자, 식민지 사관이 지배하던 일본 학계는 동관진 유적의 실체를 부정하였다.

▲ 역포아이

▲ 승리산인

▲ 만달인

▲ 흥수아이

✻ 구석기 시대 장례 문화

청원 두루봉 동굴에서 구석기 시대의 어린아이 유골이 발굴되었다. 유골을 통해 장례식을 치른 흔적을 엿볼 수 있다. 매장 흔적이 발견되었는데, 아이 시신을 평평한 돌에 누이고 흙을 덮은 뒤 그 위에 시신을 안치한 것이다. 그리고 특이한 점은 시신에서 많은 양의 국화 꽃가루가 나왔는데, 이를 통해 어린아이의 매장과정에서 오늘날 장례식장에서와 같이 국화꽃을 사용한 것을 짐작할 수 있다.

구석기 전기 (70~10만 년 전)	• 특징 : 원래의 돌에서 불필요한 부분을 제거하고 몸통 부분을 이용한 석기를 여러 용도에 사용한 시기(주먹도끼, 찍개) • 우리나라 유적지 : 단양 도담리 금굴, 공주 석장리, 상원 검은모루 동굴, 경기 연천 전곡리	 ▲ 찍개 ▲ 주먹도끼
구석기 중기 (10~4만 년 전)	• 특징 : 큰 몸돌에서 떨어져 나온 얇은 부분(격지)을 이용해 얇고 크기가 작은 석기를 만들어 하나의 석기를 하나의 용도로 사용하던 시기(밀개, 긁개, 찌르개 등) • 우리나라 유적지 : 덕천 승리산 동굴, 평양 역포 대현동 동굴, 단양 상시리 바위그늘	 ▲ 긁개
구석기 후기 (4~1만 년 전)	• 특징 : 오늘날 정(釘)과 같은 역할을 하는 쐐기를 대고서 때려 같은 형태의 돌날격지를 여러 개 만들었던 시기(슴베찌르개) • 우리나라 유적지 : 함북 종성 동관진, 청원 두루봉 동굴, 단양 수양개, 제천 창내 유적	▲ 슴베찌르개

(3) 구석기 시대 유적의 발견

① **한반도 최초의 발견** : 함경북도 종성군 동관진(1933년)❹
  ┈┈┈┈● 오늘날 온성군

② **북한 최초의 발굴** : 함경북도 웅기군 굴포리 (1963년)

③ **남한 최초의 발굴** : 충청남도 공주시 석장리 (1964년)

④ **최초의 동굴 유적 발굴** : 제천 점말 동굴(1973년), 제주 빌레못 동굴(1973년)

⑤ **최고(最古)유적** : 충북 단양 도담리 금굴(70만 년 전 추정)

(4) 한반도에서 발견된 구석기 시대 사람들과 인골이 발견된 지역

▲ 구석기 · 신석기 유적지

① **상시인** : 단양 상시리 바위그늘에서 발견, 남한에서 최초로 발견된 인골 화석.

② **역포아이** : 한반도에서 발견된 가장 오래된 사람의 뼈는 평양시 역포구역에서 발견된 머리뼈 ⇨ 13세 정도의 여자아이로 추정되며, 역포에서 발견돼 '역포아이'라고 불림

③ **승리산인** : 평안남도 덕천시 승리산 동굴에서 발견, 한반도에서 최초로 발견된 인골 화석

④ **만달인** : 평양시 만달리 동굴에서 발견, 호모 사피엔스 사피엔스로, 나이는 25~30세로 추정됨

⑤ **흥수아이** : 충청북도 청원군 두루봉 동굴에서 발견, 발견한 사람의 이름을 따서 '흥수아이'라고 불림. 약 4만 년 전에 살았던 인류로, 4~6세 정도인 어린아이 인골임

(5) 구석기 시대 유적

	유적지	특징
구석기 전기	함북 웅기 굴포리 (1960~1964)	• 광복 이후 북한에서 최초로 발견된 구석기 유적으로 • 뗀석기와 매머드 화석 발견 • 석재의 한쪽만을 가공한 박편석기 주로 발견 • 전기 구석기 시대의 막집 자리 발견
	공주 석장리 (전기~후기) (1964)	• 남한 최초로 발견(1964)된 구석기 유적 • 12개의 문화층으로 구성 • 8~10명이 살기에 알맞은 주거지(막집 자리) • 뗀석기, 화덕자리, 개 모양의 석상, 고래, 멧돼지, 새 등의 조각품
	상원 검은모루 동굴 (전기) (1966)	• 60~40만 년 전 전기 구석기 유적 • 석기(주먹도끼와 외날찍개) • 많은 동물 뼈(빙기의 큰쌍코뿔이 뼈와 간빙기의 작은 포유류 뼈, 갈색곰과 코뿔소의 뼈 등) 발견 • 동물 뼈 화석을 통해 구석기 시대 사람들의 식생활 파악 가능
	제천 점말 동굴 (전기) (1973)	• 전기~후기 구석기 유적 • 사람 얼굴을 새긴 코뿔소(털코뿔이) 뼈 발견
	경기 연천 전곡리 (30만 년 전) (1978)	• 전기~후기 구석기 유적으로 추정됨 • 아시아 최초로 유럽 아슐리안(Acheulian)형 주먹도끼(양면 핵석기)발견 • 동아시아 찍개 발견
	단양 도담리 금굴 (구석기~청동기) (1983)	• 가장 오래된 구석기 유적지(기원전 70만년경) • 1950년대 말부터 1960년대에 이르러 비로소 구석기 유적으로 인정(학문적으로 공인) • 포유동물의 화석과 뗀석기, 뼈도구 발견
구석기 중기	덕천 승리산 동굴 (20만 년 전) (1972)	• 35세 정도 남자의 아래턱 뼈, 어금니 2개, 빗장뼈 1개 발견 • 슬기슬기 사람, '승리산인'이라고 함 • '덕천인'도 발견
	평양 역포 대현동 동굴 (1977)	• 10세 미만 아이 인골 출토 (역포인)
	단양 상시리 바위그늘 (1981)	• 동굴이 아닌 바위 그늘 유적 • '곧선 사람'과 '슬기 사람'의 뼈 발견
	양구 상무룡리 유적 (1987)	• 중기~후기 구석기 유적 • 백두산계 흑요석 발견
	대전 용호동 유적 (1999)	• 해발 40m의 완만한 구릉지대에 위치 • 중기 구석기 유적과 후기 구석기 유적이 함께 발견됨 • 불 땐 자리와 슴베찌르개가 발견되었음
구석기 후기	함북 종성 동관진 (1933)	• 한반도 구석기 시대의 존재 최초 확인 • 흑요석 석기, 뼈로 만든 도구, 매머드 화석 발견
	청원 두루봉 동굴 (전기~중기) (1976)	• '두루봉 사람'뼈 발견 • 사슴, 표범의 뼈, 장례 의식의 흔적도 발견 • 흥수굴에서 나온 어린 아이의 사람뼈 화석을 '흥수아이'라 함
	단양 수양개 (구석기 중기~초기 철기) (1983)	• 50곳 이상의 석기 제작소 • 사람 얼굴을 새긴 예술품 발견 • 고래와 물고기 등을 새긴 조각 발견
	홍천 하화계리	• 석영 석기, 흑요석 석기 별도의 제작장 발견 • 잔석기 발견

＊ 빗살무늬 토기

• 그릇 표면을 빗살같이 길게 누르거나 그어서 점·선·동그라미 등의 기하학무늬로 모양을 내고, 대체로 뾰족한 밑 모양을 하고 있어, 땅에 세워 놓기는 어렵지만 강가나 해안의 모래 위에 꽂아 세우기에는 편리한 형태이다.

• 빗살무늬 토기의 출토지인 서울 암사동, 평양 남경, 김해 수가리, 양양 오산리 등의 유적지 역시 모래가 많은 해안 강가에 위치하고 있다. 전국 각지의 유적에서 나온 빗살무늬 토기는 바닷가의 패총 유적에서 많이 발견되고, 강가의 경우에는 주로 주거지 유적에서 출토된 것이 특징이다.

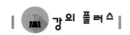

(6) 구석기 시대의 생활

① **생활** : 수렵(사냥), 채취, 어로 등을 하면서 생활 → 아직 농경은 시작되지 않았다.

●무리 중에서 경험이 많고 지혜로운 사람(연장자)이 지도자가 되었으나 권력을 갖지는 못하였다

② **사회** : <u>이동 생활</u>, <u>무리 사회</u>, <u>평등한 공동체적 생활</u>. ⇨ 권력이나 계급이 의미를 가지게 되는 것
은 생산 경제의 비중이 증가되어 잉여물이 발생하는 청동기 시대 이후임
●사냥감을 쫓아 자연히 이동 생활을 하게 되었기 때문에 안정된 거주지를 마련하지 않음 → 동굴 및 바위그늘
을 이용하였고 여름에는 강가에 막집을 짓고 거주(공주 석장리 유적)

③ **예술** : 석회암, 동물의 뼈 또는 뿔등을 이용한 조각품을 제작. ⇨ 공주 석장리와 단양 수양개에서
고래와 물고기 등을 새긴 조각이 발견됨. →사냥감의 번성을 비는 주술적 의미

3 중석기 시대의 생활

구석기 시대에서 신석기 시대로 넘어가는 전환기에 빙하기가 지남 ⇨ 다시 기후가 따뜻해지면서 해
수면이 상승함. ⇨ 따뜻한 기후를 견디지 못한 매머드 등 큰 동물 대신에 토끼, 여우, 사슴, 새 등 작
고 빠른 짐승들이 많아짐.

(1) **도구** 작고 빠른 짐승들을 잡기 위하여 활을 사용. 더욱 작고 뾰족한 잔석기(세석기)를 사용하였
으며 한 개 내지 여러 개의 잔석기를 나무나 뼈에 꽂아 쓰는 이음도구를 만듦. (톱, 활, 창, 작살
등) → 후기 구석기부터 만들어졌던 슴베찌르개는 중석기 시대에 이르기까지 사용되었다.

(2) **의미** 중석기 시대를 구석기 시대와 신석기 시대 간의 과도기로 인식함으로써 두 시기를 연속 선
상에서 인식할 수 있게 됨

4 우리나라의 신석기 시대

(1) **시기** 우리 나라의 신석기 시대는 B.C. 8000년경부터 시작됨. 이 때부터 사람들은 돌을 갈아서
여러 가지의 형태와 용도를 가진 간석기를 만들어 사용하였으며, 토기를 사용하여 음식물을 조
리하거나 저장할 수도 있게 됨
●의복이나 그물을 만들기 위한 도구

(2) **간석기 제작** 돌괭이, 돌삽, 돌보습, 돌낫, 갈판과 갈돌, 가락바퀴, 뼈바늘, 숫돌 등이 제작.
●농기구용 ●보관한 곡물이나 열매를 갈아 요리를 해 먹었는데 사용

(3) **토기의 사용** 음식물을 조리하거나 저장 ⇨ 이른 민무늬 토기와 덧무늬 토기를 사용(초기) ⇨ 우
리 나라 신석기 시대의 대표적인 토기인 빗살무늬 토기를 주로 사용(후기).

(4) **신석기 시대의 생활** 농경과 목축을 시작하여 스스로 식량을 생산하는 변화가 나타남. ⇨ 그 비
중이 낮아 먹을거리의 대부분은 여전히 자연 경제에 의존할 수밖에 없었음.

① **농경 생활** : 농경 ⇨ 조, 피, 수수와 같은 잡곡류를 경작(아직 벼농사는 시작×) ⇨ 주요 농기구로
돌괭이, 돌삽, 돌보습, 돌낫 등.

② **원시 수공업** : 원시적인 수공업 생산이 이루어짐. ⇨ 가락바퀴❶(방추차)나 뼈바늘이 출토되는 것
으로 보아 의복이나 그물을 만들어 썼음을 알 수 있음.

③ **주거 생활** : 농경의 시작 ⇨ 물과 식량 자원이 풍부한 강가나 바닷가에 정착 생활을 함 ⇨ 땅을 파
서 기둥을 세우고 지붕을 덮은 움집❷을 지어 살았음

▲ 흑요석

씨족 사회

↓ 족외혼

부족 사회

❶ 가락바퀴
실을 꼬아서 뽑을 때 사용된 도구

❷ 움집의 구조
바닥이 원형이나 모가 둥근 방형이
며, 중앙에 취사와 난방을 위한 화덕
이 위치하고 있다. 햇빛을 많이 받는
남쪽으로 출입문을 내었으며, 화덕
이나 출입문 옆에는 저장 구덩을 만
들어 식량이나 도구를 저장하였다,
그 규모는 대개 4~5명 정도가 살기
에 적당한 크기였다.

(5) 사회

① **부족 사회** : 부족은 혈연을 바탕으로 한 씨족을 기본 구성 단위로 함. 각 씨족은 배타적 생활 구역이 정해져 있어 외부 씨족원이 자기 씨족의 영역에 침범하는 것을 용납하지 않았음. → 족외혼을 통해 외부와 교류하는 유일한 수단.

② **평등 사회** : 공동 노동, 공동 분배의 공동체적인 삶을 영위, 연장자나 경험이 많은 자가 자기 부족을 이끌어 나감.

(6) 신앙

① **애니미즘(Animism)** : 농사에 큰 영향을 끼치는 자연 현상이나 자연물(태양, 물)에도 정령(영혼)이 있다고 믿고 이를 숭배하는 사상.

② **샤머니즘(Shamanism)** : 인간과 영혼 또는 하늘을 연결시켜 주는 존재인 무당(샤먼)과 그 주술을 믿는 사상.

③ **토테미즘(Totemism)** : 자기 부족의 기원을 특정 동식물과 연결시켜 그것을 숭배하는 사상.

④ **영혼 숭배, 조상 숭배** : 사람이 죽어도 영혼은 없어지지 않는다고 생각하여 영혼과 조상을 숭배하는 사상.

(7) 예술 주로 흙으로 빚어 구운 얼굴 모습이나 동물의 모양을 새긴 조각품, 조개껍데기 가면, 조가비로 만든 치레걸이❶, 짐승의 뼈나 이빨로 만든 장신구 등의 예술품이 있었음. 이들의 예술은 주술적 신앙과 밀접한 관련이 있었음

(8) 신석기 시대의 유물·유적

	유적지	출토 유물
신석기시대	제주 한경 고산리	이른 민무늬 토기, 덧무늬 토기, 눌러찍기무늬 토기, 화살촉, 갈돌과 갈판
	서울 암사동	빗살무늬 토기, 움집(20여 채)
	부산 동삼동	불에 탄 조, 빗살무늬 토기, 움집 일본 규슈 지역의 흑요석, 조몬 토기 조개껍데기 가면(패각가면)
	강원 양양 오산리	이른 민무늬 토기, 덧무늬 토기, 눌러찍기무늬 토기, 뼈 낚시바늘 흙으로 만든 안면상(사람 얼굴 조각상)
	강원 양양 지경리	움집, 토기, 갈돌, 갈판 조와 기장의 압흔 발견
	황해 봉산 지탑리	탄화된 좁쌀(조), 기장
	평양 남경	탄화된 좁쌀(조)
	평남 온천 궁산리	뼈바늘(원시 수공업), 빗살무늬 토기

❶ **치레걸이**
신체나 의복에 붙여 장식 등을 하기 위해 만들어진 도구

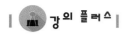

* 석기의 발전

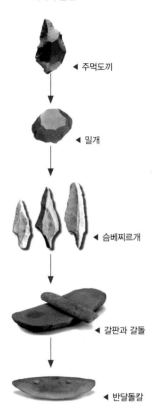

◀ 주먹도끼

◀ 밀개

◀ 슴베찌르개

◀ 갈판과 갈돌

◀ 반달돌칼

	구석기 시대	신석기 시대
시기	기원전 70만 년 전	기원전 8000년 경 (지금으로부터 1만 년 전)
도구	뗀석기	간석기, 토기
	사냥 도구: 주먹도끼, 찍개, 찌르개 조리 도구: 밀개, 긁개 → 구석기 시대 후기에 슴베찌르개와 같은 　이음 도구 사용.	농경용 간석기 : 돌보습, 돌괭이 토기 : 이른 민무늬 토기, 빗살무늬 토기, 덧무늬 토기
주거	동굴, 바위 그늘, 강가의 막집	해안가나 강가에 위치 바닥 원형 or 모서리 둥근 사각형의 움집
경제 사회	사냥 · 채집 · 어로 생활 무리 사회, 이동 생활, 평등 사회	신석기 혁명 : 농경과 목축의 시작. 원시 직조 : 가락바퀴, 뼈바늘 정착 생활, 농경과 사냥 고기잡이 병행 씨족을 기본으로 한 부족 사회 (평등 사회)
예술 신앙	석회암이나 뼈, 뿔에 조각. → 사냥감의 번성 기원	조개 껍데기 가면. 애니미즘, 토테미즘, 샤머니즘, 영혼 숭배

01 청동기의 보급과 철기의 사용

1 청동기의 보급

(1) 사회 변화

① 생산 경제의 발달 : 주요한 생산 도구로 사용되던 간석기가 매우 다양해지고 기능도 개선됨에 따라 생산 경제도 더욱 발달함.

② 전문 장인의 출현 : 청동기 제작과 관련된 전문 장인의 출현.

③ 남녀 간 전문적 분업 : 여성은 주로 집안일을 담당, 남성은 농경 · 전쟁과 같은 바깥일에 종사함.

④ 빈부의 차와 계급의 분화 촉진 : 경제 활동의 중심이 남성에게로 옮겨 가고 생산의 증가 ⇨ 잉여 생산물의 축적 ⇨ 사적 소유 ⇨ 빈부의 차와 계급의 분화가 촉진됨.

(2) 도구

① 간석기 : 반달 돌칼, 바퀴날 도끼, 홈자귀 등 ⇨ 돌로 만든 농기구 사용.

　•••••••● 벼 이삭을 잘랐으며 석기가 농기구로 사　　　　　　•••••••● 청동기는 물러서 농기구에 적합하지 않아
　　　　　용되었다는 증거 → 농경의 발달　　　　　　　　　　　　　　여전히 석기를 농기구로 사용했다.

② 청동기 : 비파형 동검 , 거친무늬 거울 등

(3) 토기 덧띠새김무늬 토기, 민무늬 토기, 미송리식 토기, 붉은 간토기 등

(4) 무덤

① 고인돌(지석묘) : 고인돌은 탁자식과 바둑판식으로 나뉘는데, 제작 과정에서 많은 인력이 필요했으므로 당시 지배층이 가진 정치 권력과 경제력을 잘 반영해 줌 ⇨ 계급 발생의 증거

② 돌널무덤(석관묘) : 땅 밑에 평평한 돌(판석)을 상자 모양으로 만들어 관으로 사용하는 무덤양식. 청동기 시대에 전 지역에서 사용되었고 후에는 고인돌의 하부 구조로 이용됨.

③ 돌무지무덤(적석총) : 시신 위나 관 위에 돌을 쌓은 무덤. 초기에는 가공하지 않은 돌을 쌓았으나

후에는 돌을 사각으로 다듬어 사용함.

2. 철기의 사용

(1) 철기의 보급

① **철제 농기구의 사용** : 농업 발달 ⇨ 경제 기반 확대

② **철제 무기의 사용** : 정복 활동이 활발해짐.

(2) 청동의 의기화   철제 농기구와 무기의 사용 ⇨ 청동기의 의식용 도구화

(3) 중국과의 교류

① **중국과의 교류 증거** : 명도전, 반량전, 오수전 등 → 중국에서 사용된 청동 화폐가 한반도에서 발견됨

② **한자(문자) 사용의 증거** : 붓 출토

▲ 검은 간토기

└──●구리와 아연, 혹은 구리와 주석을 녹여 청동 제품을 만드는 틀로 한반도의 독자적인 청동기 문화가 있었음을 알 수 있다.

(4) 청동기의 독자적 발전   세형 동검, 잔무늬 거울, 거푸집

└────●비파형 청동검이 우리 실정에 맞게 변형된 것

(5) 토기의 변화   민무늬 토기 외에 덧띠 토기, 검은 간토기 등이 사용됨

3 청동기 · 철기 시대의 생활

(1) 경제생활

① **농기구** : 간석기 ⇨ 기능 개선 ⇨ <u>생산 경제 발달</u>

└──●농기구 – 돌도끼, 홈자귀, 괭이, 돌과 나무로 만든 농기구 사용 → 땅을 개간하고 곡식을 심고 반달 돌칼로 추수하는 등 농경 발전

② **농사** : 벼농사 시작, 밭농사 중심(조, 보리, 콩, 수수 등)

③ **목축** : 가축의 사육은 이전보다 증가

④ **사냥과 어로** : 사냥과 고기잡이의 비중이 점차 줄어듦

(2) 주거의 형태

① **취락 형성** : 한반도 전역에서 집터 유적 발견, 배산임수 취락 형성, <u>농경 발달과 인구 증가</u>, 마을의 방어를 위해 환호와 목책 설치

└────●정착 생활의 규모 확대

② **집터**

㉠ 직사각형(장방형) 움집, 점차 지상 가옥으로 바뀜, 화덕이 중앙에서 가장자리로 이동, 저장 구덩이는 외부에 설치

㉡ 집터는 넓은 지역에 많은 수가 밀집되어 취락 형태를 이루고있음.

③ **철기 시대의 변화**

㉠ 인구 증가로 정착 생활의 규모가 확대 ⇨ 취락 규모의 확대

㉡ 지상식 주거가 등장하였고, 부뚜막(온돌) 시설 발견

㉢ 귀틀집과 반움집 등장

(3) **사회 변화**   가부장적 사회, 계급의 분화, 군장 사회의 출현

4 청동기 · 철기 시대의 예술

(1) **예술의 성격** 예술이 종교나 정치적 요구와 밀착 ⇨ 당시 제사장이나 족장들이 사용했던 칼, 거울, 방패 등의 청동 제품이나 토제품, 바위그림 등에 반영되어 있음.

(2) **주술적 청동 제품** 사실적인 동물 조각, 기하학 무늬를 새겨 놓음

(3) **토우** 흙으로 빚은 짐승이나 사람 모양의 토우 역시 장식으로써의 용도 외에도 풍요를 기원하는 주술적 의미를 가짐

(4) **암각화(바위그림)** 바위 면을 쪼아 새긴 그림은 사람들의 활기에 찬 생활상을 보여 주고 있음.

 ① 울주 대곡리 반구대 암각화 : 신석기~초기 철기까지 다양한 시대의 벽화가 새겨짐, 여러 동물 및 여러 종류의 고래와 물고기가 새겨져 있음 ⇨ 사냥과 고기잡이의 성공과 풍성한 수확을 염원하는 표현

 ② 고령 장기리(양전동) 암각화 : 여러 기하학 무늬가 새겨져 있음 ⇨ 동심원은 태양을 상징하는 것으로, 다른 농업 사회에서 보이는 태양 숭배와 같이 풍요로운 생산을 비는 의미를 지니고 있음

 ③ 울주 천전리 암각화 : 선사 시대에 새겨진 바위그림부터 삼국시대 및 통일 신라시대에 새겨진 바위그림과 명문 등이 있음. 특히 마름모꼴 무늬, 굽은 무늬, 둥근 무늬, 십자 무늬, 삼각 무늬 등 다양한 형태의 기하학적 무늬와 사슴, 물고기, 새, 뱀 ,사람 얼굴상 등이 새겨져 있는 것은 풍요를 기원하는 의식과 관련된 것으로 보임.

※ 청동기 시대 유적지

	유적지	출토 유물
청동기시대	부여 송국리 유적	돌무덤, 독무덤, 비파형 동검, 송국리형 토기, 붉은 간토기, 움집 터(저장시설, 사각형), 탄화미
	서천 화금리 유적	4기의 주거지 유적 발견, (탄화미는 통일신라 시대의 것으로 밝혀짐)
	평양 남경 유적	탄화미, 간석기
	여주 흔암리 유적	탄화미, 반달 돌칼, 바퀴날 도끼

※ 청동기와 철기 시대 비교

	청동기 시대	철기 수용
시기	기원전 2000년 경~기원전 1500년 경	기원전 5세기 경에 시작
도구	• 청동기 : 비파형 동검, 거친무늬 거울 • 간석기(농기구) : 반달돌칼, 바퀴날 도끼 등	• 청동기 : 세형 동검, 잔무늬 거울, 청동기는 점차 제사용 도구화 됨) • 철기 : 철제 농기구, 철제 무기
무덤	고인돌(탁자식, 바둑판식 등)	널무덤, 독무덤
경제	농경과 목축 확대 일부 지역에서 벼농사 시작	중국과의 교류↑ : 명도전, 반량전, 오수전, 붓(한자사용) 출토
사회	정복 전쟁을 통한 계급 발생, 사유 재산으로 인한 빈부 격차 발생 → 계급 사회, 족장(군장) 출현	
예술	청동 방울 · 청동 거울, 바위그림(울주 대곡리 반구대, 고령 장기리 알터)	

- ## 신석기 시대 · 청동기 시대

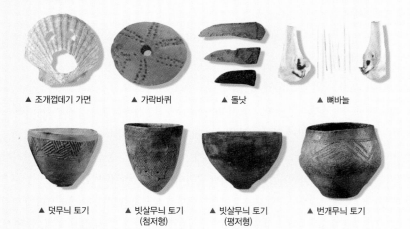

▲ 조개껍데기 가면　　▲ 가락바퀴　　▲ 돌낫　　▲ 뼈바늘

▲ 덧무늬 토기　　▲ 빗살무늬 토기 (첨저형)　　▲ 빗살무늬 토기 (평저형)　　▲ 번개무늬 토기

- ## 청동기 시대의 암각화

▲ 고령 장기리 암각화　　▲ 울주 천전리 암각화　　▲ 울주 대곡리 반구대 암각화

- ## 신석기와 청동기 움집터 비교

▲ 암사동 유적 움집 복원　　▲ 신석기 움집 터

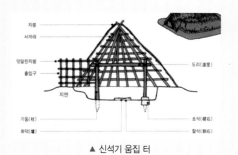

▲ 신석기 움집 터

▲ 청동기 움집　　▲ 청동기 움집 터

청동기 시대 토기

▲ 미송리식 토기　▲ 덧띠새김무늬 토기　▲ 공귀리형 토기

▲ 구멍무늬 토기　▲ 송국리식 토기　▲ 붉은 간 토기

청동기의 제기화

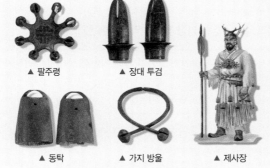

▲ 팔주령　▲ 장대 투검

▲ 동탁　▲ 가지 방울　▲ 제사장

청동기 시대 유물 ①

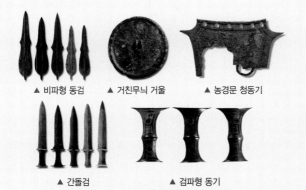

▲ 비파형 동검　▲ 거친무늬 거울　▲ 농경문 청동기

▲ 간돌검　▲ 검파형 동기

청동기 시대 유물 ②

▲ 돌널무덤　▲ 탁자식 고인돌

▲ 바둑판식 고인돌

▲ 경북 칠곡 신동입석　▲ 별자리 돌판　▲ 개석식 고인돌

청동기 시대 유물 ③

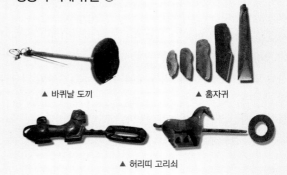

▲ 바퀴날 도끼　▲ 홈자귀

▲ 허리띠 고리쇠

철기 시대 유물

▲ 거푸집　▲ 세형 동검　▲ 독무덤

▲ 경남 창원 다호리 붓　▲ 명도전　▲ 잔무늬 거울

기출 문제

1 | 역사의 의미와 역사 학습의 목적

001 □□□ 2016년 국가직 9급

다음 글을 근거로 할 때, 사료를 탐구하는 자세로 옳지 않은 것은?

> 역사라는 말은 사람에 따라 다양한 뜻으로 사용되고 있지만, 일반적으로 '과거에 있었던 사실'과 '조사되어 기록된 과거'라는 두 가지 뜻을 지니고 있다. 즉, 역사는 '사실로서의 역사'와 '기록으로서의 역사'라는 두 측면이 있다. 전자가 객관적 의미의 역사라면, 후자는 주관적 의미의 역사라 할 수 있다. 우리가 역사를 배운다고 할때, 이것은 역사가들이 선정하여 연구한 '기록으로서의 역사'를 배우는 것이다.

① 사료는 '과거에 있었던 사실'이므로 그대로 '사실로서의 역사'라고 판단한다.
② 사료를 이해하기 위해 그 사료가 기록된 당시의 전반적인 시대 상황을 살펴본다.
③ 사료 또한 사람에 의해 '기록된 과거'이므로, 기록한 역사가의 가치관을 분석한다.
④ 동일한 사건 또는 같은 시대를 다루고 있는 여러 다른 사료와 비교 · 검토해본다.

002 □□□ 2010년 서울시 9급

역사의 의미에 대한 설명 중 옳지 않은 것은?

① 과거에 있었던 사실(사실로서의 역사), 조사되어 기록된 과거 (기록으로서의 역사)라는 두 가지 의미가 있다.
② '사실로서의 역사'는 시간적으로 현재까지 일어난 모든 과거의 사건을 말한다.
③ '기록으로서의 역사'는 과거의 사실을 토대로 역사가가 이를 조사-연구하여 주관적으로 재구성한 것이다.
④ 역사를 배운다는 것은 역사가가 선정하고 연구한 기록으로서의 역사를 배우는 것이다.
⑤ '사실로서의 역사'는 주관적 의미의 역사이다.

003 □□□ 2011년 지방직 9급

다음과 같은 주장에 가장 적합한 역사 서술은?

> 역사가는 자신을 숨기고 과거가 본래 어떠한 상태에 있었는가를 밝히는 것을 자신의 지상 과제로 삼아야 하며, 이때 오직 역사적 사실로 하여금 말하게 하여야 한다.

① 궁예와 견훤의 흉악한 사람됨이 어찌 우리 태조와 서로 겨룰 수 있겠는가?
② 건국 초에 향리의 자제를 뽑아 서울에 머물게 하여 출신지의 일에 대하여 자문하였는데, 이를 기인이라고 한다.
③ 묘청 등이 승리하였다면 조선사가 독립적 · 진취적으로 진전하였을 것이니, 이 사건을 어찌 일천년래 제일대사건이라하지 아니하랴
④ 토문 이북과 압록 이서의 땅이 누구의 것인지 알지 못하게하였으니……고려가 약해진 것은 발해를 차지하지 못하였기 때문이다.

정답 · 해설

정답 1.① 2.⑤ 3.②

해설 1. 주어진 자료는 '우리가 역사를 배운다고 할 때, 이것은 역사가들이 선정하여 연구한 기록으로서의 역사를 배우는 것이다'는 말을 통해 주관적 해석을 강조하는 역사 연구 태도라고 볼 수 있다. ① 사료를 '과거에 있었던 사실'로 보는 것은 사실로서의 역사이다.
2. ⑤ 사실로서의 역사는 객관적 의미의 역사이다
3. 주어진 자료는 객관적 연구 태도를 강조하는 사실로서의 역사 연구 태도이다. 사실로서의 역사 연구는 역사 사실이나 인물에 대한 주관적 평가 개입을 배제하고자 한다. ① 태조의 사람됨을 좋게 평가하였다는 점에서 주관이 개입되었다. ② 기인제도에 대한 객관적 설명이다. ③묘청의 서경 천도 운동이 제일대사건이라고 주관적인 평가를 내리고 있다. ④ 고려가 약해진 이유를 발해와 연관시키면서 민족적 관심을 고취시키고 있다

2 | 선사문화의 전개와 민족의 기반 형성

001 □□□
2018년 서울시 9급(추가)

〈보기〉의 유적들이 등장한 시대의 사회상에 대한 설명으로 가장 옳은 것은?

┌─〈보기〉─────────────────────
· 서울 암사동 유적
· 양양 오산리 유적
· 제주 고산리 유적
· 부산 동삼동 유적
└──────────────────────────

① 움집을 청산하고 지상 가옥에서 거주하기 시작하였다.
② 벼농사를 위하여 각종 수리 시설이 축조되었다.
③ 조개무지(패총)를 많이 남겼다.
④ 마을을 보호하기 위한 방어 시설이 발전하였다.

003 □□□
2018년 서울시 7급

〈보기〉에서 설명하는 구석기 유적은?

┌─〈보기〉─────────────────────
이곳에서는 동아시아에서 처음으로 아슐리안형 주먹 도끼가 발굴되었다. 이러한 성과는 세계의 전기 구석기 문화가 유럽·아프리카 아슐리안 전통과 동아시아 지역의 찍개 문화로 나뉜다는 고고학계의 학설이 무너지는 계기가 되었다.
└──────────────────────────

① 공주 석장리 유적
② 연천 전곡리 유적
③ 청원 두루봉 동굴 유적
④ 단양 상시리 바위 그늘 유적

002 □□□
2017년 경찰 2차

다음 중 구석기 시대 유적에 대한 설명이 아닌 것은?

① 경기 연천 전곡리에서는 아슐리안 주먹도끼를 비롯하여 방대한 석기가 출토되었다.
② 부산 동삼동에서 출토된 조개 가면은 국자 가리비에 사람의 눈과 입 모양으로 구멍을 뚫은 형상으로 집단의 공동체 의식에 사용되었을 가능성이 크다.
③ 충북 제천 점말 동굴에서는 사람 얼굴을 새긴 동물의 뼈가 출토되었다.
④ 평안남도 상원 검은모루 동굴에서는 주먹도끼와 외날찍개가 출토되었다.

정답·해설

정답 1.③ 2.② 3.②

해설
1. 〈보기〉는 신석기 시대이다. ③ 부산 동삼동 유적에서는 조개 껍데기 가면, 치레걸이, 팔찌 등과 함께 조개무지가 발견되었다.
   ① 청동기 시대 ② 고대 삼국의 논농사 발전을 위한 노력 ④ 청동기 시대에는 마을을 방어하기 위하여 목책과 환호를 설치하였다.
2. ② 부산 동삼동 패총(조개무지)은 신석기 시대 유적이다.
   ① 아슐리안형 주먹 도끼 뿐 아니라 긁개·찌르개 등도 발견되었다. ③ 사람 얼굴을 새긴 털코뿔이의 앞발뼈가 출토되었다. ④ 평안남도 상원 검은모루 동굴에서는 주먹 도끼와 흡사한 석기, 찍개 등이 출토되었다.
3. ② 연천 전곡리 유적에서는 아시아 최초로 아슐리안형 주먹도끼가 발견되어 모비우스의 학설을 부정할 수 있게 되었다.
   ① 남한 최초로 발견된 구석기 유적지 ③ 어린아이의 인골(흥수아이)이 발견됨 ④ 남한 최초로 인골(상시인)이 출토되었으며, 이곳은 중기 구석기부터 청동기까지의 유물이 발견되는 곳이다.

004 ☐☐☐

한반도 청동기 시대에 대한 다음 설명 중 옳지 않은 것은 몇 개인가?

> 가. 유물로는 뗀석기, 골각기 등이 있다.
>
> 나. 무덤 양식으로는 고인돌, 돌무지무덤, 돌널무덤 등이 있다.
>
> 다. 미송리식 토기, 붉은 간 토기 등의 토기가 제작되었다.

① 0개　② 1개　③ 2개　④ 3개

006 ☐☐☐

청동기 시대에 대한 설명으로 가장 적절하지 않은 것은?

① 청동기 시대에는 미송리식 토기, 팽이형 토기, 민무늬 토기, 붉은 간 토기 등이 제작되었다.

② 청동기 시대 후기에 이르면서 한반도 내에서는 비파형 동검이 세형 동검으로, 거친무늬 거울이 잔무늬 거울로 바뀌었다.

③ 식량 생산이 늘어나고 인구가 증가하면서 빈부 격차와 사회 분화가 일어났다.

④ 보리, 밀, 팥, 콩, 조, 기장 등이 재배되었으나, 아직 벼농사는 이루어지지 않았다.

005 ☐☐☐

다음 유적이 형성된 시기에 대한 설명으로 가장 옳은 것은?

① 최초의 예술품이 나타났다.

② 처음으로 농경이 시작되었다.

③ 사유 재산과 계급이 발생하였다.

④ 씨족들이 모여서 부족 사회를 이루었다.

🎯 정답·해설

정답　4.②　5.③　6.④

해설　4. 가. 뗀석기와 골각기(짐승의 뼈나 뿔로 만든 도구)는 구석기 시대 유물이다.

5. ③ 제시된 자료는 고령 장기리의 암각화로서 청동기 시대에 만들어진 암각화로 추정되고 있다.
　　　① 구석기 시대　② ④ 신석기 시대

6. 청동기 시대에는 보리, 밀, 팥, 콩, 조, 기장 등도 재배되었고, 날씨가 따스한 일부 지방에서는 벼농사가 시작되었다. 부여 송국리, 여주 흔암리, 평양 남경에서 발견된 탄화미를 통해 이 사실을 알 수 있다.

007 ☐☐☐

다음은 각 유물과 그것이 사용되던 시기의 사회 모습에 대한 설명이다. 옳은 것만을 모두 고르면?

> ㄱ. 슴베찌르개 – 벼농사를 짓기 시작하였고 나무로 만든 농기구를 사용하였다.
> ㄴ. 붉은 간 토기 – 거친무늬 거울을 사용하여 제사를 지내거나 의식을 거행하였다.
> ㄷ. 반달 돌칼 – 농사를 짓기 시작하였지만 아직 지배와 피지배 관계는 발생하지 않았다.
> ㄹ. 눌러찍기무늬 토기 – 가락바퀴와 뼈바늘을 이용하여 옷이나 그물을 만들어 사용하였다.

① ㄱ, ㄴ   ② ㄱ, ㄷ   ③ ㄴ, ㄹ   ④ ㄷ, ㄹ

008 ☐☐☐

밑줄 친 '이 시기'에 해당하는 사실로 옳은 것은?

> 이 시기에는 반달 돌칼 등 다양한 간석기가 사용되었고 민무늬 토기를 비롯한 토기의 종류도 다양해졌으며, 고인돌과 돌널무덤이 만들어졌다.

① 목을 길게 단 미송리식 토기가 사용되었다.
② 용호동 유적에서 불 땐 자리가 확인되었다.
③ 주로 동굴이나 강가의 막집에 거주하였다.
④ 농경과 목축이 시작되었다.

정답 · 해설

정답 7.③ 8.①

해설 7. ㄴ. 붉은 간 토기는 토기 표면에 산화 철 등을 발라 붉게 구워낸 토기로서 청동기 시대에 사용되었다. ㄹ. 눌러찍기무늬 토기는 신석기 유적에서 발견된다.
> ㄱ. 슴베찌르개는 이음도구를 만들 수 있도록 제작된 구석기 시대 후기 유물이다. 벼농사를 짓기 시작한 것은 청동기 시대이다. ㄷ. 반달돌칼은 청동기 시대에 주로 벼 이삭을 추수할 때 사용되었다. 신석기 시대에 농사를 짓기 시작했지만 계급은 발생하지 않았다.
> 8. '이 시기'는 청동기 시대이다. ② 대전 용호동 유적은 중기 구석기와 후기 구석기 유적이 발견되며 총 4개의 문화층 중 1문화층에서는 자갈로 만든 화덕과 석기 제작터가 발견되었다. ③ 구석기 시대. ④ 신석기 시대

기원전 2333년 고조선의 건국　　기원전 194년 위만의 집권　　기원전 57년 신라 건국

기원전 202년 한나라 건국　　기원전 108년 고조선의 멸망　　기원전 37년 고구려 건국

02 고조선의 성립과 변천

1 단군과 고조선

(1) 고조선의 건국

① **국가의 성립** : 청동기 문화의 발전과 함께 군장이 지배하는 사회가 출현. 이들 중 세력이 강한 군장은 주변의 여러 사회를 통합 ⇨ 점차 권력을 강화 ⇨ 단군 왕검이 고조선을 건국함.

② **역사적 의의** : 한민족 최초의 국가

③ **고조선의 세력 범위** : 요령 지방을 중심으로 성장 ⇨ 인접한 군장 사회들 통합 → 이와 같은 사실은 출토되는 비파형 동검과 탁자식 고인돌의 분포로써 알 수 있다.

(2) 단군 신화

① **단군 신화에서 엿볼 수 있는 고조선** : 고조선 건국 배경, 농경 사회, 홍익인간의 이념, 선민사상, 토테미즘, 샤머니즘, 엄격한 신분 사회, 제정일치 사회

　　　　　　　　　　　　　　　　●단군(제사장) + 왕검(정치적 군장) ⇨ 제정일치 사회의 지배자

② **의의** : 단군의 건국에 관한 기록은 〈삼국유사〉, 〈제왕운기〉, 〈응제시주〉, 〈세종실록 지리지〉, 〈동국여지승람〉, 〈동국통감〉, 〈표제음주동국사략〉 등에 나타나고 있음. 단군 건국의 기록은, 청동기 문화를 배경으로 한 고조선 성립이라는 역사적 사실(우리 나라의 건국 과정)과 홍익 인간의 건국 이념을 밝혀 주고 있음

(3) 고조선의 발전

① **발전 과정** : 초기에는 요령 지방에 중심을 두었음 ⇨ 대동강 유역의 왕검성을 중심으로 독자적인 문화를 이룩하면서 발전

　㉠ 요서 지방을 경계로 하여 연나라와 대립할 만큼 강성

　㉡ 기원전 3세기경 : 부왕, 준왕 같은 강력한 왕이 등장하여 왕위 세습

② **정치 체제** : 상(相), 대부(大夫), 장군(將軍) 등의 관직도 두었음.

2 위만의 집권

(1) 위만 조선의 성립(기원전 194)

① **유이민의 이주** : 중국의 진 · 한 교체기 혼란 시기 위만이 고조선으로 이주

② **위만의 성장과 왕조의 성립** : 서쪽 변경의 수비 임무를 맡게 됨 ⇨ 세력 확대 ⇨ 준왕을 몰아 내고

▲ 고조선의 문화 범위

＊ 고인돌

• 고인돌은 경제력이 있거나 정치 권력을 가진 지배층의 무덤이다.

• 고인돌은 우리 나라 전역에 걸쳐 분포되어 있다.

• 당시 지배층의 정치 권력과 경제력을 잘 반영해 주고 있다.

＊ 선민 사상

청동기를 가진 지배 부족은 자신들이 천신의 후예임을 내세워 토착 부족을 다스리기 위해 선민 사상을 내세웠다. 이들은 스스로 하늘의 아들이라고 믿어 주변의 부족을 통합하거나 정복한 후 공납을 요구하였다.

왕이 됨

(2) 위만 조선의 발전

① **철기 문화의 수용** : 철기 문화를 본격적으로 수용하고 사용함으로써 농업과 수공업(무기 생산을 중심)이 더욱 성하게 되었고, 상업과 무역도 발전.

② **사회 · 경제의 발전** : 사회 · 경제의 발전을 기반으로 중앙 정치 조직을 갖춘 강력한 국가로 성장

③ **중계 무역** : 지리적인 이점을 이용하여, 동방의 예(濊) · 남방의 진(辰)과 중국의 한(漢) 사이의 직접 교역하는 것을 막고, 중계 무역의 이득 독점 → 경제적 · 군사적 발전을 기반으로 한과 대립

④ **정복 사업** : 활발한 정복 사업을 전개하여 광대한 영토를 차지함. 이러한 경제적, 군사적 발전을 기반으로 고조선은 한과 대립.

(3) 한의 침략과 멸망

① **한 무제의 침략** : 한 무제는, 수륙 양면으로 대규모의 침략 감행

② **고조선 멸망** : 우거왕이 약 1년에 걸쳐 한의 군대에 완강하게 대항하였으나, 마침내 왕검성이 함락되고, 이후 장기 내분으로 멸망(B.C. 108).

③ **한 군현 설치** : 위만 조선 지역에 낙랑군 · 진번군 · 임둔군 · 현도군 설치 ⇨ 법조항이 60여 조로 증가할 만큼 풍속 각박

(4) 위만 조선의 단군 조선 계승

① 위만은 고조선으로 들어올 때에 상투를 틀고 조선인의 옷을 입고 있었음.

② 왕이 된 뒤에도 나라 이름을 그대로 조선이라 하였고, 토착민 출신으로 높은 지위에 오른 자가 많음.

3 고조선의 사회

8조법을 통해 고조선 사회상은 인간 생명 존중, 사유 재산제의 인정, 농업 사회에서 노동력에 대한 보호 중시, 형벌과 빈부 차이, 노비가 나타나고 있음에서 계급 사회임을, 노비를 면한 자도 결혼할 수 없는 것에서 신분상 격차가 엄격함을, 정절을 중시하였다는 것에서 남성 중심의 가부장적인 가족 제도가 확립된 사회임을 알 수 있음

▶ **8조법**

사람을 죽인 자는 즉시 죽이고, 남에게 상처를 입힌 자는 곡식으로 배상시키며, 도둑질한 자는 남자면 몰입(沒入)하여 그 집 남자종(奴)을 삼게 하고 여자는 여자종(婢)을 삼게 한다. 스스로 용서받고자 하는 자는 한 사람 앞에 50만을 내게 한다. 그러나 비록 (노비를) 면하여 평민이 되더라도 사람들은 이를 수치스럽게 여겼다. 여자는 배필이 없는 남자와 결혼했다. 이 때문에 그 백성들이 도둑질을 하지 아니하므로 문단속을 하지 않으며 부인들은 정숙하고 음란하지 않았다. — 한서 지리지 —

---

* **기자 조선**

고조선 발전 과정의 기자 조선에 대한 기록이 있다 〈사서〉에는 주(周)의 무왕(武王)이 기자(箕子)를 조선에 봉하였다고 되어 있다. 그리고 그 연대를 B.C. 12세기경으로 추정하기도 한다. 기자 조선을 고조선의 발전 과정에서 사회 내부에 등장한 새로운 지배 세력으로 보거나, 또는 동이족의 이동 과정에서 기자로 상징되는 어떤 부족이 고조선의 변방에서 정치 세력을 잡은 것으로 보는 견해가 지배적이다.

* 고조선 범위 파악 근거

▲ 비파형 동검

▲ 거친무늬 거울

▲ 탁자식 고인돌

▲ 미송리식 토기

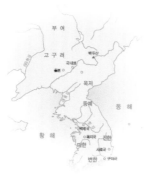

▲ 여러 나라의 성장

▶ 누층적 지배 체제
(왕-제가-호민-하호)

• 제가(諸加): 사출도(부여), 제가회의(고구려)

• 호민(豪民): 읍락의 거수층, 원래 가(加) 계급에 속한 지배자였으나 사회 분화로 중간 계층화

• 하호(下戶): 직접 생산자, 부세 부담자

건국(B.C. 2333)	위만 조선 (B.C. 194)
• 단군왕검이 건국(B.C 2333), 요령 지역 중심, 홍익인간 이념 • 단군 신화 : 선민사상, 농경사회, 사유 재산 성립, 계급 분화, 부족 연합, 제정 일치	• 진.한 교체기에 위만의 무리가 고조선으로 이주 → 서쪽 변경 수비 → 준왕을 몰아내고 왕위 오름, 준왕은 한반도 남쪽 진(辰)으로 이동 • 철기 본격적 수용, 진번·임둔 등 복속 • 관직 정비 : 상, 대신, 경, 장군 등 사용 • 중국의 한과 남방의 진 사이에서 중계 무역 • 남려가 28만여 명 주민을 끌고 한에 투항 → 창해군 설치(B.C 128) → 한과 충돌하여 우거왕이 요동도위 섭하 살해(B.C.109) • 조선상 역계경이 한과 화친 건의 → 실패 → 무리를 이끌고 남쪽으로 도망
발전(기원전 4세기 말~3세기 초)	**멸망(B.C. 108)**
• 요서 지방을 경계로 중국의 연과 대립 • 3세기 연의 장수 진개의 침략으로 서쪽 영토 상실, 수도를 왕검성으로 이전 (요령 → 대동강 유역) • 기원전 3세기 경 부왕·준왕이 등장하여 왕위 세습 • 관직 설치 : 대부·박사	• 한 무제의 침략 → 1차 패수에서 승리 → 이후 장기 내분 → 멸망(B.C. 108) → 한4군 설치(낙랑, 진번, 임둔, 현도) vs 토착 세력의 반발 • 한 나라가 8조법을 60여 개로 확대하여 풍속 각박 • 한 4군은 고구려의 공격으로 소멸 • 고조선 유이민이 한반도 남쪽으로 이주, 진이 삼한으로 발전

03 여러나라의 성장

1 연맹 왕국

(1) 연맹왕국의 개념

① 기원전 5세기경부터 철기가 보급되었고, 그 후 만주와 한반도 각지에는 부여, 고구려, 옥저, 동예, 삼한 등 여러 나라가 성립됨. ⇨ 이 나라들은 철기를 사용하여 농업을 발전시켰으며 독특한 사회 풍습을 가지고 있었는데 이들 국가를 통칭해 연맹 왕국이라 부름

② 연맹 왕국은 몇 개의 부족이 연맹해 만들어진 국가이며, 개개의 부족은 군장 국가 단계의 발전을 보임

(2) 연맹 왕국의 근거

① **부여의 4출도** : 왕 아래에 가축의 이름을 딴 마가, 우가, 저가, 구가와 대사자, 사자 등의 관리가 있었음. ⇨ 가(加)는 따로이 행정 구획인 사출도(四出道)를 다스리고 있어서, 왕이 직접 통치하는 중앙과 합쳐 5부를 이룸. →5부족 연맹체

② 고구려에서도 왕 아래 대가(상가, 고추가 등)라는 군장들이 각기 사자, 조의, 선인 등의 관리를 거느림

2 부여

(1) 성립 만주 송화강 유역의 평야 지대를 중심으로 성장

(2) 정치적 발전

① 부여는 이미 1세기 초에 왕호를 사용하였고, 중국과 외교 관계를 맺는 등 국가의 발전된 모습을

	왕	
마가		우가
저가		구가

▲ 4출도

▲ 부여 금동 가면

▲ 부여 비마형 금구

❶ 영고

부여의 제천 행사. 농경 사회의 전통을 보여 주는 것으로, 12월에 열렸다. 하늘에 제사를 지내고, 가무를 즐기며, 죄수를 풀어 주기도 하였다.

❷ 부여의 12배 배상업(1책 12법)

고대의 부족 사회에서는 사회가 발전하면서 재산의 소유와 사회 질서 유지를 위한 법률이 발달하였다. 이는 지배 계급의 강력한 사회 질서 유지를 통한 국가 통제를 목적으로 한 것으로 이 법은 당시 사회가 사유 재산을 엄격히 보호하였음을 입증해 줌

보임.

② **5부족 연맹체 형성** : 중앙(왕이 통치) + 지방
    ●마가, 우가, 저가, 구가의 개(加)들이 사출도라는 행정 구획을 다스림

③ **왕의 지위** : 국왕이 있고 국가 조직을 갖추었으나 각 지역의 군장 세력이 그 지역의 지배권을 행사하는 국가 형태. 중앙 집권적인 고대 국가로 발전하기 이전의 단계로 왕권이 미약함.

(3) **경제** 농경과 목축. 특산물로는 말, 주옥, 모피 등이 유명.

(4) **사회와 문화**

① 풍속

  ㉠ 장례 풍습 : 순장 → 고대 사회에서 부족장이나 왕이 죽었을 때. 그를 따르던 사람들을 함께 매장하는 풍속

  ㉡ 우제점법(牛蹄占法) : 전쟁이 일어났을 때에도 제천의식을 행하고, 소를 죽여 그 굽으로 길흉을 보는 점복

  ㉢ 제천 행사 : 영고❶(12월)

② **법률** : 부여의 법으로는 4조목이 전해짐. 고조선의 8조법과 같은 종류임을 알 수 있음

  ▶ **삼국지 위지 동이전에 실린 4조목의 내용**
  • 살인자는 사형에 처하고 그 가족은 노비로 한다.
  • 남의 물건을 훔쳤을 때에는 물건값의 12배를 배상하게 한다(1책 12법)❷.
  • 간음한 자는 사형에 처한다.
  • 부인이 질투하면 사형에 처하되, 그 시체는 산 위에 버리며, 그 시체를 가져가려면 소 · 말을 바쳐야 한다.

(5) **멸망** 3세기 말 선비족의 침략을 받아 크게 쇠퇴 ⇨ 결국은 고구려에 편입됨(494, 문자명왕)

(6) **부여의 역사적 의의** 부여는 비록 연맹 왕국 단계에서 멸망하였지만, 고구려 백제 등의 고대 국가 형성에 큰 영향을 끼침 → 부여를 계승한 국가들 : 고구려, 백제, 발해

3 고구려

(1) **성립** 주몽은 부여의 지배 계급 내의 분열과 대립 과정을 피해 남하하여 독자적으로 고구려를 건국(B.C. 37)

(2) **수도의 변천**

① 초기 압록강의 지류인 동가강 유역의 졸본 지방에 자리잡았다가, 유리왕 때 압록강가의 국내성(통구)으로 그 중심지를 옮김

② 졸본은 중국 요령성 환인 지방 일대이며, 고구려의 첫 도읍지는 환인의 오녀산성으로 추정

(3) **정복 국가로 성장** 건국 초기부터 주변의 소국들을 정복하고, 평야 지대로 진출함

(4) **정치 조직**

① **5부족 연맹체** : 소노부, 관노부, 절노부, 순노부, 계루부 등의 5부족 연맹체

② **대가들의 존재** : 왕 아래에 대가들이 있어 . 각기 사자, 조의 , 선인 등 관리를 거느리고 독립된 세력을 유지함
    ●상가, 대로, 패자, 고추가 등

③ **제가 회의** : 중대한 범죄자가 있으면 제가 회의에 의해 사형에 처하고, 그 가족을 노비로 삼았음

(5) 경제

① 주산업은 농경이었음

② 집집마다 곡식 등을 저장하는 작은 창고를 둠 ⇨ 부경(桴京)이라 함

(6) 사회 모습

① 풍속 : 데릴사위(예서제)의 풍속, 생존 때 수의(壽衣) 마련, 형사취수제, 1책 12법
      •사위를 본 뒤에 딸과 함께 자기 집에 두었다가 첫 아이를 낳으면 시가에 보냈다. 모계 사회의 유풍으로 노동력 확보의 의미가 크다.

② 조상신 숭배 : 건국 시조인 주몽과 그 어머니 유화부인을 조상신으로 섬겨 제사 지냄

③ 제천 행사 : 동맹(10월 추수 감사제)

4 옥저와 동예

구분	옥저	동예
위치	함경도 동해안	강원도 북부 동해안
정치	읍군이나 삼로라는 군장이 지배, 고구려의 압박과 수탈로 인하여 크게 성장하지 못함	
경제	토지가 비옥 → 농사가 잘 됨(농경 발달) 어물과 소금 등 해산물이 풍부 특산물을 고구려에 공납으로 바침	토지가 비옥 → 농사가 잘 됨(농경 발달) 해산물이 풍부, 방직 기술이 발달 특산물로 단궁이라는 활과 과하마(조랑말), 반어피(바다표범 가죽) 등이 유명
풍습	민며느리제, 가족 공동 무덤	무천(10월. 제천 행사), 족외혼, 책화

•씨족 사회의 전통이 유지되었다.

※ 민며느리제

옥저에서는 여자의 나이 10세가 되면 약혼을 하고 사위집에서 이를 맞아들여 성인이 된 뒤에 여자집에 돈을 치르고서 정식 아내로 삼았다.

5 삼한

성립	한강 이남 지역에는 일찍부터 진(辰)이 성장 진(辰)의 토착 문화 + 고조선에서 남하해 온 유이민의 새로운 문화 ⇨ 마한, 진한, 변한의 연맹체들로 발전
구성	① 마한 : 삼한 중 마한의 세력이 가장 컸으며 ⇨ 그 중 목지국의 지배자가 마한왕 또는 진왕으로 추대되어 삼한 전체의 주도 세력이 됨. ⇨ 백제에 통합됨 ② 변한 : 가야 연맹 형성 ③ 진한 : 사로국 중심 ⇨ 신라로 성장
위치	① 마한 : 대전 익산을 중심으로 경기, 충청, 전라도 지방에서 발전(54개의 소국) ② 변한 : 김해, 마산 지역에서 발전(12개국) ③ 진한 : 대구, 경주 지역에서 발전
정치	제정 분리 ⇨ 정치적 지배자 외에 제사장인 천군이 있었고 ⇨ 신성 지역으로 '소도'라는 별읍(別邑)을 둠
경제	• 철기 문화를 바탕으로 하는 농경 사회 • 농경 : 철제 농기구 사용 → 농경 발달(벼농사 발달) → 수로·보·저수지 축조 •제천 의림지, 밀양 수산제 • 철 생산 : 변한에서는 철이 많이 생산되어 낙랑, 일본 등지에도 수출하였다. 철은 교역에서 화폐처럼 사용되기도 하였다.
주거	움집, 귀틀집에 거주
풍습	• 제천 행사 : 5월의 수릿날, 10월의 계절제 • 두레 : 공동체적인 전통을 보여 주는 두레 조직을 통하여 여러 가지의 공동 작업을 함

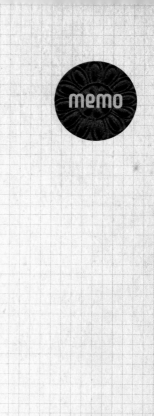

01 부여

- 군왕이 있으며 가축 이름을 따서 벼슬 이름을 부르고 있다. 마가, 우가, 저가, 구가, 태사자, 사자 등이 있다. 읍락에는 호민(豪民, 지방 세력가)가 있으며, 민(民)인 하호(下戶)는 모두 노복과 같이 여겼다. 제가(諸家)는 사출도를 나누어 맡아본다.
- 음력 정월 보름에 하늘에 제사 지낸다. 온 나라가 대회를 열고, 연일 마시고 노래하고 춤추니 영고라고 한다. 이때 감옥을 열고 죄인을 풀어준다. 사람을 죽여 순장을 하는데, 많을 때에는 백 명이나 되었다. 가뭄이 계속되어 오곡이 영글지 않으면, 그 허물을 왕에게 돌려 '왕을 바꾸어 한다'라고 하거나 '왕을 죽여야 한다'라고 하였다.
- 형벌이 엄하여 살인자는 사형에 처하고 그 가족은 노비로 삼았다. 도둑질을 하면 12배로 변상하게 했다. 남녀 간에 음란한 짓을 하거나 부인이 투기를 하면 모두 죽였다. 투기하는 것을 더욱 미워하여 죽이고 나서 시체를 산 위에 버려서 썩게 한다. 친정집에서 시체를 가져가려면 소와 말을 바쳐야 한다.

02 고구려

- 나라에는 왕이 있고, 벼슬로는 상가 · 대로 · 패자 · 고추가 · 주부 · 우태 · 승 · 사자 · 조의 · 선인이 있다. 신분이 높고 낮음에 따라 각각 등급을 두었다. 왕의 종족으로서 대가는 모두 고추가로 불린다. 모든 대가들은 사자 · 조의 · 선인을 두었는데 반드시 명단을 왕에게 보고해야 한다.
- 큰 산과 깊은 골짜기가 많고 넓은 들이 없어 산골짜기에 살면서 산골 물을 그대로 마신다. 좋은 땅이 없으므로 부지런히 농사를 지어도 식량이 충분하지 못하다. 사람들의 성품은 흉악하고 급해서 노략질하기를 좋아하였다. 큰 창고는 없고 집집마다 부경이라고 부르는 조그만 창고가 있다. 10월에 하늘에 제사를 지낸다. 온 나라가 대회를 가지는 바 동맹이라고 하는데 해가 저물어 밤이 되면 남녀가 무리로 모여 노래하며 즐거이 놀았다.

03 옥저

- 큰 나라 사이에서 시달리고 괴롭힘을 당하다가 마침내 고구려에 복속되었다. 군왕은 없고 모든 읍락에는 자칭 삼로(三老)가 있다. 고구려의 압박으로 소금, 어물 등 해산물을 공납으로 바쳤다.
- 가족이 죽으면 가매장을 했다가 가죽과 살이 썩으면 뼈를 취하여 커다란 목곽 가운데 넣는다.

04 동예

- 대군장은 없으며 후 · 읍군 · 삼로가 있어서 하호를 통괄하여 다스렸다. 해마다 10월 제천 행사 때에는 밤낮으로 가무 음주하였는데 이를 무천(舞天)이라 하며, 또 범을 신으로 섬겨 제사하기도 하였다.

05 삼한

- 5월에 파종하고 난 후 귀신에게 제사를 올린다. 이 때 많은 사람들이 모여 노래하고 춤추고 술을 마시며 밤낮 쉬지 않고 놀았다. 10월에 농사 일이 끝나면 다시 그와 같이 제사를 지내고 즐긴다.
- 귀신을 믿으며 한 사람을 뽑아 천신에게 제사를 지내는 일을 맡아보게 하였는데, 그를 천군이라 하였다. 또 이들 여러 고을에는 각각 특정한 별읍(別邑)이 있었으며, 이곳을 소도(蘇塗)라 이름하였다.
- 변한에서 쌀이 생산되는데, 마한(馬韓) · 예(濊) · 왜인(倭人)들이 와서 사 간다. 시장에서의 매매는 철로 이루어져 마치 중국에서 돈을 사용하는 것과 같으며, 낙랑과 대방 두 군에도 공급하였다.

06 동예의 집터 유적

▲ 여(呂)자형 집터(강원 횡성 둔내)   ▲ 철(凸)자형 집터(강원 강릉 병산동)

07 마한의 유적

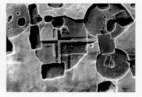

▲ 마한의 주구묘   ▲ 마한의 토실

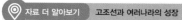
08 고구려 유적

▲ 국동대혈

09 삼한 유물

▲ 덩이쇠

▲ 솟대

10 여러나라의 특징

	부여	고구려	옥저	동예	삼한
위치	만주 송화강 유역	압록강 유역 (졸본. 동가강 유역 → 국내성)	함흥 평야	함경도 남부, 강원도 북부	경기 · 충청 · 전라 · 경상도 일대
정치	5부족 연맹체 4출도(마가, 우가, 저가, 구가) 왕권 약함	5부족 연맹체 1세기 초에 왕호 사용 군장(고추가, 상가, 대로 패자) 제가 회의 관리 : 사자, 조의, 선인	군장 국가 (후, 읍군, 삼로) 고구려의 압박으로 성장 지연		78개 소국 연맹체, 마한(54개), 진한과 변한(12개) 마한의 목지국 왕이 진(辰)왕 대족장(신지, 견지) 소족장(부례, 읍차)
경제	반농반목 특산물 : 말, 주옥, 모피	산지가 많아 경지 부족, 약탈경제(부경), 맥궁	소금과 해산물 풍부	해산물 풍부, 평야지대, 방직기술 발달 (명주. 삼베) 특산물 : 단궁, 과하마, 반어피	벼농사 중시 (저수지 축조) −밀양 수산제, 상주 공검지, 제천 의림지, 김제 벽골제 철 생산하여 낙랑과 왜에 수출 (변한)
문화	순장, 가부장적, 우제점법, 1책 12법 4조목 은력 사용 형사취수제 장례 도구 옥갑 사용, 흰 옷을 즐겨 입음	우제점법 가능성 있음 서옥제, 국동대혈, 상무적 기질 형사취수제	민며느리제, 골장제, 가족공동 무덤	족외혼, 책화, 철(凸)자형 여(呂)자형 집터,	두레, 제정 분리(천군이 소도에 있는 제사장, 솟대) 반움집, 귀틀집, 토실 광주 신창동 현악기 독무덤, 주구묘, 편두 풍습 양잠 성행, 지신 밟기 풍습
제천 행사	영고(12월)	동맹(10월)		무천(10월)	수릿날(5월) 계절제(10월)
발전과 변화	1C 초 왕호 사용, 한과 우호적 3C 선비족의 침입 광개토대왕시기 동부여 멸망 494년 고구려 문자왕에게 멸망	한 군현 공략 2C 태조왕 옥저 복속	고구려의 약탈 대상 변방에 위치하여 선진 문물의 수용이 늦음		한반도 남부의 진과 고조선 유이민의 결합 마한 : 백제가 성장하여 마한 정복 진한 : 사로국이 신라로 발전 변한 : 구야국이 가야로 발전

1 | 고조선과 여러 나라의 성장

001 □□□
2017년 경찰(순경) 2차

다음 역사적 사건을 발생한 순서대로 가장 적절하게 나열한 것은?

> ㉠ 우거왕이 살해되고, 왕검성이 함락되었다.
> ㉡ 위만이 고조선의 준왕을 축출하고 스스로 왕이 되었다.
> ㉢ 한은 고조선 영토에 4개의 군현을 설치하였다.
> ㉣ 예의 남려가 28만 명의 주민을 이끌고 한에 투항하였다.
> ㉤ 고조선이 군대를 보내 요동도위 섭하를 살해하였다.

① ㉡ → ㉠ → ㉤ → ㉣ → ㉢
② ㉡ → ㉣ → ㉤ → ㉠ → ㉢
③ ㉡ → ㉤ → ㉣ → ㉠ → ㉢
④ ㉤ → ㉡ → ㉢ → ㉠ → ㉣

002 □□□
2017 경찰간부

고조선의 성립 사실을 역사적으로 반영하고 있는 단군 신화에 대한 설명으로 가장 옳지 않은 것은?

① 풍백, 우사, 운사 등을 두어 바람, 비, 구름 등 농경에 관계되는 것을 주관하는 내용이 들어 있다.
② 널리 인간을 이롭게 한다는 내용을 포함하고 있다.
③ 《삼국유사》에는 고조선의 건국 연대가 '여고동시(與高同時)'로 기록되어 있다.
④ 단군 신화가 기록된 책으로는 《동국이상국집》, 《제왕운기》, 《세종실록지리지》 등이 있다.

003 □□□
2016 법원직 9급

(가), (나) 사이의 시기에 고조선에서 있었던 사실로 가장 옳은 것은?

> (가) 노관이 한을 배반하고 흉노로 도망한 뒤, 연나라 사람 위만도 망명하여 오랑캐 복장을 하고 동쪽으로 패수를 건너 준에게 항복하였다. - 《위략》 -
> (나) 원봉 3년 여름(B.C 108), 니계상 참이 사람을 시켜서 조선왕 우거를 죽이고 항복했다. 이로써 드디어 조선을 평정하고 사군을 삼았다. - 《사기》, 조선전 -

① 비파형 동검이 제작되기 시작하였다.
② 중국 연(燕)의 침략으로 요서 지역을 잃었다.
③ 8조에 불과하던 법 조항이 60여 조로 늘어났다.
④ 중국의 한과 한반도 남부의 진국 사이에서 중계 무역을 하였다.

⌾ 정답·해설

정답 1.② 2.④ 3.④

해설 1. 진·한 교체기 위만 세력 유입 → 준왕을 몰아내고 왕이 됨 → 대규모 집단을 거느린 예가 기원전 128년에 한나라에 투항하여 창해군 설치 → 한나라 사신 섭하가 조선과 외교 협상이 결렬되자 조선의 비왕 장을 살해하고 귀국하여 요동 동부도위가 됨 → 고조선이 이에 대응하여 기원전 109년에 섭하 살해 → 한나라가 섭하 살해를 구실로 침략 → 기원전 108년에 우거왕이 살해되고 고조선 멸망

2. 단군 신화가 기록된 책은 《삼국유사》, 《제왕운기》, 《세종실록지리지》, 《응제시주》, 《동국여지승람》, 《삼국사절요》, 《동국통감》, 《표제음주동국사략》이 있다. ③ '여고동시(與高同時)'란 '중국 요임금과 같은 시기'라는 뜻이다.

3. (가)는 위만 조선의 성립(B.C. 194), (나)는 고조선 멸망(B.C. 108) 이다. 위만 조선은 철기를 본격적으로 수용하고 동부의 예나, 한반도 남부의 진과 한나라 사이에서 중계 무역을 단행하여 이득을 취하였다. 그러나 한나라의 공격으로 멸망하였고 그 후에 60여 조로 법이 늘어났다.

004 ☐☐☐   2010 법원직 9급

고조선의 역사를 순서대로 바르게 나열한 것은?

> ㄱ. 중국 한(漢)에 맞서 대항하다 왕검성이 함락되었다.
> ㄴ. 요서 지방을 경계로 연나라와 대립할 만큼 강성하였다.
> ㄷ. 위만이 왕검성에 쳐들어가 준왕을 몰아내었다.
> ㄹ. 고조선의 8조법이 60여 조로 증가하고 풍속도 각박해졌다.

① ㄱ → ㄴ → ㄷ → ㄹ
② ㄴ → ㄱ → ㄷ → ㄹ
③ ㄴ → ㄷ → ㄱ → ㄹ
④ ㄷ → ㄴ → ㄹ → ㄱ

005 ☐☐☐   2017 하반기 국가직 7급

다음 내용에 해당하는 국가에 대한 설명으로 옳은 것은?

> 대개 사람을 죽인 자는 즉시 죽이고, 남에게 상처를 입힌 자는 곡식으로 갚는다. 도둑질을 한 자는 노비로 삼는다. 용서받고자 하는 자는 한 사람마다 50만 전을 내야 한다. 농민들은 대나무 그릇에 음식을 먹고, 도시에서는 관리나 장사꾼을 본받아서 술잔 같은 그릇에 음식을 먹는다.

① 상, 대신, 장군 등의 관직을 두었으며, 연과 대립하였다.
② 신지, 읍차로 불리는 군장들이 70여 개의 소국을 다스렸다.
③ 가축 이름을 딴 마가, 우가, 저가, 구가가 사출도를 다스렸다.
④ 상가, 고추가 등의 대가가 있었으며, 국가의 중요한 일은 제가 회의를 통해 결정하였다.

006 ☐☐☐   2016 서울시 9급

다음 자료와 관련된 나라에 대한 설명으로 가장 옳지 않은 것은?

> • 풍속에 장마와 가뭄이 연이어 오곡이 익지 않을 때, 그 때마다 왕에게 허물을 돌려 '왕을 마땅히 바꾸어야 한다.'라거나 '혹은 왕은 마땅히 죽어야 한다.'라고 하였다.
> • 정월에 지내는 제천 행사는 국중 대회로 날마다 마시고 먹고 노래하고 춤추는 데 그 이름은 영고라 한다.
>   – 〈삼국지〉 위서 동이전 –

① 쑹화강 유역의 평야지대에서 성장하였다.
② 왕 아래 가축의 이름을 딴 여러 가(加)들이 있었다.
③ 국왕이 죽으면 노비 등을 함께 묻는 순장의 풍습이 있었다.
④ 국력이 쇠퇴하여 광개토대왕 때 고구려에 완전 병합되었다.

007 ☐☐☐   2017 하반기 국가직 9급

밑줄 친 '이 나라'에 대한 설명으로 옳은 것은?

> <u>이 나라</u>는 서쪽에 자리 잡고 있다. 그 민인은 토착하여 곡식을 심고 누에치기와 뽕나무를 가꿀 줄 알며 면포를 만든다. 각기 장수(長帥)가 있어 큰 세력을 지닌 이는 스스로 신지(臣智)라 하고 그 다음은 읍차(邑借)라 한다.   – 〈삼국지〉 –

① 남의 물건을 훔친 자는 12배의 배상을 하게 하였다.
② 집집마다 부경이라는 창고를 두었다.
③ 특산품인 단궁, 과하마, 반어피 등을 수출하였다.
④ 파종한 5월과 추수한 10월에는 제의를 행하였다.

II

고대국가의 발전

기원전 57년 신라 건국 ｜ 기원전 18년 백제 건국 ｜ 427년 고구려, 평양 천도 ｜ 553년 신라, 한강 유역 진출 ｜ 668년 고구려 멸망
기원전 37년 고구려 건국 ｜ 42년 금관가야 건국 ｜ 433년 나 · 제 동맹 체결 ｜ 660년 백제 멸망 ｜ 676년 신라, 삼국 통일

01 고대국가의 성립

1 고대 국가의 성격

(1) 성립 과정

① **사회 변화** : 연맹 왕국 시대의 지방의 군장 세력은 중앙의 강력한 힘에 의해 통합되어 감.

(군장 세력 ⇨ 국왕의 지위가 강화 ⇨ 점차 왕권에 복속)

• 군장 세력은 종래 그가 다스리던 지역에 대한 영향력을 유지할 수 있었으나 국왕의 지위가 강화됨에 따라 점차 왕권에 복속되어 갔다.

② **발전 과정** : 군장 사회 ⇨ 연맹 왕국(초기 국가) ⇨ 중앙 집권 국가

(2) 고대 국가의 특징

① **정복 활동** : 대외적으로 정복 활동을 펴 영토를 확장 ⇨ 경제와 군사력의 성장 ⇨ 왕권 더욱 강화

② **왕위의 부자 상속** : 강화된 왕권을 바탕으로 왕위의 부자 상속 확립

③ **율령 체제 정비** : 왕권이 확대됨에 따라 율령을 반포하여 국가 조직의 운영과 지배 체제의 정비를 위해 추진

④ **불교 수용** : 중앙 집권화의 진전을 사상적으로 뒷받침하기 위해 적극적으로 불교를 수용.

(3) 중앙 집권적 고대 국가의 형성

① **고구려** : 2세기경에 국가 체제를 정비하였으며, 중국의 남조와 북조를 서로 견제시키면서 독자적 외교 노선을 펼침.

② **백제** : 고구려보다 늦게 출발하였지만, 남중국과 교류하면서 통치 체제를 수립

③ **신라** : 가장 늦게 국가 체제를 정비하였고 중국과의 교류도 늦었지만, 토착 귀족 세력이 뿌리 깊게 성장해 나감.

	고구려	백제	신라
국가 체제 정비	태조왕(1~2세기)	고이왕(3세기)	내물왕(4세기)
왕위의 부자 상속	고국천왕(2세기)	근초고왕(4세기)	눌지마립간(5세기)
율령 반포	소수림왕(4세기)	고이왕(3세기)	법흥왕(6세기)
불교 공인	소수림왕(4세기)	침류왕(4세기)	법흥왕(6세기)
한강 유역 장악	장수왕(5세기)	고이왕(3세기)	진흥왕(6세기)
영토 확장(전성기)	광개토대왕, 장수왕(5세기)	근초고왕(4세기)	진흥왕(6세기)

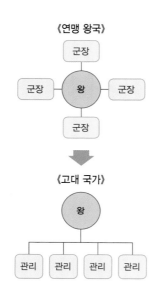

《연맹 왕국》

군장

군장 — 왕 — 군장

군장

《고대 국가》

왕

관리 | 관리 | 관리 | 관리

2 삼국의 성립과 발전

(1) 고구려의 성장 주몽이 졸본에서 건국 → 국내성으로 천도 후 세력 확대

① **동명왕(재위 기원전 37~기원전 19)** : 부여에서 내려온 주몽이 압록강 유역의 토착민과 결합하여 원고구려를 제압하고 졸본을 수도로 하는 고구려 건국. 북옥저 정복

② **유리왕(재위 기원전 19~기원 후 18)** : 졸본에서 국내성으로 천도

③ **태조왕(재위 53~146)** : 옥저 정복(56년), 요동 지역 진출 도모, 계루부 고씨의 왕위 독점적 세습 (형제 상속), 책루구 설치(현도군과의 경계에 설치한 성으로서 대외 교섭 창구를 일원화 하기 위함)

④ **고국천왕(재위 179 ~ 197)** : 왕위의 부자 상속 확립, 부족적 전통의 5부 ⇨ 행정적 5부, 진대법 시행
　　　　　　　　　　　　　　　　　절노부, 순노부, 관노부, 계루부, 소노부의 5부 •———
　　　　　　　　　　　　　　　　　⇨ 동·서·남·북·중으로 개편

⑤ **동천왕(재위 227~248)** : 위(魏)를 견제하기 위해 오(吳)와 교류 ⇨ 위의 요청으로 화친하고 요동 의 함께 공손씨 멸망 ⇨ 위의 압력에 대항하여 <u>고구려의 서안평 선제 공격(242년)</u> ⇨ 위의 관구 검의 침략으로 환도성 함락(244년) ⇨ 왕이 옥저까지 피신
　　　　　　　　　　　　　　　　　　　　　　　•——— 낙랑군과 중국의 통로 차단 목적

⑥ **미천왕(재위 300~331)** : 서안평 점령(3131년), 낙랑 축출(313년)과 대방군 차지(314년)로 대동강 유역 확보

⑦ **고국원왕(재위 331~371)** : 선비족인 전연 모용황의 침입으로 아버지 미천왕의 무덤 도굴, 수도 함락, 백제 근초고왕의 공격으로 전사(371년)

⑧ **소수림왕(재위 371~384)** : 전진과 수교, 중앙 집권 체제의 확립 ⇨ 불교 공인, <u>태학 설립</u>, 율령 반포
　　　　　　　　　　　　　우리나라 최초의 국립대학인 태학을 설립(372) •———
　　　　　　　　　　　　　하여 유학 보급과 문화의 향상을 꾀함

(2) 백제의 성장 고구려 계통의 유이민 세력과 한강 유역의 토착세력이 결합

① **고이왕(재위 234~286)** : 3세기 중엽 목지국을 몰아내고 한강 유역 완전히 장악❶, 6좌평제와 16 관등 마련, 관복제 도입 ⇨ 중앙 집권 국가의 기틀 마련

② **근초고왕(재위 346~375)** : 왕위의 부자 상속, 마한의 나머지 세력 병합하여 전라도 남해안까지 진출, 고구려의 평양성 공격, 고국원왕 전사시킴, 가야에 대해서도 지배권 행사, 동진과 교류, 산동·요서·규슈 지방 진출, 왕인과 아직기를 일본에 보내어 학문 전파, 박사 고흥으로 하여금 〈서기(書記)〉를 편찬하게 함.

③ **침류왕(재위 384~385)** : 중국 동진의 마라난타로부터 불교 수용 → 중앙 집권 체제를 사상적으로 뒷받침

(3) 신라의 성장 진한의 소국인 사로국에서 출발 ⇨ 박·석·김의 3성이 교대로 왕위 차지

① **건국** : 경주 지역의 토착민 집단과 유이민 집단이 결합, 1대 박혁거세 거서간 건국 ⇨ 2대 남해 차 차웅 ⇨ 3대 유리 이사금(박씨) ⇨ 4대 탈해 이사금(석씨) ⇨ 13대 미추홀 이사금(김씨)

② **내물 마립간(재위 356~402)** : <u>김씨 왕위 단독 계승</u>, 마립간(대군장) 칭호 사용, 고구려의 도움으로 가야·왜 연합군 격퇴 ⇨ 고구려의 간섭을 받음
　　　　　　　　　　　　　　　　　　　　　　•——— 중앙 집권 국가 기틀 마련
　　　　　　　•——— 고구려 광개토 대왕의 도움으로 격퇴

② **실성 마립간(재위 402~417)** : 고구려의 인질로 잡혀있다가 왕이 됨.

---

❶ **한강 유역 장악의 의미**
한강 유역은 농경에 적합한 자연 환경일 뿐만 아니라 한반도 중앙에 위치하여 중국의 선진 문화를 받아들이기에 유리하다는 이점이 있었다. 따라서 국가 발전에 매우 유리한 곳이었기 때문에 삼국은 모두 한강 유역을 장악하였을 때 전성기를 맞이하였다.

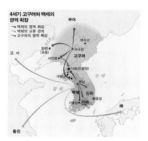

❷ 고구려와 백제의 영역 확장

▼ 호우명 그릇

그릇 바닥에 광개토 대왕의 이름이 있다

왕호	사용시기	의미
거서간	박혁거세	군장
차차웅	남해	무당, 제사장
이사금	유리~ 흘해	연장자
마립간	내물~ 소지	대군장
왕	지증왕	중국식 왕호

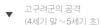
▲ 신라의 왕호 변천

③ **눌지 마립간(재위 417~458)** : 고구려의 평양 천도(427년) 이후 백제 비유왕과 나·제 동맹 체결 (433년), 박제상의 활약으로 고구려의 왕족 귀환 성공, 왕위의 부자 상속제가 확립

④ **소지 마립간(재위 479~500)** : 경주에 시장을 설치(490년), 백제와 결혼동맹(493년, 이벌찬 비지의 딸을 동성왕에게 시집보냄)

⑤ **지증왕(재위 500~514)** : 국호를 신라로 바꾸고, 왕의 칭호도 마립간에서 왕으로 고침, 이사부를 보내 우산국(울릉도)을 복속, 순장을 금지, 우경 보급, 경주에 동시전 설치.

> **▶ 지증왕의 국호 및 왕호 사용**
> 신들의 생각으로는 신(新)은 '덕업이 날로 새로워진다'는 뜻이고, 라(羅)는 사방을 망라한다는 뜻이므로 이를 나라 이름으로 삼는 것이 마땅하다고 여겨집니다. … 또 예로부터 나라를 가진 이는 모두 제(帝)나 왕(王)을 칭하였는데, 우리 시조께서 나라를 세운 지 지금 22대에 이르기까지 단지 방언으로 칭하였고 존엄한 호칭을 정하지 못하였으니, 지금 여러 신하가 한마음으로 삼가 '신라 국왕(新羅 國王)'이라는 칭호를 올립니다.

2 가야 연맹의 성립과 발전

① **전기 가야의 발전** : 수로왕이 세운 금관가야를 중심으로 낙랑과 왜를 중계무역 하며 성장. 당시 김해 지역은 평야가 적고 바닷물이 깊숙이 들어 와 있어 농업 생산량이 적었음.

② **전기 가야의 쇠퇴** : 313년에 낙랑군과 대방군이 고구려에 의해 멸망하자, 중계 무역을 중심으로 발전하였던 전기 가야의 기본 구도가 흔들림. 특히 '포상 8국의 난'은 낙랑의 멸망 이후 남해안 지역 세력들이 문화적 축적을 바탕으로 새로운 통합 운동을 일으키면서 금관가야를 침략한 사건으로, 신라군의 구원으로 침공을 물리침. 그리고 400년에는 광개토대왕의 고구려군이 신라에 침입한 왜군을 추격하다가 큰 타격을 입힘. 이로 인해 낙동강 서쪽 연안으로 축소됨

③ **후기 가야의 대두** : 금관가야 중심의 전기가야가 약화되면서, 5세기 이후에는 경상남도 내륙 고령 지역의 대가야를 중심으로 하는 후기 가야가 성립함. 이들은 백제, 신라와 연합하여 장수왕의 남하 정책에 대항하기도 함

④ **후기 가야의 발전** : 대가야는 이후 금관가야의 제철 기술을 받아들이고 내륙 산간 일대의 농업 생산력과 옛 야로현(합천군 야로면)의 철광을 기반으로 가야 연맹의 세력을 잡음. 이를 잘 보여 주는 것이 고령 지산동 고분군의 대형 고총 고분임.

3 삼국의 교류와 항쟁

(1) 고구려의 전성기

① **광개토대왕(재위 391~412)** : 동부여 복속, 후연을 격파하고 숙신과 거란 정벌하여 만주 지방 차지, 신라에 침입한 왜구를 격퇴하고 신라에 내정 간섭, 경주의 왜구를 격퇴하는 과정에서 금관가야가 쇠퇴함, '영락'이라는 최초의 연호 사용, '국강상광개토경평안호태왕'라는 시호를 얻음

② **장수왕(재위 412~491)** : 남북조와의 다툼을 이용하여 세력 강화, 평양 천도(427년), 한성을 공격하여 백제 개로왕을 죽게 함(475년). 한강 이남 진출 → 충주 고구려비를 세워 영토 확장을 기념함

③ **문자왕(재위 491~519)** : 부여 정복(494년), 고구려의 최대 영토 차지

④ **평원왕(재위 559~590)** : 북주의 침입을 온달이 격퇴

⑤ **영양왕(재위 590~618)** : 온달이 신라와 싸우다 아차산성에서 전사, 〈신집〉 5권 편찬, 일본에 담징, 혜자 파견

> **전기 가야 연맹(3세기)**
> 김해의 금관가야 중심, 철 생산 풍부, 벼농사 발달, 중계 무역 발달(낙랑과 왜를 연결)
>
> ▼ 고구려군의 공격
> (4세기 말~5세기 초)
>
> **후기 가야 연맹(5세기 후반)**
> • 고령의 대가야 중심, 중국·왜와 교역
> • 6세기 중엽 신라에 병합 (진흥왕)

▲ 가야 연맹

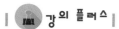

▲ 광개토대왕릉비

▲ 충주고구려비

▶ **취리산 회맹 (665)**
당의 강요로 문무왕이 칙사 유인원, 웅진도독 부여 융과 함께 웅진 취리산에서 국경에 대하여 맺은 동맹

▲ 양직공도의 백제 사신

▲ 신라의 전성기(6세기)

⑥ **영류왕(재위 618~642)** : 천리장성 축성 시작, 연개소문의 정변으로 사망

⑦ **보장왕(재위 642~668)** : 고구려의 마지막 왕, 고구려 멸망 후 당나라에 의해 '요동도독 조선왕'에 봉해졌으나 부흥 운동을 일으킴

(2) **백제의 중흥 노력** 고구려의 침략으로 한강 유역 상실 ⇨ 웅진(공주)으로 천도(475년)

① **비유왕(재위 427~455)** : 장수왕의 평양 천도(427년) 이후 신라의 눌지왕과 나·제 동맹 체결(433년)

② **개로왕(재위 455~475)** : 북위 효문제에게 고구려 정벌을 부탁하는 글을 지었으나 거절당하고, 한성 함락, 개로왕 전사(475년)

③ **문주왕(재위 475~477)** : 웅진(공주) 천도(475년)

④ **동성왕(재위 479~501)** : 신라 소지왕 시기 이벌찬 비지의 딸과 결혼하여 결혼동맹 체결(493년), 금강 유역의 신진 세력(사택씨, 연씨, 백씨)을 등용하여 세력 기반 확대

⑤ **무령왕(재위 501~523)** : 지방을 22담로로 구획하고 왕족 파견, 중국 남조의 양과 교류, 오경박사 단양이와 고안무를 일본에 보내어 문물 전파

•‒•부여에서 남하한 세력이 백제를 세움(부여를 계승한다는 의미)
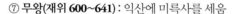

⑥ **성왕(재위 523~554)** : 사비(부여)로 천도하고 국호를 남부여(南夫餘)로 고쳐 국가의 중흥을 꾀함, 22부의 관청을 두고 수도를 5부, 지방을 5방으로 정비, 노리사치계를 일본에 보내어 불교 전파, 신라와 연합하여 일시적으로 한강 유역 수복(551년), 신라의 배신으로 한강 유역을 빼앗겼다가 그것을 되찾기 위한 관산성 전투에서 전사(554년)

⑦ **무왕(재위 600~641)** : 익산에 미륵사를 세움

⑧ **의자왕(재위 641~660)** : 신라의 대야성 및 40여 개 성을 함락, 고구려와 동맹, 나·당 연합군에 의해 백제 멸망 후 당에 끌려감

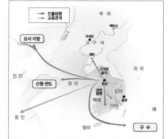

▲ 백제의 전성기(4세기)

(3) **신라의 발전**

① **법흥왕(재위 514~540)** : 병부와 상대등 설치, 율령 반포, 골품제 정비, 백관의 공복 제정, 이차돈 순교를 계기로 불교 공인(527), 금관가야 병합(532), 건원 연호 사용

> ▶ **법흥왕의 체제 정비**
> • 4년, 처음으로 병부를 설치하였다.
> • 7년, 율령을 반포하고 처음으로 관리들의 공복을 제정하였다. 붉은 색과 자주색으로 등급을 표시하였다.
> • 15년, 처음으로 불법이 시행되었다.
> • 18년, 이찬 철부를 상대등에 임명하고 나랏일을 총괄하게 하였다. 상대등이라는 벼슬이 이때 시작되었다. 지금의 재상과 같다.
> • 23년, 처음으로 연호를 정하여 건원(建元)이라 하였다.

② **진흥왕(재위 540~576)** : 강화된 국력을 바탕으로 개국, 대창(태창), 홍제 등의 연호 사용, 화랑도를 국가적 조직으로 개편, 전륜성왕을 자처하며 불교 교단 정비, 황룡사 건립, 거칠부로 하여금 〈국사(國史)〉 편찬하도록 함, 한강 유역 차지, 대가야 정복(562), 함경도 지역까지 진출, 단양 적성비와 4개의 순수비 건립, 당항성을 통해 중국과 직접 교류할 수 있는 발판 마련

〈신라의 주요 비석〉

	비석	시기	의의
지증왕	포항 중성리 신라비	501년	현재까지 발견된 신라 비석 중 가장 오래된 것. 재산 분쟁 관련 기록
	영일 냉수리비	503년	절거리라는 인물의 재산소유와 사후의 재산상속 문제를 결정한 사실을 기록한 공문서적 성격
법흥왕	울진 봉평 신라비		율령 반포 사실을 뒷받침
진흥왕	단양 적성비		진흥왕의 한강 진출을 기념
	북한산 순수비	555	한강 하류 진출 기념 추사 김정희의 고증으로 밝혀짐
	창녕비	561	가야 지방 진출을 기념
	황초령비	568	함경도 진출 기념, 추사 김정희의 고증으로 밝혀짐
	마운령비	568	함경도 진출 기념
진평왕	남산 신성비	591	경주 남산에 성을 쌓을 때 노동력을 동원한 기록

▲ 단양적성비

▲ 북한산 순수비

③ **진평왕(재위 579~632)** : 승려 원광으로 하여금 수나라에 고구려 정벌을 위한 걸사표(乞師表)를 지어 보냄, 당과 친선

④ **선덕여왕(재위 632~647)** : 김춘추와 김유신 중용, 자장의 건의로 황룡사 9층 목탑 건립, 분황사와 분황사 모전 석탑 건립, 첨성대 건립, 영묘사 건립, 백제 의자왕의 공격으로 대야성을 비롯한 40여개 성 상실, 고구려에 김춘추를 보내어 원병 요청, 비담의 난 시기에 사망

⑤ **진덕여왕(재위 647~654)** : 김춘추를 통해 나·당 동맹을 맺고 중국식 연호 사용, 집사부 설치

02 삼국의 대외 항쟁과 신라의 삼국 통일

1 고구려의 대외 항쟁

(1) **6세기 말~7세기의 동북아시아 정세** 수의 중국 통일, 신라의 한강 유역 차지 ⇨ 이에 대응하여 고구려와 백제 연합 → 신라의 고립, 수에 도움 요청

(2) **고구려와 수·당의 전쟁** ⇨ 중국의 한반도 침략 저지

▲ 6-7세기 십자외교

① **수와의 전쟁** : 수 문제가 고구려에 복속 요구 ⇨ 고구려 영양왕의 요서 지방 선제 공격(598) ⇨ 수 문제가 30만 대군을 이끌고 침공하였으나 요하에서 격퇴 ⇨ 수 양제가 100만 이상의 군대를 이끌고 침공 ⇨ 우중문이 30만의 별동대를 뽑아 평양 공격 ⇨ 을지문덕 장군의 살수대첩(612)으로 격퇴 ⇨ 무리한 토목공사와 고구려 원정으로 수 멸망(618)

② **당과의 전쟁** : 당 초기에는 고구려에 대한 유화 정책 실시 ⇨ 당 태종 즉위 후 침략 의도 가시화 ⇨ 고구려의 천리장성(부여성~비사성) 구축, 연개소문의 정변으로 영류왕 폐위, 보장왕 즉위 ⇨ 대당 외교정책 및 신라의 당항성 공격 → 연개소문의 정변을 구실로 당 태종 직접 침략 ⇨ 안시성 싸움(645)에서 고구려 승리 ┉┉●연개소문의 권력 장악의 배경이 됨

(3) **고구려 대외 항쟁의 의의** : 고구려가 수·당의 침략을 막아냄으로써 고구려를 지켜 자주성을 보여주었을 뿐 아니라 중국 세력으로부터 한반도 전체의 방파제 역할을 함

▲ 부흥 운동

▲ 삼국 통일 전쟁

▲ 예산 임존성

2 백제와 고구려의 멸망과 부흥 운동

(1) 백제와 고구려의 멸망

① **백제의 멸망(660)**: 지배층의 분열 ⇨ 나 · 당 연합군의 공격 ⇨ 사비성 함락
　　　　　　　　　　　　　　　●신라군의 황산벌 싸움 승리

② **고구려의 멸망(668)**: 거듭된 전쟁으로 국력 소모, 연개소문 사후 지배층 분열 ⇨ 나 · 당 연합군의 공격 ⇨ 평양성 함락
　　　　　　　　　　　　　　　●연개소문이 죽은 뒤 세 아들이 권력 쟁탈전을 전개

(2) 백제와 고구려의 부흥 운동 백제와 고구려가 멸망한 후 각지에서 유민이 부흥 운동을 일으킴

① **백제의 부흥 운동**

　㉠ 흑치상지가 임존성에서 부흥 운동 전개, 복신과 도침은 왕자 부여 풍을 왕으로 삼고 주류성에서 부흥 운동 전개, 한때 200여개 성을 회복하고 4년간 저항

　㉡ 백강 전투(663) : 일본에서 백제의 부흥 운동을 돕기 위해 군사 파견, 지금의 금강에서 나 · 당 연합군과 전투하였으나 패배

　㉢ 결과 : 복신이 승려 도침을 배반하여 죽이고, 왕자 부여 풍이 복신을 죽이면서 지배층 분열, 흑치상지는 유인궤에게 투항. 백제 부흥 운동 실패(663).

② **고구려의 부흥 운동**

　㉠ 검모잠이 보장왕의 서자 안승을 받들고 황해도 재령(한성)에서, 고연무가 오골성에서 부흥 운동 전개 → 신라는 당을 견제하기 위하여 고구려 부흥 운동 지원

　㉡ 안승이 검모잠을 죽이고 신라에 투항(670)하면서 부흥 운동이 실패로 돌아감

　㉢ 보덕국 : 문무왕이 고구려 유민들을 금마저(익산)에 자리잡게 하고 안승을 고구려 국왕으로 임명(670)하고 이후 보덕국왕으로 책봉(674), 고구려 유민들은 매소성 전투에 참가하는 등 나 · 당 전쟁에 동원됨

3 나 · 당 전쟁과 신라의 삼국 통일

(1) 당의 한반도 지배 야욕 한반도 전체에 대한 지배권을 확보 하려함

① **웅진 도독부** : 백제 멸망 후 백제의 옛 땅 웅진(공주)에 설치(660), 의자왕의 아들 융을 웅진 도독으로 임명(664), 백제 유민을 무마, 신라와의 분열 꾀함

② **안동 도호부** : 고구려 점령 이후 평양에 설치(668)

③ **계림 도독부** : 신라 경주에 설치(663), 신라 귀족의 분열을 획책

(2) 나 · 당 전쟁(670~676)

　　　　　　　　　　　　　　　　　　　　　　　　　●당나라 장군 이근행의
　　　　　　　　　　　　　　　　　　　　　　　　　　20만 대군 격파

신라의 고구려 부흥 운동 세력 지원, 백제 땅에 대한 지배권 장악 ⇨ 매소성 전투 ⇨ 기벌포(금강 하구)전투(당의 수군 섬멸) ⇨ 당의 세력 축출 ⇨ 삼국 통일(676)　당나라 장군 설인귀의 수군 섬멸 ●

(3) 삼국 통일의 의의

① **한계** : 외세의 협조(당과 연합), 대동강~원산만 이남 지역의 통일에 그침

② **의의** : 당 세력을 무력으로 축출, 고구려 · 백제 문화 전통의 수용, 민족 문화 발전의 토대 마련
　　　　　●삼국 통일의 자주적 성격을 보여 줌

03 삼국의 정치구조

1 체제 정비

(1) **삼국 초기의 체제** 부족 단위의 독자적 지배

① **부(部) 체제** : 각 부의 귀족들이 관리를 거느림

② **귀족 회의체** : 국가 중대사 결정 → 제가 회의(고구려), 정사암 회의(백제), 화백 회의(신라)

(2) **중앙 집권 체제 형성** 관등제 정비 ⇨ 중앙 집권 체제 형성 ⇨ 왕권 강화
　　　　　　　　　　　　　●부족적 성격 → 행정적 성격　　●왕 중심의 일원적 통치 체제

2 관등제의 정비

(1) **삼국의 관등제** 관리들의 등급을 정한 것으로, 왕을 정점으로 그 상하관계를 하나의 체계로 조직화함, 신분제와 결합되어 운영

(2) **고구려의 관등제** 4세기경 각 부 관료 조직을 흡수하여 10여 관등을 둠 ⇨ 최고 관등인 **대대로**(대막리지)는 수상으로 국정을 총괄함
　　　　　　　　　　　　　　　　　　　　　　　3년에 한번 제가 회의의 선거를 통해 선출 ●

(3) **백제의 관등제** 6좌평 이하 16관등으로 조직, 관품에 따라 관복의 색깔을 구분 ⇨ 수상은 상좌평이며 귀족 회의 (정사암 회의) 주관, 국정 총괄 업무 담당
　　　　　　　　　　　　　　　　　　　　　　●자주색, 비색, 청색

(4) **신라의 관등제** 신분제인 골품제와 결합되어 운영

① **법흥왕** : 각 부의 하급 관료 조직을 흡수 ⇨ 17관등제를 정비

② **진평왕** : 위화부 · 조부 · 예부를 신설

③ **진덕여왕** : 집사부 · 창부를 둠 ⇨ 국가 권력 강화

3 중앙 정치 체제와 지방 행정 조직

(1) **중앙 정치 체제**

① **고구려** : 초기에 대보(좌보 · 우보)를 둠 ⇨ 국상으로 변화 ⇨ 6세기 이후 수상격인 대대로(막리지, 대막리지)가 있었음, 그 아래에 주부(재정 담당)와 내평(내무 담당), 외평(외무 업무 담당)이 국정을 분장함

② **백제** : 좌평 제도를 둠. 초기에는 귀족 대표의 성격이 강했으나, 수가 늘어나자 상좌평을 두어 수상으로 삼음. 6좌평제가 성립, 좌평 이하 16등급의 관제, 22부(행정 부서)가 있었음
　　　　　　　　　　●6전제도의 영향을 받음. 내신좌평이 수상역할을 함　　●내관 12부, 외관 10부

③ **신라** : 상대등은 귀족 회의를 주관, 왕권을 견제
　　　　　●귀족 세력을 대표

(2) **지방 행정 조직** 중앙 정부의 지방 통제력 미약, 촌은 촌주가 지방관 보좌, 행정 · 군사 실무 담당

① **수도 행정 구역** : 고구려와 백제는 5부, 신라는 6부를 두었다.
　　　　　　　　　　　　　　　●급량 · 사량 · 본피 · 모량 · 한지 · 습비

② **지방 행정 구역** :

　㉠ **고구려** : 지방에 5부를 둠, 욕살(장관)을 파견, 그 아래 성(城)은 처려근지 또는 도사가 다스림
　　　　　　●동 · 서 · 남 · 북 · 중방　　　　　　　　　●군에는 군장이 있었다

　㉡ **백제** : 지방에 5 방을 두고 방령(지방 장관)이 다스림. 방 아래에는 군(郡)을 두고, 방과 군의

통합을 받는 하위의 지방 행정 조직인 성(城)은 현으로도 표기됨, 이 곳에 파견된 지방관의 명칭은 성주 또는 도사라 함

ⓒ 신라 : 5주를 두었고, 그 장관으로 군주(軍主)가 있었음. 주 밑에 군(태수)과 현(현령)을 둠. 그 아래의 지방 행정 단위인 성에는 도사(道使)가 배치됨.

ⓔ 촌주 : 촌에는 지방관을 파견하지 않고, 토착 세력을 촌주로 삼음
  └────●지방 행정의 말단 단위

③ **특별 행정 구역** : 3경(고구려), 22담로(백제), 2소경(신라)
  └─●평양성·국내성·한성   └─●왕족 파견, 무령왕

(3) 군사 조직 각 지방의 지방관이 군대의 지휘관(지방 행정 조직 = 군사 조직)
  └────💯 백제의 방령, 신라의 군주

국가 / 등급	고구려 관등	백제 관등	백제 복색	백제 허리띠 색	신라 관등	골품별 승진 상한 진골	6두품	5두품	4두품	신라 복색
1	대대로	좌평	자색	자색	이벌찬					자색
2	태대형	달솔			이찬					
3	울절	은솔			잡찬					
4	태대사자	덕솔			파진찬					
5	조의두대형	한솔			대아찬					
6	대사자	나솔	비색	검은색	아찬					비색
7	대형	장덕			일길찬					
8	발위사자	시덕		적색	사찬					
9	상위사자	고덕		청색	급벌찬					
10	소사자	계덕			대나마					청색
11	소형	대덕			나마					
12	제형	문독	청색	황색	대사					황색
13	선인	무독			사지					
14	자위	좌군		흰색	길사					
15		진무			대오					
16		극우			소오					
17					조위					

구분	고구려	백제	신라
관등·관제	10여 관등 💯 태대형, 대사자	16관등. 6좌평제 💯 달솔, 대덕	17관등 💯 이벌찬, 대나마
특이점		성왕 때 22부 추가 (외관10부.내관 12부)	경위제(중앙):17관등 외위제(지방):11관등
수상	대대로, 막리지	상좌평(내신좌평)	상대등
귀족 합의제(수상)	제가 회의	정사암 회의	화백 회의

1 │ 삼국의 발전과 항쟁

001 □□□
2017년 경찰(순경) 2차

(가)와 (나) 사이에 있었던 일로 가장 적절하지 않은 것은?

> (가) 고국천왕은 한미한 신분의 을파소를 국상으로 등용하여 소농민을 보호하는 정책을 실시하였다.
> (나) 광개토 대왕은 왜국의 침략을 받은 신라를 도와 왜병을 낙동강 유역에서 섬멸하였다.

① 백제의 수도 한성을 함락하고 죽령 일대에서 남양만을 연결하는 선까지 그 판도를 넓혔다.
② 전연의 모용황의 침입을 받아 궁궐이 불타고, 남녀 5만여 명이 포로로 잡혀갔다.
③ 전진을 통하여 불교를 수용하고, 태학을 설립하여 귀족의 자제들에게 유학을 가르쳤다.
④ 위(魏)의 장수 관구검에 의하여 환도성이 함락 당하였다.

002 □□□
2018년 국가직 9급

밑줄 친 ㉠의 결과에 해당하는 사실로 옳은 것은?

> (영락) 6년 병신(丙申)에 왕이 직접 수군을 이끌고 백제를 토벌하였다. (백제 왕이) 우리 왕에게 항복하면서 "지금 이후로는 영원히 노객(奴客)이 되겠습니다."라고 맹세하였다. …… ㉠10년 경자(庚子)에 왕이 보병과 기병 5만 명을 보내 신라를 구원하게 하였다.

① 고구려가 신라 내정 간섭을 강화하였다.
② 백제가 고구려의 평양성을 공격하였다.
③ 신라가 관산성 전투에서 백제 성왕을 살해하였다.
④ 금관가야가 가야 지역의 중심 세력으로 대두하였다.

003 □□□
2017년 국가직(하반기) 9급

다음은 고구려에 대한 내용이다. (가), (나) 사이에 있었던 사실로 옳지 않은 것은?

> (가) 전진에서 불교를 받아들였고, 유학 교육 기관으로 태학을 설립하였으며, 율령을 공포하였다.
> (나) 수도를 평양으로 옮기고, 백제의 수도 한성을 공격하여 개로왕을 죽였다.

① 모용황의 공격을 받았다.
② 후연을 공격하여 요동 지역에 진출하였다.
③ 북쪽으로 숙신을 정복하였다.
④ 신라를 도와 낙동강 유역에서 왜병을 대파하였다.

---

004 □□□ 2018년 서울시(추가) 9급

고구려와 관련된 〈보기〉의 사건을 시간 순으로 바르게 나열한 것은?

> ㄱ. 평양 천도
>
> ㄴ. 관구검과의 전쟁
>
> ㄷ. 고국원왕의 전사
>
> ㄹ. 광개토 대왕릉비 건립

① ㄷ – ㄱ – ㄹ – ㄴ
② ㄱ – ㄷ – ㄴ – ㄹ
③ ㄴ – ㄷ – ㄹ – ㄱ
④ ㄹ – ㄴ – ㄱ – ㄷ

006 □□□ 2014년 국가직 9급

고구려와 신라의 관계를 다음과 같이 알려주고 있는 삼국 시대의 금석문은?

> • 고구려의 군대가 신라 영토에 주둔하였던 것으로 이해할 수 있는 기록이 보인다.
>
> • 고구려가 신라의 왕을 호칭할 때 '동이 매금(東夷寐錦)'이라고 부르고 있다.
>
> • 고구려가 신라의 왕과 신하들에게 의복을 하사하는 의식을 거행한 것으로 보인다.

① 광개토 대왕릉비
② 집안 고구려비
③ 중원 고구려비
④ 영일 냉수리비

005 □□□ 2017년 국가직(하반기) 7급

㉠ 왕호를 사용하던 신라 시기의 사실로 옳은 것은?

> 신라 왕으로서 거서간, 차차웅이란 이름을 쓴 이가 각기 하나요, 이사금이라 한 이가 열여섯이며, (㉠)(이)라 한 이가 넷이다.
>
> – 《삼국사기》 –

① 율령이 반포되었다.
② 대가야를 병합하였다.
③ 왕위의 부자 상속제가 확립되었다.
④ 건원이라는 독자적인 연호를 사용하였다.

🎯 정답 · 해설

정답 4.③ 5.③ 6.③

해설 4. ㄴ. 3세기에 고구려 동천왕이 서안평을 공격하여 중국과 낙랑 사이의 연결을 차단하려 시도하였으나 위나라 관구검의 침략으로 환도성 함락 → ㄷ. 4세기 고국원왕이 백제 근초고왕의 침략으로 평양성에서 전사 → ㄹ. 장수왕이 즉위 초에 광개토대왕릉비를 건립(414) → ㄱ. 장수왕이 국내성에서 평양성으로 천도(427)

5. ㉠ 왕호는 마립간이다. 신라는 4세기 말부터 5세기 초의 내물왕 시기부터 마립간 칭호를 사용하다가 6세기 초 지증왕부터 중국식 왕호인 '왕'을 사용하였다. ③ 5세기의 눌지왕은 왕위 계승을 형제 상속에서 부자상속으로 바꾸었다.

　①④ 법흥왕　② 진흥왕

6. 주어진 자료는 5세기 장수왕 시기에 세워진 것으로 추정되는 중원(충주)고구려비에 새겨진 내용이다.

　① 고구려 건국 신화, 광개토대왕의 정복 활동, 수묘인(무덤을 지키는 사람) 관련 기록이 새겨져 있다. ② 고구려 건국과 왕위 계승, 수묘제의 시행과 변천, 호태성왕의 명령이 새겨져있다. ④ 영일(포항) 냉수리비는 신라 지증왕 때의 비석으로서 재산 분쟁에 관한 기록이 새겨져 있다.

007 □□□

다음 자료의 시기에 해당하는 상황으로 옳은 것을 〈보기〉에서 모두 고른 것은?

> 고려대왕 상왕공과 신라 매금은 세세토록 형제같이 지내기를 원하며 수천하기 위해 동으로 …… 동이 매금의 옷을 내려 주었다.

—〈보기〉—
ㄱ. 중국에서 남북조가 대립하였다.
ㄴ. 고구려는 남하 정책을 추진하였다.
ㄷ. 백제는 수도를 사비로 천도하였다.
ㄹ. 신라는 왕호를 중국식으로 바꾸었다.

① ㄱ, ㄴ
② ㄴ, ㄷ
③ ㄷ, ㄹ
④ ㄱ, ㄷ

---

2 | 삼국의 항쟁과 신라의 삼국통일

008 □□□

다음 왕의 재위 시기에 있었던 사실로 가장 적절하지 않은 것은?

> 왕 재위 3년에 순장을 금지하는 명령을 내렸다. 3월에는 주와 군의 수령에게 명하여 농사를 권장하게 하였다. 처음으로 소를 부려서 논밭을 갈았다.　　　　－《삼국사기》－

① 이사부의 건의로 《국사》를 편찬하였다.
② 왕이라는 중국식 칭호를 사용하였다.
③ 국호를 신라로 정하였다.
④ 이사부를 시켜 우산국을 정벌하였다.

---

009 □□□

(가)와 (나) 사건 사이에 발생한 역사적 사실로 옳은 것을 〈보기〉에서 모두 고르면?

> (가) 겨울에 왕(근초고왕)이 태자와 함께 정예 군사 3만 명을 거느리고 고구려에 쳐들어가 평양성을 공격하였다. 고구려 왕 사유(고국원왕)가 힘을 다해 싸워 막았으나 빗나간 화살에 맞아 죽었다.
>
> (나) 9월에 가야가 반란을 일으켰으므로, 왕(진흥왕)이 이사부에 명하여 토벌케 하였는데, 사다함이 부장이 되었다. 사다함은 5천 명의 기병을 이끌고 앞서 달려가 전단문에 들어가 흰 깃발을 세우니, 성 안의 사람들이 두려워 어찌할 바를 몰랐다. 이사부가 군사를 이끌고 거기에 다다르자, 일시에 모두 항복하였다.
> 　　　　　　　　　　　　　　　　　－《삼국사기》－

—〈보기〉—
ㄱ. 고구려군이 신라를 침략한 왜군을 격퇴하였다.
ㄴ. 백제가 신라의 대야성을 공격하여 차지하였다.
ㄷ. 신라가 건원이라는 연호를 처음으로 사용하였다.
ㄹ. 고구려가 동쪽으로 진출하여 동옥저를 정복하였다.

① ㄱ, ㄴ
② ㄱ, ㄷ
③ ㄴ, ㄷ
④ ㄴ, ㄹ
⑤ ㄷ, ㄹ

🎯 정답 · 해설

정답 7.① 8.① 9.②

해설 7. 제시된 자료는 고구려 전성기인 5세기에 해당하는 설명이다. ㄱ. 고구려는 장수왕 때 중국이 남북조로 갈라져 서로 경쟁하는 것을 이용하여 '이이제이' 정책을 통해 국력을 신장시키고, ㄴ. 남진 정책을 단행하여 한성을 함락하였다.
　　ㄷ. 6세기 백제 성왕, ㄹ. 6세기 초 신라 지증왕

8. 순장을 금지하고 우경을 장려한 인물은 6세기 초 신라 지증왕이다.
　　① 6세기 진흥왕은 이사부의 건의를 수용하여 거칠부에게 《국사》를 편찬하도록 하였다.

9. (가)는 4세기에 근초고왕이 평양성을 공격하자 이에 맞서 싸우던 사유(고국원왕)가 전사하는 장면이다. (나)는 6세기에 진흥왕이 대가야를 정복하는 내용이다. ㄱ. 400년에 광개토대왕이 신라를 지원하여 왜구를 섬멸하는 모습이다. ㄷ. 법흥왕은 '건원'이라는 연호를 사용하였다.
　　ㄴ. 642년 의자왕　ㄹ. 56년 태조왕

010 ☐☐☐

밑줄 친 '왕'의 재위 기간에 있었던 사실로 옳은 것은?

> 왕 30년, 달솔 노리사치계를 왜에 보내 석가여래상과 불경을 전하였다.

① 북위에 국서를 보내 고구려를 공격해 줄 것을 요청하였다.
② 평양성까지 진군하여 고국원왕을 전사시켰다.
③ 국호를 남부여로 고쳤다.
④ 불교를 공인하였다.

011 ☐☐☐

밑줄 친 '왕'이 재위하였던 시기의 역사적 사실로 가장 적절한 것은?

> "대가야가 모반하였다. 왕은 이사부로 하여금 그들을 토벌케 하고, 사다함으로 하여금 이사부를 돕게 하였다. …… 이사부가 군사를 인솔하고 그곳에 도착하니, 그들이 일시에 모두 항복하였다. 공로를 평가하는데 사다함이 으뜸이었기에 왕이 좋은 밭과 포로 2백 명을 상으로 주었다."

① 이사부로 하여금 우산국(于山國)을 정벌케 하였다.
② 건원(建元)이라는 신라 최초의 연호를 사용하였다.
③ 개국(開國), 대창(大昌), 홍제(鴻濟)라는 연호를 사용하였다.
④ 김씨 왕위 계승 체제가 확립되었다.

012 ☐☐☐

삼국 간의 전쟁 과정에서 일어난 사건을 순서대로 바르게 나열한 것은?

> ㉠ 백제 성왕은 관산성 전투에서 신라의 공격을 받고 죽었다.
> ㉡ 신라의 대야성은 백제의 공격을 받고 함락되었다.
> ㉢ 백제 한성은 고구려의 공격을 받아 함락되고 개로왕이 처형되었다.
> ㉣ 고구려 고국원왕이 백제의 공격을 받고 전사하였다.

① ㉣ → ㉠ → ㉢ → ㉡
② ㉡ → ㉢ → ㉣ → ㉠
③ ㉡ → ㉠ → ㉣ → ㉢
④ ㉣ → ㉢ → ㉠ → ㉡

⊙ 정답 · 해설

정답 10.③ 11.③ 12.④

해설 10. 일본에 노리사치계를 파견하여 불경과 불상을 전래시킨 인물은 백제 성왕이다. 성왕은 사비로 천도하고 국호를 남부여로 개칭하였으며 중앙에 22부를 설치하고 국가를 정비하였다. ① 개로왕 ② 근초고왕 ④ 백제에서 불교를 수용한 인물은 침류왕이다.

  11. 주어진 자료는 대가야를 정복한 진흥왕에 대한 내용이다. 진흥왕은 개국(551), 대창(568), 홍제(572)라는 연호를 사용하였다.
  ① 지증왕 ② 법흥왕 ④ 내물 마립간

  12. ㉣ 고국원왕은 근초고왕의 공격으로 371년 평양성에서 전사하였다. ㉢ 장수왕은 475년 백제를 공격하여 한성을 차지하였다. ㉠ 백제 성왕은 554년에 신라에 대항하여 신라의 공격을 받고 관산성에서 전사하였다. ㉡ 의자왕은 642년 장군 윤충을 보내 신라의 대야성을 비롯한 40여 개의 성을 빼앗았다.

013 □□□

신라 문무왕의 유언이다. 밑줄 친 ㉠~㉣의 내용과 부합하지 않는 것은?

> 과인은 운수가 어지럽고 전쟁을 하여야 하는 때를 만나서 ㉠서쪽을 정벌하고 ㉡북쪽을 토벌하여 영토를 안정시켰고, ㉢배반하는 무리를 토벌하고 ㉣협조하는 무리를 불러들여 멀고 가까운 곳을 모두 안정시켰다.　　　　　　　－《삼국사기》－

① ㉠ – 태자로서 참전하여 백제를 멸망시켰다.
② ㉡ – 당나라 군대와 함께 고구려를 멸망시켰다.
③ ㉢ – 백제 부흥 운동을 주도한 복신을 공격하였다.
④ ㉣ – 임존성에서 저항하던 지수신의 투항을 받아주었다.

014 □□□

(가) 시기에 해당하는 사실로 옳은 것만을 〈보기〉에서 모두 고르면?

문무왕이 왕위에 올랐다.

(가)

신라가 기벌포에서 당의 수군을 격파하였다.

〈보기〉
ㄱ. 신라가 안승을 고구려 왕에 봉하였다.
ㄴ. 당나라가 신라를 계림대도독부로 삼았다.
ㄷ. 신라가 황산벌 전투에서 백제군을 무찔렀다.
ㄹ. 보장왕이 요동 지역에서 고구려 부흥을 꾀하였다.

① ㄱ, ㄴ
② ㄱ, ㄷ
③ ㄴ, ㄹ
④ ㄷ, ㄹ

정답 · 해설

정답 13.④ 14.①

해설 13. 제시된 자료는 681년에 기록된 문무왕의 유언이다. ① 문무왕은 661년에 즉위하였고 태자였던 660년에는 백제 멸망에 참여하였다. ② 668년에는 고구려를 멸망시켰다. ③ 이후 복신과 도침 등이 일으킨 백제 부흥 운동을 진압하였다. ④ 임존성에서 끝까지 저항한 백제 지수신은 결국 고구려로 망명하였다.

14. 첫 번째 자료는 문무왕의 즉위(661), 두 번째 자료는 기벌포 전투(676)를 보여준다.

ㄱ. 신라는 고구려가 668년에 망한 뒤 고구려의 마지막 왕 보장왕의 서자 안승을 금마저(익산)에 있게 하고 670년에 왕으로 봉하였다. / ㄴ. 당나라는 신라를 지배할 야욕으로 663년 계림도독부를 설치하고 문무왕을 계림주 대도독에 임명하였다. / ㄷ. 신라는 660년 황산벌 전투에서 백제를 무찌르고 백제를 멸망시켰다. / ㄹ. 보장왕은 고구려 멸망 이후 당나라에 의하여 '요동주 도독 조선왕'에 봉해졌으나(677) 말갈족과 연합하여 고구려 부흥운동을 전개하였다.

015 □□□

밑줄 친 '이 나라'의 정치 제도에 대한 설명으로 옳은 것을 〈보기〉에서 모두 고른 것은?

> 이 나라는 오경박사를 두어 유학을 가르치고, '서기'라는 역사책을 편찬하는 등 유교 문화 수준이 높았다. 그리고 '사택지적비'를 보면 노장 사상에 대해서도 상당한 지식이 있었음을 알 수 있다.

───〈보기〉───
ㄱ. 16등급의 관등 제도와 6좌평의 제도를 두었다.
ㄴ. 귀족들이 모여서 수상인 대대로를 선출하였다.
ㄹ. 소경(小京)이라는 특수 행정 구역을 설치하였다.
ㄷ. 지방에 22개의 담로를 두고 왕족을 보내 다스렸다.

① ㄱ, ㄴ ② ㄴ, ㄷ ③ ㄷ, ㄹ ④ ㄱ, ㄹ

016 □□□

삼국 시대의 정치 제도에 대한 설명으로 옳은 것만을 모두 고르면?

> ㄱ. 삼국의 관등제와 관직 제도 운영은 신분제에 의하여 제약을 받았다.
> ㄴ. 고구려는 대성(大城)에는 처려근지, 그 다음 규모의 성에는 욕살을 파견하였다.
> ㄷ. 백제는 도성에 5부, 지방에 방(方) – 군(郡) 행정 제도를 시행하였다.
> ㄹ. 신라는 10정 군단을 바탕으로 영역을 확장하고 삼국 통일을 이룩하였다.

① ㄱ, ㄴ ② ㄱ, ㄷ ③ ㄴ, ㄹ ④ ㄷ, ㄹ

정답·해설

정답 15.④ 16②

해설 15. '서기', '사택지적비'를 통해 백제임을 알 수 있다. 백제는 16등급의 관등 제도와 6좌평 제도를 두었고, 6세기 무령왕 시기에 지방에 22담로를 두고 왕족을 파견하였다. / ㄴ. 고구려/ㄷ.신라

16. 삼국의 관등 제도는 고대국가의 성립 과정에서 발전하였고, 신분제에 의해서 제약을 받았다. 백제는 도성에 5부와 지방에 5방을 설치하고 그 아래에 군을 두었다. ㄴ.고구려에서는 5부에 욕살, 그 다음 성에 처려근지가 파견되었다. / ㄹ.신라는 통일을 이룩한 후 10정을 설치하였다.

Chapter 02 남북국 시대

676년 신라의 삼국통일 | 698년 발해 건국 | 788년 신라, 독서삼품과 실시 | 900년 견훤, 후백제 건국 | 926년 발해 멸망

685년 신라, 9주 5소경 설치 | 722년 신라, 정전 지급 | 828년 장보고, 청해진 설치 | 918년 왕건, 고려 건국 | 935년 신라 항복

01 통일 신라의 발전과 정치 변동

1 삼국 통일 후의 상황

(1) **신라 중대의 중앙 집권 강화**

① **집사부 중시 강화** : 집사부의 장관인 중시(=시중)의 권한이 강화, 상대등(화백 회의 의장)의 권한 약화
　　　　　　　　　　•── 국가 기밀을 관장하고 왕명 출납의 업무를 담당

② **귀족 세력 약화** : 박씨 세력 · 가야계 고구려계 귀족 ⇨ 점차 정권에서 소외됨

③ **6두품의 역할 강화** : 국왕의 정치적 조언자인 집사부 시랑(=전대등) 등은 행정 실무 담당자로 활약했으나 신분적 제약으로 중앙 관청 수상 · 장관직(상대등, 시중)은 진골이 독점함

(2) **무열왕계의 왕위 세습**

① **무열왕(재위 654~661)**

　㉠ 신라 중대의 시작 : 무열왕 직계 자손의 왕위 세습 → 이후 혜공왕에 이르기까지

　㉡ 정치 체제 정비 : 백제를 멸망(660)시킨 후, 갈문왕제 폐지, 감찰 기구인 사정부 설치, 중국식 시호 사용
　　　　　　　　　　　　　　　•── 신라에서 왕위에 오르지 못했던 왕과 왕비의 아버지가 추봉된 것

② **문무왕(재위 661~681)**

　㉠ 삼국 통일 완성 : 고구려를 멸망(668)시키고 매소성, 기벌포 전투에서 승리하여 삼국 통일(676).

　㉡ 체제 정비 : 주 장관의 명칭을 군주에서 총관으로 바꿈, 외사정 처음 파견, 경주 동궁과 월지(안압지 등) 건립

(3) **신문왕(재위 681~692)의 왕권 전제화**

① **귀족 세력 숙청** : 김흠돌의 난을 계기로 귀족 세력을 숙청
　　　　　　　　•── 신문왕이 즉위하던 해에 신문왕의 장인인 김흠돌이 흥원, 진공 등과 함께 일으킨 모역 사건

② **정치 제도 정비**

　㉠ 중앙 : 집사부 등 14부 관청 설치

　㉡ 지방 : 전국을 9주로 나누고, 수도(경주)가 동남쪽으로 치우쳐 있는 것을 보완하기 위하여 5소경 설치
　　　　　　　　•── 북원경 · 중원경 · 서원경 · 남원경 · 금관경

　㉢ 군사 : 중앙군 9서당, 지방군 10정을 정비

▲ 남북국시대

③ **국학 설치(682)** : 유교 정치 이념을 수용 → 원칙적으로 왕경인만 입학 가능

④ **금마저 반란 진압** : 금마저에서 고구려왕으로 봉해졌던 보덕왕 안승을 경주로 이주시켜 관등과 김씨 성 및 토지를 하사함. 금마저에 있던 장군 대문이 반란, 고구려 유민들을 남쪽으로 옮겨 살게 함

⑤ **토지 제도 정비** : 687년 문무 관리에게 차등을 두어 관료전을 지급, 689년 귀족의 경제 기반인 녹읍을 폐지

⑥ **달구벌 천도 시도** : 귀족 세력 약화 목적 ⇨ 실패

⑦ **만파식적(萬波息笛) 설화** : 전제 왕권 강화와 왕실의 번영 · 평화를 상징

⑧ **감은사 건립** : 아버지 문무왕을 기리기 위해 감은사를 건립

⑨ **정국의 안정** : 중국식 묘제의 영향을 받은 오묘제 설치 → 왕권 강화

(4) 효소왕(재위 692~702) 금성에 서시와 남시를 두고, 서시전과 남시전을 설치(695)

(5) 성덕왕(재위 702~737)

① **내정** : 일반 백성에게 정전을 지급(722), 농민이 기존에 경작하던 땅의 경작권(또는 소유권)을 법적으로 공인

② **대외관계** : 발해 무왕이 당의 등주(덩저우)를 공격할 때 군대를 파견(732)하여 당과의 관계를 회복 ⇨ 당이 대동강 이남에 대한 신라의 영유권 인정

③ **백관잠** : 모든 관료들이 받들어야 할 일정의 행동 지침 → 왕권 제약에 대한 견제

④ **문화** : 당에서 공자의 화상을 가져와 국학에 안치(717), 상원사 동종, 김대문의 〈화랑세기〉(704)와 혜초의 〈왕오천축국전〉(727) 편찬, 전사서 설치(713), 누각 설치(718)

└┈┈┈┈┈┈●제사 관장 기구 └┈┈●물시계

(6) 경덕왕(재위 742~765)

① **정치** : 중시의 명칭을 시중으로 바꿈(747). 9주를 비롯한 군현의 이름을 중국식으로 개편(757), 중앙 관부의 관직명을 중국식으로 바꿈(759). 한자로 바뀐 지명과 관직은 혜공왕 때 원래대로 돌아옴

② **북방 개척** : 임진강 이북에서 대동강 지역에 군현을 설치

③ **외교** : 왕성국 사건으로 일본과 관계 악화

④ **문화** : 국학을 태학감으로 바꾸고(747) 박사와 조교 등을 두어 유교 교육을 강화, 성덕대왕 신종을 주조하기 시작, 김대성이 이 시기에 불국사와 석굴암을 건립함, 만불산을 당 대종에게 선물함

경덕왕이 아버지 성덕왕의 공덕을 기리기 위해 주조하기 시작, ●┈┈
'봉덕사종, 에밀레종'이라고도 불린다

② **전제 왕권의 동요** : 녹읍 부활(757)

(7) 혜공왕(재위 765~780) 대공 · 대렴의 난(768), 96각간의 난(768), 김지정의 난(780) 때 피살, 무열왕 직계의 왕위 세습 중단

▶ **왕성국 사건**
신라가 '왕성국'을 자처하며 일본을 번국으로 취급하는 사신을 보내자 일본이 이를 거절, 경덕왕 때 신라도 일본의 사신 입국을 거부, 일본은 신라 침공을 준비했으나 중단됨

▲ 성덕대왕신종

＊ 9서당

시기	9서당	출신
진평왕	녹금서당	신라
	백금서당	백제
문무왕	자금서당	신라
	황금서당	고구려
	흑금서당	말갈
신문왕	벽금서당	보덕 (고구려)
	적금서당	
	청금서당	백제
효소왕	비금서당	신라

2 8세기 후반 이후 신라의 정치 상황

(1) 하대의 시작

① **96각간의 난(768, 대공의 난)** : 대공이 난을 일으키자 전국의 96각간이 3개월 동안 서로 싸움 ⇨ 전국적 내란 상황

② **혜공왕 피살** : 김지정의 난을 진입하는 과정에서 혜공왕이 피살됨, 상대등 김양상이 선덕왕으로 즉위 ⇨ 무열왕계의 왕위 세습이 끝남 ⇨ 신라 하대 시작

(2) 진골 귀족의 다툼과 지방 통제력 약화

① **김헌창의 난(822)** : 웅천주 도독 김헌창의 아버지 김주원(무열왕계)이 원성왕에 밀려 왕이 되지 못한 데 불만을 품고 국호를 장안, 연호를 경운이라 하여 반란을 일으켰으나 실패

② **김범문의 난(825)** : 김헌창의 아들, 고달산(여주)에서 반란을 일으켰으나 실패

③ **장보고의 난(846)** : 장보고가 신무왕을 즉위하는 데 도움을 주었으나, 그의 세력이 커지는 것을 두려워한 진골 귀족들에 의해 제거됨

(3) 농민 봉기의 확대

① **농민의 유민화** : 재정 상태가 악화, 유랑민 증가, 초적이 되는 경우 •─── 조직을 이루어 활동

② **농민 봉기의 발생** : 원종 · 애노의 난(889), 적고적의 난(896) → 지방 통제력 상실

(4) 반신라적 경향의 확산

① **6두품 세력의 대두**

ㄱ) **새로운 정치 이념 제시** : 지방의 호족 및 사원 세력과 연계, 사회 개혁을 추구, 반(反)신라적 입장을 취함

ㄴ) **최치원** : 당에서 유학하여 빈공과에 합격, '토황소격문'을 지어 이름을 떨침, 진성여왕에게 시무책(시무 10조)을 올려 신라말의 사회 개혁 추진 ⇨ 좌절됨

② **선종의 확산** : 전통적 권위를 내세우는 교종과 달리 불립문자 · 교외별전 등을 중시, 지방을 근거로 성장, 지방 문화 역량의 증대

③ **복합적 사상 유행** : 풍수지리설, 선종, 도교 · 노장사상 등이 유행, 경주 중심의 국토관을 탈피, 각자의 근거지에 정당성 부여

(5) 호족의 성장

① **출신**

구분	촌주 세력	중앙 귀족	해상 세력	군진 세력	초적 세력
대표 인물	아자개	김주원, 왕순식	장보고, 왕건	장보고, 견훤	기훤, 양길, 궁예

② **성장 기반** : 중앙 정부의 통제가 느슨해짐, 지방 경제력이 상승, 대토지 소유, 이를 바탕으로 지역 백성을 사병화하여 스스로를 성주 · 장군이라 칭함

③ **사상** : 선종과 풍수지리 사상

▲ 후삼국의 성립

3 후삼국의 성립

(1) 후백제(900)

① **건국** : 견훤이 완산주(전주)에 건국

② **정책** : 전라도와 충청도 지역의 군사적 우위를 점함, 중국 등과 외교 관계를 체결(후당, 오월 등)

③ **한계** : 신라에 적대적, 지나친 조세 수취, 고창 전투(안동 전투. 930)의 패배로 쇠퇴

(2) 후고구려(901)

① **건국** : 신라의 왕족 궁예는 양길 휘하에서 세력을 키움, 양길을 몰아낸 다음 송악 지방의 왕건 부자를 포함한 중부 지역의 일부 호족들의 도움을 받아 송악(개성)에 도읍을 정하고 후고구려를 건국(부석사에서 신라왕의 화상을 찢을 정도로 신라에 적대적)

② **영토 확장** : 강원도와 경기도 일대를 장악 ⇨ 예성강 유역의 황해도 지역까지 세력 확장

③ **국호 변경과 천도** : 철원으로 천도 후, 마진(무태, 성책) ⇨ 태봉(수덕만세, 정개)으로 국호 변경

④ **관제 정비** : 골품제를 대신할 새로운 신분 제도를 모색, 광평성을 비롯한 여러 관서를 설치하고 9관등제를 실시

⑤ **한계** : 죄없는 관료와 장군, 왕비와 왕자까지 살해, 전제 정치를 도모, 자신의 부하들에 의하여 제거됨

02 발해의 발전

1 발해의 건국

(1) 발해 건국의 배경

① **고구려 유민의 저항** : 압록강 이북 지방의 32성 가운데 당에 항복한 성은 11개 성, 안동도호부를 중심으로 당의 지배에 대항

② **당의 회유책** : 보장왕을 요동 도독 조선왕으로 책봉(677) → 그러나 보장왕은 말갈인과 함께 항전

(2) 발해의 건국

① **건국(698)** : 고구려 장군 출신 대조영(고왕)이 고구려 유민과 말갈 집단을 이끌고 길림성의 동모산에서 진(震)을 건국, '천통'이라는 연호를 사용, 국호를 발해로 고침, 발해군왕으로 책봉(713)

② **고구려를 계승한 국가** : 일본에 보낸 국서에 고려 또는 고려국왕이라는 명칭을 사용, 일본 또한 고려 국왕이라 칭함, 문화적으로도 고구려와의 유사함, 옛 고구려의 영토를 대부분 차지함

2 발해의 성장과 쇠퇴

(1) 제2대 무왕(인안, 재위 719~737) ⇨ 대무예, 8세기 전반

① **영토확장** : 북만주 일대를 장악

② **당과 대립** : 장문휴의 수군으로 하여금 당의 산동 반도의 국제 무역항 덩저우(登州)를 공격(732)하게 하여 자사 위준(韋俊)을 죽임

③ **돌궐, 일본과 친선** : 당과 신라를 견제

④ **천도** : 동모산에서 중경 현덕부(길림성 화룡현 서고성)로 도읍을 옮김

(2) 제3대 문왕(대흥, 보력, 재위 737~793) ⇨ 대흠무, 8세기 후반

① **체제 정비** : 당의 체제를 받아들여 3성 6부 정비, 주자감 설치, 발해군왕(渤海郡王)에서 발해국왕

    (渤海國王)으로 책봉받음(762)

② **당과 친선 관계** : 당의 문물 유입, 당에 유학생 파견

③ **신라도 개설** : 상설 교통로 ⇨ 신라와의 대립 관계를 해소하려 하였다

④ **자주성 표방** : '천손(天孫)'과 '황상(皇上)'의 칭호를 사용

⑤ **천도**

    ㉠ 중경 현덕부 → 상경 용천부 : 756년경

    ㉡ 상경 용천부 → 동경 용원부 : 780년대 후반

    ㉢ 발해의 국력이 점차 동쪽으로 신장되었음을 보여줌

(3) 제5대 성왕(중흥, 재위 793~794) ⇨ 8세기 말

    상경 용천부로 환도

(4) 제10대 선왕(건흥, 재위 818~830) ⇨ 대인수, 9세기 전반

① **전성기** : 당으로부터 해동성국(海東盛國)이라는 칭호를 얻음

② **최대 영토 차지** : 흑수말갈을 비롯한 대부분의 말갈 세력을 복속, 요동 지방까지 진출

③ **지방 제도 완비** : 5경(京) 15 부(府) 62주(州)의 지방 제도를 완비

※ 남북국 세기별 비교

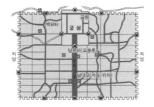

▲ 발해 상경성 구조

7 세 기	무열왕 백제 정복(660) 문무왕 즉위(661) 계림 도독부 설치(663) 고구려 멸망(668) 기벌포 전투(676) 김흠돌 모역사건(681) 국학 설치 효소왕 서시와 남시 설치(695)	고왕 (천통, 대조영)	대걸 중상과 걸사비우가 당에 대한 반란을 일으킴 → 천문령 전투 승리 → 대걸중상의 아들 대조영이 진국을 세우고 동모산을 도읍으로 정함(698) 대조영 재위 시기 당으로부터 '발해군왕'으로 책봉되면서 국호를 '발해'로 변경(713)
8 세 기	성덕왕 정전 지급(722) 경덕왕 태학(감) 개칭(747) 경덕왕 녹읍 부활(757) 혜공왕 피살(780)	무왕 (인안, 대무예)	흑수부 말갈이 당과 연결을 시도 → 장문휴로 하여금 당의 산둥반도 선제공격(732) → 등주 자사 사망 신라 성덕왕 당에 원군 파견하여 당과의 외교 안정 북만주 일대 장악, 일본과 국교 체결, 돌궐·일본 등과 연 결하여 신라를 견제 동모산 → 중경 천도(유력)
		문왕 (대흥, 보력, 대흠무)	당과 친선, 신라도 개설(경주~상경) 일본에 보낸 외교문서에 고려국왕 자처 황상이라는 칭호 사용 3성 6부제 조직, 주자감 설치 중경 → 상경 → 동경 천도 당으로부터 '발해국왕'으로 책봉
		성왕	동경 → 상경 천도

9세기	김헌창의 난(822) 김범문의 난 (825) 장보고의 난(846) 원종과 애노의 난(889) 적고적의 난(896)	선왕 (건흥, 대인수)	최대 영토 : 대부분의 말갈족 복속, 신라와 국경을 접함, 요동 진출 5경 15부 62주의 지방제도 완성 당으로부터 '해동성국'이라는 칭호를 얻음
10세기	후백제 건국(900) 후고구려 건국(901) 고려 건국(918) 고려의 후삼국 통일(936)	대인선	거란의 침략으로 멸망(926)
		부흥 운동	후발해: 발해 유민이 압록강 유역에 세운 국가 → 대광현 고려에 귀순 정안국: 송과 연대하여 거란 침략 시도 → 실패

(5) 제11대 대이진(함화, 9세기 중반)

선왕의 손자. 모병제에 의한 상비군을 편성, 좌우신책군 · 좌우삼군 · 120사를 설치하였다.

(6) 제15대 대인선(10세기 전반)

거란 태조 야율아보기의 침략을 받아 멸망

(7) 발해의 부흥 운동

①후발해(929~936) : 압록강 유역에 건국하였으나 내분으로 대광현이 고려에 귀순(934)

②정안국(936~986) : 송과 연합하여 거란 침략 시도

02 남북국의 통치 체제

1 발해의 통치 체제

(1) 중앙 3성 6부의 정비

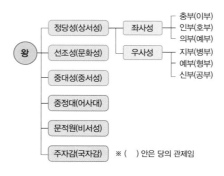

▲ 발해의 통치 기구

① **독자성** : 당의 제도를 그대로 수용한 것이 아니라 발해에 맞게 독자적으로 명칭을 바꾸었다. 6부의 명칭은 발해의 독자성과 함께 발해에서 유교적 정치 이념이 수용되었다는 사실을 보여 주고 있다

② **재상** : 국정 총괄 기구인 정당성의 장관으로 대내상이 존재하였다.

③ **기타** : 관리들의 비리를 규찰하고 감찰하는 중정대, 서적 관리를 맡은 문적원, 중앙의 최고 교육 기관인 주자감 등이 있었다.

(2) 지방 5경 15부 62주

5경(상경 · 중경 · 동경 · 서경 · 남경), 15부(도독(都督) 파견), 62주(자사(刺史) 파견), 100여 개
●지방 행정 중심지
●중앙 집권을 강화

현(현승(縣丞) 파견), 촌(대부분 말갈족으로 구성–촌장(村長)을 매개로 지배)

(3) **군사**

　① **중앙군** : 군제를 10위로 조직, 각 위마다 대장군과 장군을 두어 통솔

　② **지방군** : 농병 일치제를 바탕으로 촌락 단위로 조직, 지방관이 통솔

　③ **특수군** : 국경의 요충지에 따로 독립된 부대를 두어 방어

(4) **대외 관계**

●당과 신라 견제 목적

　① **외교** : 당에 100여 차례가 넘는 사신을 파견. 일본에 34차례 사신을 파견. 신라는 대조영에게 대
　　아찬의 벼슬을 줌. 원성왕과 헌덕왕 때는 신라가 발해에 사신을 보냄. 돌궐 및 거란과도 외교 관
　　계를 가짐.

　② **신라와의 경쟁**

　　① **쟁장 사건** : 당에 간 발해 사신이 신라 사신보다 윗자리에 앉을 것을 요구하였다가 거절당한
　　　사건

　　② **등제 서열 사건** : 빈공과에서 신라의 최언위가 발해의 오광찬보다 석차가 앞서자 당에 사신
　　　으로 간 오광찬의 아버지 오소도가 아들의 석차를 올려줄 것을 청하다가 거절 당한 사건

2 통일 신라의 통치 체제

(1) **특징** 통일 후, 신라는 정치 구조를 강력한 중앙 집권 체제로 재편, 율령 중시

(2) **중앙 정치 기구**

　① **14부❶ 설치** : 14부 관부의 중앙 행정 체제

　② **중시(中侍) 강화** : 귀족들의 수장인 상대등과 함께 행정부의 수반으로서 중요한 지위
　　└⋯⋯●집사부 시중(侍中)　　　　　　　　　　　　└⋯⋯●중앙의 정치 체제는 집사부를 중심으로
　　　　　　　　　　　　　　　　　　　　　　　　　　　관료 기구의 기능을 강화

(3) **지방 행정 조직**

　① **정비** : 신라는 통일 이후 지방 제도를 전면적으로 재조정
　　　　　　　　　　　　　　　　　　　　　　　　　　└⋯⋯●뒤에 도독으로 바뀜

　② **9주** : 전국을 9주로 나누고, 주의 장관을 군주에서 총관으로 바꿈. 그 밑에 군과 현(태수와 현령
　　이 파견) 설치, 그 아래의 촌은 토착 세력인 촌주가 다스림
　　　　　　　　　　　　　　　　　　　　　　　　　　　└⋯⋯●지방관의 통제를 받음

　③ **5소경** : 군사 · 행정상 요지에 5소경을 설치
　　　　　　　　　　　　　　　└⋯⋯●각 지방의 균형 있는 발전이 목적

　④ **지방 통치**

　　㉠ 향 · 부곡 설치 : 특수 행정 구역 설치 → 반항지역의 주민들에게 특수한 의무를 부담시키기 위해

　　㉡ 상수리제 : 지방 세력 통제

(4) **군사 조직** 9서당 10정

　① **9서당(중앙군)** : 옛 고구려와 백제 사람은 물론 말갈족까지 포함 ⇨ 민족융합적 성격

　② **10정(지방군)** : 10정(停) → 정은 9주에 1정씩 배치, 북쪽 국경 지대인 한주(한산주)에는 2정을 둠
　　　　　　　　　└⋯⋯●부족적 전통이 강함

(5) **한계** 중앙 관부의 장관과 주의 도독, 군대의 장군 등 고위 관직과 권력의 핵심은 모두 중앙 진골
　　귀족이 독점하고 있다는 한계를 지니고 있었음

❶ **통일 신라의 14부**
- 위화부(이부, 인사)
- 조부 · 창부(호부, 재정)
- 예부(의례, 교육)
- 병부(군사)
- 좌 · 우 이방부 (형부, 사법 · 치안)
- 공장부 · 예작부(공부, 건축 · 산업)
- 영객부(외교)
- 승부(육상 교통)
- 선부(선박 · 해상 교통)

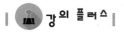

• 왕명과 신라의 시기 구분

구분 \ 왕대	박혁거세(1대) ~지증왕(22대)	법흥왕(23대) ~진덕여왕(28대)	무열왕(29대) ~혜공왕(36대)	선덕왕(37대) ~경순왕(56대)
〈삼국유사〉의 시대 구분	상고(上古): 불교 공인 이전, 고유 왕명 사용	중고(中古): 불교식 왕명 사용	하고(下古): 중국식 왕명 사용	
〈삼국사기〉의 시대 구분	상대(上代):성골이 왕위 차지		중대(中代): 무열왕계가 왕위 차지	하대(下代): 내물방계가 왕위 차지

 자료 모아보기

▶ 신문왕의 업적

• 왕이 교서를 내리기를, "김흠돌 등의 악이 쌓이고 죄가 가득 차자 그들이 도모하던 역모가 세상에 드러났다.…… 잔당들을 샅샅이 찾아 모두 죽여 삼사일 안에 죄수 우두머리들을 소탕하였다. 이제 요망한 무리들이 숙청되어 근심이 없게 되었으니 소집한 병사와 말들을 돌려보내도록 하라."라고 하였다.
다시 완산주를 설치하고 용원으로 총관을 삼았다. 거열주를 승격하여 청주를 설치하니 비로소 9주가 갖추어져서 대아찬 복세로 총관을 삼았다. 3월 남원소경을 설치하고 여러 주와 군의 백성들을 옮겨 살게 하였다.
– '삼국사기' –

• 왕이 행차에서 돌아와 대나무로 피리를 만들어 월성의 천존고(天尊庫)에 간직하였다. 이 피리를 불면 적병이 물러가고 병이 나으며 가뭄에는 비가 오고 장마는 개며 바람이 잦아들고 물결이 평온해졌으므로 이를 만파식적(萬波息笛)이라 부르고 국보로 삼았다.
– '삼국유사' –

• 신라는 3국을 통일하고 마침내 9주를 두었다. 본국(本國) 경계 내에 3주를 두었는데, 왕성(王城) 동북의 당은포(唐恩浦)로 향하는 길목에 있는 곳을 상주(尙州)라 하고, 왕성의 남쪽을 양주(良州)라 하고, 서쪽을 강주(康州)라 하였다. 옛 백제국의 경계에 3주를 두었는데, 백제의 옛 성 북쪽의 웅진(熊津) 어귀를 웅주라 하고, 서남쪽을 전주(全州)라 하고, 다음에 남을 무주(武州)라 하였다. 옛 고구려의 남쪽 경계에 3주를 두었는데, 서쪽으로부터 첫번째가 한주(漢州)이고, 그 다음 동쪽이 삭주(朔州)이고, 또 그 다음 동쪽이 명주(溟州)이다.
– '삼국사기' –

▶ 신라 하대의 왕위 쟁탈전

• 김헌창의 난 : 헌덕왕 14년(822) 3월, 웅천주 도독 김헌창(金憲昌)은 그 아버지 주원(周元)이 왕이 되지 못하자 반란을 일으켜 나라 이름을 '장안(長安)'이라 하고, 연호를 세워 '경운(慶雲)'이라 하였다. 무진주·완산주·청주·사벌주 4주 도독과 국원경·서원경·금관경의 사신과 여러 군현의 수령들을 위협하여 자기의 소속으로삼았다.

• 김범문의 난 : 헌덕왕 17년(825) 1월, 헌창의 이들 범문(梵文)이 고달산(高達山)의 도적 수신(壽神) 등 100여 명과 더불어 함께 반란을 모의하고 평양에 도읍을 세우고자 하여 북한산주(北漢山州)를 공격하였다.
– '삼국사기' –

신무대왕이 즉위하기 전에 장보고에게 "내가 왕위에 오르는 것을 도와주면 그대의 딸을 왕비로 삼겠소."라고 말하였다. 장보고는 이를 허락하고 군사를 일으켜 서울로 쳐들어가 일을 성공시켰다. 왕이 장보고의 딸을 왕비로 삼고자 하나 군신들이 힘껏 간하였다. "장보고는 미천한 사람이니, 임금께서 장보고의 딸을 왕비로 삼는 것은 옳지 못합니다." 왕은 그 말을 따랐다.
– '삼국유사' –

문성왕 8년(846) 봄에 청해진 대사 궁복(장보고)이 자기 딸을 왕비로 맞지 않는 것을 원망하여 청해진을 근거로 반란을 일으켰다. …… 궁복이 취하자 염장은 그의 칼을 빼어 목을 벤 후에 그의 무리를 불러놓고 달래니 그들은 땅에 엎드려 감히 움직이지 못하였다.…… 13년 2월에 청해진을 파하고 그곳 백성들을 벽골군으로 옮겼다.
– '삼국사기' –

▶ 신라 하대의 상황

2년, 아첨하고 총애받는 자들이 제 마음대로 방자하게 날뛰고 재물로 뇌물을 먹는 일을 공공연하게 하였으며, 상벌이 공정하지 못하고 풍기와 규율이 문란해졌다. 이때 어떤 이가 시국 정책을 비방하는 방을 관청거리에 붙였다. 왕이 사람을 시켜 수색하였으나 잡지 못하였다.
3년, 나라 안의 여러 주·군에서 공부(貢賦)를 나르지 않으니 창고가 비고 나라의 쓰임이 궁핍해졌다. 왕이 사신을 보내어 독촉하자, 이로 말미암아 곳곳에서 도적이 벌떼같이 일어났다. 이에 원종(元宗)·애노(哀奴) 등이 사벌주에 웅거하여 반란을 일으키니 왕이 나마 영기에게 명하여 잡게 하였다. 영기가 적진을 쳐다보고는 두려워하여 나아가지 못하였다.
– '삼국사기' –

1 │ 통일신라의 정치

001 □□□
2018년 국가직 9급

다음 왕의 재위 기간에 있었던 사실로 옳은 것은?

> • 왕 원년 : 소판 김흠돌, 파진찬 흥원, 대아찬 진공 등이 반역을 도모하다가 사형을 당하였다.
> • 왕 9년 : 달구벌로 서울을 옮기려다 실현하지 못하였다.

① 사방에 우역을 설치하였다.
② 수도에 서시와 남시를 설치하였다.
③ 국학을 설치하여 유학을 교육하였다.
④ 관료에게 지급하는 녹읍을 부활하였다.

002 □□□
2018년 경찰간부

아래의 왕대에 있었던 사실과 관련하여 다음 설명 중 가장 옳은 것은?

> 왕 14년 3월에 웅천주 도독 헌창이 반란을 일으켜, 호를 장안이라 하고 연호를 경운 원년이라 하였다. 무진주, 완산주, 청주, 사벌주 등 4개 주의 도독과 국원경, 서원경, 금관경의 사신 그리고 여러 군현의 수령들을 협박하여 자기 편으로 삼았다.

① 왕권의 강화를 위해 갈문왕제를 폐지하였다.
② 도의를 위하여 당으로부터 남종선이 도입되었다.
③ 국학을 설립하여 유교 정치 이념을 수용하고자 하였다.
④ 기밀 업무를 담당하는 집사부가 설치되었다.

003 □□□
2018년 서울시(추가) 7급

〈보기〉에서 설명하는 사건 이후에 일어난 일로 가장 옳은 것은?

> 도적들이 나라 서남쪽에서 봉기하였다. 그들은 바지를 붉게 물들여 스스로 남들과 다르게 하였기 때문에 사람들은 적고적(赤袴賊)이라고 불렀다. 그들은 주와 현을 도륙하고 서울의 서부 모량리까지 와서 사람들을 위협하고 노략질하고 돌아갔다.

① 대구 화상이 『삼대목』을 편찬하였다.
② 원종과 애노가 난을 일으켰다.
③ 최치원이 시무 10여조를 바쳤다.
④ 궁예가 후고구려를 건국하였다.

정답·해설

정답 1.③ 2.② 3.④

해설 1. 자료의 왕은 김흠돌의 반역 도모, 달구벌로 천도 시도 등의 내용을 통해 신문왕임을 알 수 있다. 신문왕은 국학을 설치하여 유학 교육을 강화하였다.
　　① 5세기 소지 마립간 때 국가의 공문을 전달하고 말을 공급하는 통신 및 교통 기관인 우역을 설치하였다. ② 효소왕 ④ 경덕왕
　2. 주어진 자료는 김헌창의 난(822)으로서 헌덕왕 시기에 발발하였다. 헌덕왕 시기에는 도의선사가 중국으로부터 선종을 도입하였다. ① 태종 무열왕 ③ 신문왕 ④ 진덕여왕
　3. 주어진 자료는 진성여왕 시기의 적고적의 난(896)을 설명하고 있다. 궁예는 901년에 후고구려를 세웠다.
　　① 진성여왕은 888년에 각관 위홍과 대구 화상에 명하여 향가를 정리한 『삼대목』을 편찬하게 하였다. ② 원종과 애노의 난은 889년이다. ③ 최치원은 당의 빈공과를 합격한 후 신라로 돌아와 894년에 시무 10여조를 바쳤다.

004 ☐☐☐ 2017 국가직(하반기) 9급

밑줄 친 '왕'의 재위 기간에 있었던 사실로 옳은 것은?

> 왕 7년 5월에 왕이 하교하여 문무 관료전을 차등 있게 지급하였다. …… 왕 9년 정월에 하교하여 중외 관리들의 녹읍을 파하고 세조(歲租)를 차등 있게 지급하는 것을 항식((恒式)으로 삼도록 하였다.
>
> 『삼국사기』

① 독서삼품과가 시행되었다.
② 백성들에게 정전을 지급하였다.
③ 중앙군을 9개의 서당으로 개편하였다.
④ 관직과 주군현의 명칭을 중국식 한자명으로 바꾸었다.

005 ☐☐☐ 2017 국가직(하반기) 7급

다음 시가가 만들어진 국왕대의 사실로 옳은 것은?

> 임금은 아버지요 신하는 사랑하실 어머니시라
> 백성을 어리석은 아이라 여기신, 백성이 그 사랑을 알리라.
> 꾸물거리며 사는 물생들에게, 이를 먹여 다스리네
> 이 땅을 버리고 어디로 가려, 나라 안이 유지됨을 아리이다.
> 아아! 임금답게 신하답게 백성답게 할지면, 나라 안이 태평하리라.
>
> 『안민가』

① 9주의 명칭을 중국식으로 바꾸었다.
② 귀족들의 경제적 기반인 녹읍을 폐지하였다.
③ 최초로 진골 출신이 왕이 되어 왕권을 강화하였다.
④ 최치원이 국왕에게 10여조의 시무책을 건의하였다.

006 ☐☐☐ 2018 법원직 9급

다음 (가), (나) 사이의 시기에 있었던 사실로 옳지 않은 것은?

> (가) 대왕을 도와 조그마한 공을 이루어 삼한을 한 집으로 만들었으며, 백성들은 두 마음이 없게 되었습니다. 비록 아직 태평한 세상에 이르지는 못하였으나 조금 편안한 상태는 되었습니다.
>
> (나) 원종과 애노 등이 사벌주에서 반란을 일으키니 왕이 나마(관직명) 영기에게 명하여 잡게 하였으나 영기가 적진을 쳐다보고는 두려워하며 나아가지 못하였다.

① 발해의 장문휴가 산둥반도를 공격하였다.
② 장보고의 도움을 받아 신무왕이 즉위하였다.
③ 궁예가 개성을 수도로 삼고 후고구려를 건국하였다.
④ 발해 문왕이 상경 용천부에서 동경 용원부로 수도를 옮겼다.

007 ☐☐☐ 2018 경찰(순경) 1차

신라 말 사회 모습에 대한 설명으로 가장 적절하지 않은 것은?

① 8세기 후반 혜공왕이 피살된 이후 150여 년 동안 20여명의 왕이 교체되는 등 진골 귀족의 왕위 쟁탈전이 심화되었다.
② 당에서 돌아온 6두품 계열의 유학생들이 제시한 개혁안이 정치에 반영되었다.
③ 농민에 대한 수탈이 심해지면서 원종과 애노의 난을 시작으로 농민 봉기가 전국 각지에서 일어났다.
④ 견훤은 완산주에 도읍을 정하고 후백제를 세웠고, 궁예는 송악에 도읍을 정하고 후고구려를 세웠다.

🎯 정답·해설

정답 4.③ 5.① 6.③ 7.②

해설
4. 밑줄 친 왕은 신문왕이다. 신문왕은 중앙군을 9서당으로 구성하였다. ①원성왕 ②성덕왕 ④경덕왕 시기에 관직과 주군현의 명칭이 중국식으로 바뀌었지만 혜공왕 시기에 다시 부활되었다.
5. 주어진 자료는 충담사의 안민가이다. 이것은 경덕왕 시기에 만들어졌다. 경덕왕은 9주의 명칭을 중국식으로 바꾸었다. ② 신문왕 ③무열왕 ④진성여왕
6. (가)는 신라의 통일 시기로서 7세기 후반이고 (나)는 진성여왕 시기의 원종과 애노의 반란 시기로서 9세기 말 무렵이다. ③ 궁예는 901년에 후고구려를 세웠다.
   ① 무왕은 8세기 인물이다. ② 장보고의 도움으로 신무왕이 즉위하는 시기는 839년이다. ④문왕은 8세기 인물이다.
7. 6두품 계열의 유학생들은 진골 귀족의 왕권다툼이 있던 신라 하대에 당으로 유학하는 경우가 많았다. 당시 신라 사회는 왕권 다툼에 치중한 나머지 최치원과 같은 학자들이 제시한 개혁안을 반영하지 못했다.

2 | 발해의 정치

008 □□□　　　　　　　　　　　　2018 서울시 9급

통일 신라에 대한 설명으로 가장 옳은 것은?

① 통일 후에는 주로 진골 귀족으로 구성된 9서당을 국왕이 장악함으로써 왕실이 주도하는 교육 제도를 구축하였다.
② 불교가 크게 융성한 통일 신라의 수도인 경주에서는 주로 천태종이 권력과 밀착하며 득세하였다.
③ 신라 중대 때는 주로 원성왕의 후손들이 즉위하면서 비교적 강력한 왕권을 행사하였다.
④ 넓어진 영토를 관리하기 위하여 지방 행정을 구획하였는데, 5소경도 이에 해당한다.

009 □□□　　　　　　　　　　　2018년 법원직 9급

다음의 사건이 벌어진 시기에 대한 상황으로 가장 적절한 것은?

> 당나라 수군의 거점인 등주성에 한바탕 난리가 벌어졌다. 장문휴가 이끄는 발해 군대가 등주성을 기습했기 때문이다. 등주 자사까지 전사했다는 소식에 당 조정은 신라에 군사 지원을 요청하였다. 신라군은 발해를 공격했지만 추위와 폭설로 철수할 수밖에 없었다.

① '대흥'이라는 연호를 사용하였다.
② 3성 6부제의 중앙 관제를 정비하였다.
③ 전성기를 맞이하여 '해동성국'이라고 불리었다.
④ 돌궐 · 일본과 친교를 강화하며 당 · 신라에 맞섰다.

010 □□□　　　　　　　　　　2018년 서울시(추가) 9급

〈보기〉의 왕에 대한 설명으로 가장 옳은 것은?

> 왕은 당이 내분으로 어지러워진 틈을 타서 영토를 넓히고, 수도를 중경에서 상경으로, 다시 동경으로 옮겼다. 또한 대흥, 보력 등 독자적인 연호를 사용하였다.

① 산둥 지방에 수군을 보내 당을 공격하였다.
② 당으로부터 해동성국이라 불렸다.
③ 전륜성왕을 자처하고 황상이라는 칭호를 사용하였다.
④ 동모산에 나라를 세웠다.

011 □□□　　　　　　　　　　2017년 국가직(하반기) 7급

다음 자료에 해당하는 국가에 대한 설명으로 옳지 않은 것은?

> 처음에 왕들이 자주 학생들을 보내어 장안의 태학에 가서 고금의 제도를 배우도록 했는데, 지금에 이르러 해동성국이 되었다. 땅에 5경 15부 62주가 있다.

① 당과 비단, 서적, 공예품을 교역하였다.
② 도서와 문서를 관장하는 문적원을 두었다.
③ 일본에 보낸 국서에서 천손임을 자부하였다.
④ 정효공주 묘는 굴식 돌방과 모줄임 천장 구조로 축조되었다.

---

012 ☐☐☐ 2018년 국가직 9급

시대별 지방 행정 제도에 대한 설명으로 옳은 것은?

① 통일 신라 – 촌의 행정은 촌주가 담당하였다.
② 발해 – 전국 330여 개의 모든 군현에 수령을 파견하였다.
③ 고려 – 촌락 지배 방식으로 면리제가 확립되었다.
④ 조선 – 향리 통제를 위하여 사심관을 파견하였다.

013 ☐☐☐ 2018년 교육행정직 9급

다음 국가의 지방 제도에 대한 설명으로 옳은 것은?

> • 곳곳에 촌리(村里)가 있는데 모두 말갈 부락이다. 그 백성은 말
> 갈족이 많고 토인(土人)은 적다. 모두 토인을 촌장으로 삼는다.
> • 거란도, 영주도, 조공도, 신라도, 일본도가 있어서 주변 세력
> 과 외교 교섭 또는 교역을 벌이는 간선 교통로로 이용된다.

① 22개의 담로에 왕족을 파견하였다.
② 경–부–주의 체계를 갖추어 다스렸다.
③ 5도에 안찰사를, 양계에 병마사를 파견하였다.
④ 수도의 치우침을 보완하기 위하여 5소경을 두었다.

014 ☐☐☐ 2018년 국회직 9급

발해의 중앙 관제에 대한 설명으로 옳은 것은?

① 대대로가 수상이 되어 국정을 이끌었다.
② 집사부를 두어 기밀을 관장하게 하였다.
③ 중국의 제도를 수용하여 중추원을 두었다.
④ 중정대는 신라의 사정부와 비슷한 기능을 수행하였다.
⑤ 당의 문하성에 해당하는 기구로 중대성을 설치하였다.

015 ☐☐☐ 2018년 지방직 9급

성격이 유사한 것끼리 옳게 짝지은 것은?

① 기인제도 – 녹읍제도
② 2성 6부 – 5경 15부
③ 중정대 – 승정원
④ 대대로 – 대내상

🎯 정답 · 해설

정답 12.① 13.② 14.④ 15.④

해설 12. 통일신라에서는 촌의 행정은 촌주가 담당하였다.   ② 발해의 지방은 토착 세력이 다스렸다.   ③ 면리제가 확립되는 것은 조선시대이다.   ④ 사심관은 고려시대의 제도이다.

　　13. '말갈', '신라도', '일본도' 등을 통하여 발해임을 알 수 있다.

　　　　발해는 5경 15부 62주의 행정체제를 갖추었다.

　　14. 발해의 중정대는 신라의 사정부와 비슷하게 감찰 업무를 수행하였다.   ① 고구려 ② 신라 ③ 고려 ⑤ 문하성에 해당하는 기구는 선조성이다.

　　15. 대대로는 고구려의 재상이다. 대내상은 발해의 정당성을 운영하는 최고 관직으로서 역시 재상에 해당한다.

194년 고구려 진대법 실시 · 687년 신문왕 관료전 지급 · 722년 신라 성덕왕 정전 지급

509년 신라 동시전 설치 · 689년 녹읍 폐지 · 757년 경덕왕 녹읍 부활

01 삼국시대의 경제

1 토지 관념과 조세

(1) **농업 중심의 경제생활** 토지에 대한 관심이 높아짐

① **관념적인 왕토 사상(王土思想)** : 왕권을 중심으로 한 중앙 집권적 귀족 정치 ⇨ 국토가 왕의 소유라는 <u>관념적 사상</u>이 등장
　　　　　　　　　　　　　└┈┈┈●이는 어디까지나 관념적이었고 개인 소유의 토지는 존재하였다

② **토지의 사적 소유** : 자영 농민은 자신의 토지 소유 가능 → 공전이 아닌 토지의 경우

(2) **수취제도**

① **조세(租稅)** : 대체로 재산의 정도에 따라 호를 나누어 곡물과 포를 차등 징수

② **공납(貢納)** : 해당지역의 특산물을 현물로 징수

③ **역(役)** : 15세 이상 남자의 노동력 징발, 왕궁 · 성 · 저수지 축조에 동원 → 역(요역), 군역

2 귀족과 농민의 경제 활동

(1) **귀족의 경제생활**
　　　　　　　　　　　　　　　　　　　　●사적으로 지배하는 토지와 노비가 증가하였다

① **경제 기반** : 국가에서 받은 녹읍 · 식읍과 본래 소유하였던 토지와 노비

　㉠ **녹읍(祿邑)** : 귀족 관리에게 관직에 따라 지급한 일정 지역의 토지 ⇨ 원칙적으로 조세 징수만 가능 → 실제로는 노동력 징발도 이루어짐

　㉡ **식읍(食邑)** : 왕족, 공신 등에게 공로에 따라 준 토지 ⇨ 조세 징수와 특산물, 노동력 징발

② **풍족하고 화려한 생활** : 많은 사유지와 노비를 소유 ⇨ 경제적으로 풍족한 생활, 담을 높이 쌓고 기와집, 창고, 마구간, 우물, 주방 등을 갖춘 집에서 살았음. 중국에서 수입한 비단과 보석, 금 · 은 등으로 화려하게 치장

(2) **농민의 경제적 처지** 자기 소유의 토지 경작, 관청 소유지 공동경작, <u>대부분 부유한 자의 토지를 빌려 경작</u>
　　　　　　　　　　　　　　　　　　　　　　　　　　　　　└┈┈┈●소작농

① **휴경의 일반화** : 농민이 소유한 토지 → 척박한 경우가 많음 → <u>연이어 경작 못함</u>
　　　　　　　퇴비를 만드는 기술도 발달하지 못해 한 번 농사를 ●┘
　　　　　　　지으면 1년 또는 수 년 동안 묵혀 두어야 했다

② **농민의 경제 상황** : 귀족에 비해 철제 농기구를 갖추기 어려워 수확량이 많지 않음 → 흉년에는 고리대를 빌림 → 빚을 갚지 못할 경우 귀족에게 토지를 팔거나, 노비가 됨

(3) **농민 생활 안정책** 고구려의 진대법 실시, 철제 농기구 보급, 우경 장려, 황무지 개간, 수리 시설 정비

> •······흉년이나 춘궁기(봄)에 국가가 농민에게 곡식을 빌려 주었다가 수확 후(가을)에 갚도록 하는 빈민 구제 제도

(4) **농업 기술의 발달**

  ① **철제 농기구 보급** : 쟁기, 호미, 괭이

  ② **우경(牛耕) 확대** : 소를 이용한 우경을 장려(6세기, 지증왕)

3 상공업과 대외 무역

(1) **수공업**

  ① **초기** : 기술이 뛰어난 노비에게 국가가 필요로 하는 무기, 장신구, 비단 등을 생산하게 함

  ② **관청 수공업** : 점차 국가 체제 정비됨 ⇨ 관청을 두어 수공업 제품을 생산함

(2) **상업** 농업 생산력이 낮아 상업이 발달하지 못함 → 국가와 지배층의 필요에 따라 시장을 개설

  ① **시장** : 신라는 경주에 시장(동시)을 열어 물품을 매매하게 함(5세기 말)

  ② **동시전** : 시장을 감독하는 관청(동시전)을 설치함(6세기 초 지증왕)

(3) **대외 무역**

  ① **고구려** : 남북조 및 유목민인 북방 민족과 무역

  ② **백제** : 남중국 · 왜와 무역 → 황해의 해상 무역권을 장악

  ③ **신라** : <u>고구려와 백제를 통해 중국과 교역</u>, <u>당항성을 통해 중국과 직접 교역</u>

> •······한강 유역 점령 이전   •······한강 유역 점령 이후(진흥왕)

  ④ **삼국의 무역품**

    ㉠ **수출품** : 마직물, 금 · 은 세공품과 주옥, 산삼, 모피류 등

    ㉡ **수입품** : 귀족 생활과 관련이 있는 비단과 장식품, 책, 약재 등

02 남북국시대의 경제

1 통일 신라의 경제 정책

(1) **경제 정책의 변화**

  ① **수취 제도의 변화** :

    ㉠ **조세** : 생산량의 10분의 1 정도를 징수하여 통일 이전보다 완화

    ㉡ **공물** : 촌락 단위로 그 지역의 특산물을 징수

    ㉢ **역** : 군역과 요역으로 이루어졌으며, 16세에서 60세 미만까지의 남자를 대상으로 함

  ② **민정 문서(촌락 문서, 신라장적)** : 일본 나라 현 도다이 사(동대사) 쇼소인(정창원)에서 발견

    ㉠ **작성** : 촌주가 3년마다 촌 단위로 다시 작성 → 매년 변동 사항을 촌주가 조사함

    ㉡ **대상** : 토지의 크기, 인구수, 노비 수, <u>가축의 종류와 수</u>, <u>수목의 종류와 수</u> 기록

> •······소와 말 등   •······뽕나무 · 잣나무 · 호두나무

▲ 민정 문서

❷ 토지 제도의 변천

삼국 통일 이전
녹읍 지급 → 귀족의 경제적 기반

▼

삼국 통일 이후
• 신문왕 : 관료전 지급, 녹읍 폐지 • 성덕왕 : 정전 지급

▼

통일 신라 후반
녹읍 부활(경덕왕) → 진골 세력의 권력 회복

▶ 이슬람 상인
신라에서 비단, 검, 사향(麝香), 침향, 말안장 용품, 담비 가죽, 도기, 돛을 만드는 포목인 범포 등의 물품을 수입하였다. 반면 이들을 통해 서역의 비단, 양탄자, 유리그릇등이 신라에 들어와 신라 귀족의 사치심을 조장하였다.

ⓒ 목적 : 국가 재정 확보 목적 → 조세 징수, 노동력 징발

(2) 토지 제도의 개혁

① **목적** : 왕권을 강화하고 귀족 세력을 억제하여 농민 경제를 안정시키고자 하는 목적

② **관료전 지급·녹읍 폐지** : 관리에게 수조권만을 주어지는 관료전을 지급(신문왕, 687), 식읍의 제한 및 녹읍을 폐지 (689) → 국가의 토지 지배권을 강화

③ **정전 지급** : 일반 백성에게 정전 (丁田)을 지급하고 국가에 조를 바치게 함(성덕왕, 722)
  →● 귀족에 대한 왕의 권한 강화, 국가의 농민과 토지에 대한 지배권을 강화

④ **녹읍 부활** : 귀족들의 반발로 녹읍제가 부활(경덕왕, 757) → 귀족 세력이 다시 강화됨

2 통일 신라의 경제 활동

(1) 상법과 수공업의 발달

① **배경** : 통일 후 신라의 경제력이 비약적으로 성장, 농업 생산력의 증가 ⇨ 경주의 인구가 증가, 상품생산이 늘어남

② **시장의 증가** : 서시와 남시를 추가로 설치(효소왕) ┈┈┈●상품 생산이 늘어나 이전에 설치된 동시만으로는 상품 수요를 감당할 수 없었기 때문

③ **수공업의 발달** : 왕실과 귀족의 수요품 공급을 위한 관청 정비 ⇨ 장인과 노비가 소속되어 물품 제작·공급

(2) 대외 무역의 증가

① **대당 무역** : 8세기 이후 당과의 관계가 긴밀해지면서 무역이 번성 → 공무역과 사무역이 모두 발달

  ㉠ 대당 무역품 : 금·은 세공품, 인삼, 모피류 등을 수출, 비단·서적 등 귀족의 사치품을 수입
    └─●수출품   └─●수입품

  ㉡ 대당 무역로 : 주로 바닷길을 통해 전남 영암에서 상해 방면으로 가는 길과 경기도 남양만(당항성)에서 산둥 반도로 가는 길을 이용

  ㉢ 신라인의 대당 진출 : 무역 확대로 신라인이 자주 당에 드나들면서 산둥반도와 양쯔 강 하류 일대에 신라방, 신라소(자치 행정 기관), 신라관(여관), 신라원(사찰) 등이 설립됨
    └─●신라인의 거주지   └─●신라인을 다스림

② **일본과의 무역**

  ㉠ 통일 직후 : 신라의 삼국 통일로 일본은 신라를 경계, 신라도 일본에 있는 고구려·백제계 유민들을 경계함 ⇨ 일본과의 경제적 교류는 그전처럼 자유롭지 못하게 됨

  ㉡ 8세기 후 : 정치가 안정되면서 두 나라의 교류는 다시 활발해짐

③ **국제 무역항** : 통일 후 신라는 울산을 국제 무역항으로 삼아 활발한 대외 무역을 전개, 당과 일본 상인뿐만 아니라 이슬람 상인까지 왕래

④ **장보고의 활동**

  ㉡ 청해진 설치 : 신라 말 장보고는 청해진을 설치하고 해적을 소탕함

  ㉢ 국제 무역 : 남해와 황해의 해상 교통권을 장악한 장보고는 당-신라-일본을 잇는 국제 무역을 주도, 견당매물사(遣唐買物使) 파견 → 당과 교역 활동을 벌이기 위해 파견한 사절단, 회역사(廻易使) 파

견 → 일본과의 경제 활동을 위해 파견한 사절단

ㄹ 법화원 건립 : 장보고는 중국 산둥성 적산촌에 법화원을 건립, 승려와 신도의 활동을 지원

3 귀족의 경제생활

(1) 귀족의 경제 기반

① **식읍과 녹읍** : 식읍과 녹읍을 통하여 그 지역의 농민을 지배, 조세와 공물을 징수, 노동력 동원

② **개인 소유의 재산** : 국가에서 준 토지(관료전)와 곡물(녹봉) 이외에도 조상으로부터 물려받은 토지 · 노비 · 목장 · 섬 등 기본적인 개인 고유 재산이 많았음

③ **고리대 수입** : 서민을 상대로 한 고리대업으로 벌어들인 수입

(2) 귀족의 생활

① **사치품 사용** : 귀족은 당이나 아라비아에서 수입한 비단, 양탄자, 유리그릇, 귀금속 등 사치품을 사용

② **호화 생활** : 당시 귀족들은 당의 유행을 따라 옷을 지었으며, 경주에 지어진 귀족들의 호화스러운 별장은 금입택(金入宅) 이라하여 금도금으로 외부를 장식함
└·····● 금이 들어간 집

4 농민의 경제생활

(1) 일반 농민의 생활

● 비료 주는법

① **낮은 생산성** : 전 시대보다 늘었다고는 하지만 시비법이 발달하지 못해, 계속해서 경작할 수 없고, 1년 혹은 몇 년씩 땅을 묵혀두어야 했다는 점에서는 달라진 것이 없음
└·····● 농민의 토지는 대부분이 척박하여 귀족의 토지보다 생산량이 적었음   ● 삼베, 명주실, 과실류 등

② **수취 제도의 부담** : 전세는 생산량의 1/10을 납부, 여러 가지 물품을 공물로 냄, 부역도 많아 농사에 지장을 초래, 군역에 나가면 농사 지을 노동력이 없어 생활에 어려움을 겪음

③ **과중한 지대** : 대부분의 농민들은 생계 유지를 위해 남의 토지를 빌려 경작 ➡ 수확량의 반 이상을 토지 소유자에게 지대(소작료)로 납부하여야만 했음

(2) 향 · 부곡민의 생활 농민과 대체로 비슷한 생활을 하였으나 일반 농민보다 더 많은 공물을 부담
└·····● 일반농민보다 형편이 더 어려웠음

(3) 노비의 생활 왕실이나 관청 등 공적 기관 혹은 귀족이나 절 등에 속함, 주인을 위한 음식 · 옷 등 각종 필수품을 만들고 일용 잡무를 함, 주인의 농장 · 토지를 관리 · 경작하였음 → 노비가 소유할 수 있는 것은 아무 것도 없었음(모든 일을 다하고도 아무런 권리를 가질 수 없는 존재)

5 발해의 경제 발달

● 베 · 명주 · 가죽 등의 특산물을 징수

(1) 수취 제도 신라와 마찬가지로 조세, 공물, 부역이 있었음
조 · 콩 · 보리 등의 곡물을 징수 ●·····   ·····● 궁궐 · 관청 등의 건축에 농민들을 동원

(2) 귀족의 경제생활 귀족들은 대토지를 소유, 당과의 무역을 통해 비단 · 서적 등을 수입하여 화려한 생활 영위

(3) 경제의 발전

① **농업** : 기후가 찬 관계로 주로 밭농사가 중심(콩, 조, 보리, 기장 등 재배), 철제 농기구가 널리 사용, 수리 시설이 확충, 재배하는 곡물의 수가 많아짐, 벼농사도 이루어짐

② **목축 · 수렵** : 수렵과 함께 돼지 · 말 · 소 · 양 등의 사육이 활발, 명마 · 모피 · 녹용 · 사향 등을 생산하여 수출 → 특히 솔빈부의 말은 주요 수출품 중의 하나

④ **수공업** : 금속 공업(철 · 구리 · 금 · 은 등), 직물업(삼베 · 명주 · 비단 등), 도자기업 등 다양한 분야에서 발달

⑤ **상업** : 수도인 상경 용천부 등 도시와 교통 요충지 ⇨ 상법이 발달, 상품 매매에 현물 화폐를 주로 사용 → 외국화폐도 함께 사용

⑥ **어업** : 고기잡이 도구가 개량 ⇨ 숭어, 문어, 대게, 고래 등 다양한 어종이 포획됨

(4) 대외 무역의 발전 발해는 당, 신라, 거란, 일본 등과 왕실 · 귀족의 수요품 위주로 무역

① **당과의 무역** : 당과의 평화 관계가 성립, 무역 활발

　㉠ **발해관 설치** : 외교 사절의 왕래와 무역이 빈번해짐 ⇨ 당의 덩저우에 발해관 설치

　㉡ **수출품** : 토산물(모피, 인삼 등)과 수공업품(불상, 자기 등)

　㉢ **수입품** : 귀족들의 수요품인 비단, 책 등

② **일본과의 무역** : 일본과도 무역 관계를 맺어 동해의 해로를 개척, 발해와 일본의 무역 규모는 매우 컸음, 한 번에 수백 명이 일본으로 가서 교역 활동을 함. → 신라에 대한 견제책의 의미도 지님

③ **발해 5도** : 압록도(조공도), 일본도(동경 용원부), 신라도(남경 남해부), 거란도, 영주도
　　　　　　　└┄┄┄┄●서경 압록부 중심, 당과의 교역

▶ **민정문서**

이 현(縣)의 사해점촌(沙害漸村)을 조사해 보니, 지형은 산과 평지로 이루어져 있으며, 마을의 둘레는 5,725보(涉), 공연(孔烟)의 수는 합하여 11호(戸)가 된다. 계연(計烟)은 4, 나머지 30이다. 이 가운데 중하연(仲下烟) 4호, 하상연(下上烟) 2호, 하하연(下下烟) 5호이다. 마을의 모든 사람을 합치면 147명이며, 이 중 3년 전부터 살아온 사람과 3년사이에 태어난 자를 합하면 145명이 된다. 정(丁) 29명[노(奴) 1명 포함], 조자(助子) 7명[노(奴) 1명 포함], 추자(追子) 12명, 소자(小子) 10명이며, 3년 사이에 태어난 소자 5명, 제공(除公) 1명이다. 여자는 정녀(丁女) 42명[비(婢) 5명 포함], 조여자 9명, 소여자 8명이며, 3년간에 태어난 소여자 8명[비 1명 포함], 제모(除母) 2명, 노모(老母) 1명 등이다. 3년 사이에 이사 온 사람은 둘인데, 추자 1명, 소자 1명이다. 가축으로는 말 25마리가 있으며, 전부터 있던 것 22마리, 3년 사이에 더해진 말이 3마리이다. 소는 22마리인데, 전부터 있던 것 17마리, 3년 사이에 더해진 소 5마리이다. 논[畓]은 전부 102결(結) 2부(負) 4속(束)인데, 관모전(官謨田)이 4결, 내시령답(內視令畓)이 4결, 연수유답(烟受有畓)이 94결 2부 4속이며 그 중 촌주가 그 직위로 받은 논이 19결 70부가 포함되어있다. 밭은 전부 62결 10부 5속인데 모두 연(烟)이 받은 것이다. 마전(麻 田)은 전부 1결 9부이다. 뽕나무는 1,004그루인데, 3년 사이에 심은 것이 90그루, 전부터 있던 것이 914그루이다. 잣나무는 모두 120그루이고, 3년 사이에 심은 것이 34그루, 전부터 있던 것이 86그루이다. 호두나무는 모두 112그루이고, 3년 사이에 심은 것이 38그루, 전부터 있던 것이 74그루이다.

▶ **신라인의 국제적 교류**

저는 아직 대사님을 뵙지는 못하였습니다만 …… 저는 대사님의 큰 은혜를 입어 몸 둘 바를 모르겠습니다. 저의 오랜 뜻을 이루기 위하여 당에 머무르고 있는 보잘것없는 이 몸은 다행히 대사께서 발원하신 적산원에 머무르고 있습니다.

– 엔닌, '입당구법순례행기' –

장보고는 신라로 돌아와서 흥덕왕을 배알하고 말하기를 "중국에서는 널리 우리나라 사람들을 노비로 삼으니 청해진을 만들어 적으로 하여금 사람들을 약탈하지 못하도록 하기를 원하나이다."라고 하였다. 청해(淸海)는 신라의 요충으로 지금은 완도라 부른다. 대왕은 그 말을 쫓아 장보고에게 군사 1만 명을 주어 해상을 방비케 하니, 그 후부터는 해상에서 우리나라 사람들이 잡혀가는 일이 없었다.

– '삼국사기' –

▶ **신라 귀족의 생활**

재상가에는 녹이 끊이지 않으며, 노예가 3천이고 이에 상당하는 수의 갑병(군인)과 소, 말, 돼지가 있었다. 바다 가운데 섬에서 길러 필요할 때 활로 쏘아서 잡아먹었다. 곡식을 꾸어서 갚지 못하면 노비로 삼았다.

– '신당서' 동이열전–

헌강왕 6년(880) 9월 9일, 왕이 좌우와 더불어 월상루에 올라 사면을 바라보니, 서울에 민가가 즐비하고 풍악 소리가 끊이지 않았다. 왕은 시중 민공을 돌아보며 "내가 들으니 지금 민간에서는 지붕을 기와로 덮고 짚을 쓰지 아니하며, 밥을 짓되 숯으로 짓고 나무를 쓰지 않는다고 하니 과연 그러한가?" 하고 물으니, 민공 …… "황상이 즉위한 이래 음양이 고르고 바람과 비도 순조로워 해마다 풍년이 들고 백성은 먹을 것이 넉넉하며 변경은 평온하고 시정은 안락하니, 이는 모두 임금의 덕이 크신 때문입니다."라고 하였다.

– '삼국사기' 신라 본기 –

▶ **발해의 특산물**

귀하게 여기는 것에는 태백산의 토끼, 남해부의 곤포(다시마), 책성부의 된장, 부여부의 사슴, 막힐부의 돼지, 솔빈부의 말, 현주의 포(베), 옥주의 면(누에솜), 용주의 주(명주), 위성의 철, 노성의 쌀, 미타호의 붕어가 있고, 과일에는 환도의 오얏, 낙유의 배가 있다.

– '신당서' –

▶ **발해의 대외무역**

20일 기축(己丑)에 내장료(內藏寮)와 발해객(渤海客, 발해의 사절단)이 재화와 물건을 서로 교환하였다. 21일 경인(康寅)에 도성 사람들과 발해객이 서로 왕래하는 것을 허락하였다. 22일 신묘(辛卯)에 여러 시전의 사람들과 발해객들이 사사로이 서로 물건을 거래하는 것을 허락하였다. 이날 …… 시전의 사람들을 불러 모아 발해객들의 사이에서 토산물을 매매하도록 하였다.

– '일본삼대실록' –

발해인과 철리(鐵利) 사람 총 1,100여 명이 덕을 사모하여 그 가르침을 쫓아 찾아왔다. 데와국(出羽国)에 머물게 하였다가 옷과 양식을 주어 돌려보냈다.

– '속일본기' –

1 | 고대의 경제

001 □□□
2017년 지방직 7급

다음은 삼국의 주요 대외 교역 물품을 표시한 지도이다. ㉠~㉣에 들어갈 내용으로 옳은 것은?

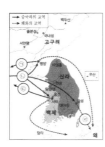

① ㉠ : 도자기, 비단, 서적
② ㉡ : 인삼, 직물류
③ ㉢ : 금, 은, 모피류
④ ㉣ : 곡물, 비단

002 □□□
2018년 교육행정직 9급

(가)에 대한 설명으로 옳은 것은?

• 경덕왕 16년, 내외 관료의 월봉을 없애고 다시 (가)을/를 내려 주었다.　　　　　《삼국사기》
• 왕건이 예산진(禮山鎭)에 행차하여 이르기를, "지난날 신라의 정치가 쇠퇴하자 도적 무리가 다투어 일어나 백성은 흩어지고 들판에는 해골이 나뒹굴었다. … 공경(公卿)이나 장상(將相)은 내가 백성을 자식처럼 사랑하는 마음을 헤아려 너희 (가)에 소속되어 있는 백성을 불쌍히 여겨야한다."라고 하였다. 《고려사》

① 경기(京畿)에 한정하여 지급되었다.
② 토지 비옥도에 따라 6등급으로 구분되었다.
③ 지역을 단위로 설정되어 수취가 허용되었다.
④ 18등급으로 나누어 지급되었으며 전지와 시지로 구성되었다.

003 □□□
2018년 서울시 9급

〈보기〉의 통일 신라 시대의 경제 제도를 시간 순으로 바르게 나열한 것은?

─〈보기〉─
ㄱ. 중앙과 지방의 여러 관리에게 매달 주던 녹봉을 없애고 다시 녹읍을 주었다.
ㄴ. 중앙과 지방 관리들의 녹읍을 폐지하고 해마다 조(租)를 차등 있게 주었으며 이를 일정한 법으로 삼았다.
ㄷ. 처음으로 백성들에게 정전(丁田)을 지급하였다.
ㄹ. 교서를 내려 문무 관료들에게 토지를 차등 있게 주었다.

① ㄴ → ㄱ → ㄹ → ㄷ
② ㄴ → ㄹ → ㄱ → ㄷ
③ ㄹ → ㄷ → ㄴ → ㄱ
④ ㄹ → ㄴ → ㄷ → ㄱ

004 □□□

'신라 촌락(민정) 문서'를 통해서 알 수 있는 내용으로 옳지 않은 것은?

① 인구를 중시하여 소아의 수까지 파악하였다.
② 내시령과 같은 관료에게 토지가 지급되었다.
③ 촌락의 경제력을 파악할 때 유실수의 상황을 반영하였다.
④ 촌락을 통제하기 위해서 지방관으로 촌주가 파견되었다.

005 □□□

다음은 삼국 시대 어느 나라 수취 제도에 대한 설명이다. 이 나라와 관련된 내용으로 옳은 것은?

> • 세(稅)는 포목 명주실과 삼 쌀을 내었는데, 풍흉에 따라 차등을 두어 받았다.　　　　　　　　　　　　　　　　　　－《주서》－
> • 한수(漢水) 동북 여러 부락인 가운데 15세 이상 된 자를 징발하여 위례성을 수리하였다.　　　　　　　　　　－《삼국사기》－

① 남중국 및 왜와 무역을 활발하게 전개하였다.
② 한강 유역을 차지한 뒤에야 당항성을 통하여 중국과 직접 교역할 수 있게 되었다.
③ 승려 혜자는 쇼토쿠 태자의 스승이 되었다.
④ 관료전과 정전을 지급하여 토지 개혁을 시도하였다.

006 □□□

다음 자료에 나타난 통일 신라 시대의 신분층과 연관된 설명으로 옳은 것은?

> (그들의) 집에는 녹(祿)이 끊이지 않았다. 노동(奴僮)이 3천 명이며, 비슷한 수의 갑병(甲兵)이 있다. 소, 말, 돼지는 바다 가운데 섬에서 기르다가 필요할 때 활로 쏘아 잡아먹는다. 곡식을 남에게 빌려 주어 늘리는데, 기간 안에 갚지 못하면 노비로 삼아 부린다.
> －《신당서》－

① 관등 승진의 상한은 아찬까지였다.
② 도당 유학생의 대부분을 차지하였다.
③ 돌무지덧널무덤을 묘제로 사용하였다.
④ 식읍, 전장 등을 경제적 기반으로 하였다.

01 고대의 사회계층과 신분제도

1 삼국 시대 이전의 신분 제도

(1) **신분 제도의 성립** 철제 무기의 사용으로 더욱 활발하게 전개된 정복전쟁으로 여러 부족이 통합되는 과정에서 지배층의 위계 서열이 마련, 그 서열은 신분 제도로 발전

(2) **부여, 초기 고구려, 삼한의 신분 구조**

① **가(加)·대가(大加)** → 부여와 초기 고구려에 존재한 권력자들(지배층)

㉠ 호민을 통하여 읍락을 지배

㉡ 자신의 독립적인 관리와 군사력을 지니고, 정치에 참여

㉢ 중앙 집권 국가 성립 과정에서 귀족으로 편제

② **호민(豪民)** : 읍락 사회에서 경제적으로 부유한 계층 → 읍락 내 실질적인 지배력을 행사

③ **하호(下戶)** : 읍락 사회에서 농업에 종사하는 평민 → 조세와 부역을 담당

④ **노비** : 주인에게 예속되어 생활하는 천민 → 읍락의 최하층

2 삼국 시대의 신분 제도

(1) **특징** 신분적 차별은 삼국시대에 와서 <u>법적으로 더욱 강한 구속력</u>을 지니게 됨. 왕족을 비롯한 <u>귀족, 평민, 천민</u>으로 구분
●신분 차별을 율령으로 법제화
●고구려의 고분벽화에는 신분의 귀천에 따라 인물의 크기가 차등을 두어 묘사 → 신분 의식 반영

㉠ 율령 제정의 목적 : 지배층의 특권을 유지하기 위해 제정

㉡ 신분 결정 : 개인의 신분은 능력보다는 그가 속한 친족의 사회적 위치에 따라 결정

(2) **삼국 시대의 신분 구조**

① **귀족** : 왕족 및 옛 부족장 세력 ⇨ 중앙의 귀족으로 재편성, 정치 권력과 사회·경제적 특권을 독점 → 귀족 내부에서도 엄격한 신분제를 운영(신라의 골품제도)

② **평민** : 대부분 농민으로 구성, 신분적으로 자유민이었으나 정치적·사회적으로 많은 제약, 나라에 조세 납부와 노동력 징발 의무 ⇨ 대부분 생활이 어려움

③ **천민** : 대부분 노비, 촌락 단위의 집단 예속민, 왕실과 귀족 및 관청에 예속, <u>전쟁 노비</u>, 부채 노비, 형벌 노비 등이 있었음
●매매와 상속의 대상
삼국 시대에는 전쟁 노비가 많았으나, 통일 신라 이후로 ●
정복 전쟁이 사라짐에 따라 전쟁 노비는 소멸됨

▶ **삼국시대의 전쟁 노비**

〈정복민을 노비로 만든 사례〉

고구려 사유(고국원왕)가 보병과 기병 2만을 거느리고 와서 치양(황해도 백주)에 주둔하고 군사를 나누어 민가를 약탈하였다. 왕(근초고왕)이 태자에게 군사를 주니 곧장 치양으로 가서 고구려군을 급히 깨뜨리고 5,000명을 사로잡았다. 그 포로를 장사에게 나누어 주었다.

– 삼국사기 –

〈정복민을 노비에서 해방한 사례〉

가야가 배반하니 왕(진흥왕)이 이사부에게 토벌하도록 명령하고, 사다함에게 이를 돕게 하였다. 사다함이 기병 5,000명을 거느리고 들이닥치니 일시에 모두 항복하였다. 공을 논하였는데 사다함이 으뜸이었다. 왕이 좋은 농토와 포로 200명을 상으로 주었다. 사다함은 세 번 사양하였으나, … 왕이 굳이 주자, 받은 사람은 놓아주어 양민을 만들고, 농토는 병사에게 나누어 주었다. 이를 보고 나라 사람들이 아름답다고 하였다.

– 삼국사기 –

▶ 고구려인의 씩씩한(상무적) 기풍

무릎을 꿇고 절할 때에는 한쪽 다리를 펴니 부여와 같지 않으며, 길을 걸을 적에는 모두 달음박질하듯 빨리 간다. … 그 나라의 말은 모두 체구가 작아서 산에 오르기에 편리하다. 사람들은 힘이 세고 전투에 익숙하여, 옥저와 동예를 모두 복속시켰다.
– 『삼국지』 위서 동이전, 고구려

▶ 서옥제

일종의 데릴사위제로, 아내의 집에 신랑의 집을 짓고 머무르게 한 뒤 아내가 아이를 가지면 신랑은 집으로 돌아간다. 아내는 아이를 낳은 후 자라면 함께 신랑의 집으로 가서 가정을 이루었다.

02 삼국의 사회 모습

1 고구려 사회의 모습

(1) 사회 기풍 대외 정복 활동 활발 ⇨ 사회 기풍이 씩씩함
　　●국가의 기틀을 마련한 압록강 중류 유역은 산간지역으로, 식량이 부족하여 일찍부터 대외 정복이 활발하였다

(2) 법률

① **엄격한 형법** : 통치 질서와 사회 기강 유지 목적

② 반역을 꾀하거나 반란을 일으킨 자는 화형에 처한 뒤에 다시 목을 베었고 그 가족들은 노비로 삼았음

③ 적에게 항복한 자나 전쟁에서 패한 자 역시 사형에 처함, 도둑질한 자는 12배를 물게 함

(3) 지배층

① **구성** : 왕족인 계루부 고씨, 왕비는 절노부(연나부), 5부 출신의 귀족들로 구성
　　●계루부, 절노부, 소노부, 관노부, 순노부 → 5부족

② **생활** : 지위 세습, 높은 관직을 맡아 국정 운영에 참여, 전쟁시 스스로 무장하여 적과 싸움

(4) 일반 백성

① **구성** : 대부분 자영농민으로 국가에 조세 납부, 병역 의무, 토목공사에도 동원됨

② **생활** : 흉년이 들어 빚을 갚지 못할 경우 ⇨ 노비로 전락 → 이를 막기 위해 빈민 구제책으로 진대법 실시

③ **진대법 실시** : 가난한 농민을 구제하기 위한 시책, 먹을거리가 부족한 봄에 곡식을 빌려주었다가 가을에 추수한 것으로 갚도록 한 제도 ⇨ 이는 빈농을 구제, 국가 재정과 국방력을 유지, 귀족세력 견제를 위한 정책임 → 고국천왕 때 시행(우리나라 최초의 구휼제도) → 고려의 의창, 조선의 환곡으로 발전함

(5) 천민과 노비 대부분 피정복민, 몰락한 평민　●남의 소나 말을 죽인 자, 빚을 갚지 못한 자의 자식들을 노비로 삼는 경우도 있었음

(6) 혼인 풍습

① **지배층** : 형사취수제, 서옥제
　　●형이 죽으면 동생이 형수와 결혼하는 혼인 제도로 집안의 재산이 손실되는 것을 방지하고 노동력 확보와 전쟁에서 남성이 사망하면 여성의 생계가 위협받기 때문에 이를 막기위한 측면도 있음

② **평민** : 남녀 간의 자유로운 교제를 통하여 혼인 → 남자 집에서 돼지고기와 술을 보낼 뿐 다른 예물은 주지 않음

2 백제 사회의 모습

(1) 특징 언어, 풍속, 의복은 고구려와 유사, 일찍부터 중국과 교류 ⇨ 선진 문화를 수용, 백제 사람은 키가 크고 의복이 깔끔함 ⇨ 세련된 모습, 상무적 기풍
　●중국의 기록에서 백제인의 모습을 알 수 있음　　●말타기와 활쏘기를 즐기는 등 고구려와 유사

(2) 법률 엄격한 형법 적용 → 고구려와 비슷

① 반역자나 전쟁터에서 퇴각한 군사 및 살인자는 참수함

② 도둑질한 자는 귀양을 보냄과 동시에 2배를 배상하게 함

③ 관리가 뇌물을 받거나 횡령을 했을 때는 3배를 배상하고 죽을 때까지 금고형에 처함

④ 간음한 자는 남자 집의 노비로 삼음(여자만 처벌하고 남자 처벌 규정은 없음)

(3) 사회 계층과 생활 모습

① **지배층** : 왕족인 부여씨와 8성의 귀족(사, 연, 해, 진, 국, 목, 백, 협)으로 이루어짐, 중국의 고전과 역사책을 즐겨 읽고, 한문을 능숙하게 구사, 관청 실무에도 밝음, 투호와 바둑 및 장기 등의 오락을 즐김

● 지배층의 오락(고구려와 비슷) ●⌐⌐⌐⌐⌐

② **일반 백성** : 대부분의 농민, 천민 · 노비

3 신라 사회의 모습

(1) **특징** 중앙 집권 국가로 발전한 시기가 늦은편임 ⇨ 신라는 여러 부족의 대표가 함께 모여 정치를 운영하고 사회를 이끌어 가던 신라 초기의 전통을 오랫동안 유지

(2) **씨족 사회의 전통 유지** 화백 제도와 화랑도

(3) **화백 회의**

① **기원** : 남당(南堂)에서 유래 ← 사로 6촌의 촌장(군장) 회의였음

② **구성** : 상대등을 중심으로 한 대등(귀족)들로 구성 → 화백 회의의 의장은 상대등이었음

③ **특징** : 만장일치의 귀족 합의체 성격 → 고구려의 제가 회의, 백제의 정사암 회의

④ **기능** : 귀족들의 단결, 국왕과 귀족 간의 권력을 조절, 왕권 견제 기능 → 국왕 폐위, 새 국왕 추대

(4) **화랑도**

① **기원** : 원시 사회의 청소년 집단에서 기원한 것

② **구성** : 화랑(진골 귀족자제 중에서 선발된 지도자) + 낭도(귀족, 6두품 이하의 평민까지 포함)

③ **교육 내용** : 전통적 사회 규범을 배움, 제천 의식, 사냥과 전쟁에 관한 교육을 받음 ⇨ 협동과 단결 정신을 기르고 심신을 연마

④ **화랑의 행동 규범** : 원광법사가 세속 5계를 가르쳐 마음가짐과 행동의 규범을 제시

⑤ **기능** : 대립된 계급 간의 갈등을 조절 · 완화하는 역할

❺ **세속 5계(世俗五戒)**
사군이충(事君以忠)
사친이효(事親以孝)
교우이신(交友以信)
임전무퇴(臨戰無退)
살생유택(殺生有擇)

(5) **골품제**

① **성립** : 중앙 집권화 과정에서 병합된 지방의 군장 세력을 통합 · 편입하는 과정에서 형성, 이들 세력의 크기에 따라 등급과 서열을 정함 → 혈연, 신분, 세력의 크기에 따라 사회 진출 보장과 한계를 정해 놓음

③ **골품의 구성** : 왕족을 대상으로 하는 골제와 일반 귀족을 대상으로 하는 두품제로 편제

　㉠ **성골** : 왕이 될 수 있는 자격을 가진 최고의 신분 → 진덕여왕을 끝으로 소멸

　㉡ **진골** : 왕족, 모든 관직에 진출할 수 있었음 → 태종 무열왕 이후 부터는 진골에서 왕이 나옴

　㉢ **6두품** : 대군장 출신으로 득난 이라고 불림, 학문과 종교 분야에서 활발한 활동, 6관등인 아찬까지 승진이 가능

　㉣ **5, 4두품** : 중소 군장 출신으로 5두품은 10관등인 대나마까지, 4두품은 12관등인 대사까지 승진 가능

④ **골품제의 운영** : 혈연에 따라 사회적 제약이 강함 → 개인의 사회 활동과 정치 활동의 범위 엄격히 제한

　㉠ **정치적 제한** : 관등 승진의 상한선이 골품에 따라 정해짐 ⌐⌐⌐⌐● 불만을 가진 사람이 늘어남
→ 대표적인 신분이 6두품

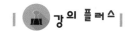

      ⓒ 사회적 제한 : 가옥의 규모, 장식물, 복색이나 수레 등 신라인의 일상 생활까지 규제하는 기
      준으로 오래 유지됨

03 남북국시대의 사회 모습

1 통일 신라의 사회

(1) 통일 후 신라의 민족 통합

  ① 삼국 통일의 의의 : <u>혈연적 동질성과 문화적 공통성</u> ⇨ 민족 문화가 하나의 국가 아래 발전하는
    계기가 됨
                                ●삼국은 상호 간에 오랜 전쟁을 치르면서도 동질성을 많이 간직함. 언어와 풍습은 비슷했고,
                                   복장을 비롯하여 절하는 모습에서 약간 차이가 나는 정도임

  ② 신라의 민족 통합 노력 : 백제와 고구려의 옛 지배층 포용, 백제와 고구려의 <u>유민들을 포용</u>
                          ●신라 관등을 주어 지배층에 편입시킴   ●9서당에 편성(통일 직후)

(2) 신라 중대 사회의 변화

  ① 왕권의 강화 : 영토와 인구 증가 ⇨ 경제력 증가 ⇨ 안정된 사회 유지(100여 년 간)

  ② 신분제의 변화 :

    ㉠ 진골 귀족 : 최고 신분층인 진골 귀족의 정치·사회적 비중은 여전히 큼, 중앙 관청의 장관직
      을 독점, 화백 회의 전통도 여전히 유지

    ㉡ 6두품 : 학문적 식견과 실무능력을 바탕으로 국왕을 보좌, 정치적 진출 활발 ⇨ 신분적 한계
                               ●정치적 조언자
      로 승진이 불가능
           ●중앙관청의 우두머리나 지방의 장관 자리까지는 오를 수 없었음

    ㉢ 골품제의 변화 : 통일 후에도 골품제의 기본 틀은 그대로 유지, 성골은 없어 졌고, <u>3두품에서</u>
    <u>1두품은 거의 평민과 동등</u>
              ●골품의 구분이 하급 신분층에서 점차 희미해 짐,

(3) 통일 신라인의 생활

  ① 귀족의 생활 :

    ㉠ 주거 : 귀족들은 주로 금성(경주)이나 5소경에 거주, 경주에 귀족들의 저택인 35개의 금입택
    (金入宅)과 <u>4절유택(節遊宅)</u>이 있었음, 많은 노비와 사병을 거느리고 생활함 →「삼국사기」
                  ●진골 귀족들의 별장

    ㉡ 수입원 : 자신들이 소유하고 있는 지방의 대토지와 목장, 서민을 상대로 한 고리대업

    ㉢ 사치품 선호 : 국제 무역을 통해 <u>수입한 진기한 사치품</u>을 선호함, 흥덕왕 때 사치를 금지하는
    왕명을 반포(834)함 →실효를 거두지 못함   ●아라비아산 고급 향료, 동남아시아산 거북딱지로 만든 장식품,
                                         고급 목재, 에메랄드 등

  ② 평민의 생활 : 자신의 토지를 경작하며 근근이 생활함, 가난한 농민들은 귀족의 토지를 빌려 경
    작 ⇨ 귀족에게 진 빚을 갚지 못하여 노비가 되기도 함

2 발해의 사회 구조

(1) 지배층

① **구성** : 왕족인 대씨와 귀족인 고씨 등 고구려계 사람들이 대부분 구성

② **생활** : 중앙과 지방의 중요 관직을 차지, 수도나 큰 고을에 거주, 노비와 예속민을 거느림

③ **문화** : 상층 사회를 중심으로 당의 제도와 문화를 받아들임, 발해의 지식인은 당에 유학하여 <u>빈공과</u>에 응시

........●당에서 외국 유학생을 대상으로 실시한 과거 시험으로 발해인들이 신라인과 수석을 다투기도 함

(2) 피지배층

① **구성** : 발해의 주민 중 다수는 말갈인 ⇨ 이들은 고구려 전성기 때부터 고구려에 편입된 종족

② **생활** : 일부는 지배층이 되거나 자신이 거주하는 촌락의 촌장이 됨 ⇨ 국가 행정을 보조

③ **문화** : 당의 제도와 문화 수용 → 고구려나 말갈 사회의 전통적인 생활 모습을 오랫동안 유지

3. 통일 신라 말기의 사회 모순

(1) 신라 말의 사회 상황

① **귀족들의 횡포** : 귀족들의 정권 다툼과 사병 양성, 중앙 정부의 통제력 크게 약화, 대토지 소유 확대 ⇨ 농민에 대한 수탈이 과중, 지방 자영농의 몰락, 농민의 부담 가중

② **6두품** : 신라 사회의 개혁을 꾀하기도 했지만, 골품제의 벽에 막혀 점차 반신라적 성향을 띔

③ **지방 유력자** : 중앙 정부의 통치력 약화 ⇨ 지방 토착 세력과 사원도 세력을 넓혀감 ⇨ 대토지 소유 → 신흥 세력으로 성장

(2) 사회 모순 증폭

① **호족 세력의 등장** : 지방의 유력자를 중심으로 무장 조직을 아우른 큰 세력가 등장

② **농민층의 몰락** : 중앙 정부의 통치력 약화, 대토지 소유자들의 조세 회피 ⇨ 농민의 부담 가중, 토지 상실, 소작농이 되거나, 노비로 전락

③ **국가 재정의 고갈** : 중앙 정부의 기강 문란, 지방의 조세 납부 거부 ⇨ 국가 재정 고갈 ⇨ 강압적인 조세 징수

④ **농민 봉기 발생** : 강압적인 조세 징수로 전국 각지에서 농민이 봉기함, 상주의 원종과 애노의 난(889)을 시작으로 농민의 항쟁이 전국적으로 확산 ⇨ 중앙 정부의 지방 통제력 거의 상실

▶ 부여와 고구려의 풍속

- 부여 : 여름에 사람이 죽으면 모두 얼음을 넣어 장사지내며, 사람을 죽여서 순장을 하는데 많을 때는 백 명이나 된다. 장사를 후하게 지내는데, 곽(槨)은 사용하나 관(棺)은 쓰지 않는다.

    – 『삼국사기』 위서 동이전 –

- 고구려 : 가을 9월에 왕이 서거하였다. 시원(柴原)에 장사지냈다. 이름을 동천왕이라 하였다. 나라 사람들이 그 은덕을 생각하며 슬퍼하지 않음이 없었다. 가까운 신하들이 자살하여 따라 죽으려고 하는 자가 많았으나, 새 왕(중천왕)이 예가 아니라 하여 이를 금하였다. 장례일에 이르러 무덤에 와서 스스로 죽는 자가 매우 많았다. 나라 사람들이 잡목을 베어 그 시체를 덮었으므로, 드디어 그 땅의 이름을 시원이라 하였다.

    – 『삼국사기』 –

읍락에 호민이 있고, 민은 하호로서 모든 노복과 같은 처지에 있다. …… 적이 있으면, 제가가 스스로 나가 싸우며, 하호는 먹을 것을 공급한다.

나라 안의 대가들은 농사를 짓지 않은 좌식자(坐食者)인데 만여 명이나 된다. 하호는 먼 곳에서 양식, 고기, 소금을 운반하여 그들에게 공급한다.

    – 『삼국지』 위서 동이전 –

▶ 고구려와 백제의 법

- 고구려 : 반란을 꾀하거나 반란한 자는 사람들을 모아 햇불을 들고 경쟁적으로 불태우게 하였는데, 시체가 불에 타서 문드러지면 다시 목을 베었다. 그 가족은 모두 노비로 삼았다. 성을 지키다 항복한 자, 전쟁에서 패배한 자, 사람을 죽이거나 겁탈한 자는 목을 벤다. 물건을 도둑질한 자는 그 물건의 12배를 물어 주게 하고, 소나 말을 죽인 자는 노비로 삼는다. 대제로 법을 엄격하게 적용하므로 범하는 자가 적으며, 심지어는 길가에 떨어진 물건도 줍지 않는다.

    – 『주당서』 –

- 백제 : 모반하거나 전쟁에서 퇴각한 자 및 살인을 한 사람은 참수하였다. 도적질한 사람은 유배시키고 도적질한 물품의 2배를 물어내게 하였다. 부인으로서 간통죄를 범하면 남편 집의 종으로 삼았다.

    – 『주서』 –

▶ 고대의 귀족회의

일은 반드시 무리와 더불어 의논하였다. 이를 화백이라 하는데 한 사람이라도 이의가 있으면 통과되지 못하였다.

    – 『신당서』 –

큰일이 있으면 여러 관료들이 모여 자세히 의논한 후 결정한다.

    – 『수서』 –

▶ 세속오계

원광법사가 수(隋)나라에 들어가 유학하고 돌아와서 가실사에 있었는데, 그때 사람들이 높이 예우하였다. 귀산 등이 그 문에 나아가 옷자락을 걷어 잡고 말하기를, "저희들 세속 선비는 몽매하여 아는 바가 없사오니 원컨대 한 말씀을 주셔서 종신토록 지킬 교훈을 삼도록 하여 주시기 바랍니다."라고 하였다. 원광법사가 말하기를 "지금 세속 5계가 있으니, 첫째는 임금을 충성으로 섬기는 것이요, 둘째는 부모를 효성으로 섬기는 것이요, 셋째는 벗을 신의로 사귀는 것이요, 넷째는 전쟁에 임하여 물러서지 않는 것이요, 다섯째는 살아 있는 것을 죽일 때는 가려서 죽여야 한다는 것이니, 그대들은 이를 실행함에 소홀하지 말라."라고 하였다.

    – 『삼국사기』 –

▶ 진골 귀족의 신분 강등

성주산파를 처음 연 낭혜는 속성이 김씨로 무열왕이 8대조이다. 조부 주천은 품이 진골이고 위가 대아찬이었으며, 고조와 증조가 모두 장수와 재상을 지냈으므로 사람들이 모두 안다. 그러나 아버지 범청은 진골에서 강등되어 득난이 되었다. 이는 귀성의 얻기 어려움을 말한 것이니, 〈문부〉에도 '혹 구하기는 쉬워도 얻기는 어렵다.'고 한 대목이 있다.

    – 보령 성주사지 낭혜화상탑비 –

▶ 골품제에 따른 생활 규제

진골의 방은 길이와 너비가 24척을 넘을 수 없으며 …… 6두품의 방은 길이와 너비가 21척을 넘을 수 없고 4두품에서 백성에 이르기까지는 방의 길이와 너비가 15척을 넘지 못한다. 느릅나무를 쓰지 못하고, 우물 천장을 만들지 못하며 당기와 덮지 못하고, 짐승 머리 모양의 지붕 장식이나 높은 처마 등을 두지 못하며 금 · 은이나 구리 등으로 장식하지 못한다. 섬돌로는 산의 돌을 쓰지 못한다. 담장은 6척을 넘지 못하고, 보를 가설하지 않으며, 석회를 칠하지 못한다. 대문과 사방문을 만들지 못하고, 마구간에는 말 2마리를 둘 수 있다.

    – 『삼국사기』 –

1 | 고대의 사회

001 ☐☐☐   2017년 지방직(하반기) 9급

밑줄 친 인물들이 속한 신분층에 대한 설명으로 옳은 것은?

> • 진덕 여왕 2년, 김춘추가 돌아오는 길에 고구려의 순라병을 만났는데, 종자인 온군해가 대신 피살되고 그는 무사히 신라로 귀국하였다.
> • 마침 알천의 물이 불어 김주원이 왕궁으로 건너오지 못하니, 상대등 김경신이 왕위에 올랐다.   『삼국사기』

① 관등과 상관없이 특정 색깔의 관복을 입었다.
② 골품제의 모순을 비판하며 과거제 도입을 주장하였다.
③ 죄를 지으면 본관지로 귀향시키는 형벌이 적용되었다.
④ 중앙 관부와 지방 행정 조직의 장관직에 오를 수 있었다.

002 ☐☐☐   2018년 기상직 9급

다음 밑줄 친 인물이 속한 사회 계층에 대한 설명으로 옳은 것을 〈보기〉에서 고른 것은?

> 태종대왕(太宗大王)이 즉위하자 와서 조서를 전하였는데, 그 가운데 해독하기 어려운 부분이 있었다. 왕이 그를 불러 물으니 그가 왕 밑에서 한번 보고는 설명하고 해석하는데 의심스럽거나 막히는 데가 없었다. 왕이 놀랍고도 기뻐 서로 만남이 늦은 것을 한탄하고 그의 성명을 물었다. 그가 대답하여 아뢰었다. "신은 본래 임나가량(任那加良) 사람이며 이름은 우두(牛頭)입 니다." 왕이 말하였다. "경의 두골을 보니 강수 선생이라고 부를 만하다." 왕은 그에게 당 황제의 조서에 감사하는 회신의 표를 짓게 하였다. 문장이 세련되고 뜻이 깊었으므로 왕이 더욱 그를 기특히 여겨 이름을 부르지 않고 임생(任生)이라고만 하였다.   『삼국사기』

〈보기〉
ㄱ. 속현에서 농민들의 실질적인 지배 세력이었다.
ㄴ. 학문과 종교 분야에서 활발히 활동하였다.
ㄷ. 신분은 양인이었으나 직역이 천하여 사회적 차별이 심하였다.
ㄹ. 6관등인 아찬까지만 승진할 수 있었다.

① ㄱ, ㄴ ② ㄱ, ㄷ ③ ㄴ, ㄹ ④ ㄷ, ㄹ

003 ☐☐☐ 2017년 지방직 7급

다음 (가), (나)에 나타난 신라 제도에 대한 설명으로 옳지 않은 것은?

> (가) 속성은 김씨로 태종 무열왕이 8대조이다. 할아버지인 주천
> 의 골품은 진골이고 … 아버지는 범청으로 골품이 진골에서
> 한 등급 떨어져 득난(得難)이 되었다.
>
> 『성주사 낭혜화상 백월보광탑비문』
>
> (나) 최치원은 난랑비(鸞郎碑) 서문에서 우리나라에는 현묘한
> 도가 있으니 풍류(風流)라 일컬었다. … 실로 이는 삼교(유
> 불 · 선)를 포함하 고 중생을 교화한다.
>
> 『삼국사기』

① (가) – 개인의 사회 활동과 일상 생활을 규제하였다.
② (가) – 관등 승진의 상한선이 정해져 있었다.
③ (나) – 진흥왕 때 인재 양성을 위한 제도로 정착되었다.
④ (나) – 귀족들이 회의를 통하여 중요한 국사를 결정하였다.

004 ☐☐☐ 2012년 국가직 7급

다음은 삼국 시대 어느 나라의 사회 모습에 대한 내용이다. 이 나라의 지배층에 대한 설명으로 옳지 않은 것은?

> 이 나라 사람은 상무적인 기풍이 있어서 말타기와 활쏘기를 좋아
> 하고, 형법의 적용이 엄격하였다 반역한 자나 전쟁터에서 퇴각한
> 군사 및 살인자는 목을 베었고, 도둑질한자는 유배를 보냄과 동시
> 에 2배를 물게 하였다. 그리고 관리가 뇌물을 받거나 국가의 재물
> 을 횡령하였을 때에는 3배를 배상하고, 죽을 때까지 금고형에 처
> 하였다.

① 간음죄를 범할 경우 남녀 모두를 처벌하였다.
② 투호와 바둑 및 장기와 같은 오락을 즐겼다.
③ 중국의 고전과 역사책을 읽고 한문을 구사하였다.
④ 대표적인 귀족의 성으로는 여덟 개가 있었다.

005 ☐☐☐ 2013년 서울시 7급

통일 신라 사회에 대한 설명으로 옳은 것은?

① 농민 가호를 3등급으로 구분하는 호등제를 실시하였다.
② 전국의 지방 관리들에게는 연수유전답을 지급하였다.
③ 신라 전역을 다룬 지리지로 『한산기』가 편찬되었다.
④ 중앙의 군사 조직은 신라인으로만 충당되었다.
⑤ 화랑도는 진골귀족에서 평민까지 포함하는 조직이었다.

006 ☐☐☐ 2014년 사회복지직 9급

남북국 시대에 대한 설명으로 옳지 않은 것은?

① 신라는 백제와 고구려 옛 지배층에게 관등을 주어 포용하
였다.
② 신라의 6두품 출신들은 학문과 실무 능력을 바탕으로 정
치적 진출을 활발하게 하였다.
③ 발해의 주민 중 다수는 말갈인이었는데 이들은 지배층에
편입되지 못하였다.
④ 발해는 당의 제도와 문화를 받아들였으나, 고구려와 말갈
의 전통을 유지하였다.

⊙ 정답·해설

정답 3.④ 4.① 5.⑤ 6.③

해설 3. (가)는 진골귀족이었던 자가 신분이 한 등급 떨어져 '득난(6두품)'이 되는 것을 통해 골품제임을 알 수 있다. (나)는 풍류도에 대한 설명으로서 화랑도에 대한 설명이다. ④는 화백
회의에 대한 설명이다.

4. 주어진 자료는 상무적 기질, 도둑질을 할 경우 2배 배상 등의 내용을 통해 백제의 사회 모습에 대한 설명임을 알 수 있다. ① 고조선이나 부여 등의 법률에서는 가부장적 사회
의 면모가 드러나고 간음하거나 투기할 겨우 처벌을 받는다는 것을 파악할 수 있다. 그러나 귀족 남성들은 대체로 큰 처벌을 받지 않았다.

5. ① 신라는 가호를 9등급으로 구하였다. ② 지방 관리들에게는 내시령답을 지급하였다. 연수유답은 농민 사유지로 정전과 같은 성격의 토지를 말한다. ③ 『한산기』는 김대문이
한산(서울)과 주변의 연혁을 다룬 지리지로 추정된다. ④ 통일 신라의 중앙 군사 조직인 9서당은 고구려인, 백제인 그리고 말갈인까지 포함하였다.

6. 발해의 지배층은 주로 옛 고구려인이었고, 피지배층은 주로 말갈인이었으나, 그들 중 일부는 지배층에 편입되기도 하였다.

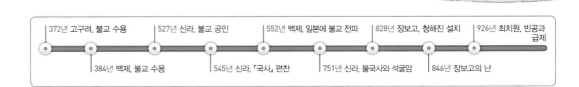

| 372년 고구려, 불교 수용 | 527년 신라, 불교 공인 | 552년 백제, 일본에 불교 전파 | 828년 장보고, 청해진 설치 | 926년 최치원, 빈공과 급제 |

| 384년 백제, 불교 수용 | 545년 신라, 「국사」 편찬 | 751년 신라, 불국사와 석굴암 | 846년 장보고의 난 |

01 고대 문화의 특징

1 삼국 문화의 특징

⑴ 삼국 문화의 성격

① **고구려** : 중국과 대결로 중국 문화에 대한 비판 능력을 가짐 ⇨ 외래 문화를 보다 개성 있게 받아들임, 고구려 예술에는 패기와 정열이 넘침

② **백제** : 중국 문화의 수입과 전달에 큰 역할을 함, <u>우아하고 세련된 문화를 이룸</u>, <u>지방의 토착 문화를 충분히 육성시키지는 못함</u>
　　 └·······●백제 예술은 귀족적 성격이 강하여 우아하고 세련되었음
　　 └·······●백제 문화의 한계

▲ 신라 토우

③ **신라** : 초기에 <u>소박한 옛 전통</u>이 남아 있었음, 후기에 고구려와 백제의 영향을 받아 문화적 기반을 넓혀 감, 조형미 속에 <u>패기와 화려함을 담음</u>, 금동 미륵보살 반가 사유상과 같이 세련된 미술품도 제작
　　 └·······●일상 생활에 쓰였던 그릇 형태(신라 토기, 토우)에서 전통적인 소박한 모습을 담음

⑵ 삼국 문화의 공통점

① **공통적 성격** : 초기에는 소박한 옛 전통이 나타나 있었으나, 통일기를 전후로 여러 갈래의 문화를 수용·종합하여 고도의 세련미를 보여 줌, 금동 미륵보살 반가사유상을 많이 제작함(통일 신라×)

② **서민 문화** : 삼국시대의 설화나 노래, 음악에는 서민들의 소박한 전통적인 문화가 그대로 남아 있었음

③ **귀족 문화** : 남북조 시대의 중국 문화의 영향을 받아 세련되고 다채로운 귀족 문화가 등장

④ **불교 문화** : 불교는 종교의 기능뿐만 아니라 국민의 정신적 통일과 예술의 발달에 기여함

2 남북국 문화의 특징

⑴ 통일 신라

① **민족 문화의 토대 확립** : 삼국의 국민은 막연한 동족 의식에서 나·당 전쟁후 동족 의식이 보다 강화됨, 신라는 통일 이후 확대된 사회·경제 기반 위에서 각기 개성을 가지면서 발전되어 온 고구려·백제의 문화를 융합→신라 문화의 폭을 넓힘, 민족 문화의 토대를 마련

② **국제 문화 조류에 참여** : 밖으로는 당 문화를 중심으로 한 국제 문화 조류에 직접 참여 ⇨ 한층 더 세련된 문화를 발전시킴

③ **조형 미술의 발달** : 신라 중기에는 <u>조형 미술 중심</u>으로 불교 문화가 발달
　　 └·······●특히 불교 미술과 고분 중심으로 발달

④ 불교 문화의 발달 : 이상과 현실이 조화를 이룸, 통일과 균형의 미를 통하여 불국토(佛國土)의 이상을 실현하려는 의도를 보여 줌

⑤ 귀족 문화의 발달 : 통일기의 예술은 귀족 중심으로 발달 → 진골 귀족뿐만 아니라 6두품 귀족들의 활동도 부각됨

⑥ 민간 문화의 수준 향상 : 귀족 종교로 머물러 있던 불교 ⇨ 민간에까지 널리 퍼져 민간 문화의 수준도 한층 높아짐
　　　　　　　　　　　　　　　　　　　　　　　　●통일 이후 원효 등의 노력으로

⑦ 지방 문화의 수준 향상 : 지방 행정 조직이 발달, 각처의 사원들이 지방 문화 기관의 구실을 함
　　　　　　　　　●지방에 설치한 5소경이 지방의 문화적 중심 도시로 발전

(2) 발해

① 고구려의 문화 계승 : 전통적인 고구려 문화의 토대 위에서 당의 문화를 흡수하여 이루어짐
　　　　　　　　　　　●온돌장치 또는 연꽃무늬 기와, 불상등 미술양식, 굴식 돌방무덤의 모줄임 구조 등에서 고구려적 색채가 뚜렷함

② 귀족 문화의 발달 : 수도인 상경 ⇨ 만주 지역의 문화적 중심지로 발전

③ 당 문화 수용 : 문왕 때 당과 외교 관계 체결 ⇨ 당 문화 적극 수용
　　　　　　　　　　　　●당 문화의 영향을 받은 것 → 상경의 주작대로, 벽돌무덤 양식, 3성 6부 체제

02 한자와 유학의 수용

1. 한자의 보급과 교육

(1) 한자

① 한자의 보급 : 우리나라는 철기 시대부터 한자를 도입하여 사용

② 한자의 토착화 : 이두❶와 향찰❷을 사용하여 한문의 토착화를 위해 노력

(2) 교육기관의 설립 →유학의 보급

① 고구려

　㉠ 교육 기관 : 태학(수도) ⇨ 유교 경전과 역사서를 교육, 경당(지방) ⇨ 한학과 무술 교육
　　●국립 교육 기관으로 소수림왕 때 중앙에 설치, 귀족 자제만이 입학 가능　　●평양 천도 이후 설립한 사립 교육 기관

　㉡ 한학의 발달 : 광개토 대왕릉 비문과 중원 고구려 비문 →고구려의 한학 발달을 알 수 있음

② 백제
　　　　　●유교의 다섯 가지 기본 경전
　㉠ 교육 기관 : 오경박사와 의박사, 역박사 ⇨ 유교 경전과 기술학 교육 →전하는 교육 기관은 없음

　㉡ 한학의 발달 : 개로왕이 북위에 보낸 국서(472), 사택지적 비문
　　　　　　　　●세련된 한문 문장으로 쓰여짐　　　　●백제 귀족인 사택지적이 불당을 세운 내력을 기록

③ 신라

　㉠ 교육 기관 : 화랑도 ⇨ 경학과 무술교육

　㉡ 한학의 발달 : 단양 적성비와 진흥왕 순수비, 임신서기석(552, 진흥왕)
　　　　　　　　　　　●신라의 청년들이 유교 경전을 공부했던 사실이 기록됨

④ 통일신라

　㉠ 국학❸ : '논어'와 '효경' 등의 유교 경전을 교육 ⇨ 충효 일치의 윤리 강조 →왕권 강화 목적

---

❶ 이두

광의로는 한자의 뜻과 소리를 빌려 우리말로 적던 표기법을 가리키며, 협의로는 한자를 국어의 문장 구성법에 따라 고치고 이에 토를 붙인 것을 뜻한다.

❷ 향찰

한자의 뜻과 소리를 빌려 우리말을 적던 표기법이다. 『삼국유사』와 『균여전』에 실린 향가는 모두 향찰로 쓰였다.

▲ 임신서기석

원효가 이미 임신년(552) 6월 16일 두 사람이 함께 맹세하여 기록한다. 하늘 앞에 맹세한다. ……만일 이 서약을 어기면 하늘에 큰 죄를 얻을 것이라고 맹세한다. 만일 나라가 편안치 않고 세상이 크게 어지러우면 가히 모름지기 충성을 바칠 것을 맹세한다. …… 3년 안에 〈시(詩)〉, 〈상서(尙書)〉, 〈예기(禮記)〉, 〈춘추전(春秋傳)〉을 차례로 습득하기를 맹세하였다.

❸ 국학

오늘날의 국립 대학에 해당하는 교육 기관으로 경덕왕 때의 태학감으로 고친 것을 혜공왕 때 다시 국학으로 고침

- 특품 : 상품 과목에 5경과 3사를 더함 (사기·한서·후한서)
- 상품 : 좌전, 문선, 예기, 논어, 효경
- 중품 : 곡례, 논어, 효경
- 하품 : 곡례, 효경

ㄴ 독서삼품과❶ (원성왕) : 유교 경전의 이해 수준을 3등급(상. 중. 하품)으로 구분하여 관리로 선발하는 제도 ⇨ 골품 제도 때문에 그 기능을 제대로 발휘하지는 못함

•능력 중심의 관리를 채용 → 귀족 견제 → 왕권 강화 목적

※ '효경'을 필수 과목으로 함, 3등급 외에 특품으로 평가항목에 역사서를 추가 하기도 함

2 유학의 보급과 역사서 편찬

(1) 유학의 보급

① 통일 신라

강수	외교 문서(답설인귀서, 청방인문서)를 잘 지은 문장가
설총	유교 경전에 조예가 깊음, 이두 정리 ⇨ 한문교육의 보급에 공헌, 신문왕에게 '화왕계' 바침
최치원	당에서 빈공과에 급제, 문장가, '시무 10조'(894)를 진성여왕에게 건의 → 실현되지 못함 현존 최고(最古) 문집인 '계원필경', '토황소격문', 4산 비문(난랑비문, 제왕연대력, 사륙집, 해인사 묘길상탑기) 등을 저술

② 발해 :

㉠ 빈공과 급제 : 당에 유학생 파견 ⇨ 당의 빈공과에 급제한 유학생 배출

㉡ 독자적 문자 사용 : 동경성(상경)에서 발견된 '압자와' ⇨ 한자와는 다른 발해의 독자적 문자가 있었다는 것을 알 수 있음

(2) 역사서 편찬

① 삼국시대

㉠ 편찬 배경 : 삼국의 학문 발달, 중앙 집권 체제 정비됨

㉡ 편찬 목적 : 중앙 집권적 체제를 정비, 왕실의 권위를 높여 왕권 강화를 뒷받침하기 위해

㉢ 삼국의 역사서 → 고대의 역사서 중 현존하는 역사서는 없음

고구려	유기 → 신집 5권(영양왕 때 이문진)
백제	서기(근초고왕 때 고흥)
신라	국사(진흥왕 때 거칠부)

㉣ 의의 : 국력이 크게 번성하던 때 역사를 편찬함 → 국가의 위신을 나라 안팎에 과시하기 위함

② 통일신라

㉠ 김대문의 저서 : 화랑들의 전기를 모은 '화랑세기', 유명한 승려들의 전기를 모은 '고승전', 한산주 지방의 지리지인 '한산기', 신라에 관한 '계림잡전', 음악에 관한 '악본' 등

㉡ 의의 : 신라의 문화의 주체적 인식

▲ 이차돈의 순교비

03 불교의 수용과 발달

1 불교사상

(1) 불교 수용의 배경

① 배경 : 삼국은 중앙 집권 체제의 확립, 지방 세력의 통합에 노력하던 4세기 이후에 불교 수용

② 기능 : 새로운 국가 정신의 확립, 강화된 왕권을 이념적으로 뒷받침 → 선진 문화 수용, 새로운 문화 창조

(2) 각국의 불교 수용과 시기

고구려		소수림왕(372)	전진으로부터 수용 – 순도
백제		침류왕(384)	동진으로부터 수용 – 마라난타
신라	전래	눌지왕(457)	고구려 승려 묵호자 → 전래
	승인	법흥왕(527)	이차돈의 순교 → 공인

(3) 삼국 불교의 성격   귀족 중심의 불교, 현세 구복적 성격, 호국 불교, 왕권과 밀착되어 성행

●불교 도입을 적극적으로 추진(왕실),   ●원광의 세속 5계
귀족적 성격의 불교로 발전

2 삼국 불교의 발전

(1) 고구려

●도교의 무(無) 개념으로 불교의 공(空)을 이해하려 함

① 고구려 불교의 성격 : 초기에는 격의 불교(格義佛敎)를 수용, 중기 이후에 삼론종이 크게 발달, 후기에 천태종 · 열반종이 소개되어 백제와 신라 불교에 영향을 줌

●주로 불교의 공(空) 사상을 깊이 연구함

② 고구려의 승려

승랑	삼론을 연구하였고 화엄(華嚴)에도 능통, 중국 남조에서 활동, 중국 삼론종의 3대조가 됨.
혜량	신라에 불법을 전파, 진흥왕에 의해 국통에 임명됨
혜자	왜에 건너가 쇼토쿠 태자의 스승이 됨(영양왕, 595)
혜관	일본 삼론종의 시조가 됨(영류왕, 625)
보덕	연개소문의 도교 장려 정책으로 백제로 건너가 열반종을 창시하여 전파함
도현	연개소문의 도교 장려 정책으로 일본으로 건너가 불법(佛法)을 전함, 일본 대안사의 주지가 됨, 〈일본서기〉 편찬에도 참여

(2) 백제

① 백제 불교의 성격 : 개인의 소승적 해탈을 강조하는 율종이 크게 발달, 말기에는 호국 불교의 성격을 띰 → 익산의 미륵사, 부여의 왕흥사 등

② 백제의 승려

겸익	성왕 때 인도에 가서 (6세기 초, 529) 율문을 번역하고, 백제 신율(新律)을 성립시킴, 일본 계율종의 성립에 큰 영향을 줌
노리사치계	일본에 불교를 전함(성왕, 552), 백제는 많은 승려를 보내어 일본 불교 성립에 크게 기여
아좌 태자	위덕왕(창왕) 때 왜에 건너가 쇼토쿠 태자의 스승이 됨, 초상화를 전수함

❶ 업설(業說)

우주의 모든 질서는 인과율(因果律)에 의해 결정된다는 불교 이론. 현생에서의 지위를 가지게 된 것은 전생에서 선과 악을 쌓은 결과로 나타난 것. 따라서 현생 최고의 지위인 왕은 곧 부처라는 사상적 해석으로 연결되어 국왕의 권위를 높여 주고, 귀족들의 지위 또한 인정해 주는 면이 있었다.

(3) 신라

① **신라 불교의 성격** : 신라는 수용 과정에서 우여곡절이 있었지만 일단 수용한 뒤에는 불교와 국가(왕실)를 일체화시키는 여러 정책을 실시, 삼국 중 <u>가장 효과적으로 불교를 국가 발전에 이용</u>

　　　고구려 백제의 불교가 이론적 성격이 강하다면 신라의 불교는 실용적 성격이 강함 ┄┄┄┄

　㉠ **업설❶** : 업설(業說)은 우주의 모든 질서는 인과율(因果律)에 의해 결정된다는 불교 이론 ⇨ 토착 귀족 세력을 설득해 불교를 수용하는 과정에서 <u>이들의 기득권을 사상적으로 보장하고자 함</u>

　　　　　　　　　　　　　　　　　　　　　　●골품제의 특권을 옹호함

　㉡ **미륵불 신앙** : 미륵불이 세상에 출현하여 석가모니불이 구제하지 못한 중생을 구제하고 이상적인 불국토를 건설한다는 <u>미륵불 사상</u>도 신라 불교의 중심 교리 중 하나였음

　　　　　　　　┄┄┄┄●화랑도와 밀접한 관련을 가짐

　㉢ **불교식 왕명 사용** : 왕실은 국왕을 부처와 동일시하는 왕즉불(王郞佛) 사상을 통해 왕의 권위를 높이고자 함

② **신라 불교의 발전 과정**

법흥왕	법흥왕에서 진덕 여왕(647~654)에 이르기까지 불교식 왕명 시대(왕이 곧 부처라는 왕즉불 사상이 깔려 있음)
진흥왕	불교의 정법을 널리 퍼뜨린 위대한 정복 군주인 '전륜성왕'으로 자처함, 고구려의 승려 혜량을 맞아 국통으로 삼았고, 국통 아래에 주통, 군통 등의 승관(僧官)을 설치하여 교단을 정비, 팔관회와 같은 국가적 불교의식을 개최함
진평왕	중국 북조의 왕즉불(王郞佛) 사상을 받아들여 신라 왕실을 불교식으로 신성화함, 원광은 세속 오계를 정하여 화랑도를 강화하면서 새로운 사회 윤리와 국가 정신을 확립하는 데 힘씀
선덕 여왕	자장은 계율 준수와 귀족의 신분 질서 유지를 강조하는 계율종을 개창하고 대국통(大國統)이 되어 이후 왕에게 건의하여 호국적 성격의 황룡사 9층탑 건립

3 통일 신라 시대 불교의 특징

(1) **발전 배경** 통일 이후 고구려와 백제의 문화를 종합하여 민족 문화의 토대를 마련, 삼국불교의 유산을 토대로 하고 중국과의 교류를 통해 폭넓은 불교사상을 본격적으로 이해할 수 있는 기반을 쌓음

▲ 원효

▲ 고선사 서당화상비

(2) **원효(617~686)의 활동**

불교의 사상적 이해 기준 확립	불교의 사상체계를 정리하여 불교의 사상적 이해 기준을 확립, 6두품 출신이었던 원효는 거의 모든 불교 서적을 폭넓게 이해하여 '대승기신론소', '금강삼매경론', '화엄경소' 등을 저술
불교의 대중화	'나무아미타불'만 염불하면 극락왕생할 수 있다며 아미타 신앙(정토종)을 자신이 직접 전도 ⇨ 불교 대중화의 길을 염
일심 사상	원효는 모든 것이 한마음에서 나온다는 일심 사상(一心思想)을 바탕으로 여러 종파의 분파 의식을 극복하고자 함
화쟁(和諍)사상	서로 다른 견해를 화해시키고 회통(원융회통)시켜 큰 법의 바다로 귀납시키는 사상, 사상적 대립을 조화시키고 분파 의식을 극복하려는 노력에서 '십문화쟁론'을 저술하였고, 화쟁 사상을 주장함, 중관 사상과 유식 사상 모두를 비판함
법성종(해동종)의 개장	일체 만유는 동일한 법성에서 생겼으며 일제 중생은 모두 성불할 성품이 있다는 이론으로 법성종을 창시(분황사에서 시작)함 ⇨ 교종의 5대 분파 중 하나로 발전
무애사상 강조	원효는 "아무것에도 구애됨이 없는 사람은 나고 죽음에서 벗어난다."라고 말함으로써 무애 사상을 표현, '무애가'를 지어 부르며 백성을 교화함

(3) 의상(625~702)의 활동

화엄종 성립	진골 출신으로, 당에 유학하고 돌아와 '화엄일승법계도'를 통해 화엄 사상의 핵심을 210개 그림과 글씨로 요약함, 모든 존재는 상호 의존적인 관계에 있으면서 서로 조화를 이루고 있다는 화엄 사상을 정립함, 국가의 지원을 얻어 부석사를 짓고 화엄의 교종을 확립하는 데 힘씀
화엄 사상	'일즉다 다즉일'의 원융 사상으로 하나가 만물을 아우르며, 우주의 다양한 현상은 결국 하나로 귀결된다는 사상, 모든 존재는 상호 의존적이면서도 서로 조화를 이룬다고 주장함
관음 사상	아미타 신앙과 함께 현세 구복 신앙(관세음보살을 섬김)인 관음 신앙을 이끌었음
전제 왕권에 기여	의상의 화엄 사상은 모든 백성을 하나로 통합하는 데 기여, 전제 왕권을 중심으로 하는 중앙 집권적 통치 체제를 뒷받침
교단 형성	화엄 사상 전파를 위해 교단을 형성하여 많은 제자를 양성하고 부석사·낙산사를 비롯한 여러 사원을 건립, 불교문화의 폭을 확대함
불교의 대중화	의상은 화엄 종단에서 아미타 신앙과 함께 현세에서 고난을 구제받고자 하는 관음 신앙을 이끔 ⇨ 불교가 일반인들에게 널리 알려지게 됨

(4) 여러 승려의 활동

① **원측(613~696)** : 당에 들어가 유식불교의 깊은 뜻을 깨달아, 당의 수도에 있는 서명사에서 자기 학설을 가르쳤는데, 그는 당나라 승려 현장의 사상을 계승한 규기와 논쟁하면서 교리 이해의 우월성을 보여 줌

② **혜초(704~787)** : 당에서 바닷길로 인도에 들어가 육로로 중앙 아시아를 거쳐 당으로 돌아와서 인도 여행기인 '왕오천축국전'을 썼는데 일부가 지금까지 남아 있어서, 인도와 서역 지방의 역사 연구에 귀중한 자료가 됨

▲ 왕오천축국전

③ **김교각(696~794)** : 신라 성덕왕의 아들로, 중국 안휘성 구화산에서 화엄경을 설파 함, 지장보살의 화신으로 평가됨

(5) 교종의 성장(5교)

① **특징** : 경전에 의거하여 불교의 진리를 터득하는 경향의 불교 교파로서, 학문적 불교의 특징을 보임, 학문을 익힌 <u>귀족 계급이 주도</u>, 보수적인 경향을 띰

⌐⋯⋯⋯⋯●신라 중대에는 왕실과 귀족의 후원을 받은 교종이 발달하였고, 하대에는 호족세력과 결탁한 선종이 발달

② **5교**

5교	창시자	중심 사찰
열반종	보덕	경복사(전주)
계율종	자장	통도사(양산)
법성종	원효	분황사(경주)
화엄종	의상	부석사(영주)
법상종	진표	금산사(김제)

(6) 선종의 발달(9산)

① **특징** : 경전의 이해를 통하여 깨달음을 추구하는 교종과는 달리 선종은 스스로 사색하여 진리를

깨닫는 것을 중시, 개인적인 정신 세계를 찾는 경향이 강함, 선종은 지방에서 독자적 세력을 구축하려는 호족의 취향에 어울렸을 뿐 아니라, 새로운 시대의 정신적 기반이 됨

② **주요 교리** : 불립문자(不立文字), 교외별전(敎外別傳), 직지인심 견성오도(直指人心見性悟道), 즉심즉불 즉시성불(卽心卽佛卽是成佛)

③ **전래** : 선종은 통일 전후에 전래되었으나, 교종에 눌려 빛을 못 보다가 신라 말기에 교종의 전통과 권위에 대항하면서 크게 유행함, 신라 말기에도 화엄종의 대가들이 활동하고 있었고, 선승들도 처음에는 대체로 화엄 사상을 습득함

④ **발전** : 선종은 중앙 귀족 사회의 모순에 대한 혁신을 내세우며 등장한 호족과 뜻을 같이하였기 때문에 지방을 근거로 성장함, 선종의 각 파들은 지방의 호족 세력과 관계를 가지면서 각 지방에 본거지를 두고 여러 종파를 이룸

⑤ **9산의 성립** : 대표적인 9개의 선종사원이 9산선문인데, 최초의 본산은 도의가 개창한 가지산파임, 그 후 이엄의 수미산파까지 각지에 9산문이 성립됨

⑥ **영향** : 선종은 중국에서 새로운 문화 운동의 하나로 성립된 종파였던 까닭에 신라인으로 하여 그만큼 중국 문화에 대한 이해의 폭을 넓혀 주었으며, 도당 유학생들의 반신라적 움직임과 결부되어 고려 왕조 개창의 사상적 기반이 됨

▲ 9산 선문

• 신라의 5교 9산

	교종(5교)	선종(9산)
발달	신라 중대	신라 하대
성격	경전 · 권위 · 형식 중시 → 조형 미술 발달	정신 세계 중시, 자기 완성 → 조형 미술 쇠퇴
사상	전제 왕권 옹호	지방 분권적
지지 세력	진골 귀족	호족(지방), 6두품
영향	고대 문화(모방적)	중세 문화(창조적)

4 발해의 불교

(1) **불교의 융성** 발해에서도 불교가 융성하여, 수도였던 상경에서 10여 개의 절터가 발견됨, 불상, 석등, 연화무늬 와당 등 불교 관계의 유물이 많이 출토됨, 발해의 명승인 정소는 당과 일본을 오가며 활동함

(2) **왕실 · 귀족 중심의 불교** 고구려의 불교를 계승하여 왕실이나 귀족 중심으로 널리 성행함

04 도교 및 풍수지리설의 수용과 발달

1 도교

(1) **전래** 삼국에는 도교도 전래되어 토착 신앙(민간 신앙), 산천 숭배, 신선 사상과 결합하여 귀족 사회를 중심으로 환영을 받음, → 주로 고구려와 백제의 귀족사회에서 환영함, 불로장생 및 현세의 이익을 추구

▲ 발해 상경성 석등

(2) **고구려** 도교가 당나라로부터 공식적으로 전래되었고, 도사(道士)와 '도덕경'이 들어옴

① **여수장우중문시** : 수의 2차 침입(612) 당시 을지문덕은 '도덕경'의 '지족(知足)'이라는 내용이 들어가있는 시를 써 수의 장수 우중문을 조롱함

② **사신도** : 강서대묘에 그려진 사신도는 도교의 방위신을 그린 것으로, 죽은 자의 사후 세계를 지켜 주리라는 믿음을 표현

③ **연개소문의 도교 장려** : 연개소문이 기존 귀족과 불교 세력을 누르기 위해 도교를 장려, 불교 억압 정책으로 ⇨ 보덕은 백제로 망명, 도교의 불로장생 사상에 대항하기 위해 열반종을 개창함, 도현은 일본 대안사의 주지가 되어 반(反)고구려 입장에서 '일본세기'를 저술

▲ 청룡(동방)

▲ 백호(서방)

▲ 주작(남방)   ▲ 현무(북방)

(3) **백제**

① **산수무늬 벽돌(산수문전)** : 도교에서 이야기하는 신선들이 사는 이상 세상을 표현하였고, 자연과 더불어 살고자 하는 사람들의 생각을 담고 있음

② **백제 금동 대향로(금동 용봉 봉래산 향로)** : 충남 부여 능산리 절 터에서 출토 된 것으로, 신선들이 사는 이상 세계를 형상화함

④ **사택지적비** : 의자왕 때 대좌평인 사택 지적이 남긴 비석으로 인생의 무상함을 비탄하는 노장사상이 담겨져 있음 → 4 · 6 변려체로 기록되어, 도교가 전래된 사실을 보여줌

③ **무령왕릉 지석(誌石, 매지권)** : 무령왕릉에서 출토된 2개의 지석으로 왕과 왕비의 장례를 지낼 때 땅의 신에게 묘소로 쓸 땅을 매입한다는 문서(매지권)임, 돌에 새겨 넣은 것임 → 도교의 영향을 받음

(4) **신라**

① **신라 중대** : 귀족 문화의 발달로 지배층의 생활이 사치스러워짐

② **신라 말기** : 향락적이고 퇴폐적인 풍조가 만연 ⇨ 이에 반발하는 은둔적인 사상의 경향이 나타남
→ 도교와 노장사상이 널리 퍼짐

(5) **발해** 당의 영향을 받은 정효공주 묘의 묘지(墓誌)에 불로장생 사상이 나타나 있음 → 도교가 성행하였음을 보여 줌

2 풍수지리설

(1) **전래** 신라 말기에 도선 등의 선종 승려들이 중국에서 유행한 풍수지리설을 들여옴

(2) **내용**

① 산세와 수세를 살펴 도읍, 주택, 묘지 등을 선정하는 인문지리적 학설

② 지형과 지세에 따라 길흉화복이 영향을 받는다는 설로 국토의 효율적인 이용과 관련됨

③ 풍수지리설은 예언적인 도참 신앙과 결부되어 산수의 생김새로 미래를 예측하는 풍수도참사상이 나타났고 호족들은 이를 신봉함

▲ 산수무늬 벽돌

▲ 무령왕릉 지석

▲ 백제 금동 대향로

(3) **영향**

① **신라 정부의 권위 약화** : 경주 중심의 국토 관념에서 벗어나 지방 중심으로 국토를 재편성하려는 주장으로까지 발전하여 신라 정부의 권위를 약화시킴

② **후삼국 통일의 사상적 배경** : 개경 지방에서 성장한 호족 출신 왕건이 후삼국을 통일할 수 있는 사상적 배경을 제공함

05 과학기술의 발달

1 천문학과 수학

(1) **천문학의 발달**

① **발달 배경** : 고대 사회에서 천문 현상이 농경 발달 배경과 밀접한 관련이 있음을 인식하였기 때문에 천체와 천문 현상에 대한 관측을 중시함 → 왕의 권위를 하늘과 연결시키려고 함

② **고구려** : 별자리를 그린 '천문도'가 만들어졌음, 고분 벽화에도 별자리 그림이 남아 있는데 매우 사실적이고 정확한 관측을 토대로 그려졌음, → 조선 시대에 만들어진 '천상열차분야지도'에 영향을 줌

③ **백제** : 역법(曆法)의 전문 학자인 역박사가 존재하였고, 일관부(日官部)를 설치함

 ┄┄┄┄┄● 천문을 관장함

④ **신라** : 7세기 선덕여왕 때에 현존 동양 최고(最古)의 천체 관측 기구인 첨성대를 세워 천체를 관측함

⑤ **통일 신라** : 성덕왕 때에 누각전을 설치 ⇨ 물시계의 관측을 맡아 봄, 김유신의 후손 김암은 병학과 천문학에 조예가 깊었음

(2) **수학의 발달** 수학에 관한 뚜렷한 자료는 남아 있지 않지만 여러 가지 조형물을 통하여 수학이 높은 수준으로 발달했음을 알 수 있음

① **삼국 시대** : 고구려 고분의 석실이나 천장의 구조, 백제와 신라의 여러 건축물 등에 수학적 지식이 활용되었음을 알 수 있음

② **통일 신라** : 석굴암의 석굴구조, 불국사 3층석탑(석가탑), 다보탑등의 건축에 정밀한 수학적 지식이 이용됨

(3) **의학 · 약학의 발달** 중국 의학이 전해져 전통 의술과 함께 발달함, 통일 이후 불교 의학도 전래되어 인삼 같은 약초가 재배되었고, 침과 뜸의 침구술이 활용됨, 이 시기에 이미 독자적인 처방이 있었으며, 통일 후 더욱 발달, 9세기경까지 33종의 의약이 중국과 일본까지 알려짐

(4) **금속 기술의 발달**

① **특징** : 삼국 시대의 금속 기술은 청동기 시대와 철기 시대의 기술을 계승하여 높은 수준으로 발달하였다.

② **고구려**

㉠ 배경 : 철의 생산이 중요한 국가적 산업이었으며, 철광석 생산이 풍부하여 일찍부터 철을 다

▲ 첨성대

▲ 고구려 고분 벽화 야철신

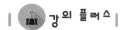

루는 기술이 발달함

ⓒ **철제 무기 발달** : 고구려 지역에서 출토된 철제 무기와 도구 등은 그 품질이 우수함 → 고분벽화에는 철을 단련하고 수레바퀴를 제작하는 모습이 그려져 있음

③ **백제**

▲ 칠지도

ⓐ **칠지도** : 4세기 후반에 백제에서 만들어 일본에 보내진 칠지도는 강철로 만들었으며, 표면에 금으로 상감한 글씨가 새겨져 있음 → 백제의 제철 기술의 우수함을 알 수 있음

ⓑ **백제 금동 대향로** : 백제의 금속 공예 기술이 매우 뛰어났음을 보여주는 걸작품

④ **신라** : 신라 고분에서 출토된 금관, 허리띠, 금동칼 등 → 금세공 기술이 매우 정교함을 알 수 있음

⑤ **통일 신라** : 성덕 대왕 신종(에밀레종)은 12만 근의 구리에 아연이 함유된 청동으로 만들었음, 신비한 종소리는 당시 신라의 금속 주조 기술이 매우 뛰어났음을 알 수 있음

(5) **목판 인쇄술과 제지술의 발달** → 통일 신라의 기록 문화 발전에 크게 기여함

② **무구정광대다라니경** : 불교문화의 발달에 따라 불경 인쇄술이 발달 ⇨ <u>무구정광대다라니경</u>

현존하는 세계에서 가장 오래 된 목판 인쇄물, 불국사 3층 석탑에서 발견됨 ●┄┄┄┄

▲ 무구정광대다라니경

③ **제지술의 발달** : ‘무구정광대다라니경’이 쓰여진 종이는 지금까지 보존될 수 있을 만큼 품질이 뛰어남 → 닥나무를 재료로 하여 종이 제작

06 고대인의 차취와 멋

1 고분과 고분 벽화

(1) **고구려의 고분**

① **초기** : 돌무지무덤(적석총) ⇨ 만주 집안(지안) 일대에 다수 분포(장군총)

다듬은 돌을 계단식으로 7층까지 쌓아올림, 벽화 없음 ●┄┄┄┄

▲ 장군총

② **후기** : 굴식 돌방무덤 (횡혈식 석실분, 봉토 석실분)

ⓐ **분포** : 만주 집안, 평안도 용강, 황해도 안악 등지에 분포

ⓑ **특징** : 돌로 널방(돌방)을 짜고 <u>그 위에 흙을 덮어 봉분을 만든 형태</u>

ⓒ **굴식 돌방무덤의 변화** ┄┄┄┄●널방의 벽과 천장에 벽화를 그리기도 함, 도굴이 쉬움

▲ 정혜공주의 묘(모줄임천장구조)

5세기	널방과 앞방으로 구성되었으며, 옆방이 딸려 있었고, 천장에는 모줄임 천장이 나타남
6세기	앞방에서 옆방이 없어지고 길이도 짧아져 여(呂)자 모양으로 바뀜
7세기	하나의 널방으로만 이루어진 외방무덤이 다수를 차지하게 됨

③ **고분벽화** :

ⓐ **특징** : 당시 고구려 사람들의 생활, 문화, 종교 등을 파악할 수 있는 귀중한 자료임

ⓑ **변화** : 고구려의 사회 모습 반영(초기에는 무덤 주인의 생활 표현 ⇨ 후기에는 사신도 같은 상징적 그림)

© 안악 3호분(굴식 돌방무덤의 벽화)

▲ 행렬도

▲ 묵서명

▲ 백라관을 쓴 남자

② 대표 고분과 고분 벽화 :

강서대묘	도교적 성격을 지닌 사신도가 그려짐(후기)
쌍영총	서역 계통의 영향으로 전실과 후실 사이에 팔각형의 돌기둥이 있으며, 기사도가 그려져있음
무용총	사냥하는 모습인 수렵도와 남녀의 군무 모습인 무용도가 그려져 있음(초기)
각저총	서역 계통의 인물이 그려진 씨름도와 북두칠성 등의 별자리가 그려져 있음(초기)
수산리 고분	교예도는 일본 다카마쓰 고분 벽화에 영향을 줌
덕흥리 고분	은하수를 사이에 두고 고삐를 쥐고 소를 끄는 견우상과 그 뒤쪽에는 개를 데리고 서 있는 직녀상이 그려져 있음

▲ 무용총 무용도

(2) 백제의 고분

① 한성 시기 : 계단식 돌무지무덤 → 서울 석촌동 고분(백제의 건국 세력이 고구려 계통임을 짐작할 수 있음)

② 웅진 시기 : 굴식 돌방무덤과 널방을 벽돌로 쌓은 벽돌무덤을 만듦

▲ 석촌동 고분

　　㉠ 굴식 돌방무덤(횡혈식 석실분) : 고구려의 영향을 받았으나 보다 온화한 기풍이 나타남 ⇨ 공주 송산리 고분군(1 ~ 5호분)

　　㉡ 벽돌무덤 : 중국 남조의 영향을 받음 ⇨ 송산리 고분군 중 제6, 7호분

　　㉢ 무령왕릉(7호분) : 벽돌무덤으로 천장과 벽 전체가 연꽃무늬 등 여러 문양의 벽돌로 화려하게 장식됨, 귀족적이고 세련된 백제 미술의 특성을 보여 줌. 일본산 금송을 사용하였고 벽화가 없으며 터널형 천장 구조임, 무덤 안의 지석에서 '영동대장군 백제 사마왕' 이라는 토지신으로부터의 묘지터 매입 기록이 있음(도교 영향)

③ 사비 시기 : 규모가 작지만 세련된 굴식 돌방무덤 ⇨ 부여 능산리 고분

▲ 천마총 금관

　　　　　　　　　　　　•사신도 벽화 있음

(3) 신라의 고분

① 무덤의 변천 : 거대한 돌무지덧널무덤 → 굴식 돌방무덤(삼국 통일 직전)

② 돌무지덧널무덤 : 지상이나 지하에 시신과 껴묻거리를 넣은 나무 덧널을 설치하고 그위에 냇돌을 쌓은 다음에 흙으로 덮은 거대한 규모의 무덤 → 구조상 널방이 없어 벽화를 그릴 수 없음, 천마총(천마도 그림), 황남대총, 금관총, 호우총, 서봉총 등

▲ 대왕암

③ 굴식 돌방무덤 : 경북 순흥 어숙묘, 경주 용강동 고분

(4) 통일 신라의 고분

① 화장(火葬) 유행 : 불교의 영향으로 화장법 유행

▲ 김유신 묘 12지신상

▲ 괘릉 무인석　▲ 흥덕왕릉 문인석

▲ 정혜공주 묘 돌사자상

❶ 발해의 고분
정혜공주 묘와 정효공주 묘에서
4·6변려체와 묘지석이 공통적으로
발견됨

➪ **문무대왕릉(대왕암)**
............● 호국적인 성격을 엿볼 수 있음

② **고분의 특징** : 무덤의 봉토 주위를 둘레돌로 두르고, 그 둘레돌에 12지 신상을 조각 ➪ 신라만의 독특한양식 → 괘릉, 김유신 묘

네 모퉁이에서 세모의 굄돌을 걸치는 식으로 반복하여 모를 줄여 가며 올리는 돌방 ●········
(5) **발해의 고분**❶   무덤의 천장 구조, 고구려 고분과 유사 → 고구려의 영향을 받았음을 알 수 있음

① **정혜공주 묘** : 굴식 돌방무덤, 벽화가 없고 돌사자상이 출토됨, 모줄임 천장 구조를 하고 있음 ➪ 고구려 고분의 영향을 받았음을 알 수 있음

② **정효공주 묘** : 벽돌무덤 양식(당 영향), 묘지의 내용에 불로장생 사상을 나타남 ➪ 도교적 성격을 보임, 12명의 인물도를 그린 벽화가 있음, 고분의 봉토 위에 벽돌 탑을 조성함, 평행고임 천장구조임(고구려 영향)

2 건축

(1) 고구려

① **궁궐 건축** : 졸본성, 국내성, 안학궁 등을 건축하였음. 특히 안학궁은 5세기 고구려의 건축술을 전해주는 대표적인 유적이고, 장수왕이 평양에 건축함

② **백제** 미륵사는 무왕이 세운 사찰(7세기 초)로 백제의 대표적인 호국 불교 사찰, 3탑 3가람(금당)양식

▲ 미륵사 복원도

(3) 신라

① **황룡사** : 진흥왕이 세운 것(6세기)으로, 국력이 크게 강화된 신라의 자신감과 팽창 의지가 반영

② **첨성대** : 선덕여왕 때(7세기) 천체를 관측하기 위해 첨성대를 세움

(4) 통일 신라

▲ 안압지

① **안압지(임해전 터)** : 왕실과 귀족의 휴식을 위한 인공 연못으로, 통일 신라의 뛰어난 조경술을 잘 나타냄, 14면체 주사위 등 당시 귀족들의 화려한 생활을 짐작할 수 있는 많은 유물이 발굴됨

② **사원 건축** :

▲ 불국사

㉠ 통일 신라의 사원 건축은 순수하고 조화로운 불교적 이상세계를 지심에 구현하고자 하는 종교적 목적에서 만들어짐 → 김대성이 세운 불국사와 석굴암이 대표적

㉡ 불국사 : 법화경의 사바세계, 무량수경의 극락세계 → 화엄경의 연회장 세계를 형상화한 사찰

㉢ 석굴암 : 인위적으로 축조한 석굴사원

(5) 발해

① **상경 터** : 당의 수도인 장안을 본떠 바둑판 모양으로 건설한 계획 도시, 외성을 쌓고, 남북으로 넓은 주작대로를 내고, 그 안에 궁궐과 사원을 세움 ➪ 궁궐 중에는 온돌장치를 한 것도 발견 됨

② **사원 터** : 사찰은 높은 단 위에 금당을 짓고 그 좌우에 건물이 배치됨

3 탑

(1) **삼국 시대** 부처 님의 사리를 모신 불교식 무덤

① **고구려** : 주로 목탑을 건립함, 현존하는 것은 없음

② **백제의 탑**

　㉠ **미륵사지 석탑**[1] : 목탑 양식을 계승한 현존 최고(最古)의 석탑(미륵사지 동, 서탑 중 서탑), 사리 장엄구의 사리 봉안기 출토로 사택적덕의 딸이 미륵사를 건립했다는 기록이 발견됨

　㉡ **정림사지 5층 석탑** : 백제의 대표적인 석탑, 안정적이면서 경쾌한 모습 ⇨ 미륵사지 석탑의 양식을 계승, 균형미가 뛰어남, 소정방의 백제 평정 사실이 기록되어 있음(평제탑)

③ **신라의 탑**

　㉠ **황룡사 9층 목탑** : 자장의 건의로 건립된 9층 목탑(선덕여왕 때) → 호국적 성향이 반영

　　　　　　　　　　　　　　　　　┈┈┈● 고려 시대 몽골의 침입으로 소실됨(1238)

　㉡ **분황사 모전 석탑** : 석재를 벽돌모양으로 만들어 쌓은 탑 → 9층이었던 것으로 추정되나 지금은 3층까지만 남아 있다

▲ 황룡사 9층 목탑

▲ 정림사지 5층 석탑

▲ 익산 미륵사지 석탑

▲ 분황사 모전석탑

④ **통일 신라의 탑** : 삼국시대의 목탑과 전탑 양식을 계승 발전시켜 이중기단 위에 3층으로 쌓는 전형적인 통일 신라의 석탑 양식을 완성

　㉠ **신라중대** : 감은사지 3층 석탑(신문왕), 불국사 3층 석탑(석가탑)(경덕왕), 다보탑(경덕왕), 화엄사 4사자 3층 석탑

▲ 다보탑

▲ 감은사지 3층 석탑

▲ 불국사 3층 석탑

▲ 화엄사 4사자 3층 석탑

　㉡ **신라하대** : 진전사지 3층 석탑, 실상사 3층 석탑, 창림사 3층 석탑

▲ 진전사지 도의선사탑

▲ 실상사 동·서 3층 석탑

▲ 창림사 3층 석탑

⑤ **승탑(부도)과 탑비의 유행** : 신라말기에 선종이 널리 퍼지면서 승려의 사리를 봉안하는 승탑과 탑비가 유행

▲ 발해 영광탑

※ 신라 하대의 대표적인 부도와 탑비 : 쌍봉사 철감선사 승탑과 홍법사 염거화상탑 　　현존하는 가장 오래된 것 ●⋯⋯

⑥ **발해의 탑** : 벽돌로 축조한 누각 형태의 공심방탑으로서 무덤 바깥길, 무덤 안길, 묘실, 탑신과 탑찰 5부분으로 나뉨

▲ 쌍봉사 철감선사 승탑

▲ 홍법사 염거화상탑

4 불상

(1) 특징

① 불교가 성행 ⇨ 불상 많이 제작 → 불상은 탑과 함께 주된 신앙의 대상

② 고대의 불상은 크게 절에 안치한 금동불과 석불로 나뉘었다.
　　⋯⋯●돌로 만들거나 암벽에 양각으로 부처상을 새김

▲ 연가 7년명 금동여래입상

③ 삼국 시대의 불상 조각에 두드러지는 점은 <u>미륵보살 반가상</u>을 공통적으로 제작함
　　⋯⋯⋯●탑모양의 관을 쓰고 있는 금동 미륵 반가사유상은
　　　　날씬한 몸매와 그윽한 미소로 유명

(2) **고구려의 불상** 　연가 7년명 금동여래입상 → 강인한 인상과 은은한 미소에서 고구려의 독창성이 보인다.

(3) **백제의 불상** 　서산 마애 삼존불 → 부드러운 자태와 온화한 미소로 자비와 포용의 태도를 나타내 '백제의 미소'라 불림

(4) **신라의 불상** 　삼산관 금동 미륵보살 반가상, 경주 배리 석불 입상

(5) **통일 신라와 발해의 불상**

① **신라 중대** :

▲ 석굴암 본존불

　㉠ <u>석굴암 본존불</u> : 석굴암 주실의 중앙에 있는 본존불은 균형 잡힌 모습과 사실적인 조각으로 살아 움직이는 느낌을 갖게 함

　㉡ <u>사천왕상</u> : 사방을 지키고 불법을 수호하는 4명의 대천왕상
　　⋯⋯●호국 불교적 성격

▲ 경주 배동 석조여래 삼존입상
(경주 배리 석불 입상)

▲ 금동 미륵보살
반가사유상(국보83호)

② **신라 하대** :

　㉠ **특징** : 지방호족의 후원을 받음, 불상의 제작이 활발, 금동불상이 줄어들고 석불이나 철불이 등장

　㉡ **비로자나불의 등장** : 철불이 많음, 아미타불 대신 지권인을 취하는 비로자나불이 제작됨

　㉢ **마애불(마애석불) 유행** : 자연의 암벽에 부조 음각기법으로 부처의 모습을 새긴 마애석불이 제작

③ **발해** : 상경과 동경의 절터에서 발굴, 흙을 구워 만든 불상과 동경에서 발견된 이불병좌상이 유명, 이는 고구려 양식을 계승한 것으로 여겨짐

▲ 법주사 쌍사자 석등

5 공예

(1) 통일 신라의 범종

① **상원사 동종** : 오대산 상원사 동종은 최고(最古)의 범종(성덕왕)

② **성덕 대왕 신종(봉덕사종, 에밀레종)** : 현존 최대의 범종, 아연이 함유된 청동으로 만듦, 아름다운 비천상 무늬로 유명(경덕왕~혜공왕)

(2) 백제의 석조물　백제 창왕명 석조 사리감은 사리 보관 용기로 부여 능산리 절터에서 출토

(3) 통일 신라의 석조물　무열왕릉비 받침돌, 성덕 대왕릉 둘레돌 조각, 불국사의 석등 · 법주사의 쌍사자 석등

(4) 발해의 공예

① **자기** : 자기 공예가 독특하게 발전함 발해 자기는 가볍고 광택이 있음, 그 종류나 크기, 모양, 색깔등이 매우 다양

② **벽돌과 기와** : 벽돌과 기와무늬는 고구려의 영향을 받아 소박하고 힘찬 모습을 띰, 연꽃무늬 기와는 고구려 와당의 영향을 받음

③ **석등** : 발해의 상경에 완전한 모습으로 남아 있음, 발해 석조 미술의 대표작

6 글씨, 그림, 음악, 한문학과 향가

(1) 글씨　한문을 널리 사용함에 따라 서예도 발전함

① **김인문** : 무열왕의 둘째 아들로, 무열왕릉비의 비문과 화엄사의 화엄경 석경 등을 남김, 왕희지체에 능했음

② **김생** : 성덕왕때의 명필로, 왕희지체에 능했으나 질박하면서도 굳센 신라의 독자적인 서체를 염

③ **요극일** : 구양순체에 능했음

(2) 그림

① **신라** : 신라 미술초기는 고구려의 영향을 받음, 뒤에는 백제의 영향 많이 받음, 패기가 넘치고 조화된 아름다움이 나타남

　㉠ **천마도** : 경주 황남동 천마총에서 출토된 자작나무 껍질을 겹쳐서 만든 장니에 그린 그림

·······●말배가리개

② **통일 신라** : 이상적인 미의 세계와 통일된 조화의 세계를 창조

  ㉠ 〈화엄경〉 변도도 : 섬세하고 유려한 모습은 신라 그림의 높은 수준을 짐작할 수 있음

  ㉡ 김충의 : 당에 가서 이름을 날림, 하대에 와서는 귀족이나 승려들의 초상화도 그림

  ㉢ 신라의 솔거 : 황룡사 벽에 그린 소나무 그림에 날아가던 새들이 앉으려 했다는 이야기가 전해짐

(3) **음악** 종교 및 노동과 밀접한 관련 ⇨ 신라의 백결 선생(방아 타령), 가야의 우륵(가야금), 고구려의 왕산악(거문고), 삼대목 편찬(888)

  진성 여왕 때 대구 화상 위홍 저술 ●⌐

  가야금을 만들고 12악곡을 지어 신라에 전함 ●⌐
  → 이후 우리 음악 발전에 크게 기여함

(4) 한문학과 향가

① **한시** : 삼국시대에는 한자가 두루 쓰이면서 한시를 짓기도 함, 고구려 유리왕이 이별의 슬픔을 노래한 '황조가', 을지문덕이 수의 장수에게 보낸 오언시

② **향가** : '삼국유사'에 14수, '균여전'에 11수를 합하여 25수가 전해짐

▲ 호류지 백제 관음상

향가 25수	삼국 통일 전	14수(삼국유사에 수록)	혜성가, 서동요, 풍요
	삼국 통일 후		원왕생가, 모죽지랑가, 헌화가, 도솔가, 제망매가, 찬기파랑가, 안민가, 도천수관음가, 우적가, 처용가 등
	고려	11수(균여전에 수록)	보현십원가

③ **설화 문학** : 평민들 사이에 설화문학이 구전됨

④ **발해의 한문학** : 4·6 변려체로 쓴 정혜공주 묘지 ⇨ 발해의 한문학 발달을 알 수 있음, 작가로는 발해의 시인인 양태사와 왕효렴, 배정 등이 있음

▲ 수산리 고분벽화

07 고대 문화의 일본 전파

1 삼국 문화의 일본 전파

(1) 백제

① **특징** : 야마토 조정의 성립(6세기경)과 아스카 문화의 형성(7세기경)에 큰 영향

  ⌐·······7세기 전반 아스카 지방을 중심으로 발달한 불교 문화

② **일본 문화 발전에 기여** : 일본과 가까웠던 백제가 삼국 문화의 일본 전수에 가장 크게 기여

  ㉠ 4세기(근초고왕) : 아직기는 일본의 태자에게 한자를 가르침, 왕인은 천자문과 논어를 전하고 가르침

  ㉡ 6세기(무령왕) : 단양이와 고안무가 일본에 유교 경전을 전파함

  ㉢ 6세기(성왕) : 노리사치계는 불경과 불상을 전달 ⇨ 일본 불교 발전에 크게 공헌

③ **백제 가람의 형성** : 오경박사가 유교 경전을 전해 줌, 의박사, 역박사와 천문박사, 채약사 그리고 화가와 공예 기술자들도 건너감 ⇨ 목탑이 세워짐, 백제 가람(사원)양식이 생겨남

▲ 다카마쓰 고분 벽화

(2) **고구려**

① **혜자** : 일본 쇼토쿠 태자(성덕태자)의 스승

② **담징** : 7세기 초에 유교의 5경과 그림을 가르침, 종이와 먹의 제조방법을 전함, 호류사(법륭사) 금당 벽화에 영향을 줌

③ **혜관** : 일본에 불교 전파, 일본 삼론종의 시조가 됨

④ **도현** : '일본세기' 저술에 참여, 고구려에 대해 반(反)고구려적 입장에서 서술

⑤ **수산리 고분 벽화** : 왜의 다카마쓰 고분 벽화에 영향을 줌

(3) **신라** 배 만드는 기술(조선술)과 제방 쌓는 기술(축제술)을 전함 ⇨ '한인의 연못' 이라는 이름까지 생김

(4) **음악의 전파** 삼국의 음악도 전해져 일본 음악에 큰 영향을 끼쳐 고구려악, 백제악, 신라악 등의 이름까지 생기게 됨

2 통일 신라 문화의 일본 전파 :

(1) **하쿠호 문화 성립** 원효, 강수, 설총이 발전시킨 불교와 유교 문화는 일본 하쿠호 문화의 성립에 기여함

(2) **하쿠호 문화의 의미** 7세기 후반에 발달한 일본의 고대 문화, 당과 통일 신라의 영향을 많이 받음

(3) **화엄 사상의 전파** 심상에 의하여 전해진 화엄 사상은 일본 화엄종을 일으키는 데 많은 영향을 끼침

▶ **우리나라 문화의 일본에 대한 영향**
- 신석기 : 조몬 문화
- 청동기 : 야요이 문화
- 삼국시대 : 아스카 문화
- 통일신라 : 하쿠호 문화
- 조선 전기 : 무로마치 막부

---

1 | 고대의 문화

001 ☐☐☐   2014년 경찰 2차

신라시대의 유교에 대한 설명으로 옳지 않은 것은?

① 신문왕 대에는 국학을 태학으로 고치고, 박사와 조교를 두어 '논어'와 '효경' 등의 유교 경전을 가르쳤다.

② 임신서기석을 보면 신라에서도 청소년이 유교 경전을 공부하였던 사실을 알 수 있다.

③ 원성왕 대에는 유교 경전의 이해 수준을 시험하여 관리를 채용하는 독서삼품과를 마련하였다.

④ 최치원은 당나라의 빈공과에 급제하고 문장가로 이름을 떨친 후 귀국하여 개혁안 10여 조를 건의하였다.

002 ☐☐☐   2016년 경찰 1차

다음 중 역사 편찬에 관한 설명으로 가장 적절하지 않은 것은?

① 고구려에서는 일찍부터 '유기'가 편찬되었으며, 영양왕때 이문진이 이를 간추려 '신집' 5권을 편찬하였다.

② 백제에서는 근초고왕 때 고흥이 '서기'를 편찬하였다.

③ 신라에서는 진흥왕 때 거칠부가 '국사'를 편찬하였다.

④ 삼국 통일 이후, 김대문은 '화랑세기', '고승전', '제왕연대력'을 편찬하였다.

003 ☐☐☐   2017년 경찰(순경)2차

다음 승려에 대한 설명 중 가장 적절하지 않은 것은?

① 원효는 다른 종파들 간의 사상적 대립을 조화시키고 분파 의식을 극복하기 위하여 '십문화쟁론'을 저술하였다'

② 의상은 '화엄일승법계도'를 저술하여 화엄 사상을 확립하고, '일즉다 다즉일(一卽多 多卽一)'의 원융 사상으로 지배층과 피지배층의 대립이나 지배층 내부의 갈등을 지양하는 사회 통합 논리를 제시하였다.

③ 혜초는 인도와 중앙아시아 등의 성지를 순례하고 '왕오천축국전'을 남겼다.

④ 진표는 당에서 현장으로부터 유식학을 전수받아 독자적 유학식파를 세웠다.

✔ 정답 · 해설

정답 1.① 2.④ 3.④

해설 1. 신문왕은 국학을 설립하였고, 경덕왕은 국학을 태학으로 고치고 박사와 조교를 두었다.

2. '제왕연대력'은 최치원이 지은 신라 역대 왕의 연대력이다. 김대문은 '화랑세기', '고승전', 한산주 지방의 지리지인 '한산기', 삼국 시대의 설화집인 '계림잡전' 등을 지었다.

3. ④ 원측에 대한 설명이다. 진표는 경덕왕 시기에 김제 금산사를 중심으로 점찰 법회를 개최하고, 미륵불이 지상 세계에 내려와 이상 사회를 세운다고 주장하였다.

004 ☐☐☐

2018년 기상직 9급

다음 밑줄 친 '이 승려'에 대한 설명으로 옳은 것을 〈보기〉에서 고른 것은?

> 이 승려가 입적한 후 100여 년이 지난 애장왕대(800~809)에 후손 중업과 각간 김언승 등이 중심이 되어 그를 추모하는 비 (고선사 서당화상비)를 세웠으며, 1101년 8월 고려 숙종이 화쟁국사 (和諍國師)라는 시호(諡號)를 내려 추증(追贈) 하였다.

〈보기〉
ㄱ. 아미타 정토 신앙을 널리 전도하였다.

ㄴ. 진골 출신으로 화엄종을 개창하여 융성시켰다.

ㄷ. 진평왕의 명으로 수나라에 군사를 청하는 글을 지어 바쳤다.

ㄹ. '대승기신론소', '금강삼매경론' 등을 저술하였다.

① ㄱ, ㄴ   ② ㄴ, ㄷ   ③ ㄷ, ㄹ   ④ ㄱ, ㄹ

006 ☐☐☐

2018년 법원직 9급

(가)~(라)를 일어난 순서대로 바르게 나열한 것은?

> (가) 국학을 태학(감)으로 고치고 학문을 장려하였다.
>
> (나) 원효는 모든 것이 한마음에서 나온다는 일심 사상의 이론적 체계를 마련하였다.
>
> (다) 유교 경전에 대한 이해 수준에 따라 관리를 채용하는 독서삼품과를 실시하였다.
>
> (라) 최치원은 빈공과에 합격한 뒤에 황소를 격퇴하는 글을 써서 당에서 명문장가로 유명해졌다.

① (가) - (나) - (다) - (라)

② (가) - (다) - (나) - (라)

③ (나) - (가) - (다) - (라)

④ (나) - (가) - (라) - (다)

005 ☐☐☐

2018년 국가직 7급

밑줄 친 '그'의 행적으로 옳은 것은?

> 왕이 수도(금성)에 성곽을 쌓으려고 문의하니 그가 말하기를, "비록 초야에 살더라도 정도(正道)만 행하면 복업(福業)이 오래 갈 것이요, 만일 그렇지 못하면 여러 사람을 수고롭게 하여 성을 쌓을지라도 아무 이익이 없을 것입니다."라고 하였다. 왕은 이에 성 쌓는 일을 그만두었다.

① 일심 사상을 바탕으로 화쟁 사상을 주장하였다.

② 당에서 유학하고 돌아와 부석사를 창건하였다.

③ 당에 들어가 유식론을 독자적으로 발전시켰다.

④ 가지산파를 개창하면서 선종을 보급하기 시작하였다.

🎯 **정답·해설**

정답 4.④ 5.② 6.③

해설 4. 고선사 서당화상비는 원효의 후손 설중업이 원효를 추모하려고 세운 비석이다. 원효는 어릴 때 이름이 서당이어서 서당 화상이라고 부르기도 한다. ㄱ.원효는 서민들도 나무아미타불이라는 염불만 외우면 고행의 과정 없이 극락에 왕생할 수 있다는 아미타 신앙을 전파하며 불교 대중화에 기여하였다. ㄹ.원효는 '대승기신론소', '금강삼매경론', '아미타경소' 등의 저서가 있다.

ㄴ. 의상 ㄷ. 원광의 걸사표(乞師表)

5. 밑줄 친 그는 의상이다. 의상은 당나라에 유학한 뒤 귀국하여 화엄 사상을 정립하고, 부석사를 창건하였다.

① 원효 ③ 원측 ④ 도의

6. (나) 원효(617~686) 신라의 삼국통일을 전후로 일심(一心) 사상을 바탕으로, 다른 종파들과 사상적 대립을 해소시키고자 하였다. (가) 경덕왕(742~765)은 국학을 태학(감)으로 고치고 박사와 조교를 두어 유학 교육을 진흥시켰다. (다) 원성왕(785~798)은 신라 하대의 왕으로서 독서삼품과를 시행하였다. (라) 최치원(857~?)은 이후 당나라에서 황소의 난이 일어나 '토황소격문(875)'을 지어 명성을 떨쳤다.

007 □□□

다음 왕릉에 대한 설명으로 가장 적절하지 않은 것은?

> 1971년 7월, 송산리 고분군 배수로 공사 도중 무덤 하나가 우연히 발굴되었다. 그 입구를 열자, 무덤 주인을 알리는 지석이 놓여 있었다. 그 내용의 일부는 이러하다. "영동대장군인 사마왕은 62세가 되는 계묘년 5월임진일인 7일에 돌아가셨다. 을사년 8월 갑신일인 12일에 안장하여 대묘에 모시었다."

① 충남 부여에 있다.
② 금제 관장식이 나왔다.
③ 돌짐승(석수)이 나왔다.
④ 중국 남조 양식의 벽돌로 축조되었다.

008 □□□

밑줄 친 공주의 무덤에 대한 설명으로 가장 적절하지 않은 것은?

> 공주는 우리 대흥보력효감금륜성법대왕(발해 문왕)의 넷째 딸이다. 공주는 대흥 56년 (792) 여름 6월 9일 임진일에 궁궐 밖에서 사망하니 나이는 36세였다. 이 해 겨울 11월 28일 기묘일에 염곡의 서쪽 언덕에 매장하였으니 이것은 예의에 맞는 것이다.

① 죽은 자의 가족 관계를 기록한 묘지가 있다.
② 벽돌로 축조되어 있다.
③ 늘어서 있는 인물들의 벽화가 있다.
④ 무덤 양식은 굴식 돌방무덤이고 돌사자상이 나왔다.

009 □□□

백제가 일본에 전파한 문화에 대한 설명으로 옳지 않은 것은?

① 고안무가 유학을 전해 주었다.
② 노리사치계가 불교를 전해 주었다.
③ 혜관이 일본 삼론종의 시조가 되었다.
④ 아직기가 일본 태자에게 한자를 가르쳤다.

정답 · 해설

정답 7.① 8.④ 9.③

해설 7. '송산리 고분군 배수로 공사 도중', '사마왕'을 통하여 무령왕릉에 대한 설명임을 알 수 있다. ① 무령왕릉은 충청남도 공주시 금성동 송산리 고분군 내에 있다.

8. ④ 발해 문왕의 둘째 딸인 정혜 공주 묘에 대한 설명이다. 주어진 자료는 발해 문왕의 넷째 딸이라는 내용을 통해 정효 공주 묘에 대한 설명임을 알 수 있다.
　① 정효 공주 묘에서는 죽은 자의 가족 관계를 기록한 '묘지'가 출토되었고, ② 중국 고분 양식인 벽돌무덤으로 축조되었다 ③ 내부의 널방과 널길의 벽에 무사·악사 시종 등 12명의 벽화가 그려져 있다.

9. ③ 혜관은 고구려의 승려이다. 그는 수나라에서 삼론종을 배우고 돌아와 일본에 전파하였고, 일본 삼론종의 시조가 되었다.
　① 무령왕 때에 단양이와 고안무가 일본에 유학을 전해 주었다. ② 노리사치계는 성왕 때 일본에 불경과 불상을 전해 주었다. ④ 아직기는 근초고왕 때 일본으로 건너가 일본 태자에게 한자를 가르쳤다.

1 삼국의 영토 확장을 보여주는 유물

▲ 단양 적성비

▲ 북한산 순수비

▲ 광개토대왕릉비

▲ 호우명 그릇

▲ 충주 고구려비

2 고구려 계승 근거

▲ 온돌을 놓은 발해의 집자리

▲ 고구려 치미(왼)와 발해 치미(오른)

▲ 고구려 막새 기와(왼), 발해 막새 기와(오른)

3 불상 비교해보기

▲ 도피안사 철조 비로자나불 좌상   ▲ 발해 이불병좌상   ▲ 연가 7년명 금동 여래 입상   ▲ 호류지 백제 관음상

▲ 무령왕릉   ▲ 백제 창왕명 석조 사리감

6 발해

고왕 (천통, 대조영)	대길 중상과 걸사비우가 당에 대한 반란을 일으킴 ⇨ 천문령 전투 승리 ⇨ 대걸중상의 아들 대조영이 진국을 세우고 동모산을 도읍으로 정함 당으로부터 '발해군왕'으로 책봉되면서 국호를 '발해'로 변경
무왕 (인안, 대무예)	• 흑수부 말갈이 당과 연결을 시도 ⇨ 장문휴로 하여금 당의 산동반도 선제공격 ⇨ 등주 자사 사망 • 신라 성덕왕 당에 원군 파견하여 당과의 외교 안정. 북만주 일대 장악, 일본과 국교 체결, 돌궐·일본 등과 연결하여 신라를 견제 동모산 ⇨ 중경 천도(유력)
문왕 (대흥, 보력, 대흥무)	당과 친선, 신라도 개설(경주~상경), 일본에 보낸 외교문서에 고려 국왕 자처, 3성 6부제 조직, 주자감 설치, 황상이라는 칭호 사용, 중경 → 상경 → 동경, 천도 당으로부터 '발해국왕'으로 책봉
성왕	동경 → 상경 천도
선왕 (건흥, 대인수)	최대 영토 ; 대부분의 말갈족 복속, 신라와 국경을 접함, 요동 진출 5경 15부 62주의 지방제도 완성, 다응로부터 '해동성국'이라는 창호를 얻음
대인선	거란의 침략으로 멸망(926)
부흥 운동	후발해 : 발해 유민이 압록강 유역애 세운 국가 → 대광현 고려에 귀순 정안국 : 송과 연대하여 거란 침략 시도 → 실패

7 고대의 정치제도

구분		고구려	백제	신라
관등관제		10여 관등 🥉 태대형, 대사자	16관등. 6좌평제 🥉 달솔, 대덕	17관등 🥉 이벌찬, 대나마
특이점			성왕 때 22부 추가 (외관10부, 내관12부)	경위제(중앙) :17관등 의위제(지방) :11관등
수상		대대로, 막리지	상좌평(내신좌평)	상대등
귀족 합의제 (수상)		제가 회의	정사암 회의	화백회의
지방 행정	수도&지방	5부 5부	5부 5방	6부 5주
		5부(욕살) 성(처려 근지)	5방(방령) 군(군장) 성(성주 or 도사)	5주(군주) 군(당주) 성(도사)
	특수	3경(평양성, 국내성, 황해도 한성)	22 담로(무령왕)	2소경(국원소경, 북소경) + 아시촌소경
군사		대모달, 말객 : 중앙 무관직(비상시)		서당(중앙) : 모병에 의한 직업군인 6정(지방) : 진골 출신 장군(군주)이 지위

8

병부	법흥왕	군사 사무
위화부	진평왕	인사 사무
선부		선박 사무
승부		궁중 의장, 마필, 의례
조부		공부 (貢賦)
예부		외교 의례
영객부		사신 접대
이방부		형률 사무
창부	진덕여왕	재정 업무
집사부		국가기밀,행정총괄
사정부	무열왕	백관 감찰, 탄핵
우이방부	문무왕	형률 사무(이방부 → 좌 우로 나뉨)
공장부		사묘의 공사
예작부	신문왕	건축, 수리

9

	주	주의 장관을 군주에서 총관(이후 도독)으로 바꾸어 군사적 기능을 약화시키는 대신 행정적 기능을 강화하였다.
9주	군·현	주 아래 군(태수), 현(현령)을 두고 중앙에서 파견한 지방관을 파견하였다.
	촌	행정 조직의 말단인 촌에는 토착 세력인 촌주가 지방관의 통제를 받으며 다스렸다.
5소경	사신 파견	문화·행정의 중심지로, 중앙 귀족이나 옛 고구려, 백제 귀족을 옮겨 살게 하였으며 사신을 파견하였다.
	지방의 균형 발전 도모	수도(경주)가 동남쪽에 치우친 점을 보완하고, 각 지방의 균형 있는 발전을 꾀하면서 지방세력 감시를 위해 군사와 행정상 요지에 설치하였다.
5경		발해는 상경 동경 서경 남경 중경의 5경을 두었다. 전략적 요중지에 설치하여 상경을 중심으로 교통망을 정비하였고 당의 5경제를 모방하였으며, 부여의 4출도 고구려의 5부제 전통을 계승하였다.
15부		5경 아래에는 지방 행정의 중심지인 15부를 설치하였고, 도독을 두어 지방 행정을 총괄하게 하였다.
62주		부 아래의 62주에는 자사를 파견하였다.
현		주 아래의 행정 단위로, 현승을 장관으로 파견하였다.
촌		지방 행정의 말단인 촌락에는 주로 말갈족 수령이 촌장이 되어 지방 행정을 담당하였다. 이는 고구려인과 말갈족의 조화를 꾀한 것이었다.

자사와 현승은 부의 장관인 도독의 일원적인 지위를 받았다.

10

구분		통일신라	발해
지방행정	**수도**	6부	
	지방	9부(총관 도독)	15부(도독), 62주(자사)
	특수조직	5소경	5경
중앙 관제		집사부 이하 13부	3성 6부
수상		시중 상대등	대내상

11

고왕	동모산
문왕	중경 현덕부 → 상경 용천부 → 동경 용원부
성왕	동경 용원부 → 상경 용천부

12

10위(중앙군)	10위를 두어 왕공과 수도 경비를 담당하였고, 각 위마다 대장군과 장군이 통솔하였다
지방군	지방관이 지휘하는 군사 조직이 촌락 단위로 조직되었다. 국경의 요충지에는 따로 독립된 부대를 두어 방어하기도 하였다.

13

구분	고구려	백제	신라	통일 신라	발 해
관등	10여 관등 (～형, ～사자)	16관등 (～솔, ～덕)	17관등 (～찬)	17관동 (～찬)	
중앙관제	좌보, 우보 → 국상	6좌평(고이왕) → 22부(성왕)	방부 등10부	집사부등14부	3성 6부
수상	대대로, 막리지	상좌평	상대등	시중 → 상대등	대내상
합의제도	제가 회의	정사암 회의	화백 회의	화백 회의	정당성
수도	5부	5부	6부	6부	
특수구역	3경 (국내성, 평양성, 한성)	22담로 (왕족 파견)	2소경 (사신)	5소경 (사신)	5경
지방	5부(욕살)	5방(방령)	5주(군주)	9주(총관 → 도독)	15부(도독), 62주(자사)
군사	욕살, 대모달, 말객	방령, 군장	군주, 서당, 6정	9서당(중앙), 10정(지방)	10위(중앙)

14 **고대의 경제**

토지 제도	• 식읍: 왕족, 공신에 지급, 조세 수취 + 노동력 수취 • 녹읍: 관료에게 지급, 조세 수취와 노동력 징발 기능
조세 제도	• 조세: 재산에 따라 차등 있게 부과 • 공물: 특산물을 현물로 징수 • 역 : 15세 이상의 성인 남자 대상. 노동력 징발
농합점책	• 농업 장려 : 농기구 보급, 개간 장려, 수리 시설 확충 • 구휼 정책 : 자연재해가 발생하면 곡식 지급 또는 대여 (**③×** 고구려 진대법)
상업 · 수공업 정책	• 수공업 정책 : 기술을 지닌 노비나 전문 장인을 통해 수공업품 생산 • 상업 정책 : 지증왕 때 동시와 동시전(감독관청)설치 (509)
대의 무역	• 4세기 이이후 국제무역 발달 • 신라는 한강 진출 이후 당함성을 통해 중국과 직접 교역 • 주로 귀족의 수요품과 관련된 물품 교역

15 민정문서

발견 장소	일본 나라현 도다이지[東大寺] 쇼소인[正倉院]에서 발견 (1933)
작성 시기	8∼9세기경에 작성된 것으로 추정
조사 지역	서원경(지금의 정주)을 중심으로 하는 4개의 자연 촌락
작성 방식	촌주가 매년 변동사항을 조사하여 두었다가 3년마다 촌 단위로 다시 작성 → 지방에 대한 중앙의 통제력이 강하였음을 알 수 있음.
조사대상	• 호 : 가구별 인구수(인정의 다과)에 따라 9등급(상상호−하하호)으로 분류하여 조사 • 사람 : 연령별, 성별에 따라 6등급으로 분류하여 조사 • 토지 : 내시령답, 관모답, 촌주위답, 마전, 연수유답 등으로 구분하여 조사 • 기 타 : 소 · 말의 수, 봉나무 +잣나무 호두나무 수 등도 조사
작성 폭적	조사 내용몰을 근거로 조세 · 공납 · 역 부과

16

토지 제도의 변화	• 신문왕 : 관료전 지급, 녹읍 폐지 → 왕권 강화 • 성덕왕 : 백성에게 정전 지급 • 경덕왕 : 녹읍 부활 → 귀족의 자의적 수탈 강화
수취 제도	조세 · 공물 · 역 징수, 민정 문서 작성
상공업의 발달	• 상업 : 서시와 남시 설치 • 수공업 : 수공업 관청 정비
무역의 발달	• 당과의 무역 활발 −* 신라방, 신라촌, 신라소, 신라관, 신라원 설치 • 무역항 : 당항성, 울산항(이슬람 상인의 내왕) • 장보고의 활동: 정해진 설치, 해적 소탕, 해상 무역 주도, 법화원 설치

17

무역품	수출	명주, 베, 해표피, 삼, 금 •은 세공품
	수입	비단과 책 및 귀족들이 필요로 하는 사치품
무역항(울산항)		이슬람 상인까지 왔으며, 당의 산물뿐 아니라 서역의 상품도 수입.
신라인의 대당 진출		산둥반도와 양쯔 강 하류 일대에 신라인의 마을인 신라방, 신라촌, 신라인을 다스리는 신라소, 신라관(여관), 신라원(사찰)등 설치

18 고분

고구려	 (장군총)	 (무용총 수렵도)	 (강서대묘 사신도)	 (각저총 씨름도)

고구려  (장군총)  (무용총 수렵도)  (강서대묘 사신도)  (각저총 씨름도)

백제 **돌무지 무덤**  (석촌동 고분) **돌무지 무덤** (능산리 고분)  → (무령왕릉, 남조양식)

신라 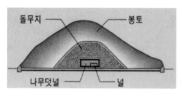 (천마총)  ⇨ **굴식 돌방무덤** (삼국통일 직전)

19 고대의 문화와 예술

	중국과 교류	일본에 문화 전파	일본에 영향
고구려	• 불교, 태학, 율령 수용	• 종이 · 먹 제조방법 전파(담징) • 일본 쇼토쿠 태자의 스승(혜자)	일본의 아스카 문화 형성에 기여
백제	• 유교, 불교 수용	• 천문학, 의학, 건축 양식 전파 • 천자문 · 논어 전달(아직기, 왕인) 불경 · 불상 전파(노리사치계)	
신라	• 초기 고구려를 통해 선진 문물 도입 • 한강 하류 차지 후 직접 교역	• 조선술과 축제술 전파	
가야	• 낙랑과 교역 이후 백제 통해 문물 수입	• 덩이쇠, 토기 제작 기술 전파 • 일본 스에키 토기에 영향	

[20]

	고구려	백제	신라
건축	• 평양성	• 왕흥사(부여), 미륵사(익산) 궁남지	• 황룡사
탑	• 목탑 중심	• 익산 미륵사지 석탑 • 부여 정림사지 5층 석탑	• 황룡사 9층 목탑 • 분황사 모전 석탑
불상	• 금동 연가 7년명 여래 입상	• 서산 마애 삼존불	• 경주 배리 석불 입상
기타	• 광개토대왕릉 비문 • 왕산악 • 황조가(유리왕) • 여수장우중문시 (을지문덕)	• 창왕명 석조 사리감 • 정읍사	• 천마도 • 황룡사 벽의 소나무 그림(솔거) • 백결 선생 '방아타령' • 노동요, 서동요

[21]

	통일 신라		발해
건축	• 불국사, • 석굴암, • 안압지		• 상경성, • 주작대로, • 온돌 장치
탑	• 감은사지 3층 석탑, • 양양 진전사지 3층 석탑, • 화엄사 4사자 3층 석탑,	• 불국사 3층 석탑 • 다보탑 • 승탑(부도)	• 영광탑 • 벽돌탑
불상	• 석굴암 본존불, 보살상 • 철조 비로자나불상		• 이불병좌상
공예	• 불국사 석등, • 법주사 석련지, • 성덕 대왕 신종,	• 법주사 쌍사자 석등 • 상원사 동종 • 이차돈 순교비	• 자기 공예 • 벽돌 · 기와무늬 • 정혜공주 묘 돌사자상
기타	• 삼대목		• 한문학 • 양태사 • 당의 놀이 문화 유행

01
고대국가의 성립과 발전

신라 왕호 변천

(기원전 57년) 시조 성은 박씨이고 이름은 혁거세이다. … 거서간은 진의 말로 왕이며 혹자는 귀인을 부르는 칭호라고도 한다.

(4년) 남해 차차웅, 아버지는 혁거세이고 어머니는 알영이다. 성은 박씨이고 비는 운제부인이다. 갑자에 왕위에 올라 20년간 다스렸다. 이 왕위는 또한 거서간이라고도 한다. …… 차차웅은 방언으로 무당을 가리킨다.

(24년) 유리 이사금이 즉위하였다. …… (탈해가 말하기를) "내가 들으니 성스럽고 지혜로운 사람은 치아가 많다고 한다. 떡을 물어 시험해 보니 유리의 치아가 많으므로 그를 받들어 이사금이라 하였다. … 연장(年長, 나이)을 기준으로 후계를 이었으므로 이사금이라 칭하였다."

(417년) 눌지 마립간이 왕위에 올랐다, 김대문이 말하였다. "마립이란 방언에서 말뚝을 이른다. …… 왕의 말뚝은 중심이 되고 신하의 말뚝은 그 아래에 배열되었다. 이로 말미암아 (마립간을 왕의) 이름으로 삼았다."

– 『삼국사기』

고구려 전성기의 역사 인식

영락 6년(396) 호태왕은 몸소 수군을 이끌고 백잔국(百殘國)으로 백제를 낮추어 부른 말을 토벌하였다. …… 아리수(한강)를 건너 군사를 보내 성을 압박하였다. 백제의 병사가 소굴로 돌아가자 나아가 성을 포위하니 백제왕(아신왕)은 궁핍해져서 …… 맹세하기를 "지금부터 영원히 노객(奴客), 신하가 임금에게 자기를 낮추어 부르는 말이 되겠습니다."라고 하였다. 태왕은 은혜를 베풀어 깨닫지 못한 허물을 용서해 주고 이후 순종의 성의를 기록하기로 하였다. 58성과 700촌을 얻었으며, 백제왕의 아우와 대신 10인을 거느리고 군대를 돌려 국도로 돌아왔다

영락 9년(399) 기해에 백제가 서약을 어기고 왜와 화통하므로, 왕은 평양으로 순수해 내려갔다. 신라가 사신을 보내 왕에게 말하기를 "왜인이 그 국경에 가득 차 성을 부수었으니, 노객은 백성된 자로서 왕에게 귀의하여 분부를 청한다."라고 하였다. …… 영락 10년(400) 광개토 대왕은 보병과 기병 5만을 보내 신리를 구원하게 하였다. 시조 추모왕(주몽)은 천제(天帝)의 아들이며 하백의 외손이었다. … 광개토대왕의 치세가 되니 연호를 영락이라 하였으며 은택이 하늘에 미치고 굳센 위엄이 사방에 떨쳤다. …… 백제와 신라는 예전부터 우리의 속민으로서 조공을 바쳐왔다.

영락 20년(410) 경술, 동부여는 옛적에 추모왕의 속민이었는데, 중간에 배반하고 조공을 바치지 않았다. 그래서 대왕은 직접 군대를 거느리고 토벌하러 갔다.

– 『광개토 대왕릉비문』

안시성 싸움

여러 장수가 급히 안시성을 공격하였다. …… 밤낮으로 쉬지 않고 무릇 60일에 50만 인을 동원하여 토산을 쌓았다. …… 아군 수백 명이 성이 무너진 곳으로 나가 싸워서 마침내 토산을 빼앗아 차지하고 주위를 깎아 이를 지켰다. …… (황제가) 군사를 돌리도록 명하였다.

－『삼국사기』

"중국 황제가 고구려를 공격할 적에 눈에 화살을 맞고 돌아갔다."고 하는데, 통감(通鑑) 등 중국 사서에 모두 실려 있지 않다. …… 나는 생각하기를, 당시에 비록 이러한 일이 있더라도 사관(史官)이 중국을 위해 숨겼을 것이니, 기록하지 않은 것은 이상할 것이 없다.

－『필원잡기』

양만춘이 중국 황제의 눈을 쏘아 맞히매, …… 그가 떠나면서 양만춘에게 비단 백 필을 하사하고, 성을 굳게 지킴을 칭찬하였다.

－『열하일기』

대가야의 건국과 발전

시조는 이진아시왕(伊珍阿豉王)이고 그로부터 도설지왕까지 대략 16대 520년이다. 최치원이 지은 '석이정전'에는 "가야산신 정견모주가 천신 이비가지에게 감응되어 뇌질주일과 뇌질청예 두 사람을 낳았다. 뇌질주일은 곧 이 나라의 시조인 이진아시왕의 별칭이고, 뇌질청예는 금관국의 시조인 수로왕의 별칭이다."라고 하였다.

－『신증동국여지승람』

법흥왕 9년(522), 가야국 왕이 사신을 보내 혼인을 청하였기에 임금이 이찬 비조부의 여동생을 보냈다.

－『삼국사기』

법흥왕 때의 체제 정비

- 4년, 처음으로 병부를 설치하였다.
- 7년, 율령을 반포하고 처음으로 관리들의 공복을 제정하였다. 붉은색과 자주색 으로 등급을 표시하였다.
- 15년, 처음으로 불법(勳去)이 시행되었다.
- 18년, 이찬 철부를 상대등에 임명하고 나랏일을 총괄하게 하였다. 상대등이라는 벼슬이 이때 시작되었다. 지금의 재상과 같다.
- 23년, 처음으로 연호(年號)를 정하여 '건원(健元)' 원년이라 하였다.

─「삼국사기」

관산성 전투

- 진흥왕 15년(554) 백제왕 명농(성왕)이 관산성(충북 옥천)을 공격하였다. …… 신주(新州)의 군주 김무력이 주의 군사를 이끌고 와서 교전하였는데, 비장인 삼년산군(충북 보은)의 고간 도도가 급히 쳐서 백제왕을 죽였다. 백제의 좌평 4인과 병사 2만 9천 6백인을 베어 죽였다.
- 성왕 32년(554) 7월 왕이 신라를 습격하기 위하여 친히 보병과 기병 50명을 거느리고 밤에 구천 (충북옥천 부근)에 이르렀다. 신라의 복병이 나타나 싸우다가 왕이 난병들에게 살해되었다.

─「삼국사기」

태조왕의 업적

- 태조왕 4년 7월에 동옥저를 정벌하여 그 땅을 빼앗아 성읍을 삼고 국경을 개척하였는데, 동으로는 창해(續海, 동해)에 이르고 남으로는 살수(청천강)에 이르 렀다.
- 태조왕 20년 2월에 조나(邊那)를 정벌하고 그 왕을 사로잡았다. 태조왕 22년 10월에 주나(洙那)를 정벌하고 그 왕자 을음을 사로잡아 고추가로 삼았다.
- 태조왕 94년 8월에 왕이 군사를 일으켜 한의 요동군 서안평현을 습격하여 대방현령을 죽이고 낙랑태수의 처자를 잡아왔다.

─「삼국사기」

고이왕 때의 체제 정비

고이왕 27년 정월에 내신좌평을 두어 왕명 출납을, 내두좌평은 물자와 창고를, 내 법좌평은 예법과 의식을, 위사좌평은 숙위 병사를, 조정좌평은 형벌과 송사를, 병관좌평은 지방의 군사에 관한 일을 각각 맡게 하였다. 2월에 영을 내려 6품 이상은 자줏빛 복장을 입고 은꽃으로 장식하고, 11품 이상은 붉은 복장을, 16품 이상은 푸른 복장을 입게 하였다.

─「삼국사기」

02
남북국 시대

신문왕의 업적

왕이 교서를 내리기를, "김흠돌 등의 악이 쌓이고 죄가 가득 차자 그들이 도모하던 역모가 세상에 드러났다. …… 잔당들을 샅샅이 찾아 모두 죽여 삼사일 안에 죄수 우두머리들을 소탕하였다. 이제 요망한 무리들이 숙청되어 근심이 없게 되었으니 소집한 병사와 말들을 돌려보내도록 하라."라고 하였다.

다시 완산주를 설치하고 용원으로 총관을 삼았다. 거열주를 승격하여 청주를 설치하니 비로소 9주가 갖추어져서 대아찬 복세로 총관을 삼았다. 3월 남원소경을 설치하고 여러 주와 군의 백성들을 옮겨 살게 하였다.

왕이 행차에서 돌아와 대나무로 피리를 만들어 월성의 천존고(天尊庫)에 간직하였다. 이 피리를 불면 적병이 물러가고 병이 나으며 가뭄에는 비가 오고 장마는 개며 바람이 잦아들고 물결이 평온해졌으므로 이를 만파식적(萬波息笛)이라 부르고 국보로 삼았다.

신라는 3국을 통일하고 마침내 9주를 두었다. 본국(本國) 경계 내에 3주를 두었는데, 왕성(王城) 동북의 당은포(唐恩浦)로 향하는 길목에 있는 곳을 상주(尙州)라 하고, 왕성의 남쪽을 양주(良州)라 하고, 서쪽을 강주(康州)라 하였다. 옛 백제국의 경계에 3주를 두었는데, 백제의 옛성 북쪽의 웅진(熊津) 어귀를 웅주라 하고, 서남쪽을 전주(全州)라 하고, 다음에 남쪽을 무주(武州)라 하였다. 옛 고구려의 남쪽 경계에 3주를 두었는데, 서쪽으로부터 첫번째가 한주(漢州)이고, 그 다음 동쪽이 삭주(朔州)이고, 또 그 다음 동쪽이 명주(溟州)이다.

신라 하대의 왕위 쟁탈전

김헌창의 난 : 헌덕왕 14년(822) 3월, 웅천주 도독 김헌창(金憲昌)은 그 아버지 주원(周元)이 왕이 되지 못하자 반란을 일으켜 나라 이름을 '장안(長安)'이라하고, 연호를 세워 '경운(慶雲)'이라 하였다. 무진주·완산주·청주·사벌주의 4주 도독과 국원경·서원경·금관경의 사신과 여러 군현의 수령들을 위협하여 자기의 소속으로 삼았다.

김범문의 난 : 헌덕왕 17년(825) 1월, 헌창의 이들 범문(梵文)이 고달산(高達山)의 도적 수신(壽神) 등 100여 명과 더불어 함께 반란을 모의하고 평양에 도읍을 세우고자 하여 북한산주(北漢山州)를 공격하였다.

－『삼국사기』

신무대왕이 즉위하기 전에 장보고에게 "내가 왕위에 오르는 것을 도와주면 그대의 딸을 왕비로 삼겠소."라고 말하였다. 장보고는 이를 허락하고 군사를 일으켜 서울로 쳐들어가 일을 성공시켰다. 왕이 장보고의 딸을 왕비로 삼고자 하나 군신들이 힘껏 간하였다. "장보고는 미천한 사람이니, 임금께서 장보고의 딸을 왕비로 삼는 것은 옳지 못합니다." 왕은 그 말을 따랐다.

－『삼국유사』

문성왕 8년(846) 봄에 청해진 대사 궁복(장보고)이 자기 딸을 왕비로 맞지 않는 것을 원망하여 청해 진을 근거로 반란을 일으켰다. …… 궁복이 취하자 염장은 그의 칼을 빼어 목을 벤 후에 그의 무리 를 불러놓고 달래니 그들은 땅에 엎드려 감히 움직이지 못하였다.…… 13년 2월에 청해진을 파하고 그곳 백성들을 벽골군으로 옮겼다.

-『삼국사기』

신라 하대의 상황

2년, 아첨하고 총애받는 자들이 제 마음대로 방자하게 날뛰고 재물로 뇌물을 먹이는 일을 공공연하 게 하였으며, 상벌이 공정하지 못하고 풍기와 규율이 문란해졌다. 이때 어떤 이가 시국 정책을 비방 하는 방을 관청거리에 붙였다. 왕이 사람을 시켜 수색하였으나 잡지 못하였다.

3년, 나라 안의 여러 주·군에서 공부(貢麻)를 나르지 않으나 창고가 비고 나라의 쓰임이 궁핍해졌 다. 왕이 사신을 보내어 독촉하자, 이로 말미암아 곳곳에서 도적이 벌떼같이 일어났다. 이에 원종 (元宗)·애노(哀奴) 등이 사벌주에 웅거하여 반란을 일으키니 왕이 나마 영기에게 명하여 잡게 하였 다. 영기가 적진을 쳐다보고는 두려워하여 나아가지 못하였다.

-『삼국사기』

03
고대국가의 경제

민정문서

이 현(縣)의 사해점촌(沙害漸村)을 조사해 보니, 지형은 산과 평지로 이루어져 있으며, 마을의 둘레 는 5,725보(涉), 공연(孔烟)의 수는 합하여 11호(戶)가 된다. 계연(計烟)은 4, 나머지 3이다. 이 가운 데 중하연(仲下烟) 4호, 하상연(下上烟) 2호, 하하연(下下烟) 5호이다. 마을의 모든 사람을 합치면 147명이며, 이 중 3년 전부터 살아온 사람과 3년사이에 태어난 자를 합하면 145명이 된다. 정(丁) 29 명 노(奴) 1명 포함, 조자(助子) 7명 노(奴) 1명 포함, 추자(追子) 12명, 소자(小子) 10명이며, 3년 사 이에 태어난 소자 5명, 제공(除公) 1명이다. 여자는 정녀 (丁女) 42명(婢) 5명 포함, 조여자 9명, 소여 자 8명이며, 3년간에 태어난 소여자 8명(비 1명 포함), 제모(除母) 2명, 노모(老母) 1명 등이다. 3년 사이에 이사 온 사람은 둘인데, 추자 1명, 소자 1명이다. 가축으로는 말 25마리가 있으며, 전부터 있 던 것 22마리, 3년 사이에 더해진 말이 3마리이다. 소는 22마리인데, 전부터 있던 것 17마리, 3년 사 이에 더해진 소 5마리이다.

논(畓)은 전부 102결(結) 2부(負) 4속(束)인데, 관모전(官謨田)이 4결, 내시령답(內視令畓)이 4결, 연 수유답(烟受有畓)이 94결 2부 4속이며 그 중 촌주가 그 직위로 받은 논이 19결 70부가 포함되어 있 다. 밭은 전부 62결 10부 5속인데 모두 연(烟)이 받은 것이다. 마전(麻田)은 전부 1결 9부이다. 뽕나 무는 1,004그루인데, 3년 사이에 심은 것이 90그루, 전부터 있던 것이 914그루이다. 잣나무는 모두 120그루이고, 3년 사이에 심은 것이 34그루, 전부터 있던 것이 86그루이다. 호두나무는 모두 112그 루이고, 3년 사이에 심은 것이 38그루, 전부터 있던 것이 74그루이다.

3국의 수취 제도

고구려 : 세(인두세)는 포목 5필에 곡석 5섬이다. 조(組)는 상호(上戶)가 1섬이고, 그 다음이 7말이며, 하호(下戶)는 5말을낸다.　　　　　　　　　　　　　　　　　　　　　　　－『수서』

백제 : • 세는 포목, 명주실과 삼,쌀을 내었는데, 풍흉에 따라 차등을 두어 받았다.　　－『주서』
　　　　• 한수 북부 사람 가운데 15세 이상 된 자를 징발하여 위례성을 수리하였다.　－『삼국사기』

신라 : 파사 이사금 즉위 11년(90) 가을 7월에 사자(使者) 10명을 나누어 파견하여 주주(州主)와 군주(郡主)를 감찰하여, 공무에 힘쓰지 않거나 밭과 들을 크게 황폐하게 한 자의 관직을 강등시키거나 파면하였다.
지증 마립간 3년(502) 3월에 주 군의 책임자에게 각각 명하여 농사를 관장하게 하였고, 처음으로 소를 부려 논밭갈이를 하였다.

　　　　　　　　　　　　　　　　　　　　　　　　　　　　　　　　　　　－『삼국사기』

신라 중대의 관료전과 녹읍

신문왕 7년(687) 문무 관료전을 지급하되 차등을 두었다.
신문왕 9년(689) 내외관의 녹읍을 혁파하고 매년 조를 내리되 차등이 있게 하여 이로써 영원한 법식을 삼았다.
성덕왕 21년(722) 처음으로 백성에게 정전을 지급하였다.
경덕왕 16년(757) 여러 내외관의 월봉을 없애고 다시 녹읍을 나누어 주었다.
소성왕 원년(799) 청주의 거로현(居老縣)을 학생의 녹읍으로 삼았다.

　　　　　　　　　　　　　　　　　　　　　　　　　　　　　　　　　　　－『삼국사기』

신라인의 국제적 교류 – 장보고와 엔닌

저는 아직 대사님을 뵙지는 못하였습니다만 …… 저는 대사님의 큰 은혜를 입어 몸 둘 바를 모르겠습니다. 저의 오랜 뜻을 이루기 위하여 당에 머무르고 있는 보잘것없는 이 몸은 다행히 대사께서 발원하신 적산원에 머무르고 있습니다.

　　　　　　　　　　　　　　　　　　　　　　　　　　　　－『엔닌, '입당구법순례행기'』

장보고는 신라로 돌아와서 흥덕왕을 배알하고 말하기를 "중국에서는 널리 우리나라 사람들을 노비로 삼으니 청해진을 만들어 적으로 하여금 사람들을 약탈하지 못하도록 하기를 원하나이다."라고 하였다. 청해(淸海)는 신라의 요충으로 지금은 완도라 부른다. 대왕은 그 말을 쫓아 장보고에게 군사 1만 명을 주어 해상을 방비케 하니, 그 후부터는 해상에서 우리나라 사람들이 잡혀가는 일이 없었다.

　　　　　　　　　　　　　　　　　　　　　　　　　　　　　　　　　　　－『삼국사기』

신라 귀족의 생활

재상가에는 녹이 끊이지 않으며, 노예가 3천이고 이에 상당하는 수의 갑병(군인)과 소, 말, 돼지가 있었다. 바다 가운데 섬에서 길러 필요할 때 활로 쏘아서 잡아먹었다. 곡식을 꾸어서 갚지 못하면 노비로 삼았다.

－『신당서』 동이열전

헌강왕 6년(880) 9월 9일, 왕이 좌우와 더불어 월상루에 올라 사면을 바라보니, 서울에 민가가 즐비하고 풍악 소리가 끊이지 않았다. 왕은 시중 민공을 돌아보며 "내가 들으니 지금 민간에서는 지붕을 기와로 덮고 짚을 쓰지 아니하며, 밥을 짓되 숯으로 짓고 나무를 쓰지 않는다고 하니 과연 그러한가?" 하고 물으니, 민공이 …… "황상이 즉위한 이래 음양이 고르고 바람과 비도 순조로워 해마다 풍년이 들고 백성은 먹을 것이 넉넉하며 변경은 평온하고 시정은 안락하니, 이는 모두 임금의 덕이 크신 때문입니다."라고 하였다.

－『삼국사기』 신라 본기

발해의 특산물

귀하게 여기는 것에는 태백산의 토끼, 남해부의 곤포(다시마), 책성부의 된장, 부여부의 사슴, 막힐부의 돼지, 솔빈부의 말, 현주의 포(베), 옥주의 면(누에솜), 용주의 주(명주), 위성의 철, 노성의 쌀, 미타호의 붕어가 있고, 과일에는 환도의 오얏, 낙유의 배가 있다.

－『신당서』

발해의 대외무역

20일 기축(己丑)에 내장료(內藏寮)와 발해객(渤海客, 발해의 사절단)이 재화와 물건을 서로 교환하였다. 21일 경인(康寅)에 도성 사람들과 발해객이 서로 왕래하는 것을 허락하였다. 22일 신묘(辛卯)에 여러 시전의 사람들과 발해객들이 사사로이 서로 물건을 거래하는 것을 허락하였다. 이날 …… 시전의 사람들을 불러 모아 발해객들의 사이에서 토산물을 매매하도록 하였다.

－『일본삼대실록』

발해인과 철리(鐵利) 사람 총 1,100여 명이 덕을 사모하여 그 가르침을 쫓아 찾아왔다. 데와국(出羽國)에 머물게 하였다가 옷과 양식을 주어 돌려보냈다.

－『속일본기』

04 고대국가의 사회

부여와 고구려의 풍속

부여 : 여름에 사람이 죽으면 모두 얼음을 넣어 장사지내며, 사람을 죽여서 순장을 하는데 많을 때는 백 명이나 된다. 장사를 후하게 지내는데, 곽(槨)은 사용하나 관(棺)은 쓰지 않는다.

－『삼국사기』 위서 동이전

고구려 : 가을 9월에 왕이 서거하였다. 시원(柴原)에 장사지냈다. 이름을 동천왕이라 하였다. 나라 사람들이 그 은덕을 생각하며 슬퍼하지 않음이 없었다. 가까운 신하들이 자살하여 따라 죽으려고 하는 자가 많았으나, 새 왕(중천왕)이 예가 아니라 하여 이를 금하였다. 장례일에 이르러 무덤에 와서 스스로 죽는 자가 매우 많았다. 나라 사람들이 잡목을 베어 그 시체를 덮었으므로, 드디어 그 땅의 이름을 시원이라 하였다.

－『삼국사기』

읍락에 호민이 있고, 민은 하호로서 모든 노복과 같은 처지에 있다. …… 적이 있으면, 제가가 스스로 나가 싸우며, 하호는 먹을 것을 공급한다.
나라 안의 대가들은 농사를 짓지 않은 좌식자(坐食者)인데 만여 명이나 된다. 하호는 먼 곳에서 양식, 고기, 소금을 운반하여 그들에게 공급한다.

－『삼국지』 위서 동이전

고구려와 백제의 법

고구려 : 반란을 꾀하거나 반란한 자는 사람들을 모아 횃불을 들고 경쟁적으로 불 태우게 하였는데, 시체가 불에 타서 문드러지면 다시 목을 베었다. 그 가족은 모두 노비로 삼았다. 성을 지키다 항복한 자, 전쟁에서 패배한 자, 사람을 죽이거나 겁탈한 자는 목을 벤다. 물건을 도둑질한 자는 그 물건의 12배를 물어 주게 하고, 소나 말을 죽인 자는 노비로 삼는다. 대체로 법을 엄격하게 적용하므로 범하는 자가 적으며, 심지어는 길가에 떨어진 물건도 줍지 않는다.

－『주당서』

백제 : 모반하거나 전쟁에서 퇴각한 자 및 살인을 한 사람은 참수하였다. 도적질한 사람은 유배시키고 도적질한 물품의 2배를 물어내게 하였다. 부인으로서 간통죄를 범하면 남편 집의 종으로 삼았다.

－『주서』

고대의 귀족회의

일은 반드시 무리와 더불어 의논하였다. 이를 화백이라 하는데 한 사람이라도 이의가 있으면 통과되지 못하였다.

－『신당서』

큰일이 있으면 여러 관료들이 모여 자세히 의논한 후 결정한다.

－『수서』

세속오계

원광법사가 수(隋)나라에 들어가 유학하고 돌아와서 가실사에 있었는데, 그때 사람들이 높이 예우하였다. 귀산 등이 그 문에 나아가 옷자락을 걷어 잡고 말하기를, "저희들 세속 선비는 몽매하여 아는 바가 없사오니 원컨대 한 말씀을 주셔서 종신토록 지킬 교훈을 삼도록 하여 주시기 바랍니다." 라고 하였다. 원광법사가 말하기를 "지금 세속 5계가 있으니, 첫째는 임금을 충성으로 섬기는 것이요, 둘째는 부모를 효성으로 섬기는 것이요, 셋째는 벗을 신의로 사귀는 것이요, 넷째는 전쟁에 임하여 물러서지 않는 것이요, 다섯째는 살아 있는 것을 죽일 때는 가려서 죽여야 한다는 것이니, 그대들은 이를 실행함에 소홀하지 말라. "라고 하였다.

-「삼국사기」

진골 귀족의 신분 강등

성주산파를 처음 연 낭혜는 속성이 김씨로 무열왕이 8대조이다. 조부 주천은 품이 진골이고 위가 대아찬이었으며, 고조와 증조가 모두 장수와 재상을 지냈으므로 사람들이 모두 안다. 그러나 아버지 범청은 진골에서 강등되어 득난이 되었다. 이는 귀성의 얻기 어려움을 말한 것이니, 〈문부〉에도 '혹 구하기는 쉬워도 얻기는 어렵다.'고 한 대목이 있다.

-「보령 성주사지 낭혜화상탑비」

골품제에 따른 생활 규제

진골의 방은 길이와 너비가 24척을 넘을 수 없으며 …… 6두품의 방은 길이와 너비가 21척을 넘을 수 없고 4두품에서 백성에 이르기까지는 방의 길이와 너비가 15척을 넘지 못한다. 느릅나무를 쓰지 못하고, 우물 천장을 만들지 못하며 당기와를 덮지 못하고, 짐승 머리 모양의 지붕 장식이나 높은 처마 등을 두지 못하며 금·은이나 구리 등으로 장식하지 못한다. 섬돌로는 산의 돌을 쓰지 못한다. 담장은 6척을 넘지 못하고, 보를 가설하지 않으며, 석회를 칠하지 못한다. 대문과 사방문을 만들지 못하고, 마구간에는 말 2마리를 둘 수 있다.

-「삼국사기」

골품제의 모순

설계두는 신라 사대부 집 자손이다. 친구와 함께 술을 마시며 말하기를, "신라에서는 사람을 쓰는데 먼저 골품을 따지므로 정말 그 족속이 아니면 비록 큰 재주와 뛰어난 공이 있더라도 그 한계를 넘지 못한다. 내가 원하는 바는 멀리 중국에 기서 세상에 없는 지략을 발휘하고 비상한 공을 세워 스스로 영화의 길을 열었으면 족하겠다." 하고 무덕 4년 배를 타고 당으로 갔다.

-「삼국사기」

최치원은 당의 학문을 많이 깨달아 얻은 바 많았으며, 귀국하여 이를 널리 펴 보려는 뜻을 가졌으나, 그를 의심하고 꺼리는 사람이 많아 그의 뜻이 수용되지 않자 대산군(전북 태인) 태수로 나가게 되었다. 그가 귀국했을 때에는 난세가 되어 모든 일이 뜻대로 되지 않으므로, 스스로 불우한 처지를 한탄하며 다시 벼슬에 뜻을 두지 않고 …… 풍월을 읊으며 세월을 보냈다.

－「삼국사기」

신라 귀족의 생활

신라 전성기의 경주에는 17만 8,936호(戶)가 있었고, 행정 구역은 1,360방(坊) 55리(里)로 나뉘었으며, 35채의 금입택이 있었다. …… 헌강왕 때는 도성 안에 집과 담장이 서로 이어졌고 초가는 하나도 없었으며, 풍악과 노랫소리가 거리에서 그치지 않았다.

－「삼국유사」

발해의 특징

발해국은 고려의 옛 지역에서 일어났는데, 고구려 국왕 고씨가 당에게 멸망되었으며, 그 후 대조영이 발해를 건국하였다. 화동 6년에 당에서 책립받았다. 그 나라는 사방 2천 리이며, 주·현과 관역이 없으며, 곳곳에 촌리가 있는데 모두 말갈 부락이다. 그 백성은 말갈인이 많으며, 토인(재지 세력가)은 적다. 모두 토인이 촌장이 되었으며, 대촌에는 도독, 다음에는 자사이며, 그 이래는 백성들이 모두 수령이라 부른다. 토지는 극히 춥고, 물이 있는 논(수전)이 마땅치 않다. 자못 풍속에 글을 안다.

－「유취국사」

05
고대국가의 문화와 교류

개로왕 국서

백제 개로왕이 북위에 사신을 보내 예방하고 표문을 올렸다. "고구려가 우리를 무시하고 침략하였습니다. 원한을 맺고 전쟁이 이어진 지 30여 년이 되었으니, 재정은 탕진되고 힘은 고갈되어 나라가 점점 쇠약해졌습니다. 속히 장수를 보내 우리나라를 구해 주소서.……지금이야말로 고구려가 멸망할 시기로 폐하의 힘을 빌릴 때입니다."…… 북위의 황제가 조서에서 다음과 같이 말하였다. "고구려는 비록 이전부터 잘못이 있었으나, 나에게는 명령을 위반한 죄를 지은 일이 없다. 그대가 처음으로 사신을 보내와 그들을 곧 토벌하기를 요청하였으나, 사리를 검토해 보아도 토벌의 이유가 또한 충분하지 않다."

― 『삼국사기』

통일 신라의 유학자들

왕이 즉위하자 당나라에서 사자가 와서 조서를 전하였는데 읽기 어려운 곳이 있었다. 왕이 강수를 불러 물으니 조서를 한 번 보고서 해석하여 설명하는데 의심나거나 막힘이 없었다. 이에 왕이 당황제의 조서에 회답하는 표문을 짓게 하였는데 글이 잘 짜여지고 문장이 극진하였다.

어떤 이가 화왕(모란)에게 말하였다. "두 명(장미와 할미꽃)이 왔는데 어느 쪽을 취하고 어느 쪽을 버리시겠습니까?" 화왕이 말하였다. "장부(할미꽃)의 말도 일리가 있지만 어여쁜 여자(장미)는 얻기가 어려운 것이니 이 일을 어떻게 할까?" 장부가 다가서서 말하였다. "저는 대왕이 총명하여 사리를 잘 알 줄 알고 왔더니 지금 보니 그렇지 않군요. 무릇 임금된 사람치고 간사한 자를 가까이 하지 않고 정직한 자를 멀리하지 않는 이가 적습니다."

― 『삼국사기』

화랑도와 미륵신앙

진지왕 때 흥륜사의 승려 진자가 법당의 미륵상 앞에서 소원을 빌며 말했다. "원컨대 우리 부처님이 화랑으로 변하여 세상에 나타나시면 내가 항상 얼굴을 가까이 뫼시고 받들어 모시겠습니다."…… 어느 날 꿈에 한 승려가 나타나 말했다. "웅천의 수원사에 가면 미륵선화를 볼 수 있으리라."…… 화장을 하고 장신구를 갖춘 수려한 남자아이가 영묘사의 동북쪽 길가에서 노는 것을 보았다. 진지는 그가 미륵선화라고 생각하여 가마에 태우고 들어와서 왕에게 보였다. 왕은 그를 공경하고 사랑하여 받들어 국선으로 삼았다.

― 『삼국유사』

원효의 사상

열면 헬 수 없고 가없는 뜻이 대종(大宗)이 되고, 합하면 이문(二門) 일심(一心)의 법이 그 요체가 되어 있다. 그 이문 속에 만 가지 뜻이 다 포용되어 조금도 혼란됨이 없으며 가없는 뜻이 일심과 하나가 되어 혼용된다. 이런 까닭에 전개·통합이 자재하고, 수립·타파가 걸림이 없다. 펼친다고 번거로운 것이 아니고 합친다고 좁아지는 것도 아니다. 그리하여 수립하되 얻음이 없고 타파하되 잃음이 없다.

부처님의 넓고, 크고, 깊은 가르침의 끝이 없는 의미를 종합하고자 이 논(論)을 풀어 설명하고자 한다. …… 이 논의 뜻이 이미 이와 같으니 벌리면 한량없고 가이 없는 부처님의 가르침은 결국 일심(一心)의 법을 중심으로 삼는다.

－「대승기신론소」

원효가 이미 계를 잃어 설총을 낳은 뒤로 속인의 옷을 갈아입고 소성 거사라 이름하였다. 우연히 광대들이 쓰는 이상하게 생긴 큰 박을 얻었다. 원효는 그 모양대로 도구를 만들어 '무애호(無碍瓠)'라 하며 노래를 짓고 세상에 퍼뜨렸다. 무애호라는 말은 〈화엄경〉의 "모든 것에 걸림이 없는 사람이라야 곧바로 삶과 죽음을 벗어났다."라는 글에서 딴 것이다. 원효는 이것을 가지고 많은 촌락에서 노래하고 춤추며 교화하고 읊으면서 돌아다녔다. 가난한 사람이나 무지몽매한 무리들까지도 모두 부처의 이름을 알게 하고 '나무아미타불'을 칭하게 하였으니 원효의 교화가 크도다.

－「삼국유사」

Ⅲ

고려 귀족 사회의
형성과 발전

918년 고려 건국 ｜ 993년 서희 강동 6주 획득 ｜ 1270년 삼별초 항쟁
936년 후삼국 통일 ｜ 1135년 묘청의 서경 천도 운동 ｜ 1388년 이성계 위화도 회군

01 고려의 성립과 민족의 재통일

1. 고려의 성립

(1) 건국

송악 출신의 왕건이 궁예를 몰아낸 뒤 왕위에 추대 됨. 왕건은 국호를 '고려'로 바꾸고, 연호를 '천수'로 정함(918). 도읍은 자신의 세력 근거지였던 송악으로 천도하였음

(2) 왕건의 통일 정책

① **대외적** : 중국 5대 여러 나라와 외교 관계를 맺어 대외 관계의 안정을 꾀함

② **대내적** : 지방 세력을 흡수 통합하며 세력을 키움과 동시에 신라에게는 우호정책, 백제에게는 강경책을 사용

2. 후삼국의 통일 과정❶

(1) 발해 유민의 포용

① **과정** : 발해가 거란에 의해 멸망(926) 당한 이후 수많은 발해 유민이 고려로 망명함. 태조 왕건이 이를 받아들임. 특히 세자 대광현에게 성씨와 관직을 하사하는 등 우대함

② **의의** : 민족의 완전한 통일을 꾀함

(3) 신라의 병합

고려는 내부적 모순을 해결하지 못하고 고려의 우호정책에 순응하던 경순왕이 고려에 항복하면서 전쟁 없이 신라를 통합함(935)

(2) 후백제와의 대립

① **공방전** : 고려는 공산 전투(927)에서 신숭겸 장군이 후백제의 견훤에게 대패한 뒤 수세에 몰렸다가, 고창(안동)전투(930)에서 크게 승리하여 주도권을 가져옴

② **후백제 멸망** : 견훤이 두 아들 (신검, 금강)의 권력 다툼 과정에서 금산사에 유폐된 후, 크게 낙담하여 고려에 투항하여 백제를 토벌할 것을 요청함. 왕건은 이를 받아들여 일리천(선산) 전투(936)에서 승리하고 후백제를 멸망시킴

3. 후삼국 통일의 역사적 의의

① **민족 통일** : 발해 유민을 포용하고, 후백제와 신라를 통합하여 외세의 개입 없이 민족의 재통일

▲ 고려의 건국

❶ 후삼국의 통일 과정

• 900년 견훤이 후삼국 건국
• 901년 궁예가 후고구려 건국
• 903년 후고구려가 금성(나주) 점령
• 918년 왕건이 고려 건국
• 926년 발해 요나라에게 멸망
• 927년 대구 공산 전투
• 930년 고창(안동, 병산) 전투
• 935년 신라 항복
• 936년 선산 일리천 전투
• 936년 고려 후삼국 통일

을 이룸

② **중세 사회로의 전환** : 고대 사회에 비해 정치, 경제, 문화적으로 발전된 중세 사회로 변모하기 시작했다는 평가

③ **한계** : 옛 고구려 영토의 대부분을 회복하지 못함

02 통치 체제의 정비

1. 정치 구조의 정비

(1) **태조(재위 918~943)**

① **민생 안정책**

▲ 나주 완사천

ㄱ **취민유도** : 조세를 부과할 때는 일정한 법도가 있어야 한다는 '취민유도' 정책을 기본으로 세율을 1/10로 낮춤

ㄴ **흑창** : 빈민 구제 기관인 흑창을 설치하여 민심을 돌봄

② **호족 통합과 견제**

●사성정책

ㄱ **회유책** : 지방 호족 세력을 통합하기 위한 목적으로 '정략결혼'을 하고 성씨를 부여함. 개국 공신과 주요 호족들은 관직에 등용하고, 공로를 기준으로한 역분전을 지급하여 관료들에게 경제적 기반을 마련해줌

ㄴ **사심관 제도** : 호족 출신 공신들을 지방의 사심관으로 파견하여 부호장 이하의 관리를 임명할 수 있는 권한과 지역의 풍속 교정 및 공부 조달의 의무를 부여함. 또한 지역의 치안과 행정에 대한 연대책임을 지도록 하여 왕권이 직접적으로 미치지 못하는 지역을 통제하고자 함.

▲ 태조 왕건 동상

> ▶ **사심관 파견**
>
> 태조 18년에 신라왕 김부(경순왕)가 항복하였으므로 신라국을 없애고 김부를 경주의 사심관(事審官)으로 삼아 부호장 이하 관직자들의 일을 살피도록 하였다. 이에 여러 공신에게도 이를 본받아 각각 그 고향의 사심관으로 삼으니, 사심관은 이에서 비롯되었다. 성종 15년에 500정(丁) 이상의 주(州)에는 4명, 300정 이상의 주에는 3명, 300정 이하에는 2명의 사심관을 두도록 하였다. 현종 초년의 판(왕이 법제적으로 결정한 문장)에는 아버지와 친형제가 호장이 된 자는 사심관으로 임명하여 보내지 못하게 하였다. 현종 10년의 판에는 모든 사심관을 파견함에는 기인과 백성의 여론을 따를 것이로되, 백성들의 추천함이 비록 작더라도 조정에서 고관대직을 맡아본 사람이나 여러 대를 두고 문벌을 형성한 사람을 아울러 아리어 보내게 하고, 일찍이 간사한 죄에 연루된 자는 파견하지 말도록 하였다.
>
> 「고려사」

ㄷ **기인 제도** : 지방 호족의 자제를 개경에 머무르게 하며 행정 자문 역할을 맡김. 통일신라의 상수리 제도를 계승함.

국초에 향리의 자제를 인질로 삼고, 또 그 고향의 일에 고문으로 삼으니 이를 기인(其人)이라 하였다. 문종 31년에 명을 내려 모든 기인은 1000정 이상의 주는 족정(足丁, 고려 때 병역에 입역하는 자를 위하여 분배되는 토지의 단위, 족정은 17결, 반정은 7~8결)으로 하여 나이 40세 이하 30세 이상의 사람을 뽑아 올리는 것을 허락하고, 1000정 이하의 주는 반족정으로 하여 병창정이하 부병창정 이상은 물론 부강정직(富强正直)한 자를 뽑아 올리게 하였다. 족정은 15년을 한정하고 반정은 10년을 한정하여 입역하게 하며, 족정이 10년에 이르고 반족정이 7년에 이르면 동력직을 내리고 역이 차면 직을 올려주게 하였다. 고종 40년 6월에 명을 내려 기인에게 향촌의 분직을 추가하였다. 충숙왕 6년에 하교하기를 기인의 역이 노예보다 심하므로 그 괴로움을 견디지 못하여 유망하기에 이르렀으므로 사심관 및 그 제역소에 이를 대신하게 하고, 전부 도망한 주군은 이에서 제외시켰다.

『고려사』

③ **정치 안정 도모**

ㄱ **정계, 계백료서** : 〈정계〉 1권, 〈계백료서〉 8편을 지어 관리가 지켜야 할 규범을 제시함.

ㄴ **훈요10조①** : 후대 왕들이 지켜야 할 정책 방향을 제시함. 당시 유행하던 불교, 풍수지리설, 도참사상 등이 나타나 있음

④ **북진 정책**

ㄱ **서경 중시** : 평양을 서경으로 삼고, 북진 정책의 전진 기지로 삼음. 그 결과 청천강에서 영흥만 까지의 국경선을 획득함

ㄴ **대 거란 강경책** : 발해를 멸망시킨 거란이 낙타 50마리를 보내자 말을 만부교 아래에 매어 굶어 죽게 한 만부교 사건을 일으켜 거란과 국교를 단절함

(2) 광종(재위 949~975)

① **왕권 강화** : 외척과의 권력 다툼인 왕규의 난의 혼란 상황을 경험하면서 왕위에 오른 광종은 과감한 개혁 정치를 펼치며 왕권 강화를 위해 노력함

ㄱ **노비 안검법 (956)** : 후삼국 통일 과정과 국가 성립기의 혼란 상황에서 불법으로 노비가 된 자를 조사하여 양인으로 해방시켜 줌. 국가 수입 기반이 확대 되는 계기가 되었으며 호족의 경제 · 군사적 기반을 일정 기간 동안 약화시키는 효과

ㄴ **주현 공부법 (949)** : 주현의 세액과 공물의 액수를 정하여 국가 재정을 확대하고 지방 호족 세력을 통제함

ㄷ **과거 제도 (958)** : 후주에서 귀화한 쌍기의 건의를 받아들여 과거제를 시행함. 신진 관리를 과거를 통해 등용함으로써 능력있는 이에게 관직을 주어 관료제를 강화시키려는 의도

ㄹ **공복 제정 (960)** : 관리의 위계질서 확립을 위해 <u>백관의 공복</u>을 제정함
●자색, 단색, 비색, 녹색

② **기타 제도 변화**

ㄱ **제위보 (963)** : 고려 초기 민생 안정책의 일환. 일정 기금을 만들어 그 이자로 빈민을 구제하는 기구 설치함

ㄴ **불교 융성** : 과거제를 시행 하면서 승과를 실시함. 국사 및 왕사 제도를 시행함. 중국에서 천태종, 법안종을 들여와 불교 통합을 위한 노력을 하고, 중국에 36명의 승려를 파견하여 법안종을 배우도록 함. 또한 귀법사의 균여를 우대하고, 귀법사와 홍화사를 창건함

ㄷ **칭제 건원** : 공신 세력을 제거하고, 각종 제도를 개혁하며 왕권을 강화한 광종은 국왕의 권위

---

❶ **훈요10조**

1. 고려 건국은 부처님의 은혜임을 잊지 말 것

2. 풍수지리를 존중하여 사찰을 세울 것

3. 왕위는 장자 계승을 원칙으로 할 것

4. 거란과는 상종하지 말 것

5. 1년에 100일은 서경에 머물 것

6. 연등회와 팔관회를 꾸준히 열 것

7. 신하의 간언을 수용할 것

8. 차현령 이남의 사람들은 등용할 때 조심할 것

9. 관리의 녹봉을 함부로 낮추거나 올리지 말 것

10. 경전과 역사서를 읽을 것

▲ 하남 교산동 마애 약사여래좌상
고려가 황제국을 자칭하였다는 것을 알 수 있는 불상이다. 경종 2년에 세워졌으며 황제의 만수무강을 축원한다는 내용이 새겨져 있다.

❷ 시무 28조
• 유교 진흥 (유불 융합)
• 과도한 재정을 소요하는 불교 행사 억제 ⇨ 연등회와 팔관회 폐지
• 12목에 최초로 지방관 파견
• 향리 제도 마련
• 노비 환천법
• 광종 때 숙청된 공신 자제 등용

❸ 중국식 문산계
• 문산계는 문반과 무반에 부여
• 무산계는 탐라 왕족, 귀화한 여진 추장, 향리에게 부여
• 무산계 전시는 문종 때부터 지급

를 더욱 높이기 위하여 '광덕', '준풍' 등 독자적 연호를 사용하고, 개경을 황도로, 서경을 서도로 칭함

ⓔ 송과 수교 : 5대 10국을 통일한 송과 수교를 함. 이후 고려는 독자적 연호 사용을 멈추고 송의 연호인 '건덕'을 사용

(3) 경종(재위 975~981)

관등의 높고 낮음에 따라 전지와 시지를 지급하도록 한 시정 전시과를 제정함(976)

(4) 성종(재위 981~997)

① 유교적 통치 체제 정비

ㄱ 유교 정치 : 신라 6두품 출신의 유학자 중심으로 유교 정치를 추구함

ㄴ 시무 28조❷ : 최승로는 성종에게 시무 28조를 올려 지난 왕들의 잘잘못을 평가하고 교훈으로 삼도록 함.

② 관제 정비

ㄱ 중앙 제도 : 당의 3성 6부 제도를 모방한 2성 6부의 중앙 관제를 정착시킴. 중추원 · 삼사 · 도병마사 · 식목도감 설치, 중앙의 문 · 무관에게 중국식 문산계❸ 지급

ㄴ 지방 제도 : 전국 주요 지역에 12목을 설치하고 지방관인 목사를 파견함. 또한 지방의 호족을 향리로 편입하여 지방 세력을 견제함

③ 교육 제도 정비

ㄱ 유교 교육 : 태조 때 설치되었던 경학을 국자감으로 정비함. 12목에 향교를 설치하고 경학박사와 의학박사를 파견하여 유학 교육에 힘씀

ㄴ 과거 제도 : 과거 제도를 정비하여 과거 출신자들을 우대함

ㄷ 문신월과법 실시 : 문신들에게 매달 시를 지어 바치게 하여 유학 소양을 증진하게 함

ㄹ 도서관 설치 : 개경에 비서성, 서경에 수서원을 설치함

④ 사회 제도 정비

ㄱ 노비환천법 : 해방된 노비가 원래 주인을 무시하는 태도를 보이면 다시 노비로 되돌리는 법 시행. 귀족 중심의 사회 분위기 반영

ㄴ 의창 · 상평창 : 태조 때 설치된 흑창이 '의창'으로 확대 개편됨(986). 또한 12목에 물가 조절 기관인 상평창을 설치함(993)

ㄷ 재면법 : 흉작 정도에 따라 세금을 감면해주는 재면법 실시함. 피해 면적이 4할이면 조, 6할이면 조 · 포, 7할이면 조 · 포 · 역을 면제해줌

ㄹ 고리대 제한 : 원금과 이자가 같은 액수에 달하면 그 이상의 이자 징수를 금지함

ㅁ 건원중보 : 최초의 철전 건원중보를 주조하여 유통함

⑤ 대외 관계 : 거란의 1차 침입(993) 때 서희가 외교 담판으로 강동 6주를 획득함

> ▶ 최승로의 활동
>
> ㈎ 지금 보건대 향리와 토호가 매양 공무를 핑계대고 백성을 침노하여 백성이 명령을 견뎌내지 못하니 청컨대 외관을 두소서. 비록 한꺼번에 다 보낼 수는 없더라도 먼저 10여 주·현에 한 관청을 두고 관청마다 각기 서너 관원을 두어서 백성 다스리는 일을 맡기소서
>
> ㈏ 불교를 행하는 것은 몸을 닦는 근본이며 유교를 행하는 것은 나라를 다스리는 근원이니, 몸을 닦는 것은 내생을 위한 밑천이며 나라를 다스리는 것은 곧 오늘날의 할 일입니다.
>
> ㈐ 광종 때에 이르러서 비로소 노비를 안험*(按驗)하여 그 시비(是非)를 분별하게 하자, …… 천한 노예들이 때를 만난 듯이 존귀한 이를 업신여기며 앞 다투어 허위 사실을 지어내 본주인을 모함한 자가 이루 헤아릴 수 없이 많았습니다.
>
> — 고려사 —

(5) 현종(재위 009~1031)

① **거란의 침입** : 강조의 정변으로 목종이 폐위되고 현종이 집권하자 거란이 이를 구실로 2차 침입(1010)을 일으켜 현종이 나주까지 피난함. 1018년에 3차 침입은 강감찬이 귀주대첩에서 막아냄

② **향리 제도 정비**

  ㉠ **향리의 공복 제정** : 마을의 크기에 따라 향리의 숫자를 제한(향리정원제)하고, 향리의 공복을 규격화함

  ㉡ **주현 공거법** : 주와 현을 단위로 향리의 자제에게 과거 응시 자격을 부여함

③ **지방 제도 정비**

  ㉠ **중앙** : 개경을 5부 35방 344리로 나눔

  ㉡ **지방** : 절도사 파견을 중지하고, 5도 양계, 4도호부, 8목의 지방제도를 마련함

④ **민생 안정책**

  ㉠ **주창수렴법** : 정종 때 설치된 의창제를 보완하여 주 단위로 창고를 확대 설치하고 흉년에 빈민을 구제하고자함

  ㉡ **면군급고법** : 70세 이상의 노부모가 생존해 있을 경우 군역을 면제해주거나 변경해주는 제도를 실시

  ㉢ **감목양마법** : 군마 확보 차원에서 말을 기르는 이들을 지원하는 제도

⑤ **문화 정책**

  ㉠ **불교 진흥** : 불교를 진흥하기 위해 개경에 현화사를 건립하고 성종 때 폐지되었던 연등회와 팔관회를 부활시킴. 거란의 침략에 대항하고자 초조대장경 간행

  ㉡ **역사서 편찬과 유교 진흥** : 7대 실록 편찬 시작. 우리나라 학자로는 최초로 최치원과 설총이 문묘에 종사됨

(6) 덕종(재위 1031~1034)

『7대실록』 완성. 국자감시❶ 시행. 천리장성 축조

(7) 정종(재위 1034~1046)

천리 장성 완성. 노비 종모법 부활. 장자 상속법 제정

❶ **국자감시**

중앙의 일반 국학생, 12도생, 지방의 계수관시에서 선발된 향공. 합격시 진사의 칭호를 듣게 되고, 본시험에 나갈 수 있는 자격을 얻음(3년 이상 수학 필수)

⑧ **문종(재위 1046~1083)**

① **조세 정책**

㉠ 관리 녹봉 : 공음전 제도를 정비(1049)하고, 현직 관리에게만 수조권을 지급하는 경정 전시과 시행(1076)

㉡ 답험손실법 : 농작물의 경작 상황과 작황 등급에 따라 손실을 감면해주는 답험손실법 시행

② **사회 정책**

㉠ 동서대비원 : 개경의 동쪽과 서쪽에 동서대비원을 설치하여 빈민을 구제하고자 함 (1049)

㉡ 기인선상제 : 왕권 강화의 목적으로 기인제도를 법제화 하는 기인선상제 실시 (1077)

③ **교육 정책** : 최충이 세운 문헌공도와 사학12도와 같은 사학이 융성하여 관학이 침체됨

④ **대외 정책** : 거란의 1차 침입으로 송과의 외교관계를 끊은 뒤 다시 송과 수교를 맺고 통교를 시작함

▲ 2성 6부

2. 중앙 정치 체제

(1) 중국의 영향과 독자성

당의 2성 6부 제도의 토대 위에 송의 제도를 본뜬 중추원과 삼사를 설치하고, 고려의 실정에 맞게 독자적 회의 기구인 도병마사와 식목도감을 운영함

(2) 중앙 정치 체제

① **중앙 관제**

㉠ 2성 : 중서문하성과 상서성으로 이루어져 있으며, 국가의 주요 정책을 심의하는 최고 기구인 중서문하성은 장관인 문하시중이 국정을 총괄함. 상서성은 실제 행정을 담당하는 6부(이, 호, 예, 병, 형, 공)를 하위 기구로 두고 정책 집행을 담당함

㉡ 6부 : 실제 행정을 집행하는 기구. 6부의 장관은 판사. 각부의 장관은 상서, 차관은 시랑이 담당함

㉢ 중추원 : 군사 기밀과 왕명 출납을 담당함. 추밀과 승선으로 구성되어 있음. 추밀은 2품 이상의 고관으로 군사 기밀을 담당하고, 승선은 3품의 관리로 왕명 출납을 담당함

㉣ 도병마사와 식목도감 : 중서문하성의 재신과 중추원의 추밀이 모여 국가의 중요 의사결정을 만장일치제로 의결한 기구(재추회의). 도병마사는 대외적인 국방과 군사 문제를 담당하였으며 식목도감은 국내의 법제적 문제를 논의한 기구임

㉤ 어사대 : 중서문하성의 낭사와 함께 대간으로 불리며 서경, 간쟁, 봉박권을 행사한 어사대의 관원은 정치의 잘잘못을 논하고 관리의 비리를 감찰하는 임무를 맡음

㉥ 삼사 : 화폐와 곡식 출납을 담당한 회계 기구. 조선의 삼사와는 그 성격이 다름
┈┈┈┈●언론 기관

㉦ 춘추관 : 실록과 국사 편찬을 담당함

㉧ 한림원 : 외교 문서 및 왕명과 교서 작성을 담당함

▶ **권력 독점 방지책**

대간은 대관(어사대 관원)과 간관(낭사)로 구성되었다. 이들은 서경·간쟁·봉박의 기능을 수행하였다.

• 서경 : 모든 관리 임명, 법령 변경 등에 동의
  ex) 고신서경, 의첩서경
• 간쟁 : 왕의 잘못 비판
• 봉박 : 그릇된 왕명을 되돌려 보냄

▶ **음서 출신자 특이 사항**

음서 출신은 한림원, 춘추관, 비서성, 보문각 임명 불가

(3) **관등 체계 정비**

　　㉠ **관직** : 정 · 종 1품~9품까지 18등급으로 나뉨

　　㉡ **품관** : 문산계인 문무 양반의 품관은 재추직, 참상직, 참하직으로 나뉨

　　㉢ **이속직** : 품관 밑에는 서리가 담당하는 이속직이 있었음

　　㉣ **실직과 산직** : 관직에는 크게 실제 업무를 맡는 실직과 맡은 업무가 없는 산직으로 나눌 수 있었음. 산직을 둔 이유는 공신과 호족들을 대우하기 위한 목적이 컸음

3. 지방 행정 체제

(1) 지방 행정 체제 정비 과정

① **태조~경종** : 중앙의 지배력이 지방에 닿지 못하는 지역이 많았기에 호족의 자치권을 인정해주면서 세금을 걷는 전운사, 군사지역을 담당하는 외임관이 파견하여 관리함

② **성종** : 최승로의 건의를 받아들여 전국에 12목을 설치하고 지방관을 파견함

③ **현종** : 전국을 5도 양계와 개성 주변 지역인 경기로 나누고, 그 안에 3경 4도호부, 8목을 비롯한 군 · 현 · 진을 설치하여 지방 제도를 정비함

④ **예종** : 5도에 안찰사를 파견하고, 속현에 감무를 파견함

(2) 지방 행정 체제

① **안찰사** : 5도에는 안찰사가 파견되어 임기 6개월의 기간 동안 도내를 순찰

② **주 · 군 · 현 설치** : 5도 아래에 주 · 군 · 현을 설치하고, 주와 군에는 자사를 현에는 현령을 파견함. 그러나 모든 군현을 직접 관리하지는 못함. 지방관이 파견된 주현보다 그렇지 못한 속현이 더 많았으며 속현의 관리는 그 지역 향리가 맡는 경우가 많았음. 예종 이후에서야 속현에 감무가 파견되어 관리함

▲ 5도 양계

③ **양계** : 북방 민족을 막기 위한 군사 행적구역의 성격. 북계와 동계로 나뉘었으며 병마사를 파견하여 관리함. 군사상 중요한 요충지에는 진을 설치하였고, 방어사와 진장을 파견했음

④ **3경** : 풍수지리설에서 깊은 의미부여를 한 지역으로 처음에는 개경(개성), 서경(평양), 동경(경주)의 세 지역이었음. 문종 때 동경이 빠지고 남경(서울)이 포함됨

⑤ **4도호부 8목** : 4도호부는 군사적 요충지에 설치되었고, 8목은 지방 행정의 중심지에 설치됨

(3) 특수 행정 구역

　　• **향 · 부곡 · 소** : 군현과는 별도로 특수 행정 구역인 향 · 소 · 부곡을 설치함. 이곳에 사는 사람들은 군현의 양민들과는 달리 차별대우 받음. 거주 이전의 자유가 없었으며 과거 시험에 응시할 수 없었음. 향 · 부곡은 농업에, 소는 수공업과 광업에 동원됨

4. 국방 체제

(1) 중앙군

직업군인으로 구성되어 군인전을 지급 받았으며 이들의 신분과 역은 자손에게 세습되었음

① **2군** : 국왕의 친위 부대인 응양군과 용호군이 담당함.

② **6위** : 중앙군의 주력 부대. 개경과 국경 방위를 맡음, 6위의 좌우위 · 신호위 · 흥위위는 양계의 주진군에 포함되어 교대 근무함

(2) 지방군

16세 이상의 남성으로 구성되어 있었으며 양계에 주둔하는 주진군과 5도의 일반 군현에 주둔하는 주현군으로 나뉨. 주현군은 예비군의 성격으로 전쟁이 없을 때에는 치안 유지나 각종 노역에 동원됨

※ 특수군

① **광군** : 정종 때 만들어진 부대. 거란족 방어를 목적으로 편성되었으며 후에 지방군으로 편입됨

② **별무반** : 숙종 때 만들어진 부대. 윤관이 여진 정벌을 위해 조직함. 신기군, 신보군, 항마군, 도당, 발화로 구성됨

③ **삼별초** : 최우 집권기에 만들어진 부대. 치안 목적으로 편성된 좌별초, 우별초로 구성되어 있었으며 몽골에 잡혀갔다 온 사람들이 중심이 된 신의군을 포함하여 삼별초라 일컬음. [야별초에서 분리] 최씨 정권에 의해 사병집단으로 변질된 측면이 있지만 대몽항쟁을 끝까지 전개함.

④ **연호군** : 우왕 때 만들어진 부대. 고려 말, 왜구의 침입에 대비하기 위해 설치함

(3) 고려 후기 국방 체제의 변동

① **중방** : 고려 초기에는 무반 차별로 인해 기능이 약했던 부서였으나 무신 정변 이후 역할이 강화되어 국방 문제와 군사 문제를 담당하던 무신들의 합좌 기구 역할 수행, 정중부와 이의민 때 강화 되었다가 최씨 정권 때 약화됨

② **만호부** : 원나라의 영향을 받은 군사 기구. 충렬왕 이후 설치되기 시작함

5. 관리 임용 체제

(1) 과거제도

① 과목

　㉠ 제술업 : 가장 중시된 한문학 시험. 시 · 부 · 송 · 책 · 논 등의 문학적 소양을 평가함

　㉡ 명경업 : 〈시경〉, 〈서경〉, 〈역경〉, 〈춘추〉 등 유교 경전에 대한 시험

　㉢ 잡과 : 의학, 천문, 지리학, 율학, 서학, 산학 등의 기술학에 대한 시험

　㉣ 승과 : 광종 때부터 시행된 승려를 뽑는 시험

② 절차

　㉠ 초시(계수관시) : 개경과 서경 등 각 지역에서 시행함. 양인 이상의 신분을 가진 사람만 응시 가능

　㉡ 국자감시 : 초시 합격자와 국자감과 12공도생에서 합격한 이를 대상으로 치른 시험

ⓒ 예부시(동당시) : 국자감시에서 합격한 자, 국자감에서 3년 이상 공부한 자 또는 현직 관리를 대상으로 한 시험

ⓔ 복시(친시) : 예부시에 합격한 자들을 대상으로 국왕이 순위를 결정한 마지막 관직 임용 절차. 일정하게 실시되지 않음

③ **좌주와 문생** : 과거 시험관인 지공거(좌주)와 합격자인 문생의 관계는 부자 관계와 같다고 하여 문생의 합격 후에 돈독한 관계를 맺어 학벌을 형성하였고, 권력을 가진 지공거를 만난 문생은 출세에 유리해지는 등의 폐단을 만듦, 대표적 지공거가 최충

(2) 음서

① **개념** : 공신과 종친 등 5품 이상의 고위 관료의 자·손·제·서·질에게 과거를 거치지 않고도 관직에 진출할 수 있는 혜택을 준 정책

② **특징** : 대부분 15세를 전후하여 음서의 혜택을 받을 수 있었음. 특정한 제수 시기가 없었으며 국가 주요 행사 때 시행된 것으로 보임

③ **성격** : 음서제도는 귀족에게 정치적 지위를 세습할 수 있게 한 제도로 고려 사회를 귀족적 사회로 평가할 수 있는 단서를 제공함

03 문벌 귀족 사회의 성립과 동요

1. 문벌 귀족의 등장과 모순

(1) 성립

성종 때 중앙집권적 통치 체제의 정비 과정에서 등용된 지방 호족 출신들과 신라 6두품 계통의 유학자들이 점차 권력과 혜택을 독점하여 귀족 세력을 형성하기 시작함. 대표적인 문벌 가문으로 인주(경원) 이씨, 청주 이씨, 해주 최씨, 파평 윤씨, 경주 김씨 등이 있음

(2) 문벌 귀족의 특권

음서제도와 공음전의 특권을 이용하여 권력과 경제력을 세습하면서 부를 축적하여 농장을 경영하기도 함. 특히, 왕실과 혼인을 맺은 가문들은 외척으로서 매관매직을 하는 등의 전횡을 휘두를 수 있는 지위를 가지게 됨.

(3) 갈등의 심화

문벌 귀족 중 관료 사회와 왕실에 커다란 세력을 확보한 특정 가문에 권력이 집중되어 왕권을 위협할 정도가 되자 이를 견제하기 위해 등용한 신진 관료들과의 마찰이 생기기 시작함

2. 이자겸의 난(1126)

(1) 배경

① 문종 대부터 인종 대까지 80여년에 걸쳐 왕의 외척 세력으로 성장한 인주 이씨 가문에 권력이 극도로 집중됨

② 이자연의 손자 이자겸은 자신의 딸을 예종의 왕비로 들인 후 예종의 측근인 한안인을 제거하는
데 성공하고 권력을 장악함

③ 이후 이자겸은 14세의 어린 손자인 인종을 왕위에 올리고 자신의 셋째, 넷째 딸을 인종과 결혼
시킴

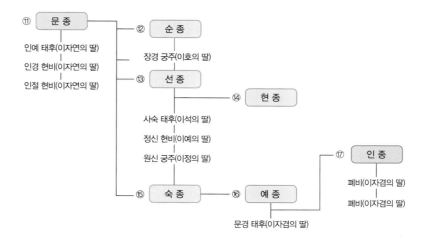

(2) 이자겸의 난

① 권력이 하늘을 찌르는 이자겸에 대한 위기감을 느낀 인종은 이자겸과 그의 최측근 척준경을 제
거하려 계획을 세웠으나 계획이 사전에 발각됨

② 이자겸은 척준경과 함께 난을 일으켜 궁궐을 불태우고 반대파를 제거한 뒤 모든 실권을 장악함

③ 노비들 간의 싸움으로 이자겸과 척준경 사이에 틈이 벌어진 것을 알아챈 인종은 척준경을 회유
하여 이자겸의 난을 진압하게 하고 이자겸을 유배 보냄. 그러나 이후 척준경도 정지상과 김부식
의 탄핵을 받고 귀양을 가 죽게됨.

(3) 영향

① **왕권의 약화** : 문벌귀족이 권력을 장악하고 이자겸이 난을 일으키는 과정에서 확인할 수 있었듯
일련의 사건들은 왕권이 크게 약해졌음을 상징적으로 보여 줌

② **개경파와 서경파의 대두** : 이자겸의 난 진압 공신인 개경파 귀족 김부식과 척준경을 제거하는 데
공을 세운 정지상과 묘청 등 서경파 귀족이 정치의 전면에 나서게 됨

③ 중앙 집권층 사이의 분열로 문벌 귀족 사회의 붕괴를 촉진하는 계기가 됨

> ▶ **문벌귀족 사회의 모순**
> 이자겸은 그 족속을 요직에 널리 앉히고, 관작를 팔고, 스스로 국공이 되어 그에 대한 대우를 왕태자와 같게 하였
> 다. 뇌물이 공공연하게 행해져 바치는 물건이 넘치게 모여드니, 썩어 버리는 고기가 항상 수만 근이었다.
> 『고려사』
>
> 이자겸이 다른 성씨가 비(妃)가 되어 권력과 총애가 나뉘어질까 두려워하여 셋째 딸을 왕비로 바쳤으며, 넷째 딸도
> 왕에게 바쳤다. 왕은 이자겸을 제거하고자 신하들을 불러 논의하였으나, 이자겸의 심복이었던 척준경이 화가 나
> 서 칼을 빼어 들고 군사들로 하여금 활을 쏘면서 공격을 하니 화살이 왕 앞에까지 날라 왔다. 밤에 왕이 산호정까
> 지 도망을 하였는데 따라오는 자들은 10여인에 불과하였다. 왕이 피해를 입을까 두려워하여 글을 지어 자겸에게
> 선위(禪位)할 것을 청하였다.
> 『고려사』

3 묘청의 서경 천도 운동

(1) 배경

① 인종은 문벌 귀족의 전횡을 막고자 '유신지교'를 내려 왕권을 강화하고자 함

② 이 과정에서 김부식의 개경파와 정지상의 서경파 사이에 대립 관계가 형성됨

(2) 서경 천도 운동(묘청의 난, 1135)

▲ 묘청의 서경 천도 운동

① 서경파인 묘청은 풍수지리설을 내세워 서경으로 도읍을 옮기고 개경파의 권력을 견제하려 함

② 왕권을 강화하고 자주성을 내세워 칭제건원하고, 금을 정벌하자는 '금국정벌론'을 펼치고 서경에 '대화궁'을 지으며 인종을 설득함

③ 김부식의 개경파는 서경천도론에 반발하며 풍수지리설을 멀리하고 유교 이념에 충실한 국가를 만들어야 한다고 주장하며 서경파의 처단을 요청함

④ 위기의식을 느낀 서경파는 무력으로 위기를 극복하기 위해 서경에서 국호를 '대위', 연호를 '천개'로 지은 나라를 세워 난을 일으킨 후 개경을 치려 함

⑤ 김부식의 개경파는 개경에 남아있던 정지상과 백수한 등의 서경파를 처단한 뒤 서경으로 관군을 이끌고 묘청 일당을 1년 만에 진압함

> ▶ **서경세력의 주장**
>
> 묘청 등이 국왕에게 건의하기를, "신 등이 볼 때, 서경(평양) 임원역의 땅은 음양가들이 말하는 대화세(大華勢)라, 만약 이곳에 궁궐을 세워 옮기신다면 가히 천하를 합칠 수 있습니다. 또한, 금이 폐백을 바치고 스스로 항복할 것이며, 주변 36개국이 모두 신하가 될 것입니다"라고 주장하였다.
>
> 「고려사」

> ▶ **개경세력의 주장**
>
> 금년 여름에 서경 대화궁에 30여 개소나 벼락이 떨어졌으니, 만약 그곳이 길한 땅이 라면 하늘은 반드시 그와 같지 않을 것이니 그곳에 재난을 피하러 간다는 것은 잘못이 아닙니까? 하물며 지금 서경은 추수가 끝나지 않았는데 만약 거동하면 반드시 농작물을 짓밟을 것이니, 이것은 백성에게 어질게 하고 사랑하는 뜻이 아닙니다.
>
> 「고려사」

> ▶ **일천년래 제일대사건**
>
> 실상은 낭가와 불교 양가 대 유교의 싸움이며, 국풍파 대 한학파의 싸움이며, 독립당 대 사대당의 싸움이며, 진취 사상 대 보수 사상의 싸움이니, 묘청은 전자의 대표요, 김부식은 후자의 대표였던 것이다. 묘청의 천도 운동에서 묘청 등이 패하고 김부식이 이겼으므로 조선사가 사대적, 보수적, 속박적 사상인 유교 사상에 정복되고 말았다. 만약 김부식이 패하고 묘청이 이겼더라면 조선사가 독립적, 진취적으로 전진하였을 것이니 이것이 어찌 일천년래 제일대사건이라 하지 아니하랴
>
> – 신채호 「조선사 연구초」

04 고려 전기의 대외 관계

1. 북진 정책과 친송 정책

(1) 북진 정책

① 고구려 계승 의식 : 태조는 고구려를 계승한다는 의미로 국호를 '고려'로 지음

② 서경 중시 : 북진정책을 추진하는 의미로 서경을 중시함

③ 대 거란 강경책 : 거란의 통교 요청을 거부하는 의미로 만부교 사건을 일으킴

(2) 친송 정책

① 수교 : 광종은 중국을 통일하고 거란과 대치하던 송과 정식으로 국교를 맺음(962)

② 단절 뒤 재개 : 거란의 침입으로 잠시 수교가 단절되었다가 문종 때 다시 수교를 맺음

2. 거란의 침입과 격퇴

(1) 배경

강력한 제국으로 성장한 거란은 송을 공략하기 전 전술적으로 유리한 위치를 차지하기 위해 고려를 먼저 공격함

(2) 1차 침입 (993)

① 침입 : 거란은 발해 유민들이 세운 국가인 정안국을 멸망(985년 추정) 시킨 뒤 소손녕의 80만 대군을 보내 고려를 침입함

② 고려의 입장 : 거란의 강력한 기세에 밀린 고려 조정에서는 땅을 떼어주고 화해하자는 의견이 나오기도 했지만 주전론자인 서희를 보냄

③ 서희의 외교 담판 : 서희는 소손녕과의 외교 담판에서 송과의 관계를 단절하고 거란과 교류할 것을 약속함. 대신 강동 6주를 획득하고 거란 군을 철수시킴

······●고려의 국경이 압록강까지 확대

> ▶ 서희의 외교담판
>
> 서희가 말하기를 "우리나라는 고구려를 계승한 나라이다. 그런 까닭에 나라 이름을 고려라 하고 평양에 도읍을 정하였다. 만약 영토의 경계를 말한다면 귀국의 동경도 우리 영역 안에 들어와야 하는데 어찌 침식했다고 하느냐. 또 압록강 안팎은 우리나라 땅이지만 여진이 점거하였다. ……만약 여진을 내쫓고 우리의 옛 땅을 회복하여 거기에 성과 보를 쌓고 길을 통하게 한다면 어찌 국교가 통하지 않겠는가?

(3) 2차 침입 (1010)

① 배경 : 고려는 거란 성종이 송을 공격(1004)했을 때 송에 구원군을 보내지 않는 외교적 제스처를 취했으나 실제로는 송과 외교 관계를 단절하지 않음

② 침입 : 이에 거란 성종은 강조의 정변을 구실로 삼아 다시 강동 6주 땅을 반환할 것을 요구하며 40만 군대를 이끌고 침입함

③ 개경 함락 : 고려는 양규의 군대가 흥화진에서 선전했지만 강조의 30만 주력 부대가 패배하여 개경이 함락 당함. 고려 현종은 나주로 몽진함

④ **결과** : 거란은 무리한 전쟁을 피하기 위해 고려 현종의 친조를 조건으로 철수함

(4) 3차 침입 (1018)

① **배경** : 고려가 친조를 하지 않아 거란은 다시 강동 6주 반환을 요구했지만 모두 거절 당함

② **침입** : 거란은 소배압에게 10만 군대를 주어 고려를 침입함

③ 고려의 강감찬은 거란군을 맞아 흥화진 등에서 선전하였고 귀주에서 거란군을 크게 이겨 거란 군을 쫓아 냄

(5) 거란 침략의 영향

① **거란과의 친선 관계** : 거란은 3차 침입의 패배 이후 고려와 송과의 관계를 단절할 것을 조건으로 친선 관계를 수립함 (1019)

② **동아시아 세력 균형** : 전쟁이 끝나자 고려-송-거란(요)의 세력 균형 관계가 형성됨

③ **송과의 관계** : 고려는 덕종 때 거란과 단교하고 문종 때 송과의 친선 외교로 송과의 친선 관계를 회복함

④ **국방 강화** : 고려는 개경의 방어력을 높이기 위해 나성을 축조하고, 거란과 여진의 침입을 방어하기 위하여 <u>천리장성</u>을 축조함

　　　　　　　　　　　　　　⋯⋯●압록강~도련포

▲ 척경입비도

3. 여진과의 관계 변화

(1) 배경

12세기 초 부족 통일을 이룬 여진족이 급속히 성장하면서 고려의 국경선에서 마찰을 빚게 됨

(2) 윤관의 여진 정벌

① **별무반** : 윤관의 건의로 기병인 여진족을 효과적으로 방어하기 위해 기병(신기군)을 중심으로 보병(신보군), 승병(항마군) 부대를 편성함.

② **동북 9성** : 윤관은 별무반을 이끌고 일대의 여진을 정벌한 뒤 동북9성을 축조함 (1107)

③ **동북 9성의 환부** : 여진은 포기하지 않고 동북9성을 계속 공격해옴. 계속된 전투에 부담을 느낀 고려 조정은 여진이 공물을 바치겠다는 약속을 조건으로 동북9성을 여진에게 돌려 줌 (1109)

(3) 금의 건국과 사대 요구

① **금 건국** : 여진의 아구다(아골타)가 금을 건국함 (1115)

② **금의 형제 관계 요구** : 거란(요)은 금에게 공격을 당하며 세력이 작아지자 고려에 구원을 요청했지만 고려는 강성해진 금과의 관계를 고려해 이를 거절함. 이에 금은 고려에 형제 관계를 맺을 것을 제안함 (1117)

③ **금의 군신 관계 요구** : 금은 거란을 멸망시킨 후 기세가 등등해져 고려에게 군신관계를 요구함. 고려 조정에서는 이를 두고 극심한 의견 대립이 있었으나 이자겸의 난 시기에 이자겸이 금의 요구를 받아들이기로 결정함 (1126)

④ **영향** : 고려 초기의 기조였던 북진 정책이 명분을 잃게 되었고, 금과의 화친에 대한 고려 조정 내의 입장 대립은 묘청의 서경 천도 운동 사건에 영향을 주게 됨

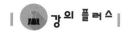

> ▶ 윤관의 별무반 편성
>
> "신이 오랑캐에게 패한 것은 그들은 기병인데 우리는 보병이라 대적할 수 없었기 때문이었습니다." 이에 왕에게 건의하여 별무반을 편성하였다. 문·무 산관, 이서, 상인, 농민들 가운데 말을 가진 자를 신기군으로 삼았고, 과거에 합격하지 못한 20살 이상 남자들 중 말이 없는 자를 모두 신보군에 속하게 하였다. 또 승려를 뽑아서 항마군으로 삼아 다시 군사를 일으키려 하였다.

05 무신 정권의 성립과 대몽 항쟁

1. 무신 정변

(1) 배경

① 숭문천무(崇文賤武)정책

  ㉠ 무과의 미실시 : 과거제에 무과가 실시되지 않았고, 무학재도 인종 때 폐지

  ㉡ 정치적 차별 : 무반은 정3품이 최고 관등, 군대의 통솔권은 문신이 장악, 윤관이나 강감찬, 김부식도 문관

  ㉢ 경제적 차별 : 전시과의 토지 분급이 문신보다 하위였고, 군인전마저 제대로 지급되지 못하고 노동력 징발되는 일이 비일비재하였음

② 문벌 귀족 사회의 모순 : 서경 천도 운동 진압 이후 즉위한 의종 시기에 김부식 및 개경과 귀족들의 권력 강화된 가운데 특정 귀족의 전횡이 심화됨

③ 의종의 실정 : 귀족 세력 견제와 정치 개혁 시도가 실패로 끝나면서 사치와 향락에 빠져듦

(2) 무신 정변

① 보현원 사건(1170) : 의종의 보현원 연회를 계기로 불만을 가진 무신들이 정중부, 이의방 등을 중심으로 일으킨 사건 (= 정중부의 난 = 경인(庚寅)의 난)

② 무신 정권의 성립 : 초기에는 무신들간의 권력 다툼으로 국정 혼란 가중. 하극상·실력 본위의 시대 전개

(3) 무신 정권의 변천

① 권력 쟁탈기(1170~1196) : 이의방-정중부-경대승-이의민이 권력 차지

② 최씨 무신 정권(1196~1258)

  ㉠ 최충헌(1196~1219) : 이의민을 제거하고 집권하여 권력을 자식들에게 물려주어 약 70년 간의 최씨 무신 정권기를 시작함

교정 도감	• 관리의 감찰과 인사 행정 및 재정권을 담당한 최고 집정 기관 • 장관인 교정별감은 최씨 일가가 대대로 세습함
봉사 10조 (1196)	• 최충헌 지음 • 고려 사회의 폐단을 지적함

농장 확대	• 전라도와 경상도 일대에 농장을 소유. 특히 진주 지방을 식읍으로 받음 • 많은 토지와 노비를 사유하고, 사병을 거느리며 권력 유지 • 이를 관리하기 위해 진강후의 벼슬을 받고 흥녕부 설치
도방	• 사병 기관인 도방을 부활하여 신변을 경호 • 농민항쟁 진압에 적극적으로 동원함 • 삼별초와 함께 최씨 정권을 유지하는 군사적 기반
조계종 후원	• 왕실 및 귀족과 연결되어 있는 교종과 사원을 억압하고, 선종 조계종을 후원
문신 등용	• 이규보, 진화 등의 문신을 등용하여 다른 무신을 견제함

ⓒ 최우(최이, 1219~1249)

정방	• 정방을 설치하여 모든 관직에 대한 인사권을 장악
서방	• 문신의 숙위 기구 • 능문능리의 문신을 등용하여 고문으로 활용 • 이규보, 이인로, 최자 등이 대표적 서방 인사
마별초	• 최씨 정권의 사병 조직 중 하나 • 기병대로 편성
야별초	• 야간 순찰 및 치안 단속 • 후에 삼별초로 편입
대몽 항쟁	• 몽골과의 장기 항전을 위해 강화도로 천도(1232) • 고종이 최우에게 천도한 공을 인정하여 '진양후'에 봉(封)해지면서 그의 집이 진양부가 됨 • 부처의 힘으로 외적을 방어하기 위해 팔만대장경(재조대장경)을 조판 • 최초의 금속활자본으로 추정되는 〈상정고금예문〉 인쇄(1234)

▶ 무신집권기의 반란
• 정중부(1170)
 −1173 김보당의 난
 −1174 조위총의 난, 귀법사 교종 승려의 난
 −1176 망이·망소이의 난

• 경대승(1179)
 −1182 전주 관노의 난

• 이의민(1183)
 −1193 김사미·효심의 난(신라 부흥 운동)

• 최충헌(1196)
 −1198 만적의 난
 −1202 이비·패좌의 난 (신라 부흥 운동)
 −1217 최광수의 난(고구려 부흥 운동)

• 최우(1219)
 −1237 이연년 형제의 난(백제 부흥 운동)

③ **무신 정권의 몰락(1258~1270)** : 김준, 임연, 임유무 등이 개경 환도를 거부하였으나 강화파 문신들의 주장에 따라 몽골과의 화의가 성립

(4) 무신 정변의 영향

① **문벌 귀족 사회의 붕괴** : 문벌귀족 사회가 붕괴되고 관료 체제로 전환되는 계기. 문벌귀족의 몰락으로 유학이 쇠퇴

② **전시과 체제 붕괴** : 정권을 잡은 무신들은 마구잡이로 대토지를 소유하여 전시가 부족해지는 상황을 만들게 됨

③ **지방 통제력의 약화와 하극상의 풍조 만연** : 무신간의 권력 투쟁과 하극상은 낮은 신분의 사람들에게도 유행하여 전국적으로 농민과 천민의 대규모 봉기가 일어남

④ **신앙 결사 운동과 조계종의 성립** : 무신정변 이후 불교계의 세속화로 새로운 종교 운동인 신앙 결사 운동이 유행함. 무신정권의 후원으로 선종을 중심으로 교종을 통합한 조계종이 성립됨

(5) 반(反)무신의 난

① **김보당의 난(1173)** : 문신 동북면 병마사 김보당이 정중부의 집권에 반발하고, 의종의 복위를 꾀함(=계사(癸巳)의 난). 이를 계기로 이의민이 의종을 살해함

② **조위총의 난(1174)** : 서경 유수 조위총이 3년간 항거, 수탈을 견디지 못한 농민 전쟁적 성격도 있음

③ **교종 승려의 난(1174)** : 교종 계통의 승려들이 귀법사, 중광사, 흥왕사 등을 중심으로 일으킴

2. 농민·천민의 봉기

(1) 배경

전시과 체제가 붕괴되면서 무신들의 토지 겸병이 증가하고, 무신 정변으로 신분 질서가 동요하면서 하층민들의 신분 상승 욕구를 자극함

(2) 천민·노비의 봉기

① **전주 관노의 난 (1182)** : 경대승의 집권기에 전주성을 점령하고 관군의 공격을 40일간 버티며 항전

② **만적의 난 (1198)** : 최충헌의 가노 만적이 주도한 신분상승 운동

> ▶ **만적의 난**
>
> (신종) 원년(1198)에 사노 만적(萬積, ?~1198) 등 여섯 명이 북산(北山)에 나무하러 갔다가 공사(公私) 노비들을 모아 놓고 말하기를, "우리나라에서는 경인년(庚寅年)과 계사년(癸巳年) 이래 고위 관리들이 천민과 노비에서 많이 나왔다. 장군과 재상이 어찌 타고난 씨가 따로 있겠는가? 때만 만나면 누구나 될 수 있는 것이다. 우리라고 어찌 뼈 빠지게 일만 하고 채찍 아래에서 고통만 당하겠는가?"라고 하였다.
> 여러 노비가 모두 옳은 말이라 여겼다. 이에 누런 종이 수천 장을 잘라서 모두 정(丁)자를 새겨서 표식으로 삼고 약속하기를, "우리들이 흥국사 회랑에서 격구를 하는 큰 마당[毬庭]으로 한꺼번에 모여들어 북을 치고 고함치면, 대궐 안에 있는 환관들도 반드시 호응할 것이며 관노들도 안에서 베어 죽일 것이다. 우리들은 성안에서 봉기하여 먼저 최충헌(崔忠獻, 1149~1219) 등을 죽인 후 각자 자기 주인들을 때려죽이고 노비 문서를 불태워 버리자. 이로써 이 나라에 다시는 천인이 없게 하면, 공경장상을 우리들이 모두 차지할 수 있을 것이다"라고 하였다.
> 〈고려사〉

(3) 양민들의 봉기

① **망이·망소이 (1176)** : 공주 명학소의 주민들이 망이와 망소이를 중심으로 소를 일반 현으로 승격시켜주기를 요구하며 일으킨 난, 충순현으로 승격되었으나 이후 진압군을 파견

② **김사미·효심 (1193)** : 운문(청도)과 초전(밀양)의 유민을 규합하여 일으킨 민란, 경상도 전역을 장악할 만큼 무신집권기 최대의 농민 반란, 신라 부흥 표방, 이의민의 아들과 내통함

③ **이비·패좌의 난(1202)**

④ **최광수(1217)** : 서경에서 군졸 출신 최광수가 고구려 부흥 표방

⑤ **이연년 형제의 난(1237)** : 담양에서 백제 부흥 표방

3. 몽골의 침입과 대몽 항쟁

(1) 배경

① **몽골의 팽창** : 유목 민족으로 성장하여 강력한 통일 제국을 형성한 몽골은 활발한 팽창 정책을 전개하며 동서양을 압박함

② **강동의 역** : 1218년 몽골에 쫓긴 거란이 고려로 침입하여 평양성 동쪽의 강동성에서 시위함. 고려의 김취려는 이들을 몽골군과 동진국 군대와 함께 격퇴함. 몽골은 이 승리를 자신들의 덕이라며 고려에 일방적으로 공물을 요구함

③ **저고여 피살** : 1225년 몽골 사신 저고여가 고려에 다녀가다 압록강변에서 살해된 사건이 일어남. 고려는 이 사건을 여진이 벌인 일이라고 주장했으나 몽골은 고려와의 외교 관계를 단절하고 고려 침략의 구실로 삼음

▲ 처인성 전투(민족 기록화)

(2) 몽골의 침입

① **1차 침입 (1231)** : 살리타가 이끄는 몽골군은 의주를 점령하고 귀주와 충주에서 고려군의 강력한 저항에 부딪히자 별소득 없이 돌아감

② **2차 침입 (1232)** : 계속된 몽골의 조공 요구에 장기 항전에 적합한 강화도로 천도함. 2차 침입(초조 대장경 소실)을 단행한 몽골군은 고려 승려 김윤후가 지휘하는 처인성 전투에서 살리타가 사살당해 패퇴함

③ **3차 침입 (1235~1239)** : 5년 간의 대몽항쟁에 국토가 황폐화되고 황룡사 9층 목탑이 소실됨

(4) 민족 의식의 고취

① **팔만대장경** : 3차 침입 이후 몽골 침입을 불심으로 이겨내겠다는 의미로 팔만대장경 조판 시작

② **역사 서술** : 일연의 『삼국유사』, 이승휴의 『제왕운기』 등 자주적 역사 서술이 등장함

③ **민중의 힘** : 몽골 침략에 가장 적극적으로 대항했던 주체들은 농민과 부곡민 그리고 노비 등 일반 민중이었음

(5) 개경 환도와 삼별초의 항쟁

① **개경 환도 (1270)** : 대몽 항전 과정에서 최씨 무신정권이 몰락하면서 고려 조정은 고려의 정체성을 유지하는 선에서 몽골과 강화를 맺고 개경으로 환도함

② **삼별초의 항쟁** : 개경 환도 이후 삼별초는 강화도 → 진도 → 제주도를 거치며 대몽항쟁을 계속함

배중손 지휘●   ●김통정 지휘

③ **결과** : 삼별초의 항쟁은 3년 만에 막을 내리고 이후 고려는 완전히 몽골에 정치적으로 예속됨. 제주에는 탐라총관부가 설치됨

> **▶ 삼별초의 항쟁**
>
> 원종 11년(1270)에 옛 수도(개경)로 환도할 기일을 정하여 방을 붙였는데, 삼별초는 딴 마음이 있어 이에 따르지 아니하였다. 왕이 장군 김지저를 강화에 보내어 삼별초를 해산시키고 그 명부를 거두어 오게 하니, 삼별초는 명부가 몽고에 전해질까 두려워하여 반심을 품게 되었다. 그리하여 배중손과 야별초 지유, 노영희 등은 난을 일으켜, …… 이 때 많은 사람들이 모여 들었다. ……배중손, 노영희가 이들 삼별초를 영솔하고 승화후 온을 왕으로 삼아 관부를 설치하고 관원을 임명하였다.
>
> 〈고려사〉

06 고려 후기의 정치변동과 고려의 멸망

1. 원의 내정 간섭

(1) 관제의 격하

① **부마국** : 고려의 왕들은 원의 공주와 혼인하여 원 황제의 사위가 되었으며, 왕자들은 대도(연경, 베이징)에서 교육을 받은 후 귀국하도록 함

② **원 간섭기의 관제 변화** : 원의 부마국에 맞게 왕실의 호칭과 격식이 부마국에 맞게 제후국의 지위로 격하. 중서문하성과 상서성 → 첨의부, 6부 → 4사, 중추원 → 밀직사, 어사대 → 감찰사

③ **내정 간섭 기구**

▶ **고려 첩장**
삼별초가 일본에 보낸 외교 문서

㉠ **다루가치(1231~1278)** : 원이 개경에 파견한 감찰관. 고려의 내정과 조세 징수에 관여

㉡ **순마소(1277)** : 개경 야간 경비 명목으로 반원인사와 반역자를 색출하는 감찰기구

㉢ **정동행성(1280)** : 일본 원정을 목적으로 설치한 기구. 원정 실패 후 원과의 연락을 담당하는 기구로 역할 축소. 다만 정동행성의 하위 기구로서 대원 관계 번죄를 담당한 '이문소'가 우후 권력을 남용하면서 심각한 사회문제를 일으킴

㉣ **만호부(1281)** : 북방 유목 민족의 군대 편성 방식에 따라 설치된 부대. 일본 원정 실패 직후 남해안 지역에 설치함. 공민왕의 개혁 이후 고려의 제도로 흡수

㉤ **동경총관** : 만주 일대의 고려인을 통치하기 위한 기구

㉥ **반전도감(1328)** : 충숙왕이 원에 들어갈 때 비용 마련을 위해 설치한 임시 관청

④ **내정 간섭 제도**

㉠ **심양왕** : 원이 남만주 심양 일대에 포로나 유민으로 온 고려인을 통치하기 위해 대체로 고려 왕을 봉하였으며, 고려왕 견제 수단으로 활용함

㉡ **독로화** : 인질로서 고려 왕자를 원에 머물며 살게 하다가 후에 고려 왕으로 오르게 함

㉢ **입성책동** : 고려를 없애고 새로운 행성을 설치하여 고려를 원의 직할 행성으로 직접 지배하려한 사건. 충선왕부터 약 30년 동안 4차례 일어남

㉣ **중조 사건** : 원의 정치적 변동 상황에 따라 고려왕을 자신들의 입맛에 맞추어 바꿈 (충렬, 충선왕과 충숙, 충혜왕 때 발생)

(2) **영토의 상실 수복**

① **쌍성총관부(1258~1356)** : 원은 쌍성총관부를 설치하여 철령 이북 땅을 차지함. 이후 공민왕이 축출하여 회복함

② **동녕부(1270~1290)** : 원종 때 서북면 병마사 최탄이 원에 투항하여 원은 자비령 이북 땅을 관리하기 위한 동녕부를 설치. 충렬왕 때 회복함

③ **탐라총관부(1273~1301)** : 삼별초 항쟁을 진압한 후 원은 제주에 탐라총관부를 설치함. 충렬왕 27년에 회복함

(3) **일본 원정**

① **1차 원정(1274)** : 원은 일본을 침략하기 위해 둔전경략사를 설치하여 식량과 무기 등 전쟁 물자를 징발하여 고려군과 함께 여몽연합군을 결성하여 원정에 착수. 그러나 원정 직후 불어닥친 태풍 탓에 원은 군대를 물려야만 했음

② **2차 원정(1281)** : 원은 개경에 정동행성을 설치(1280)하여 충렬왕을 승상으로 임명하고 전쟁물자를 준비. 다시 고려군과 함께 여몽연합군을 결성한 원은 일본을 침략했으나 때마침 태풍을 만난 탓에 실패함

(4) **인적 · 물적 자원의 수탈**

① **인적 수탈** : 원은 왕실에서 필요한 환관과 궁녀들을 뽑기 위해 고려에 결혼도감을 설치함. 특히 원에서 어린 처녀들을 요구하였기 때문에 고려에서는 딸을 원에 보내지 않기 위해 빨리 결혼 시키는 조혼 풍습이 유행함

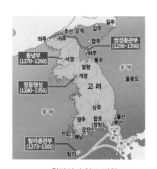
▲ 원간섭기 영토 변화

▲ 여 · 몽 연합군의 일본 공격

② **물적 수탈** : 원은 고려의 특산물인 금, 은, 베, 인삼, 약재, 매 등을 공물로 바치라는 요구를 함. 고려는 특히 매를 잡기 위해 응방이라는 특수 관청을 설치함

(5) 원간섭기의 사회 변화

① **친원 세력의 대두**

  ㉠ 무신 정변 이후 기존 문벌 귀족이 누리던 권력 공백을 메꾸며 성장한 가문인 권문세족들 대부분은 친원파가 되어 무신정권 몰락 이후에도 권력을 유지함

  ㉡ 원 간섭기 이후에 전공을 세우거나 원 왕실, 귀족과의 혼인, 몽골어 통역 등 원을 등에 업고 출세한 사람들이 권문세족으로 편입되기도 함

2. 원간섭기의 정치

(1) 충렬왕(재위 1274~1298, 1298~1308)

① **일본 원정에 동원** : 몽골의 강요로 일본 원정에 동원되면서 고려의 인적·물적 자원을 지원함

② **영토의 회복** : 서경 동녕부와 탐라 총관부를 폐지함

③ **경사교수도감 설치** : 경학과 역사학을 진흥하기 위한 학교를 설치함. 7품이하의 관원 교육 담당

④ **역사서 편찬** : 정가신의 『천추금경록』, 원부, 허공 『고금록』

⑤ **성리학의 전래** : 안향이 원에 다녀와 성리학을 전래함. 고려는 그의 건의로 국학생의 장학 기금인 섬학전을 설치하고, 국학을 성균관으로 개칭함

(2) 충선왕(재위 1298, 1308~1313)

① **사림원 설치** : 권문세족의 인사 독점 기구로 변질된 정방을 폐지하면서 인사권 장악을 시도함. 또한 사림원을 설치하여 왕명 출납을 담당하게 함

② **심양왕 책봉** : 즉위한 지 얼마 되지 않아 조비무고 사건을 계기로 충렬왕에게 자리를 내주고 원으로 압송된 충선왕은 원에 머무르는 10년 간 원의 왕자 카이샨과 가깝게 지냄. 그가 후에 원 무종으로 즉위하면서 측근인 충선왕이 심양왕에 책봉됨

③ **각염법 시행** : 개혁 정치의 일환으로 국가의 수입을 늘리기 위해 국가에서 소금 판매를 독점하는 각염법을 실시하고, 의염창을 설치하여 이를 관리함

④ **1차 입성책동 (1312)** : 심양을 포함하여 요양에 실력을 미치던 홍중희가 충선왕이 심양왕이 되자 자신의 세력에 위협을 느끼고 원에 입성을 건의함. 그러나 고려 대신들의 적극적인 반발로 무마됨

⑤ **만권당 설치** : 충숙왕에게 왕위를 물려준 뒤 원의 연경에 학문 연구소 만권당을 설치함

(3) 충숙왕(재위 1313~1330, 1332~1339)

① **2차 입성책동** : 충혜왕이 충숙왕에게 왕위를 물려주면서 심양왕의 지위는 조카인 고에게 물려준 것이 발단이 됨. 충숙왕 7년 원 황제가 인종에서 원종으로 바뀌는 과정에서 아버지 충선왕이 토번으로 유배된 상황을 틈타 심양왕 세력들이 입성을 건의. 고려의 이제현 등뿐만 아니라 원에서도 반대하는 이가 있어 2차 입성책동도 실패로 끝남

② **사심관 제도 폐지** : 개인의 사리사욕을 채우기 쉬워져 변질된 사심관 제도를 폐지함

▶ **원나라 공주**

• 제국대장 공주 : 충렬왕의 비
• 계국대장 공주 : 충선왕의 비
• 노국대장 공주 : 공민왕의 비

※ **국자감의 명칭 변천**

• 국자감 → 국학(1275, 충렬왕1)
• 국학 → 성균감(1298, 충렬왕24): 충선왕이 한때 즉위하여 개칭
• 성균감 → 성균관(1308, 충렬왕34): 충선왕이 재즉위하여 개칭
• 성균관 → 국자감(1356, 공민왕5) → 성균관(1362, 공민왕11)

③ **제폐사목소 설치** : 권세가들이 불법으로 점유한 토지와 노비를 원주인에게 돌려주기 위한 기관인 재폐사목소를 설치함. 1개월 뒤 찰리변위도감으로 명칭을 고침. 그러나 권세가들의 반발로 곧 폐지됨

⑷ **충혜왕(재위 1330~1332, 1339~1344)**

① **중조** : 재위 2년만에 폭정으로 물러났다가 충숙왕이 죽자 복위

② **편민조례추변도감 설치** : 백성의 생활 안정을 위한 기구. 권문세족의 반발로 실패함

③ **소은병** : 고려 숙종 이후 유통된 은화의 가치가 자꾸 떨어지자 크기를 줄이고 가치를 반으로 낮춘 소은병 제작함

④ **3, 4차 입성책동**

　　㉠ **3차 입성책동** : 충혜왕 즉위 직후, 원의 장백상에 의해 시도되었으나 실패함

　　㉡ **4차 입성책동** : 충혜왕 복위 4년, 기철 등 부원 세력이 모의했으나 실행되지 않음

⑸ **충목왕(재위 1344~1348)**

① **왕권 강화 시도** : 즉위년에 이제현 등이 정방을 혁파하고 왕권을 강화하고자 하였으나 이듬해 재설치됨

② **정치도감 설치** : 각 도에 양전(量田)을 실시하고, 권문세족의 농장을 빼앗아 본 주인에게 돌려주기도 함

③ **경천사지 10층 석탑 건립** : 충목왕 4년에 원의 영향을 받은 대리석 탑이 세워짐, 조선 세조의 원각사지 10층 석탑에 영향을 줌

⑹ **충정왕(재위 1348~1351)**

　　선왕이 후사 없이 죽자 12세에 즉위, 공민왕 즉위 후 강화도로 추방되어 독살됨

3. 공민왕의 개혁 정치와 신진 사대부의 성장

⑴ **반원 자주 정책**

① **시대적 배경** : 원의 부마로 살던 공민왕은 14세기 중반 원·명 교체기에 고려의 왕이 되어 반원 자주 정책을 시행함

② **친원파 숙청** : 왕위에 오른 공민왕은 기철 등 친원파로서 전횡을 일삼았던 무리들을 숙청함

③ **정동행성 이문소 폐지 (1356)** : 원의 내정 간섭 기구였던 정동행성 이문소를 폐지함

④ **관제 복구** : 몽골식 관제를 폐지하고 문종 때의 2성 6부 체제로 복구함

⑤ **몽골풍 폐지** : 원의 연호와 몽골식 풍습을 폐지함
　　　　　　　　　　　　　　　　　　●연지·곤지, 족두리, 몽골식 복장 등

⑥ **쌍성총관부 수복** : 동북면 병마사 유인우에게 쌍성총관부를 탈환시킴. 철령 이북 땅이 다시 고려의 영토가 됨

⑦ **요동 수복 정책** : 기철의 아들 기새인티무르가 동녕부에서 고려를 침공하자 1369년 이성계와 지용수로 하여금 동녕부를 공격하고 요양을 점령하게 함. 그러나 군대 철군 이후 곧 명의 영토로 귀속됨

(2) 왕권 강화 정책

① **배경** : 부원배 잔존 세력들이 1363년 흥왕사에서 공민왕 시해를 기도. 최영에게 진압 당함(흥왕사의 변)

② **정방 폐지 (1352)** : 정방을 혁파하여 권문세족에게서 인사권을 빼앗음. 이후 신진사대부를 등용하여 왕권을 강화함

③ **유학 교육 강화, 과거제 정비** : 성균관을 중건하여 유교 교육을 강화시킴. 과거제도는 문학 중심에서 경학 중심으로 재편함.
  ┈┈┈● 성균관 대사성으로 이색 임명

④ **전민변정도감 설치** : 승려 신돈을 등용하여 권문세족이 불법으로 점유한 토지와 노비를 본래 주인에게 돌려주거나 해방시킴.

⑤ **신진 사대부** : 공민왕의 개혁 추진 과정에서 중요 관직에 등용된 집단. 중소 지방 지주 출신으로 과거를 통해 중앙 관리로 진출함.

> ▶ **전민변정도감**
> 신돈이 전민변정도감을 설치를 청하여 전국에 방을 붙여 알리기를 "대대로 지어 내려온 땅을 힘있는 집이 빼앗고, 이미 땅 주인에게 주라고 판결을 내린 것도 그대로 가지며, 백성을 노예로 삼았다. 이제 전민변정도감을 두어 이를 바로잡으려 한다." 〈고려사〉

> ▶ **권문세족의 횡포**
> 공민왕 5년 5월, 정동행성이문소를 폐지하였다. 그리고 …… 밀직부사 유인우를 동북면 병마사로 삼아 쌍성총관부 등을 수복케 하였다. 공민왕 5년 6월, 원의 연호 지정의 사용을 중단하고, 교시하기를 '생각컨대 우리 태조께서 창업하시고 여러 성인들이 계승하여 다 능히 선대의 업을 지켜왔다. 그러나 요사이 나라의 풍속이 일변하여 오직 권세만 추구하게 되어, 기철 등이 군주를 전율케 하는 위협으로 나라 다스리는 법을 흔들어, 관리의 인사권이 그의 손아귀에 있고, 정령이 이로 말미암아 신축되어, 토지와 노비를 함부로 탈취하니, 이는 과인의 부덕 탓인가 아니면 기강이 무너져 통제할 방법이 없음인가. 깊이 이 연고를 생각하니 매양 슬프게 되노라.'하였다. 〈고려사〉

(4) 공민왕의 개혁 실패

① **권문세족의 반발** : 공민왕의 개혁은 권문세족들의 반발로 신돈이 제거되고 공민왕까지 자제위에게 시해 당하면서 중단됨

② **신진사대부 세력의 미약** : 개혁 추진 세력이었던 신진사대부의 세력이 권문세족만큼 단단하지 못하여 공민왕의 개혁을 제대로 뒷받침해주지 못했음

③ **의미** : 공민왕 사후 권문세족이 다시 권력을 잡았지만 신진 사대부가 중심이 된 개혁 노력이 이어졌고, 조선 개창의 밑바탕이 됨

(5) 홍건적과 왜구의 침입(1359~1361)

① **홍건적의 침입** : 원·명 교체기에 원의 세력이 쇠퇴하기 시작하자 원의 압제에 견디지 못한 농민들이 머리에 붉은 띠를 두르고 반란을 일으킴. 공민왕이 복주(안동)로 피난. 홍건적으로 불린 그들은 원과 전쟁을 하면서 고려도 2차례 침략함. 고려는 1차 침략 때 서경을, 2차 침략 때 개경을 함락당하였으나 물리쳐 냄. 이 때 공민왕이 복주(안동)로 피난

② **왜구의 침입의 격퇴**

▶ **공민왕 대 큰 흐름 순서**
- 반원 자주 정책
- 홍건적의 침입
- 왕권 강화 정책
- 요동 정벌

▲ 황산대첩비

⊙ 왜구의 약탈 : 쓰시마 섬 및 규슈 지역에서 주로 활동한 왜구는 고려 해안뿐만 아니라 중국의 해안까지 침범하며 약탈을 일삼음. 점차 약탈의 범위가 넓어져 지역 농민의 생활이 피폐해지고 조세 감소 및 조운선 운영에 어려움이 생겨 경제에 큰 영향을 줌.

ⓒ 홍산 대첩(우왕2, 1376) : 최영이 홍산에서 격퇴함

ⓒ 진포 대첩(우왕6, 1380) : 최무선이 진포에서 화포를 이용해 왜선 500여척을 불태움

ⓔ 황산 대첩(우왕6, 1380) : 이성계가 황산에서 왜구를 격퇴함.

ⓜ 관음포 대첩(우왕9, 1383) : 정지가 관음포에서 왜구를 전멸시킴

ⓢ 쓰시마 정벌(창왕1, 1389) : 박위가 전함 100척으로 쓰시마 섬을 정벌함

③ 신흥 무인 세력의 성장 : 홍건적과 왜구를 격퇴하는 과정은 이성계와 같은 신흥 무인 세력의 성장 배경이 됨

> ▶ 진포대첩
>
> 우왕 6년 (1380) 8월 추수가 거의 끝나갈 무렵 왜구는 500여 적의 함선을 이끌고 진포로 쳐들어와 충청, 전라, 경상도의 3도 연해의 주군을 돌며 약탈과 살육을 일삼았다. 고려 조정에서는 나세, 최무선, 심덕부 등이 나서서 최무선이 만든 화포로 왜선을 모두 불태웠다. 배가 불타갈 곳이 없게 된 왜구는 옥천, 영동, 상주, 선산등지로 다니면서 가는 곳마다 폐허로 만들었다. 〈고려사〉

> ▶ 황산대첩
>
> 이성계가 이끄는 토벌군이 남원에 도착하니 왜구는 인월역에 있다고 하였다. 운봉을 넘어온 이성계는 적장 가운데 나이가 어리고 용맹한 아지발도를 사살하는 등 선두에 나서서 전투를 독려하여 아군보다 10배나 많은 적군을 섬멸케 하였다. 이 싸움에서 아군은 1,600여 필의 군마와 여러 병기를 노획하였다고 하며, 살아 도망간 왜구는 70여 명밖에 없었다고 한다. 〈고려사〉

4 고려의 멸망

(1) 우왕(재위 1374~1338)

① **이인임의 전횡** : 어린 우왕을 등에 업고 권력을 키운 이인임은 공민왕이 시해된 이후 전횡을 다시 부리기 시작함. 이인임은 명과는 거리를 두고 북원과 교섭하면서 신진사대부와 대립각을 세움

② **요동 정벌** : 명의 철령위 설치에 대응하여 요동 정벌론이 정국의 화두가 됨. 최영은 요동을 정벌해야 한다고 주장 했으나 이성계가 4불가론을 내세워 반대함

③ **위화도 회군** : 최영의 주장이 받아들여져 요동 정벌이 단행됨. 그러나 이성계는 요동에 진입하기 직전 위화도에서 회군하여 개성으로 달려가 최영을 제거한 뒤 군사적 실권을 장악함. 위화도 회군은 신진 사대부 집권에 중요한 시작이 됨

④ **급진파 신진 사대부의 성장** : 위화도 회군을 단행한 이성계의 신흥무인 세력과 급진파 신진 사대부가 정치적으로 연하여 정치의 중심에 서게 됨

(2) 창왕(재위 1374~1388)

① **토지 제도의 개혁 실시** : 이성계의 건의에 따라 급전도감을 설치하여 토지 개혁을 추진함

② **대마도 정벌(1389)** : 박위가 병선 100여 척으로 대마도로 가 왜구를 소탕함

(3) 공양왕(재위 1389~1392)

① **과전법 실시(1391)** : 신진 사대부는 과전법을 실시하여 권문세족과 사원이 보유하고 있는 농장

▶ 급전도감

처음 문종 때 설치되었다가 폐지됨. 이후 창왕 때 다시 복구

을 혁파하고, 자신들의 경제적 기반을 마련함

② **삼군도총제부 설치** : 1391년 고려의 전통적인 중·전·후·좌·우의 5군에서 중·전·우의 3군으로 중앙군을 재편하면서 설치된 것으로 국내의 모든 군사 조직을 통합함, 당시 이성계는 삼군도총제사로 임명되어 병권을 확고히 장악할 수 있었음

③ **고려 멸망** : 이성계와 정도전을 중심으로 한 급진 개혁파는 정몽주를 중심으로 한 온건개혁파의 반대를 물리치면서 고려를 멸망시키고 조선을 건국함

⊙ 자료 더 알아보기

● 10∼11세기 동아시아 정세

● 12세기 동아시아 정세

01 | 고려의 정치

001 □□□
2012년 서울시 9급

다음 〈보기〉에서 고려 초기에 호족 세력을 견제하고 왕권을 장악하기 위하여 실시된 정책을 모두 고른 것은?

> ㄱ. 상수리제도   ㄴ. 사심관제도
> ㄷ. 경재소설치   ㄹ. 노비안검법
> ㅁ. 기인제도

① ㄱ, ㄴ   ② ㄷ, ㄹ   ③ ㄱ, ㄷ, ㅁ
④ ㄴ, ㄹ, ㅁ   ⑤ ㄱ, ㄴ, ㄷ, ㄹ

002 □□□
2018년 경찰간부

고려 광종 대에 시행된 정책에 관한 다음 설명 중 옳지 않은 것으로 짝지어진 것은?

> 가. 본래 양인이었으나 억울하게 노비가 된 자를 양인으로 풀어 주는 노비환천법을 시행하였다.
> 나. 중국 후주에서 귀화한 쌍기의 건의를 받아들여 과거제를 실시하였다.
> 다. 각 주현 단위로 공물 등을 거두는 주현공부법을 시행하여 국가 수입의 증대를 꾀하였다.
> 라. 빈민과 행려자의 구호를 위하여 광학보를 설치하였다.
> 마. 지배층의 위계질서 확립을 위하여 백관의 공복을 제정하였다.

① 가,나   ② 다,라   ③ 가,라   ④ 라,마

003 □□□
2018년 경찰(순경) 1차

다음 개혁안이 등장한 왕의 재위기에 있었던 일로 가장 적절한 것은?

> 우리 태조께서 통일하신 후에 외관을 두고자 하셨으나, 대개 초창기였으므로 일이 번잡하여 미처 그럴 겨를이 없었습니다. 이에 제가 보건대 향리 토호들이 늘 공무를 빙자하여 백성들을 침해하고 학대하므로 백성들이 명령을 감당하지 못하니, 청하건대 외관을 두시옵소서.

① 적극적인 북진 정책의 결과로 북쪽 국경선이 대동강을 넘어 청천강 선으로, 동북으로는 원산만에서 영흥(永興)까지 확대되었다.

② 자색(紫色), 단색(丹色), 비색(緋色), 녹색(綠色)으로 백관의 공복을 제정하였다.

③ 중앙 문관에게는 문산계를 지방 호족인 향리와 노병 등에게는 무산계를 부여하는 등 관료와 호족들의 서열화를 더욱 확실하게 만들었다.

④ 교종과 선종의 불교계를 정리하기 위하여 교종의 여러 종파를 화엄종을 중심으로 통합하고 선종의 여러 종파를 법안종을 중심으로 정리하고자 했다.

🎯 정답·해설

정답 1.④ 2.③ 3.③

해설 1. ㄱ. 통일신라 때 각 주의 지방 세력의 자제들 중 한 명을 뽑아 수도로 올려 보낸 제도로 지방 세력을 견제하기 위해서이다. 고려의 기인제도로 계승된다. ㄷ. 조선 전기 중앙의 고위 관리가 자기 출신지역 유향소의 품관들을 관리 감독하며 정부와 지역 간의 여러 가지 일을 주선하던 중앙기구이다.

2. 가는 노비안검법에 대한 설명이다. 라의 광학보는 불법을 배우는 이들을 위한 장학재단이다.

3. 자료의 개혁안은 최승로의 시무28조이다. 당시의 왕은 성종이다. ① 태조 왕건 ② 광종 ④ 광종

004 □□□ 2018년 서울시 7급

〈보기〉 이야기의 아들에 대한 설명으로 가장 옳은 것은?

> 오래도록 후사를 이을 아들이 없어 이 절의 관음보살 앞에서 기도를 하였더니 태기가 있어 아들을 낳았다. 태어난 지 석 달이 안되어 백제의 견훤이 서울을 습격하니 성 안이 크게 어지러웠다. 은함은 아이를 안고 (이절에) 와서 고하기를, "이웃 나라 군사가 갑자기 쳐들어와서 사세가 급박한지라 어린 자식이 누가 되어 둘이 다 죽음을 면할 수 없사오니 진실로 대성(大聖)이 보내신 것이라면 큰 자비의 힘으로 보호하고 길러 주시어 우리 부자로 하여금 다시 만나 보게 해 주소서."라고 하고 눈물을 흘려 슬프게 울면서 세 번 고하고 (아이를) 강보에 싸서 관음보살의 사자좌 아래에 감추어 두고 뒤돌아보며 돌아갔다.
>
> 『삼국유사』

① 전생의 부모를 위해서는 석불사를, 현생의 부모를 위해서는 불국사를 창건하였다.

② 국가 재정을 낭비하는 불교 행사를 억제하고, 유교 사상을 정치의 근본이념으로 삼아 통치 체제를 정비하도록 건의하였다.

③ 동리산문의 승려이자 음양풍수설의 대가로서 개성, 평양, 한양이 국가의 중심지가 될 것을 예언하여 고려 왕들의 존숭을 받았다.

④ 신라 말 당나라에 유학하였고, 발해의 재상 오소도의 아들 광찬과 같은 해에 급제하였다.

005 □□□ 2017년 경찰(순경) 2차

다음 인물에 대한 설명으로 가장 적절한 것은?

> …… 선왕의 맏아들이며 어머니는 제국 대장 공주(齊國大長公主)이다. 을해년 9월 정유일에 출생하였다. 성품이 총명하고 군세며 결단력이 있었다. 이로운 것을 일으키고 폐단을 제거하여 시정에 그런대로 볼 만한 것이 있었으나 부자(父子) 사이는 실로 부끄러운 일이 많았다. 오랫동안 상국(上國)에 있었는데, 스스로 귀양 가는 욕을 당하였다. 왕위에 있은 지 5년이며, 수(壽)는 51세였다.
>
> 『고려사절요』

① 서경에 대화궁을 짓고 그 안에 팔성당을 설치하였다.

② 중앙 교육 기관인 국자감을 '국학'으로 개칭하고, 양현고를 설치하였다.

③ 유인우로 하여금 쌍성총관부를 비롯한 철령 이북의 땅을 무력으로 수복하게 하였다.

④ 원나라에 만권당을 설치하여 고려의 학자들이 원의 학자들과 교류하게 하였다.

006 □□□ 2017년 지방직(하반기) 9급

다음 사건으로 즉위한 왕의 재위 기간에 있었던 사실로 옳지 않은 것은?

> 목종의 모후(母后)인 천추 태후와 김치양이 불륜 관계를 맺고 왕위를 엿보자, 서북면도순검사 강조가 군사를 일으켜 김치양 일파를 제거하고 목종을 폐위시켰다.

① 대장경 조판 사업을 시작하였다.

② 지방관이 없는 속군에 감무를 파견하였다.

③ 부모의 명복을 빌고자 현화사를 창건하였다.

④ 개성부를 경중(京中) 5부와 경기로 구획하였다

고려 시대 중앙 정치 기구에 관한 다음 설명 중 가장 옳지 않은 것은?

① 국가 정책 심의 결정 기구로써 중서문하성을 두었고, 문하시중이 국정을 총괄하였다. 중서문하성은 2품 이상의 고관인 재신과 3품 이하의 낭사로 구성되었다.

② 중서문하성과 더불어 국가 중추 기구로서 군사 기밀과 왕명 출납을 담당하는 중추원이 있었다. 중추원은 군사 기밀을 담당하는 승선과 왕명 출납을 담당하는 추밀로 구성되었다.

③ 고려의 독자성을 띠는 중앙 정치 기구로는 식목도감과 도병마사가 있었다. 식목도감은 법제 · 격식 문제를, 도병마사는 국방 문제를 관장하였다.

④ 정치의 잘잘못을 논하고 관리의 비리를 감찰하는 어사대가 있었다.

(가)~(라)에 대한 설명으로 옳은 것은?

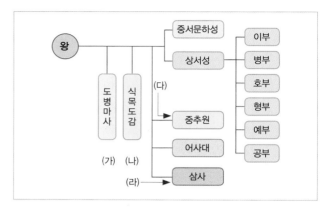

① (가)는 법제, 격식을 다루었으며, (나)는 고려 후기에 도당으로 불렸다.

② (가)와 (나)는 고려의 독자적인 기구이며, 중서문하성의 재신과 (다)의 추밀이 합좌하였다.

③ (다)는 왕명 출납과 군기의 업무를 맡았고, (라)는 백관을 규찰하고 탄핵하였다.

④ (다)와 (라)는 당제를 모방하여 설치하였고, 주요 사안을 6부와 협의하여 결정하였다.

다음은 고려 시대의 어떤 기구에 대한 기록이다. 밑줄 친 시기에 이 기구의 명칭으로 옳은 것은?

> 왕명을 받아 글을 짓는 기관이다. 태조 때 태봉의 제도에 따라 원봉정을 두었고, 뒤에 학사원으로 고쳤다. <u>문종 때 학사 승지 1인을 두고 정 3품으로 삼았고, 학사는 2인을 두고 정4품으로 삼았다.</u> 충렬왕 원년에 다시 문한서로 고쳤다.
>
> 『고려사』76, 백관지 1, 예문관

① 한림원   ② 홍문관
③ 전중성   ④ 비서성

🎯 **정답 · 해설**

정답 7.② 8.② 9.①

해설 7. 중추원의 군사기밀을 담당하는 추밀, 왕명 출납과 궁궐숙위를 담당하는 승선으로 구성되었다.

     8. (가)도병마사는 국방과 군사문제를 논의하고 고려후기 국사 전반을 관장하는 도당으로 불린다. (나)식목도감은 법제와 격식을 관장한다. (가), (나)는 중서문하성의 재신과 중추원의 추밀이 함께 국가의 중요한 일을 결정하며 고려 귀족 정치의 특징을 나타내는 기구이다. (다)중추원은 군사기밀과 왕명출납을 담당하고 추밀과 승선으로 구성되었다. (라)삼사는 회계기구이다.

     9. 왕명을 받아 글을 짓는 기관으로 문종 때의 한림원이다. 현종 때 한림원이 충렬왕 때 문한서로 개칭된다. ② 조선 성종 때 집현전을 계승한 기구로 궁중의 학술 서적 관리와 왕의 자문역할을 한다. ③ 고려전기 왕의 공상 및 친족의 보첩에 관한 일을 관장하는 관청이다. ④ 고려시대 축문과 경적을 맡아보던 관청이다.

010 ☐☐☐ 2014년 서울시 7급

다음 ㉠~㉡의 괄호 안에 공통으로 들어갈 정치 기구에 대한 설명으로 옳지 않은 것은?

> ㉠ ( )에서 대부경 왕희걸, 우사낭중유백인, 예부낭중 최복규, 원외랑 이응년 등이 서경 분사(分司)에서 토지를 겸병하여 재물을 모으고 있음을 탄핵하고 그들을 관직에서 파면할 것을 요청하니 왕이 이 제의를 좇았다. ―『고려사』
>
> ㉡ 궁녀 김씨는 왕의 총애를 받았으며 요석택(邀石宅) 궁인이라고 불렸다. 경주 사람 융대가 자기는 신라 원성왕의 먼 후손이라고 거짓말하고 양민 5백여 명을 노비로 만들어서 김씨에게 주었으며 또 평장 한인경, 시랑 김낙에게 주어서 후원자로 삼았다. ( )에서 이것을 알고 심문하여 그 실정을 확인하고 이들을 처벌할 것을 왕에게 고하니 목종은 김씨에게서는 동(銅) 일백 근의 벌금을 받고, 한인경과 김낙은 지방으로 귀양 보내라고 명령하니 듣는 사람들이 모두 다 치하하였다. ―『고려사』

① 중서문하성의 낭사와 함께 대간이라고 불렸다.

② 법의 제정이나 각종 시행 규정을 다루었다.

③ 국왕의 잘못에 대해 비판하는 간쟁을 하였다.

④ 관리의 임명이나 법령의 개폐 등에 동의하는 권한이 있었다.

⑤ 왕명을 시행하지 않고 되돌려 보내는 봉박권을 갖고 있었다.

011 ☐☐☐ 2018년 경찰(순경) 1차

고려의 지방 행정 조직에 대한 설명으로 가장 적절하지 않은 것은?

① 전국을 크게 5도와 양계, 경기로 나누고, 그 안에 3경, 4도호부, 8목을 비롯하여 군·현·진을 설치하였다.

② 경은 중앙과 지방의 군현을 잇는 중간 역할을 담당한 기구의 하나로, 서경(평양), 동경(경주), 남경(양주, 지금의 서울)이 설치되었다.

③ 지방 출신 고급 관리를 사심관으로 임명하여 향리를 견제하도록 한 한편, 상수리 제도를 실시하여 향리 자제를 개경에 강제로 이주시켜 지방 일의 자문에 응하게 했다.

④ 북방의 국경 지대에는 동계·북계의 양계를 설치하여 병마사를 파견하고, 국방상의 요충지에는 진을 설치하였는데, 이것은 군사적인 특수 지역이었다.

012 ☐☐☐ 2018년 서울시(추가) 7급

고려 무신 정권기에 대한 설명으로 가장 옳지 않은 것은?

① 조위총은 의종 복위를 내세우며 집권 무신을 타도하고자 했다.

② 산발적이던 민란은 김사미, 효심의 봉기를 계기로 연대하였다.

③ 최충헌은 명종을 폐하고 신종·희종·강종·고종을 차례로 세웠다.

④ 최이의 처가 죽자 왕후처럼 장례를 치렀다.

정답·해설

정답 10.② 11.③ 12.①

해설 10. ㉠ '탄핵하고 그들을 관직에서 파면할 것을', ㉡ '이것을 알고 신문하여 그 실정을 확인하고 이들을 처벌할 것을'에서 어사대임을 알 수 있다. ② 식목도감

11. ③ 사심관 제도는 중앙의 관리를 출신 지역의 사심관으로 임명하여 그 지역을 통제하고 토착 세력인 향리를 견제하도록 한 제도, 기인 제도는 지방 호족의 자제를 수도인 개경에 머물게 하며 출신 지역에 대한 자문에 호족 세력을 견제하기 위한 것이었다.

12. ①은 김보당에 관한 설명이다. 서경 유수인 조위총은 1174년 무신 정권에 대한 반발과 정권 탈취를 목적으로 반란을 일으켰다.

013 □□□

(가), (나) 사이 시기의 사실로 옳은 것을 〈보기〉에서 고른 것은?

(가) 장군 배중손, 지유 노영희 등이 삼별초를 인솔하고 반역하였는
   데 승화후 왕온을 겁박하여 왕으로 삼고 관부를 설치하였다.

(나) 유인우가 쌍성을 함락하였다. 총관 조소생과 천호 탁도경은
   도주하였으며, 원에 빼앗겼던 화주, 등주 등 각 주와 선덕,
   원흥 등 여러 진을 수복하였다.

〈보기〉
ㄱ. 첨의부와 4사 체제가 운영되었다.
ㄴ. 재정 수입의 확대를 위한 소금 전매제가 시행되었다.
ㄷ. 예안 향약이 실시되어 유교 윤리 확산에 기여하였다.
ㄹ. 요세가 법화 신앙에 기반하여 백련결사 운동을 전개하였다.

① ㄱ, ㄴ   ② ㄱ, ㄹ   ③ ㄴ, ㄷ   ④ ㄷ, ㄹ

014 □□□

(가)에 대한 설명으로 옳은 것은?

이의민은 일찍이 붉은 무지개가 두 겨드랑이 사이에서 생기는 꿈
을 꾸고는 자못 이를 자부하였고, 또 옛 도참에 왕씨가 다하고 다
시 십팔자(十八子)가 있다는 말을 들었는데, '十八子'는 곧 '이(李)'
이다. 이로써 마음속에 이룰 수 없는 생각을 품고, 탐욕을 줄이고
명사(名士)를 거두어서 헛된 명예를 구하려고 하였다. 자신이 경
주 출신이므로 비밀리에 신라를 부흥시킬 뜻을 가지고, (가) 등
과 연결하니, 그들도 역시 거만(鉅萬)을 보냈다.   - 『고려사』

① 노비들을 모아 반란을 도모하였다.
② 소(所)민의 신분 해방을 목적으로 난을 일으켰다.
③ 정중부와 이의방 등 무신 세력에 반발하여 항쟁하였다.
④ 운문과 초전에서 봉기를 일으키고 서로 연합하였다.

015 □□□

**다음은 원의 세조가 고려에 약속한 내용의 일부이다. 이 약속 이후에
일어난 사실로 옳지 않은 것은?**

• 옷과 머리에 쓰는 관은 고려의 풍속을 유지하고 바꿀 필요가
  없다.
• 압록강 둔전과 군대는 가을에 철수한다.
• 몽고에 자원하여 머문 사람들은 조사하여 모두 돌려 보낸다.

① 정동행성을 설치하였다.
② 제2차 여몽 연합군은 일본 원정에 실패하였다.
③ 쌍성총관부를 설치하였다.
④ 사림원을 설치하였다.

016 □□□

원 간섭기에 관한 다음 설명 중 가장 옳지 않은 것은?

① 부원배들은 고려국을 없애고 고려를 원의 직할령으로 만
   들자는 주장을 하였다.
② 원의 부마국이 되었으며, 관제가 개편 및 격하되었다.
③ 원의 공녀 요구에 따라 결혼도감을 매를 징발하기 위하여
   응방을 설치하였다.
④ 감찰 기구로 반전도감을 설치하였으며, 다루가치를 파견
   하여 조세 징수와 내정을 간섭하였다.

🎯 정답 · 해설

정답 13.① 14.④ 15.③ 16.④

해설 13. (가)원종 때 배중손 등 삼별초가 정부에 반란을 일으켰다는 내용이다. (나)공민왕 때 동북면병마사 유인우가 쌍성총관부를 함락시키고 철령 이북 지역을 수복한 내용이다. ㄱ.충렬왕 ㄴ.충선왕 ㄷ.조선시대 명종 ㄹ.천태종의 요세가 최충헌 시기에 백련결사를 일으켰다.

14. '신라를 부흥시킬'에서 (가) 김사미·효심임을 알 수 있다. ①만적의 난, 전주 관노의 난이 대표적인 노비의 난이다. ②망이·망소이의 난 ③김보당, 조위총 등이 해당하는 시기이다.

15. 고려는 몽골과의 전쟁을 더 이상 하지 않기 위해 강화를 시도한다. 자료는 1260년 칸이 된 쿠빌라이와 고려 사이에 맺은 강화의 조건이다. ③쌍성총관부 설치는 1258년 몽골이 고려의 화주지역을 직접 통치하기 위해 설치한 관부이다. ①1280년 일본원정을 위해 설치한 기구이다. ②2차는 1281년에 단행되었다. ④1289년에 설치된 개혁기구이다.

16. ④반전도감은 충숙왕이 원나라에 들어갈 때 그 비용을 마련하기 위하여 설치하였던 임시 관청이다.

---

017 ☐☐☐

2011 국가직 7급

밑줄 진 '그'가 실시한 개혁 정책으로 옳지 않은 것은?

> 그의 즉위 이후에도 원의 간섭은 여전하였고, 친원파 역시 건재하였으나, 친원파를 완전히 제거할 수 있는 현실적인 힘을 가지고 있지는 못하였다. 때마침 원에서 기황후의 아들이 황태자에 봉해지자, 이러한 추세는 더욱 심해졌다. 이를 계기로 기철의 권력이 그를 압도할 정도로 커졌고 기철의 일족과 친원파의 정치적 지위가 크게 높아졌다.

① 고구려의 옛 땅을 되찾기 위하여 요동지방을 공략하였다.
② 고려의 내정을 간섭하던 정동행성 이문소를 폐지하였다.
③ 성균관을 순수한 유교 교육 기관으로 개편하고 유교 교육을 강화하였다.
④ 정방을 폐지하고 사림원을 설치하여 개혁 정치를 수행하였다.

018 ☐☐☐

2018년 경찰간부

다음과 같은 주장을 한 인물을 등용하여 개혁을 단행하고자 했던 왕 대에 있었던 사건으로 가장 옳은 것은?

> '요사이 기강이 크게 무너져 사람들이 탐욕스럽고 포악하게 되어 종묘, 학교, 사원 등의 토지와 대대로 내려오는 토지와 노비를 권세가가 거의 다 빼앗아 차지하고는, 혹 이미 돌려주도록 판결난 것도 그대로 가지고 있으며, 혹 양민을 노예로 삼고 있다. (중략) 이제 도감을 두어 고치도록 하니 잘못을 알고 스스로 고치는 자는 죄를 묻지 않을 것이나, 기한이 지나 일이 발각되는 자는 엄히 다스릴 것이다.'
> ─『고려사』

① 만권당을 지어 조맹부, 이제현 등이 상호 교류할 수 있도록 하였다.
② 일본 정벌을 위하여 정동행성을 설치하였으나, 부속 기구인 이문소의 작폐가 심하였다.
③ 원나라 북화의 영향을 받아서 왕이 직접 천산대렵도를 그렸다.

④ 성균관을 부흥시켜 순수한 유교 교육 기관으로 개편하였고, 『천추금경록』 등의 역사책이 왕명으로 편찬되기도 하였다.

019 ☐☐☐

2018년 경찰(순경) 1차

다음 시와 관련된 인물에 대한 설명으로 가장 적절한 것은?

> 좋은 말 살지게 먹여 시냇물에 씻겨 타고
> 서릿발 같은 칼 잘 갈아 어깨에 둘러메고
> 대장부의 위국충절을 세워 볼까 하노라
>
> 『호기가(豪氣歌)』

① 침입하는 왜구를 홍산에서 격퇴하였다.
② 화통도감에서 각종 화기를 제조하여 왜구 격퇴에 사용하였다.
③ 황산에서 적장 아지발도를 사살하는 등 왜구를 섬멸하였다.
④ 관음포 앞바다에서 왜선 120여 척을 격침시켰다.

940년 태조, 역분전 실시   1097년 숙종, 주전도감 설치   1271년 녹과전 지급

996년 성종, 건원중보 주조   1101년 수족, 활구 주조   1391년 공양왕, 저화 주조

01 고려의 경제

1 경제 정책

(1) 중농정책

① **농번기의 잡역금지** : 농번기에는 농업에 전념할 수 있도록 잡역을 금지한 경제 정책

② **개간 장려** : 농민들이 새로 개간한 땅에 대해선 일정 기간 소작료 면제해줌

③ **농민 안정책**

    ㉠ **고리대 제한** : 빌린 금액이나 곡식이 이자와 같은 액수가 된 경우에 더 이상 이자를 받지 못하도록 함 (자모정식법)

    ㉡ **의창** : 성종 때 농민 구휼을 위해 설치함

    ㉢ **상평창** : 성종 때 개경과 서경 및 각 12목에 설치한 물가 안정 기구

    ㉢ **재면법** : 자연 재해를 당했을 때 그 피해 정도에 따라 조세와 역을 감면해 주는 제도

2 토지 종류

국가에게 수조권이 있으면 공전, 개인에게 있으면 사전으로 분류함. 개인 사유지는 민전으로 구분하지만 수조권 보유 여부에 따라 다시 공전과 사전으로 구분함.

(1) **내장전** 왕실 경비를 충당하기 위해 지급한 토지

(2) **공해전** 각 관청의 경비를 충당하기 위해 지급한 토지

(3) **과전** 문·무반 관리들에게 규정에 따라 차등 지급한 토지. 세습은 원칙적으로 불가능

(4) **공음전** 5품 이상의 관료에게 지급되어 자손에게 세습 가능한 토지. 음서제와 함께 귀족의 지위를 유지시킨 경제적 기반이 됨

(5) **군인전** 중앙군에 부역하는 직업군에게 지급한 토지. 군역이 세습되었기에 군인전도 세습됨

(6) **외역전** 향리와 호장 등에게 지급한 토지. 역의 세습에 따라 외역전도 세습이 가능했음

(7) **한인전** 6품 이하의 관리의 자제나 관직을 얻지 못한 자. 관리가 되었으나 보직을 얻지 못한 자에게 지급한 토지

(8) **구분전** 하급 관료나 군인의 유가족에게 지급한 토지

(9) **사원전** 사원에 면세의 특혜를 포함하여 지급한 토지

⑽ **민전**

　① **사유지** : 귀족이나 일반 농민이 보유한 토지

　② **조세 부담** : 민전 소유자는 국가에 1/10의 세금을 부담함

⑾ **무산계 전시**　귀화한 여진 추장과 탐라 왕족에게 지급한 토지

3. 전시과와 토지제도의 변화

⑴ **역분전**　고려 초기에 공신과 호족들에게 논공행상의 성격과 충성도를 따져 지급한 토지

⑵ **전시과**

　관료에게 급여로 전지와 시지를 지급한 제도. 토지 자체를 준 것이 아닌 토지에 대한 수조권만 지급함. 기본적으로 관직에서 퇴직할 때 국가에 반납하는 것이 기본. 그러나 관료의 숫자가 많아지고, 세습을 허용하는 경우가 많아 시간이 지남에 따라 국가의 토지가 부족해짐. 이에 대응하기 위해 제도가 조금씩 변화하며 정착됨

　① **시정전시과 (경종 1년, 976)**

지급대상	전 · 현직 관리를 대상으로 지급함
특징	관등뿐만 아니라 인품도 반영되어 기준이 객관적이지 못함

　② **개정전시과 (목종 1년, 998)**

지급대상	전 · 현직 관리를 대상으로 지급함
특징	– 관품만을 고려함 – 지급량을 조정하여 전직 관리보다는 현직 관리에게 많은 토지를 분급함 – 무관보다 문관을 우대함 – 한외과 설치 (18품 안에 들지 못하는 자에게 17결을 지급) – 군인전이 전시과에 포함됨

　③ **경정전시과 (문종 30년, 1076)**

지급대상	– 현직 관리들에게만 수조권을 지급함 – 5품 이상의 관리들에게는 세습이 가능한 공음전을 지급 – 하급 관리의 자제들에게 한인전 지급 – 승려에게 별사전 지급
특징	– 전체적으로 지급량이 감소하였으며, 15과 이하의 관리에게는 시지를 분급하지 않음 – 무반에 대한 차별대우 적어짐 – 토지가 부족하여 한외과를 없앰 – 별정 전시과를 병설하여 무산계 및 별사(지리업, 승려)에게 토지를 분급함

④ 전시과의 토지 지급 액수

과			1	2	3	4	5	6	7	8	9	10	11	12	13	14	15	16	17	18
시정 전시과 (경종, 976)	지급액수 (결)	전지	110	105	100	95	90	85	80	75	70	65	60	55	50	45	42	39	36	32
		시지	110	105	100	95	90	85	80	75	70	65	60	55	50	45	40	35	30	25
개정 전시과 (목종, 998)		전지	100	95	90	85	80	75	70	65	60	55	50	45	40	35	30	27	23	20
		시지	70	65	60	55	50	45	40	35	33	30	25	22	20	15	10			
경정 전시과 (문종, 1076)		전지	100	90	85	80	75	70	65	60	55	50	45	40	35	30	25	22	20	17
		시지	50	45	40	35	30	27	24	21	18	15	12	10	8	5				

(3) 고려 후기 농장의 확대

무신 집권기를 거치며 귀족들이 사적으로 토지를 겸병하고 세습하는 일이 늘어나 전지와 시지가 부족하게 되었으며 세수가 줄어듦

(4) 녹과전

① **배경** : 대몽항쟁기 강화도에 천도 중이던 고종 44년, 권문세족의 토지 겸병으로 관료들에게 지급할 전시가 없어지자 급전도감을 세워 강화도의 토지를 분급하여 관리에게 지급함

② **내용** : 개경 환도 이후 일시적으로 경기 8현의 토지의 수조권을 녹봉대신 지급

(5) 과전법

① **배경** : 고려말, 권문세족의 토지 겸병은 국가 재정을 파탄 지경으로 몰아넣음

② **내용** : 위화도 회군 이후 권력을 잡은 이성계 등의 신흥 무인 세력과 신진 사대부가 힘을 모아 기존의 토지 문서를 모두 소각하고, 토지 수조권을 재분배하여 국가 재정을 확대하려 노력함

4 수취 제도

고려의 수취 제도는 크게 조세, 공물, 역으로 나눔. 조세는 토지에서 걷는 세금. 공물은 집집마다 걷는 토산물, 역은 성인 남자로부터 징발하는 노동력을 의미함. 이를 걷기 위해 각 지역의 호부에서는 호적과 양안을 작성하여 토지의 면적과 호구를 정확히 파악하려 함

(1) 관청

① **호부** : 호적과 양안을 만들어 관리하는 관청. 이를 근거로 조세, 공물, 역을 부과함

② **삼사** : 국가의 회계를 담당하는 관청. 실제 조세 징수와 집행은 각 관청의 향리가 담당함

(2) 조세

① **조세율** : 생산량의 1/10을 거둠

② **부과 기준** : 토지를 논과 밭으로 나누고, 비옥한 정도에 따라 상 · 중 · 하 3등급으로 나누어 부과함.

③ **조운 제도** : 각 지역에서 거둔 조세는 역을 동원하여 조창까지 옮긴 다음 조창민이 조운을 통해 이동시킴. 전국에서 모인 조세는 개경의 경창(좌창과 우창)에서 보관함. 양계의 조세는 군사 비용으로 현지에서 처리함

(3) 공물

① **종류** : 각 지역의 특산물이나 포와 같은 직물 등으로써 매년 납부하는 상공과 필요에 따라 수시

로 납부하는 별공을 나눔

② **수취 방법** : 중앙 관청에서 필요한 공물의 종류와 액수를 나누어 각 주현에 부과하면, 주현은 속현과 향 · 부곡 · 소에 이를 할당하여 집집마다 일정량을 납부하게 함.

③ **공물의 방납** : 고려 후기, 백성들이 공물을 직접 납부하던 것을 하급 관리나 상인들이 알아서 납부한 뒤 백성에게는 그보다 더 높은 대가를 받아내 사회문제로 대두 됨

(4) **역**

① **대상** : 16~59세의 정남 (60세가 되면 면역됨)

② **종류**

ㄱ **군역** : 군호를 단위로 정남에게 부과됨

ㄴ **요역** : 가호를 기준으로 부과됨. 주로 국가적 토목사업으로 성곽 · 궁궐 · 제방의 축조 · 도로 건설 등에 동원됨

ㄷ **동원 기준** : 고려 전기에는 인정의 다과에 따라 9등호제로, 고려 후기에는 토지의 다과에 따라 부과함

ㄹ **잡세** : 어민에게는 선세, 염세 등을, 상인에겐 상세를 걷는 등 특수 분야의 종사자에게 잡세 명목으로 세금을 거두었음

(5) **재정의 지출**

① **관리 녹봉** : 중앙과 지방의 관리 종실과 군인에게 녹봉을 지급함

② **일반 비용** : 건축비, 수리비, 연등회, 팔관회 등의 비용

③ **국방비** : 군대 유지에 필요한 군선과 무기 제작에 필요한 비용(가장 많은 비용 소요)

④ **왕실 경비** : 왕실 유지에 필요한 경비 지출

02 경제 활동

1. 귀족과 농민의 경제생활

(1) **귀족의 경제 기반**

① **과전** : 과전법에 의해 분급받는 수조권을 행사할 수 있는 토지. 관직에서 물러날 때 반납하는 것이 원칙이나 관리가 사망했을 때 구분전과 같이 가족의 생계 유지를 명목으로 세습 가능한 토지를 주는 경우도 있었음

② **사전과 지대** : 개인적으로 소유 가능한 공음전이나 공신전과 같은 사전에서는 대체로 수확량의 1/2를 걷었음

③ **외거 노비의 신공** : 외거 노비로부터 매년 노역을 징발하고, 베나 곡식을 신공으로 걷음

④ **농장 확대** : 귀족들이 자신의 경제 기반 확대를 위해 고리대나 권력을 이용해 농민의 토지를 강제로 빼앗거나 헐값에 사들이는 경우가 많았음. 이렇게 확대한 농장은 농민에게 소작을 주어 지대를 징수함.

▲ **아집도대련**
문벌귀족의 한가로운 생활 모습을 그린 그림

(2) 귀족의 생활

① **별장, 누각** : 문벌 귀족이나 권문세족들은 사치스러운 생활을 하며 곳곳에 큰 누각이나 별장을 지어 권력을 과시함

② **말, 차** : 귀족들은 외출할 때 남녀 모두 시종을 거느리고 말을 타고 다녔음. 중국에서 수입한 비싼 차를 마시는 것도 그들의 사치 생활 중 하나였음

③ **비단, 모시** : 귀족들은 장인이 직조하거나 중국에서 수입한 고가의 비단 옷을 입고 다님.

(3) 농민의 경제생활

① **민전의 경작, 소작** : 조상이 물려준 토지인 민전을 경작하거나 사전을 소작지로 빌려 경작함

② **가내수공업** : 품팔이, 가내수공업으로 삼베, 모시, 비단 등을 짜 생계에 보탬

(4) 경작지의 확대

① **개간 사업과 강화도 간척** : 생계를 유지하고 소득을 늘리기 위해 황무지를 개간하거나 갯벌을 간척하여 농경지로 만들었는데 특히 대몽항쟁 시기 강화도 간척 사업이 대표적임

③ **수리시설 개선** : 김제 벽골제와 밀양 수산제를 개축하는 등 저수지를 확대하고 수리시설을 발달시키기 위해 노력함

(5) 농민의 몰락 고려 후기 권문세족이 농민의 토지를 점유하여 대농장을 만들고 과도한 소작세 징수로 농민의 생활이 도탄에 빠짐

▲ 강화도 간척

2. 농업 기술의 발달

(1) **농기구 · 종자 개량** 각종 농기구를 개량하고 종자를 개량하여 생산량을 높임

(2) **심경법** 소를 이용해 땅을 깊이 가는 심경법이 유행함

(3) **시비법** 가축의 배설물을 활용해 거름으로 사용(퇴비법)하거나 콩이나 작물을 심은 밭을 갈아엎어서 비료의 효과(녹비법)를 주는 등의 방법으로 생산력을 높이고 경작지를 확대함

(4) **윤작법** 밭에서 2년 동안 보리 – 콩 – 조 등을 돌려짓기 하는 2년 3작의 윤작법 보급

(5) **이앙법** 볍씨를 직접 땅에 뿌리는 직파법이 주로 활용되었지만 고려 말 남부 일부 지역에서 모내기법이 보급되기 시작함. 그러나 정부에서 가뭄이 들었을 때의 위험을 막기 위해 금지.

(6) **농서** 원나라에서 들어온 〈농상집요〉 소개됨

(7) **목화의 전래** 공민왕 때 문익점이 목화씨를 들여와 재배하기 시작

3. 수공업 및 상업의 발달

(1) 수공업

고려 전기에는 관영 수공업과 소 수공업, 고려 후기에는 민영 수공업과 사원 수공업 중심으로 발달함

① **고려 전기**

㉠ 관영 수공업 : 중앙의 경공장과 외공장에서 무기, 금 · 은 세공품, 견직물, 마구류 등 국가에서 필요한 무기와 물품들을 제조함

ⓒ 소 수공업 : 금, 은, 철, 구리, 실, 옷감, 종이, 먹, 차, 생강 등의 광공업품이나 수공업품을 생산함

② 고려 후기

㉠ 민영 수공업 : 가내 수공업으로 베를 짜거나 모시, 명주 등을 생산

ⓒ 사원 수공업 : 승려들의 기술이 좋아 우수한 품질의 종이와 베 등이 생산됨

(2) 상업

① 시전(도시) : 국가의 허가를 받은 상점. 개경, 서경, 동경 등 주로 대도시에 설치함.

② 경시서(도시) : 상인들의 매점매석과 같은 상행위를 감시 감독하는 관청을 설치하여 관리함

③ 관영 상점(도시) : 관영 수공업장에서 생산한 물품을 판매하는 상점(서적점, 약점, 주점 및 다점)

④ 행상(지방) : 베나 곡식을 받고 소금이나 일용품들을 방문·판매한 상인(비정기시장)

⑤ 사원 : 사원 소유의 토지에서 나온 곡식이나 승려와 사원 노비들이 만든 수공업품을 판매

⑥ 항구 발달 : 예성강 하구의 벽란도와 같은 항구가 발달하여 국내와 국외 교역에서 중요한 역할을 함

⑦ 원(여관)의 발달 : 지방 곳곳의 상업활동 중심지에 역이 생기기 시작함

⑧ 소금전매제 : 고려 후기 국가의 재정 확충을 위해 소금을 전매함

(3) 화폐 발행

① 배경 : 상업활동과 유통이 발달하면서 곡물이나 삼베를 대신할 수 있으며 일정한 가치를 지닌 화폐의 필요성 대두함

② 목적 : 국가의 재정 확충과 정부의 경제 활동 장악이 목적

③ 발행

㉠ 성종 : 최초의 철전인 건원중보 발행

▲ 건원중보

ⓒ 숙종 : 은병(활구), 해동통보, 해동중보, 삼한통보, 삼한중보, 동국통보, 동국중보를 발행함. 국가 주도로 화폐를 발행하고 강제 유통시켰으나 광범위한 유통은 모두 실패함

ⓒ 충렬왕 : 쇄은 발행

㉣ 원간섭기 : 원 화폐인 지원보초, 중통보초 유입

㉤ 충혜왕 : 소은병 발행

ⓗ 공양왕 : 최초의 지폐인 저화 유통

④ 주전도감 : 숙종 2년 (1097) 대각국사 의천의 건의로 주전도감 설치함

⑤ 결과 : 일부 도시에서 사용되긴 하였으나 농민들은 화폐의 필요성을 느끼지 못하였으며 화폐의 강제 유통에 반대하는 귀족들도 많았음. 정부도 공납 등 세금에서 현물을 중시하는 태도 유지.

(4) 고리대 성행

① 장생고 : 애초에 불교 사원이 사원 경영과 빈민구제의 일환으로 설치한 장생고는 고려 중기 이후 고리대로 변질되어 사원의 부 축적 수단이 됨.

② 보의 출현

▲ 활구(은병)

㉠ 의미 : 공적 사업을 진행하기 위해 일정한 기금 형성하여 사업 진행

㉡ 종류 :

학보	태조	학교 재단
제위보	광종	빈민 구제
광학보	정종	승려 복지
팔관보	문종	팔관회 비용 충당
경보	정종	불경 간행

㉢ 변질 : 고리대로 변질되어 보를 이용하는 일반 백성에게 피해를 줌

4. 대외 무역의 발달

⑴ 대외 무역

① **공무역 발전** : 통일신라 시대부터 서해안 호족을 중심으로 발달했던 사무역이 고려에 와서는 국가의 통제를 받기 시작하여 사무역이 쇠퇴함

② **국제 무역항** : 송과 요 등과의 교역이 증가하면서 국제 무역항으로 예성강 어귀의 벽란도가 각광받음

⑵ 무역 상대국

① **송**

㉠ **수입품** : 서해 항로를 통해 비단, 약재, 서적, 악기 등 수입

㉡ **수출품** : 종이, 인삼, 나전 칠기, 부채, 화문석 등 수출

㉢ **무역로**

북송 때 (북로)	벽란도 → 옹진 장산곶 → 산동반도의 덩저우 (등주)
남송 때 (남로)	벽란도 → 군산도, 흑산도 → 절강성의 밍저우(명주), 항저우(항주)

② **거란 · 여진** : 무역이 활발하지는 않았으나 거란의 1차 침입 이후 각장이 설치되어 물품을 거래하다가 2차 침입 때 폐쇄됨. 이후 사무역이나 밀무역으로 교역의 필요를 충족시킴. 고려는 금, 은, 공예품이나 농기구 등을 수출하고, 모피와 말 등을 수입함

③ **일본** : 11세기 후반부터 수은, 유황 등을 가져와 식량, 인삼, 서적 등과 교환함

④ **아라비아(대식국)** : 송을 거쳐 고려에 방문한 아라비아 상인들은 벽란도에 오고가며 수은, 향료, 산호 등을 금과 비단으로 바꾸어 감. 이들에 의해 서양에 고려(corea)라는 이름이 알려지게 됨.

⑤ **원 간섭기** : 원을 통해 공무역뿐만 아니라 사무역이 활성화됨. 그러나 상인들이 독자적으로 원과 교역하면서 금, 은, 소, 말 등이 지나치게 유출되어 사회 문제가 되기도 함.

01 | 고려의 경제

001 □□□
2018년 국가직 7급

㉠에 해당하는 토지에 대한 설명으로 옳은 것은?

> 5월 을사에 태조가 예산진에 행차하여 이르기를, "너희 공경장상은 국록을 먹는 사람들이므로 내가 백성을 자식처럼 사랑하는 마음을 헤아려서, 너희들 ㉠ 의 백성들을 불쌍히 여겨야 할 것이다. 만약 무지한 가신들을 ㉡ 에 보낸다면 오직 거두어들이는 데만 힘써 마음대로 약탈할 것이니 너희 또한 어찌 알 수 있겠는가."라고 하였다. —『고려사』

① 신라의 토지 제도에서 비롯된 것이다.
② 직역에 대한 대가로 수조권만을 지급한 것이다.
③ 대상 토지에 거주하는 가호의 수를 단위로 지급되었다.
④ 지방 호족들의 경제 기반으로 고려 무신 정권기까지 존속하였다.

002 □□□
2017 경찰간부

다음은 어느 전시과에 대한 설명이다. 이 전시과를 시행한 왕과 전시과의 이름을 옳게 연결한 것은?

> 이 전시과는 18등급으로 나누었지만 제18과 아래에 따로 한외과(限外科)를 두어 전지 17결을 지급하였으며, 이전에 왕실에 대한 충성도를 기준으로 토지를 지급하던 것에서 벗어나 관직만을 기준으로 토지를 지급하기 시작했다.

① 경종 – 시정 전시과
② 목종 – 개정 전시과
③ 문종 – 경정 전시과
④ 목종 – 경정 전시과

003 □□□
2015 지방직 9급

(가)~(다) 전시과에 대한 설명으로 옳은 것을 〈보기〉에서 고른 것은?

		1	2	3	4	5	6	7	8	9	10	11	12	13	14	15	16	17	18
(가)	전지	110	105	100	95	90	85	80	75	70	65	60	55	50	45	42	39	36	32
	시지	110	105	100	95	90	85	80	75	70	65	60	55	50	45	40	35	30	25
(나)	전지	100	95	90	85	80	75	70	65	60	55	50	45	40	35	30	27	23	20
	시지	70	65	60	55	50	45	40	35	33	30	25	22	15	10				
(다)	전지	100	90	85	80	75	70	65	60	55	50	45	40	35	30	25	22	20	17
	시지	50	45	40	35	30	27	24	21	18	15	12	10	8	5				

—『고려사』 식화지

〈보기〉
ㄱ. (가) – 관품과 함께 인품도 고려되었다.
ㄴ. (나) – 한외과가 소멸되었다.
ㄷ. (다) – 승인과 지리업에게 별사전이 지급되었다.
ㄹ. (가)~(다) – 경기 8현에 한하여 지급되었다.

① ㄱ, ㄴ ② ㄱ, ㄷ ③ ㄴ, ㄷ ④ ㄷ, ㄹ

004 □□□
2017년 지방직(하반기) 9급

고려 시대 토지 종목 중 ㉠에 해당하는 것은?

> 원종 12년 2월에 도병마사가 아뢰기를, "근래 병란이 일어남으로 인하여 창고가 비어서 백관의 녹봉을 지급하지 못하여 사인(士人)을 권면할 수 없습니다. 청컨대 경기 8현을 품등에 따라 (㉠)으로 지급하소서."라고 하였다.

① 공음전
② 구분전
③ 녹과전
④ 사패전

---

005 □□□

고려 시대의 경제생활에 대한 설명으로 옳은 것을 〈보기〉에서 모두 고른 것은?

─〈보기〉─
- ㄱ. 성종은 건원중보를 만들어 전국적으로 사용하게 하려했으나 성공하지 못하였다.
- ㄴ. 고려 후기 관청 수공업이 쇠퇴하면서 민간 수공업이 발달하였다.
- ㄷ. 예성강 어귀의 벽란도는 고려의 국제 무역항이었다.
- ㄹ. 원 간섭기에는 원의 지폐인 보초가 들어와 유통되기도 하였다.

① ㄱ, ㄴ, ㄷ　　　　　② ㄱ, ㄷ, ㄹ
③ ㄴ, ㄷ, ㄹ　　　　　④ ㄱ, ㄴ, ㄷ, ㄹ

006 □□□

고려 시대의 경제에 대한 설명으로 가장 옳지 않은 것은?

① 고려 종이는 질기고 반질거려 등피지라는 별명을 얻었다.
② 삼한통보, 해동중보, 건원중보 등의 동전을 만들어 사용하였다.
③ 개경, 서경에 상설 점포인 시전이 있었다.
④ 서리, 향리, 군인, 악공은 수조지를 받았다 .

007 □□□

㉠~㉣에 대한 설명으로 옳지 않은 것은?

> 고려는 국가가 주도하여 산업을 재편하면서 ㉠ 경작지를 확대하고, ㉡ 상업과 수공업의 체제를 확립하여 안정된 경제 기반을 확보하였다. 또 ㉢ 수취 체제를 정비하면서 양전 사업을 실시하고 ㉣ 토지 제도를 정비하였다.

① ㉠ - 농민이 황무지를 개간하면 일정 기간 소작료나 조세를 감면해 주었고 여러 수리시설도 개축하였다.
② ㉡ - 개경에 시전을 만들어 관영 점포를 열었고, 소는 생산한 물품을 일정하게 공물로 납부하였다.
③ ㉢ - 국초부터 군현 단위로 20년마다 양전을 실시하여 1/10의 조세를 거두었다.
④ ㉣ - 경종 때의 전시과 제도는 문무 관리의 지위와 직역, 인품에 따라 전지와 시지를 지급하였다.

008 □□□

고려의 대외 무역에 대한 설명으로 옳은 것은?

① 거란과 여진의 압력으로 송과의 교류가 끊어져 상호무역이 이루어지지 않았다.
② 예성강 어귀의 벽란도는 대외 무역의 발전과 함께 국제 무역항으로 번성하였다.
③ 일본은 11세기 후반부터 주로 모피를 가지고와 식량, 인삼, 서적 등과 바꾸어갔다.
④ 대식국인이라 불리던 아라비아 상인들이 비단, 약재 등을 가지고 고려와 무역하였다.

🎯 정답·해설

정답 5.④ 6.정답없음 7.③ 8.②

해설 5. ㄱ. 화폐를 유통시켜 경제를 통합하고 국가 재정을 보강하려고 시도하였다. ㄴ. 소 수공업의 해체와 유통경제 의 발달, 민간에서의 수공업품 수요가 증가하면서 고려후기에는 사원 수공업과 민간 수공업이 발달하였다. ㄷ. 여러 나라 상인들이 드나드는 국제 무역항으로 크게 번성하였다. ㄹ. 원 세조 때부터 지폐 전용책을 추진하면서 유통되었다.
    6. 정답없음(원래 ②.였는데, 이의제기.)
    7. ③조선시대이다. 태조는 '취민유도'를 내세우며 조세를 1/10로 낮추었다.
    8. ①송은 대외무역에서 가장 큰 비중을 차지한 국가였다. ③일본은 수은, 황, 감귤, 말 등을 고려에 가지고 왔다. ④수은, 향료, 호박 등을 고려에 가지고 왔다.

Chapter 03 고려의 사회

918년 태조, 흑창 설치
958년 광종, 과거 제도 실시
993년 12목에 상평창 설치
1170년 무신정변
1176년 망이 · 망소이 봉기
1275년 응방 설치

01 고려의 신분제도

1 고려사회의 특징

(1) **개방적 사회** 고려 개창 과정에서 새로운 지배층이 된 지방 호족이나 6두품 지식인의 성장은 고려가 이전보다는 개방적 사회 분위기로 발전하였음을 알 수 있게 함. 또한 광종부터 실시된 과거제도는 완전하진 않지만 지배계급 안에서의 계층 이동 수단으로 활용됨

(2) **문벌 귀족 사회** 개국 공신과 지방의 유력 호족을 중심으로 형성된 문벌 가문은 음서와 공음전을 통해 지배층으로 특권을 누림. 고려가 이전보다 개방적 사회로 평가받긴 하지만 가문에 따른 신분은 여전히 중시되어 폐쇄성을 무시하기 어려움

(3) **본관제** 원활한 지방 통치의 일환으로 통일신라 말부터 성장한 지방 호족 세력에게 본관을 부여하고 지역의 지배권을 어느정도 인정해 줌. 이때부터 평민들도 성씨 사용이 가능하게 되었으며 국가는 이들을 통해 조세의 안정적인 수입을 꾀함

2. 고려 신분제도

(1) **귀족**

① 왕족과 5품 이상의 고위 관료를 말함

② 개경에 거주하며 음서나 공음전의 혜택을 받아 권력과 부를 세습함

③ 귀족 가문끼리는 서로 혼인 관계를 맺어 가문의 세력을 불리는 일이 빈번하게 일어남

④ 고려 전기에는 문벌귀족, 고려 후기에는 권문세족 집단이 대표적임

(2) **중류층**

① **성격** : 지배층과 피지배층 사이에서 중간 역할을 담당하며 각종 실무를 수행한 계층. 이들의 직역은 세습되어 신분으로 정착됨

② **유형** : 중앙 관청의 서리, 궁중 실무 관리인 남반, 지방 행정의 실무를 담당한 향리, 직업 군인으로의 하급 장교인 군반, 지방의 역을 관리하는 역리, 말단 서리인 잡류 등

(3) **양민**

① **백정(농민)** : 일정한 직역 없이 주로 농업에 종사하며 조세, 공납, 역을 부담한 계층. 양민의 대부분으로 자기 소유의 민전을 경작하거나 다른 사람의 땅을 빌려 일정량의 소작료를 토지 주인에게 납부하며 농사를 지음. 과거 시험에 응시 가능했지만 현실적으로는 어려움이 많았음.

② **향·소·부곡민** : 공업이나 광업품의 생산에 종사함. 신분상으로는 양민이지만 더 많은 세금 부담을 하고 관직 진출에 있어서 차별 받는 특수집단이었음. 다른 지역으로 이주하는 것은 원칙적으로 금지됨

③ **신량역천** : 어부, 염간, 목자간, 철간, 봉화간 등으로 신분은 양인이지만 직업이 천한 사람들의 계층

(4) 천민

① **공노비** : 공공기관에 속한 노비

　㉠ **입역 (공역)노비** : 급료를 받으며 궁중과 중앙 관청, 지방 관아의 잡역에 종사

　㉡ **납공(외거) 노비** : 지방의 국유지를 경작하는 농업에 종사함. 농경을 하여 얻은 수입 중 일부를 관청에 바쳐야 했음.

② **사노비** : 개인이나 사원에 예속된 노비

　㉠ **솔거 노비** : 귀족이나 사원이 소유한 노비. 소유주의 집에 거주하며 일을 도움

　㉡ **외거 노비** : 주인과 따로 살면서 일을 돕거나 공물을 바치는 노비. 주인에게 어느정도 예속되어 있는 상태이긴 하나, 독립적 경제 생활이 가능했음

③ **특징**

　㉠ 재산으로 간주되어 매매 · 증여 · 상속의 대상이 됨. 성씨는 가질 수 없었으며 신분이 세습됨

　㉡ **일천즉천** : 부모 중 한쪽이 노비면 자식도 노비

　㉢ **천자수모법** : 부모가 노비이면 자식은 어머니의 소유주에게 예속됨

　㉣ **국역** : 양인이 아니므로 국역의 부담을 지지 않음

　㉤ **가족** : 결혼하여 가정을 이루는 것은 가능했지만 호적은 없었음

02 고려 지배세력의 변화

1. 문벌귀족

(1) 유형

① **호족** : 건국 초기에 공을 세웠거나 지방의 유력한 호족들이 자리를 잡아 귀족 집단인 문벌귀족이 됨

② **6두품** : 성리학적 기반을 가진 신라 6두품 세력이 과거제를 통하거나 공을 세워 중앙 관리로 진출하여 문벌귀족을 형성

(2) 특징

① **정치 기반** : 과거와 음서를 통해 관직 독점

② **경제 기반** : 세습 가능한 공음전과 전시과 체제에서 지급받은 녹봉

③ **성장** : 개경에 거주하며 같은 귀족이나 왕실과의 혼인 관계로 키움

④ **대표적 문벌** : 경주 김씨(김부식), 경원 이씨(이자겸) 파평 윤씨(윤관) 등

⑤ **몰락** : 이자겸의 난과 묘청의 서경 천도 운동을 거치며 문벌 귀족 사회의 모순을 드러냄

2. 권문세족

(1) **유형**

① 무신정권과 원 간섭기를 거치면서도 세력을 잃지 않은 문벌귀족

② 무신정권 때 급성장한 무신 가문

③ 원 간섭기 때 친원 세력으로 성장한 가문과 관리 (역관, 환관) 등

(2) **특징**

① **정치 기반** : 도평의사사를 장악하거나 음서로 고위 관직 독점

② **경제 기반** : 대농장 소유, 불법적 토지 겸병

③ **성장** : 음서제도

④ **성향** : 불교를 옹호, 후원 ➡ 사원의 토지가 증가하여 백성을 착취하는 폐단이 심함, 외교적으로
는 친원적인 성향임

⑤ **몰락** : 공민왕의 개혁을 통해 권문세족이 불법적으로 사유한 토지와 노비를 원래 주인에게 돌
려주어 경제 기반을 약화시키고자 노력함. 이성계의 위화도 회군 이후 신진 사대부에게 권력을
내줌

3. 신진사대부

(1) **유형**

① 공민왕 이후 과거를 통해 정계에 진출한 관리

② 지방 중소지주 또는 향리

(2) **특징**

① **경제 기반** : 지방 중소 지주로서 보유한 소농장

② **성장** : 과거를 통해 관직에 등용되었으며 성리학적 명분론을 내세워 권문세족의 비리를 밝히며
성장

③ **사상** : 성리학

(3) **개혁 추구** : 전시과의 붕괴로 과전을 받지 못하게 되자 권문세족의 사전 소유를 비판함. 성리학
적 명분론으로 구질서의 모순을 비판하고 전반적인 사회 개혁을 추구함

(4) **한계** : 권문세족의 인사권 장악으로 고위 관직으로의 진출이 제한됨. 과전과 녹봉도 제대로 받
지 못함

03 백성들의 생활모습

1 향도(香徒)

(1) **의미** 농민들은 일상 의례와 공동 노동 등을 통하여 공동체 의식을 다짐, 불교의 신앙조직이었던 향도가 대표적임

(2) **활동** 매향 활동을 함, 이는 위기가 닥쳤을 때를 대비하여 향나무를 바닷가에 묻었다가 이를 통하여 미륵을 만나 구원받고자 하는 신앙 활동

(3) **변화**

① **초기** : 불교 상징물인 불상이나 석탑을 만들거나 대규모 인력이 동원되는 사찰 건립 공사에서 주도적 역할을 하며 신앙을 다짐

② **후기** : 농민조직으로 변모하여 자신들의 이익과 공동체 생활을 우선으로 하는 조직으로 발전

▲ 사천 매향비

2 사회 제도

제도	성격	왕	내용
흑창	농민 구휼	태조	빈민 구제 기관으로서 곡물을 모아두고 흉년을 대비함
의창		성종	흑창을 개칭한 것으로 고구려의 진대법을 계승, 발전시킴 무이자, 춘대추납의 원칙
제위보		광종	일정 기금을 만들어 그 이자로 빈민을 구제하는 기구
상평창	경제 안정	성종	물가 안정을 위한 기관 개경과 서경 및 12목에 설치함
동서대비원	의료	문종	가난한 환자의 진료 및 빈민구휼 담당, 개경에 설치, 서경에도 분사 1원을 둠
혜민국		예종	백성들에게 나누어 줄 의약을 전담한 기관
구제도감			재해 발생 시 백성을 구제함
구급도감		고종	환자 치료를 위한 기구

3. 법률과 풍속, 고려 여성의 지위

(1) **고려의 법률**

① **특징** : 당률을 참작한 71개조의 법률이 시행되었지만 대부분에 관습법에 따름

② **재판** : 지방관의 사법권이 매우 커 중요 사건 이외에는 재량권을 행사함

③ **형벌의 종류** : 반역죄 및 불효죄는 중죄로 다스렸으며 태·장·도·유·사형의 5종이 시행함

④ **형벌 집행 보류**

㉠ 귀양형을 받은 자가 부모상을 당하였을 경우 유형지에 도착하기 전에 7일간의 휴가를 주어 부모상을 치르게 함

㉡ 70세 이상의 노부모를 두고 봉양할 가족이 없을 경우 형벌의 집행을 보류하기도 함

⑤ **삼복제 (문종)** : 사형에 해당하는 죄는 세 번의 심리를 거치도록 하여 억울한 일이 생기는 것을 막 도록 함

⑥ **삼원신수법** : 심문의 공정성을 위하여 형관 3명이 배석하여 심문함

⑦ **속동제** : 재산을 바치고 형을 대신하는 제도, 다만 신분마다 적용에 차이가 있었고 관인이라고 해도 중죄의 경우 적용되지 않음

(2) 고려의 풍속

① **혼인풍습** : 왕실은 일부다처제, 백성은 일부일처제가 일반적임

　　㉠ **고려 초기** : 여자는 18세, 남자는 20세 이후에 혼인함. 왕실 친족 간의 근친혼과 동성혼이 성행함

　　㉡ **고려 중기 이후** : <u>근친혼에 대한 금령에도 불구하고 풍습이 사라지지 않아 사회문제로 대두 됨</u>
　　　　　　　　　　　　　 └┈┈┈●충선왕 복위 교서

② **장례와 제사** : 유교적 규범을 시행하려는 정부의 의도와는 달리 대개로 토착 신앙과 융합된 불교의 전통 의식과 도교 신앙의 풍습을 따름

③ **불교행사** : 연등회와 토착 신앙과 불교가 융합된 팔관회는 국가의 재건으로 중시됨

④ **명절** : 정월 초하루, 삼짇날, 단오, 유두, 추석 등이 있었으며 단오 때는 격구와 그네뛰기 및 씨름을 즐김

▶ 연등회와 팔관회

연등회	· 2월 15일 전국에서 개최 · 부처의 공덕을 기리는 불교 행사
팔관회	· 개경(11월), 서경(10월) 개최 · 토속 신앙과 불교의 결합 · 송과 아라비아 상인들이 참여하면서 국제 무역적 성격도 띰

(3) 여성의 지위

① **균분 상속** : 남녀의 차별 없이 자녀에게 골고루 상속함

② **호적 등록** : 태어난 차례대로 호적을 기재함. 여성도 호주로 등재가 가능하여 남녀 간 차별을 하지 않았음

③ **가정생활** : 여성의 사회 진출에는 제한이 있었으나 가정생활이나 경제 운영에 있어서는 여성의 지위가 남성과 거의 대등함

④ **제사 봉행** : 아들이 없을 경우 양자를 들이지 않고 딸이 제사를 지냄

⑤ **상복 제도** : 친가와 외가의 차이가 크지 않음

⑥ **재산 분배** : 남편이 먼저 죽으면 재산의 분배권을 아내가 가지기도 함

⑦ **여성의 재가** : 여성의 재가가 비교적 자유롭게 이루어졌고, 그 소생 자식의 사회적 진출에도 차별을 받지 않음

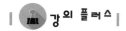
⑧ **음서 혜택** : 사위와 외손자에게까지 음서의 혜택이 있었으며 공을 세운 사람은 부모는 물론 장인
　과 장모도 함께 상을 받음

⑨ **남귀여가혼** : 사위가 처가의 호적에 입적하여 처가에서 생활하는 경우를 이르는 말. 일반적으로
　는 남자가 여자의 집으로 장가 가서 어느 정도 생활한 후에 시집으로 갔음

▶ **처가살이**
서류부가혼, 남귀여가혼, 솔서혼

▶ **고려시대 여성의 지위**

지금은 남자가 장가들면 여자 집에 거주하여, 남자가 필요로 하는 것은 모두 처가에서 해결하고 있습니다 그리하여
장인과 장모의 은혜가 부모의 은혜와 똑같습니다. 이아, 장인께서 저를 두루 보살펴 주셨는데 돌아가셨으니, 저는 장
차 누구를 의지해야 합니까?　　　　　　　　　　　　　　　　　　　　　　　　　　　　　　　　－「동국이상국집」

박유(1275, 충렬왕)가 "청컨대, 여러 신하와 관료로 하여금 여러 처를 두게 하되 품위에 따라 그 수를 점차 줄이도록
하여 보통 사람에 이르러서는 1처 1첩을 둘 수 있도록 하며, 여러 처에서 낳은 아들도 역시 본처가 낳은 이들처럼 벼
슬을 할 수 있게 하기를 원합니다."라고 하였다.　　　　　　　　　　　　　　　　　　　　　　　　　－「고려사」

"자식에 대한 부모의 마음은 균등한데 어찌 장성하여 결혼한 딸에게는 후하고, 어미 없는 아들에게는 박하겠는가?
어린아이가 의지할 자는 누이였으니 만일 누이와 균등하게 재산을 물려주면 동생을 사랑함이 덜하여 잘 양육하지 않
을까 염려한 것이다. 따라서 아버지는 이들이 성장하게 되면 물려줄 옷과 관을 갖추어 입고서 상속의 몫을 찾기 위
한 탄원서를 제출할 수 있도록 종이와 붓 등을 유산으로 남겨 준 것이다."라고 하니, 누이와 남동생이 서로 부여잡고
울었다.　　－「고려사, 손변열전」

01 | 고려의 사회

001 ☐☐☐ 2018년 서울시 7급

고려 시대 신분제도에 대한 설명으로 가장 옳지 않은 것은?

① 왕실과 혼인을 통하여 외척이 되어 대대로 특권을 누리는 문벌 가문이 나타났다.

② 상층 향리인 호장층은 지방 세력 가운데 과거 합격률이 가장 높아 관료를 배출하는 모체가 되었다.

③ 서민이 손쉽게 출세하는 벼슬은 궁궐의 잡무를 맡은 서리층으로 이를 산관이라 했다.

④ 광산에서 일하는 광부를 철간, 어부를 생선간, 소금 굽는 염부를 염간, 목축하는 사람을 목자간, 뱃사공을 진척이라 불렀다 .

002 ☐☐☐ 2015 기상직 7급

다음 자료에서 언급된 향리에 대한 설명을 〈보기〉에서 모두 고른 것은?

> • 최사위가 아뢰기를 "향리의 칭호가 복잡하니 지금부터 여러 주 · 군 · 현의 이(吏)는 그대로 호장이라 하고 향 · 부곡 · 진 · 역의 이(吏)는 다만 장이라 칭하도록 하십시오."라고 하니 이에 따랐다. 　－『고려사』
>
> • 신라 말에 모든 읍의 토인(土人)들이 그 읍을 다스리고 호령하였다. 그런데 고려 왕조 통합 이후 토인에게 직호를 내리고 해당 지방의 백성을 다스리게 하였으니 이를 호장이라 하였다. 그 자제는 서울에 머물게 하여 인질로 삼고 수령을 보내 감독하게 하였다. 성종때에 이르러 수령에게 호장을 통제하도록 하고, 드디어 강등하여 향리로 만들었다. 　－『연조귀감』

〈보기〉

ㄱ. 호장은 중앙의 상서성에서 임명하였다.

ㄴ. 사심관 제도를 통해서 향리 세력을 통제하였다.

ㄷ. 향리의 자제를 인질로 삼은 것은 기인 제도였다.

ㄹ. 속군, 속현 지역은 향리들이 실질적으로 통치하였다.

① ㄷ, ㄹ   ② ㄱ, ㄷ, ㄹ

③ ㄴ, ㄷ, ㄹ   ④ ㄱ, ㄴ, ㄷ, ㄹ

003 ☐☐☐ 2017년 국가직(하반기) 9급

다음은 『고려사』의 일부 내용이다. 이 시기에 대한 설명으로 옳지 않은 것은?

> • 명학소를 충순현으로 승격시켰다. 수령까지 두어 위무하더니 태도를 바꿔 군대를 보내와서 토벌하니 어찌된 까닭인가.
>
> • 순비 허씨는 일찍이 평양공 왕현에게 시집가서 3남 4녀를 낳았는데, 왕현이 죽은 후 충선왕의 비가 되었다.
>
> • 윤수는 매와 사냥개를 잘 다루어 응방 관리가 되었으며, 그의 가문은 권세가가 되었다.

① 향 · 소 · 부곡 등 특수 행정 구역이 주현으로 승격되기도 하였다.

② 여성의 재혼을 규제하려는 움직임이 나타났다.

③ 향리 이하의 층도 문무반으로 신분 상승을 할 수 있었다.

④ 충선왕 대 이후에도 왕실 족내혼이 널리 행해졌다.

🎯 **정답 · 해설**

정답 1.③ 2.④ 3.④

해설 1. ③ 궁궐의 실무를 담당하는 관리는 남반이다. 고려시대 산관은 전직관료를 뜻한다.

　　2. 호족 출신 향리는 호장 · 부호장을 형성하며 지방의 실질적 지배층이다. 이들은 통혼이나 과거시험을 통해 하위향리와 구별되며 실무행정을 총괄한다.

　　3. '명학소를 충순현으로 승격'을 통해 무신집권기, '충선왕의 비' '응방'을 통해 원 간섭기임을 알 수 있다. 이 시기는 고려 후기이다. ④ 충선왕은 복위교서를 통해 15개 가문을 '재상 지종'으로 선정, 족내혼을 금지 할 것을 명하였다. 이후 족내혼이 감소하였다.

004 □□□

2018년 경찰(순경) 2차

고려 시대에 국가 운영을 위하여 시행한 사회 정책에 대한 설명으로 가장 적절하지 않은 것은?

① 고려는 개경과 서경 및 12목에 상평창을 설치하여 물가를 조절하였다.

② 고려는 흉년 등 어려운 때에 백성을 구제하기 위하여 의창을 만들어 봄에 곡식을 빌려주고 가을에 갚게 하였다.

③ 대비원은 환자를 진료하고 갈 곳이 없는 어려운 사람들을 돌보아 주었다.

④ 혜민서는 유랑자를 수용하고 구휼하였다.

005 □□□

2018년 경찰간부

고려 시대 여성의 지위에 관한 다음 설명 중 가장 옳은 것은?

① 부모의 유산은 자녀에게 차등적으로 분배되었다.

② 아들이 없는 경우 양자를 들이는 것이 일반적인 현상이었다.

③ 사위가 처가의 호적에 입적하여 생활하는 경우가 적지 않았다.

④ 제사는 반드시 장남이 지내야 한다는 의식이 확산되었다.

006 □□□

2017년 지방직 7급

고려 사회에 대한 설명으로 옳은 것만을 모두 고른 것은?

ㄱ. 여성은 재혼이 가능하였다.

ㄴ. 여성은 호주가 될 수 없었다.

ㄷ. 부모의 재산은 아들과 딸의 구분 없이 고르게 상속되었다.

ㄹ. 결혼할 때 여성이 데려온 노비에 대한 소유권은 남편에게 귀속되었다.

① ㄱ, ㄴ   ② ㄱ, ㄷ

③ ㄴ, ㄹ   ④ ㄷ, ㄹ

007 □□□

2018년 기상직 9급

다음의 ( ) 안에 들어갈 사회 조직에 대한 설명으로 옳은 것을 〈보기〉에서 고른 것은?

소승이 ( ) 천명과 더불어 크게 발원(發願)하여 침향(沈香)을 땅에 묻고 미륵보살이 하생(下生)되기를 기다려서 용화회(龍華會) 위에 세 번이나 모셔 이 매향불사(埋香佛事)로 공양을 올려 …… 미륵보살께서 우리의 동맹을 위하여 미리 이 나라에 나시고, …… 모두가 구족(具足)한 깨달음을 이루어 임금님의 만세와 나라의 융성, 그리고 중생의 안녕을 비옵니다.

〈보기〉

ㄱ. 초제(醮祭)를 통하여 나라의 안녕과 왕실의 번영을 기원하였다.

ㄴ. 미래불의 도래를 통한 민중의 구원을 바라는 불교 신앙과 관련이 있었다.

ㄷ. 국가가 농민의 생활을 안정시켜 국가 재정을 확보하기 위하여 조직하였다.

ㄹ. 마을의 노역, 혼례와 상장례, 마을 제사 등을 주관하는 농민 공동 조직의 기능을 수행하였다.

① ㄱ, ㄴ   ② ㄱ, ㄹ

③ ㄴ, ㄹ   ④ ㄷ, ㄹ

정답·해설

정답 4.④ 5.③ 6.② 7.③

해설 4. ④ 고려시대에는 혜민서가 아니라 혜민국이 있었다. 혜민국은 의약과 서민을 구료(求療)하는 임무를 관장하였던 관서이다.

5. ① 고려는 남녀의 차별이 없는 균분상속이다. ② 조선후기 ④ 조선후기, 고려는 형제가 돌아가면서 제사를 지내고 사위가 처가의 제사를 모시기도 한다.

6. ㄴ.고려는 태어난 순서로 호적에 등록되고 여성도 호주로 등재되었다. ㄹ.결혼 할 때 데리고 온 노비의 소유는 부인이 가지고 있고, 재혼을 하면 노비를 데리고 갔다.

7. '침향을 땅에 묻고~', '매향'을 통해 향도임을 알 수 있다. ㄱ.도교행사 ㄷ.향도는 각종 불교 행사에 참여하거나 내세의 복을 빌기 위하여 지역민들이 자발적 조직이다.

Chapter 04 고려의 문화

1011년 현종, 초조대장경 조판 시작 1145년 김부식 〈삼국사기〉 1281년 일연 〈삼국유사〉

1109년 예종, 국학에 7재를 둠 1236년 팔만대장경 조판 시작 1377년 〈직지심체요절〉

01 유학의 발달과 역사서의 편찬

1 고려 사상의 발달 :

고려는 유교와 불교가 함께 발전함, 유교는 치국의 도이고, 불교는 신앙생활과 관련한 수신의 도로서 서로 보완하는 기능을 수행하면서 유교문화와 불교문화가 함께 발전함

2. 유학의 발달

(1) **고려 초기**

① **태조** : 최언위, 최응, 최지몽 등 6두품 계통의 유학자들이 유교주의에 입각한 국가 경영을 건의함

② **광종** : 당 태종의 『정관정요』를 국왕의 통치 지침서로 활용하였으며, 과거제도를 실시하여 유학에 능숙한 관료를 등용하고 문필을 담당하는 문헌기구를 정비함

③ **성종** : 유교 정치사상이 확고하게 정립하고 유학 교육 기관이 정비 됨

④ **현종** : 신라 유교 전통을 중시하여 설총과 최치원을 홍유후와 문창후로 각각 추존하고 문묘에 제사를 지내게 함

⑤ **성격** : 고려 초기의 유교 사상은 자주적이고 주체적인 특성을 지님

⑥ **학자**

ㄱ. **최승로** : 시무 28조의 개혁안을 올리고 유교 사상을 치국의 근본으로 삼아 사회개혁과 새로운 문화 창조를 추구함, 자주적이고 주체적인 특성을 지님

ㄴ. **김심언** : 봉사 2조를 올려 성종의 정책 수행에 큰 지침이 되게 함

(2) **고려 중기**

① **정종** : 『한서』, 『당서』 등과 『예기정의』, 『모시정의』를 간행함

② **예종** : 궁중에 청연각, 보문각, 천장각, 임진각 등의 도서관 겸 학문연구소를 설치함, 경연을 통해 학자들과 학문을 토론하고 『정관정요』, 『속편년통재(역사서)』, 『해동비록(음양 지리서)』 등의 서적을 편찬함

③ **인종** : 경사 6학을 완비하고 지방에 향학을 세웠으며, 『효경』과 『논어』를 배포함

④ **성격** : 귀족적 취향의 시문이 중시되고 유교 경전의 전문적인 이해가 심화되면서 유교 문화가 성숙해짐, 그러나 문벌 귀족 사회의 발달과 함께 유교 사상도 점차 보수적인 성격으로 바뀌어감

⑤ **결과** : 인종 대를 전후하여 고려 내부에는 김부식을 중심으로 유학파와 묘청으로 대표되는 국풍파 사이의 심각한 갈등이 조성되어 이후 묘청의 난이 발생하는 계기가 됨

⑥ **학자**

ㄱ **최충** : 문종 때 '해동공자'라는 칭송을 받았으며, 관직에 물러난 후 9재 학당을 건립하여 고려의 훈고학적 유학에 철학적인 경향을 새로이 불어 넣어 유학을 한 차원 높임

ㄴ **김부식** : 인종 때 고려 중기의 보수적이고 현실적인 성격의 유학을 대표하였으며 그의 사상이 반영된『삼국사기』를 저술함

(3) **무신정변 후** 무신 정변으로 문벌 귀족 세력이 몰락함으로써 유학이 한동안 위축됨, 최씨 집권기에는 행정 실무를 담당할 능문능리의 관료를 등용하기 위해 과거를 시행하여 과거를 통해 진출한 유학 관료층이 형성됨

3 교육 기관

관리 양성과 유학 교육을 위하여 학교를 세우고 교육을 장려함

(1) **고려 초기의 교육** 관학 중심의 교육이 이루어짐, 중앙에는 국립대학으로 국자감(국학)을, 지방에는 향교가 설치됨, 경학과 의학교육을 위해 지방 12목에는 박사를 파견함

(2) **성종**

① 중앙 교육으로 국자감을 설치함, 지방에는 향교를 설치하여 지방 관리와 서민자제들의 교육을 담당함

② 경학부의 경우 교과별, 능력별로 입학하는 것이 아니라 신분별로 입학함, 평민은 잡학부에만 입학이 가능함

③ 기술학부(율학 · 서학 · 산학)외의 기술 교육은 해당 관청에서 담당함

④ 국자감과 태학에 입학하는 사람에게는 공음전과 음서제의 특권을 부여함

⑤ **관리 재교육** : 관리의 질적 향상을 위하여 문신월과법을 시행함

⑥ **경적 관리 기구** : 개경에 비서성, 서경에 수서원을 설치함

(3) **고려 중기의 교육 기관**

① **사학 12도**

ㄱ **배경** : 11세기 중엽 문종 때는 정치 · 경제 · 문화의 모든 면에서 안정과 번영이 절정에 이르게 됨 ⇨ 유교가 더욱 발전함

ㄴ **내용** : 유교 서적과 기술학 서적이 대량으로 간행되고 최충, 정배걸, 노단 등의 학자가 배출되어 12개의 사립학교가 설립 됨

ㄷ **9재 학당(1055)** : 최충은 9개의 전문 학과로 나눈 9재 학당(문헌공도)에서 9경과 3사를 가르침

ㄹ **결과** : 사학 12도가 융성하고 사학 교육을 받은 학생들이 과거에서 좋은 성적을 거두게 되자 국자감의 관학 교육은 위축됨

② **관학 진흥책** : 관학 교육이 위축되자 정부는 관학 진흥을 위한 여러 시책을 추진함

▶ **유학부 입학 자격과 수학 내용**
• 국자학 : 3품 이상 – 유교 경전
• 태　학 : 5품 이상 – 역사, 정치
• 시문학 : 7품 이상 – 문학(시+문)

ⓐ **숙종** : 국자감을 강화하기 위해 서적포를 두어 서적을 간행함

ⓑ **예종** : 국자감 내에 7재라는 전문 강좌를 설치함, 도서관 겸 학문 연구소인 청연각, 보문각, 천장각, 임천각 등에서『속편년통재』,『정관정요』,『해동비록』등을 편찬 함, 장학재단인 양현고를 두어 관학의 경제적 기반을 강화함

ⓒ **인종** : 개경에 경사 6학을 정비하고 향교를 중심으로 지방 교육을 강화함, 김부식을 등용하여 유학 교육을 강화하고『삼국사기』를 편찬함

ⓓ **충렬왕** : 양현고의 부실을 보충하기 위해 교육 재단으로 섬학전을 설치함, 국자감을 국학으로 개칭함, 공자의 사당인 문묘를 새로 건립하여 유교 교육을 진흥시킴, 경과 사에 능한 교수들을 도감에 소속시켜 7품 이하의 하급관리를 가르치는 경사교수도감을 운영함

ⓔ **공민왕** : 최고 학부인 성균관을 부흥시켜 유교 교육 기관으로 개편하고 유교 교육을 강화함

4 역사서의 편찬

(1) **고려 전기의 역사서** 유교적인 역사 서술 체계가 확립되면서 많은 역사서가 편찬됨, 고구려 계승 의식을 뚜렷하게 표방하였으며, 자주적이고 주체적인 사관에 의해 편찬됨

① **고려왕조실록** : 거란의 침입으로 불탐

② **7대 실록** : 태조 ~ 목종까지의 기록으로 현종 때 편찬하기 시작하여 덕종때 완성하였으나 임진왜란 때 소실됨

③ **편년통재** : 연대와 저자는 알 수 없으나 김부식의『삼국사기』에 소개

(2) **고려 중기의 역사서** 유교적인 사대주의의 영향으로 신라 계승 의식이 강화됨

① **가락국기** : 문종 때 금관지주사를 지낸 김양감이 지은 것으로 추측되며 금관가야의 역사를 기록하였으나 현존하지 않음, 일부 내용이『삼국유사』에 요약되어 전해짐

② **고금록** : 박인량이 저술한 편년체 사서로 숙종 원년에 완성됨, 편찬 직후 비서성에 보관하였다고 하는데 현존하지 않아 구체적인 내용은 알 수 없음

ⓐ 고금록 : 숙종, 박인량(현존Ⅹ)

ⓑ 고금록 : 충렬왕, 원부, 허공

③ **속편년통재** : 예종 때 홍관이 편찬한 편년체 사서였으나 현존하지 않음

④ **삼국사기(인종, 1145)**

ⓐ **최고의 사서** : 김부식 등 11명이 왕명을 받아 편찬한 우리나라 최고의 역사서임

ⓑ **기전체** : 고려 초에 쓰여진 자주적이고 진취적인『구삼국사』를 기본으로 하였으나『구삼국사』의 역사관을 전환하여 유교적 합리주의 사관에 기초하여 기전체로 서술됨

ⓒ **신라 계승 의식** : 고구려는 호전적인 국가, 백제는 속임수가 많았던 국가로 고구려·백제와 연결되는 고조선·삼하의 역사를 삭제하는 등 신라 계승 의식이 더 많이 반영 됨

ⓓ **특징** : 역사적 사실과 사론을 명확하게 구별하고,『본기』,『연표』,『지』,『열전』으로 나누었는데 고구려·백제·신라의 역사를『본기』에 수록함, 불교 설화는 배제함, 고유한 풍습이나 명칭을 그대로 사용하고, 삼국을 '아(我)'로 표현하는 등 민족의식을 명확히 함

⑤ **편년통록** : 김관의가 의종 때 편찬하였으며 송 왕실의 계보를 정리한『편년통재』를 참조하여 서술함, 태조 왕건의 6대조부터의 행적을 적은 설화를 실었으나 전하지 않음

(3) **고려 후기의 역사서** 무신 정변 이후 사회적 혼란과 치열한 대몽 항쟁을 거치면서 민족적인 자주의식을 바탕으로 전통문화를 바르게 이해하는 경향이 대두 됨

① **동명왕편(명종, 1193, 이의민 집권기)** : 고려 후기에 이규보가 고구려 동명왕(東明王)에 관해 쓴 장편 서사시. 이규보는 중국 중심의 역사 의식에서 벗어나 이제는 전하지 않는『구삼국사(舊三國史)』를 참고해 고려가 위대한 고구려를 계승하고 있다는 의도로 동명왕편을 집필함

> **▶ 동명왕편에 보이는 역사의식**
>
> 세상에서는 동명왕(東明王)의 신통하고 이상한 일을 많이 말하니, 비록 시골의 어리석은 남녀들도 자못 그 일을 말할 수 있을 정도다. 내가 일찍이 그 얘기를 듣고 웃으며 말하기를, "선사(先師) 중니(仲尼)께서는 괴력난신(怪力亂神)에 대해 말씀하지 않으셨으니, 동명왕의 일은 실로 황당하고 기괴하여 우리들이 얘기할 것이 못 된다"라고 하였다. 후일『위서(魏書)』와『통전(通典)』을 읽어 보니 또한 동명왕의 일을 싣고 있었지만 간략하여 자세하지 않았다. 아마도 자기 나라의 일은 자세히 하고 외국의 일은 소략하게 기록하려 한 뜻이 아니겠는가.
>
> 지난 계축년(1193, 명종 23년) 4월에『구삼국사(舊三國史)』를 얻어 동명왕본기(東明王本紀)를 보니 그 신이한 사적이 세상에 전하는 것보다 더하였다. 그러나 처음에는 믿지 못해 귀신이나 환상으로만 여겼는데, 세 번 반복하여 읽어서 점점 그 근원에 들어가니, 환상이 아니고 성스러움이며 귀(鬼)가 아니고 신(神)이었다. 하물며 국사(國史)는 사실 그대로 쓴 글이니 어찌 함부로 전하였겠는가. 김부식 공은 국사를 다시 편찬할 때에 자못 그 일을 생략하였으니, 공은 국사란 세상을 바로잡는 글이므로 크게 이상한 일은 후세에 보일 것이 아니라고 여겨 생략한 것이 아니겠는가?
>
> 『동국이상국집, 동명왕편』

② **해동고승전(고종, 1215)** : 1215년(고종 2) 고려 때의 승려 각훈(覺訓)이 우리나라 고승들의 전기를 정리하여 편찬한 역사서. 교종 승려가 편찬하였기에 당시 선종의 융성에 대응하는 측면이 있었음.『삼국사기』는 불교사가 소략하게 다뤄져 있는데 반해 이 책은 승려들의 이야기를 토대로 자세히 서술함. 현존하는『해동고승전』은 그 내용의 일부만 전해짐

③ **삼국유사(충렬왕, 1281)** : 일연이 충렬왕 때 편찬한 역사서로 불교사를 중심으로 고대부터 전해진 설화나 신비한 이야기들로 주요 역사적 사실을 표현함. 설화 중심의 기사본말체로 서술되어 있으며 일반적으로 신이사관에 입각한 서술로 평가됨. 단군설화를 자세히 기록하여 단군을 우리 민족의 시조로 파악하여 매우 중요하게 다루고 있음을 알 수 있음

> **▶ 신이사관에 입각한 삼국유사**
>
> 임금이 장차 일어날 때는 천명과 비기를 받으므로 반드시 보통 사람과는 다른 점이 있다. 그런 뒤에야 큰 변화를 타서 기회를 잡아 대업을 이룰 수 있는 것이다. … 삼국의 시조들이 모두 신이한 일로 탄생했음이 어찌 괴이하다고 하겠는가. 이것이 기이(紀異)편을 책 첫머리에 실은 까닭이며, 그 뜻도 여기에 있다.
>
> 『삼국유사』

④ **제왕운기 (충렬왕, 1287)** : 1287년(충렬왕 13)에 이승휴가 지은 장편 서사시. 칠언과 오언 형식으로 편찬하였음. 단군(혈연 집단), 기자(문화 집단), 위만(민족 생활권)이라는 3조선설을 처음으로 채택함. 단군 조선을 한국사의 기원으로 설정하며 중국과 우리나라의 지리적 · 문화적 차이를 강조함. 이는 비슷한 시기에 저술된『삼국유사(三國遺事)』의 서술 태도가 보여준 자주적 문제의식과 일맥상통함을 엿볼 수 있음. 또한, 발해를 고구려의 계승국으로 인정하고 고려 태조에게 귀순한 사실 등을 서술하여 발해를 최초로 우리 역사의 한 부분으로 편입시킴

> ▶ 제왕운기 서론
>
> 예부터 제왕들이 흥하고 망하던 사실들은 세상을 다스리는 군자들이 몰라서는 안 되는 일이다. 그러나 고금의 전적(典籍)들은 많고 많으며 앞뒤가 서로 엉클어져 복잡하다. 그러니 요긴한 것을 추려 시로 읊조릴 수만 있다면 보기에 편리하지 않겠는가. 이런 까닭에 옛 책에 따르고 삼가 여러 자(子)·사(史)에서 뽑아 밝힌 것이다. 만약 지금까지 드러나지 아니한 방책 같은 것들이 환하게 세상에 퍼지게만 된다면, 선한 일은 법이 되겠고 악한 일은 경계가 될 것이니, 문득 일에 따라서는 『춘추(春秋)』 같은 역할도 할 수 있을 것이다. 이 때문에 이름 지어 『제왕운기』라 하나니, 대체로 2,370언인데, 대개 충신·효자가 임금과 아비를 모시는 뜻이 들어 있다.
>
> 『제왕운기』

> ▶ 〈진삼국사기표〉 – 김부식이 『삼국사기』를 인종에게 바치면서 올린 글
>
> 우리 해동 삼국은 역사가 오래되어 그 사실이 응당 책에 밝혀져야 되겠기에, 노신(김부식)에게 명하여 이를 편집토록 하셨으나, 스스로 돌아봐도 부족할 따름이라 어찌할 바를 몰랐습니다. 삼가 생각건대 성상 폐하께서는 …… "오늘날 학사·대부들이 오경·제자의 글 및 진한 역대의 사서(史書)에 대하여는 간혹 환하게 알아 상세히 말하는 자가 있지만, 우리나라의 일에 이르러서는 도리어 아득하여 그 전말을 알지 못하니, 매우 개탄할 노릇이다." 라고 여기셨습니다.……. 그에 관한 옛 기록은 표현이 거칠고 졸렬하며, 사건의 기록이 빠진 것이 있으므로, …… 인재를 찾아 권위 있는 역사서를 완성하여 만대에 전하여 빛내기를 해와 별처럼 하고자합니다.

(5) 성리학적 유교사관의 역사서

① **특징** : 전통의식과 대의명분을 강조한 역사서를 편찬

② **본조편년강목(충숙왕, 1317)** : 민지에 의해 편찬, 우리나라 최초의 강목체 사서로 성리학적 역사 서술 방식이 반영 됨. 일명 '본조편년강목(本朝編年綱目)', 줄여서 '편년강목(編年綱目)'이라고도 한다. 모두 42권으로 구성되었다고 하나 현재 전하지 않음. 태조의 3대조 ~ 고종까지의 고려 왕조의 역사를 기록했으며 충목왕 때 이제현, 안축, 이곡이 다시 증수, 편찬함

③ **국사·사략(공민왕, 1357)**

ㄱ **편찬** : 이제현은 고려의 통사를 집필하기 위한 목적으로 백문보, 이달충과 함께 『국사』를 편찬할 계획을 세움, 이를 편차하기 위해 이제현이 담당한 초고가 『사략』임. 현재는 『사략』에 실었던 사론만 전해짐

ㄴ **왕권 강화 의도** : 원에 의해 국왕이 자주 교체 되자 왕권을 중심으로 국가 질서를 회복하려는 개혁의식을 반영함

ㄷ **유교적 왕도 정치** : 대의명분을 강조하며 역대 왕들의 치적을 평가하면서 유교적 왕도 정치 이념을 강하게 드러냄

5 성리학의 전래

(1) 성리학의 개념

① **성리학** : 중국 송(宋)·명(明)나라 때 학자들에 의하여 성립된 유학의 사조. 남송의 주희가 집대성함. 인간의 심성과 우주의 원리 문제를 철학적으로 탐구

② **특성** : 이(理)·기(氣)의 개념을 중심으로 우주의 생성과 구조, 인간 심성의 구조 등을 깊이 탐구하였음. 한·당의 훈고학이 다루지 못하였던 여러 분야에서 새로운 유학사상을 수립하였으며 5경보다 4서(대학·논어·맹자·중용)를 중시함, 대의명분과 정통의식을 중시함

▲ 이제현

(2) 성리학 수용 과정

① **전래 및 배경** : 혜심의 유불일치설을 통해 사상적 기반이 형성되었고, 충렬왕 때 안향에 의해 소개 됨

② **전파**

　㉠ 백이정이 원에서 배워왔고, 이제현과 박충좌 등이 전수 받음

　㉡ 충선왕 때 이제현은 원의 수도 연경에 설립된 만권당에서 원의 학자들과 교류하면서 성리학에 대한 이해를 심화함. 귀국 후 이색 등에게 영향을 주었으며 실천 학문으로써의 성격을 강조함
　　　　　　　　　　　　　　　　　　　　　　　　　　　•● 조맹부 초빙

③ **발전** : 공민왕 때 이색은 성균관을 통해 정몽주, 권근, 정도전 등을 가르쳐 성리학을 더욱 확산시킴. 정몽주는 '동방 이학의 조'라는 칭호로 불릴 정도로 뛰어난 학문적 성과를 냄. 이들은 이후 고려 말의 사회 개혁과 조선 왕조 개창에 주도적 역할을 하는 신진사대부 세력을 형성함

> ▶ **이색**
>
> 이색이 다시 (성균관의) 학칙을 정하고 매일 명륜당에 앉아 경전을 나누어 수업하고 강의를 마치면 서로 더불어 논하여 권태를 잊게 하였다. 이에 학자들이 많이 모여 함께 눈으로 보고 마음으로 느끼는 가운데 주자성리학이 비로소 흥기하게 되었다.
>
> 『고려사』

(3) 성리학 수용의 결과

① **신진 사대부의 사상적 기반** : 고려 사회의 모순을 시정하기 위해 개혁사상으로 받아들임

② 일상생활과 관계되는 실천적 기능을 강조함

③ **유교적 생활 관습 시행** : 『소학』, 『주자가례』를 중시하고 가묘를 세우는 등 유교 의식이 보급 됨

④ 훈고학적 유학에서 철학적 유학으로 바뀜

⑤ **불교 비판** : 정도전을 비롯한 당시의 성리학자들은 불교를 현실과는 유리된 것이라 하여 불교 교리 자체를 비판함

⑥ **조선 개창의 이념** : 고려의 정신적 지주였던 불교는 쇠퇴하였고 성리학이 새로운 국가 사회의 지도 이념으로 등장함

▲ 이색(1328~1396)

02 불교의 발전

1. 불교의 성격

(1) **현세 구복적** 죽은 뒤에 좋은 곳에 가게 해 달라고 복을 빌기보다는 살아 생전에 잘 되게 해 달라고 복을 빌며 사찰과 원탑을 건립

(2) **호국적** 연등회와 팔관회를 거행하고 대장경을 조판하는 등 불교 신앙으로 국가를 보전하고, 보호할 수 있다고 믿음

2 전기 국왕의 불교 정책

왕	불교 정책
태조	• 불교를 중시하면서 유교 이념과 전통문화도 존중함 • 개태사, 흥국사, 법왕사 등 사찰 건립 • 국가에서 승려와 교단을 관리하기 위해 승록사를 설치하여 불교 관련 정책을 수행하게 함 • 훈요 10조 : 불교를 숭상하고 연등회와 팔관회 등 불교 행사를 성대하게 개최할 것을 당부하여 불교에 대한 국가의 지침을 제시함
광종	• 국가에서 실시한 승과에 합격한 자에게는 품계를 주고 승려의 지위를 보장하였으며 승군이 조직되어 국방의 일익을 담당하게 함 • 국사 · 왕사를 두어 왕실의 고문 역할을 하게 함 • 화엄종의 본찰인 귀법사를 창건하여 균여❶에게 분열된 종파를 수습시킴 • 사원에는 토지를 지급하고 승려들에게 면역의 혜택을 줌. • 혜거국사를 통해 법안종을 수입하여 선종 통합 노력 • 제관 「천태사교의」 저술 • 불보나 장생고 등의 기금으로 고리대업을 하는 등 종교적 책임에서 멀어지는 폐단이 생기기도 함
성종	• 최승로의 시무 28조를 수용하여 유교 정치사상을 도입함 • 연등회와 팔관회를 일시적으로 폐지함
현종	• 연등회와 팔관회를 부활시키고 현화사 등을 건립함
문종	• 승려에게 별사전을 지급하고 흥왕사를 건립합

❶ **균여(귀법사의 주지, 화엄종)**
• 화엄종의 북악 중심으로 남악 융합
• 보살의 실천행 강조
• 성상융회사상, 성속무애사상 제시
• 「보현십원가」 저술

3 불교 통합 운동

(1) **초 · 중기의 불교 교단**

① **초기의 교단** : 화엄 사상을 정비하고 보살의 실천행을 폈던 균여의 화엄종이 성행하고 선종에 대한 관심이 높음

② **중기의 교단** : 개경에 흥왕사(화엄종)나 현화사(법상종)와 같은 왕실과 귀족의 지원을 받는 큰 사원이 세워져 불교가 번창하였고 교종 중 화엄종과 법상종이 융성함

(2) **의천의 교단 통합 운동(11세기)**

① **배경** : 11세기에 이미 종파적 분열상을 보인 고려 불교계에 문종의 왕자로서 승려가 된 의천이 교단 통합 운동을 폈음

② **교단 통합 운동** : 원효를 높이 평가하며 원효의 성상겸학을 중요시하고, 그의 화쟁사상을 토대로 불교사상 통합을 시도함

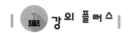

▲ 의천

　　　ⓐ 교종 통합 : 흥왕사에서 화엄종을 중심으로 교종의 통합을 시도함

　　　ⓑ 선종 통합 : 교종을 중심으로 선종을 통합하기 위해 국청사를 창건하여 천태종을 창시함

　③ 사상

　　　ⓐ 성상겸학(性相兼學) : 화엄종에서 중시하는 성(性, 본질)과 법상종에서 중시하는 상(相, 현상) 양쪽 모두 공부해야 한다는 주장을 내세우며 교리 면에서 법상종을 압도하여 화엄종으로 정비

　　　ⓑ 교관겸수(敎觀兼修) : 불교의 교리에 대한 이해와 이를 실천적으로 수행하는 것은 분리된 것이 아니라 아울러 실행되어야 한다는 주장하며 천태종을 창시함

　　　ⓒ 천태종 창시 : 흥왕사와 국청사를 중심으로 종파 통합 운동을 지속하여 천태종을 창시함

　③ 성과 : 천태종에 많은 승려가 모이는 등 새로운 교단 분위기를 이룸

　④ 한계 : 사회·경제적으로 문제가 되고 있던 불교의 폐단을 적극적으로 시정하는 대책이 뒤따르지 않아 의천이 죽은 뒤 교단은 다시 분열되고 귀족 중심의 불교가 지속됨

> ▶ 교관겸수
>
> 교(敎)를 배우는 이는 내(內)를 버리고 외(外)를 구하려는 경향이 강한 반면, 선(禪)을 익히는 이는 인연 이론을 잊어버리고, 내조(內照)만 좋아하니, 이 모두가 편비하다. 가만히 생각하면 성인이 가르침을 편 목적은 행(行)을 일으키려는 데 있는 것이므로 입으로만이 아니라, 행동하게 하려는 것이다. 그러므로 양자를 고루 갖추어 안팎으로 모두 조화를 이루어야 한다.　　　　　　　　　　〈내외겸전〉

4 무신 집권기의 불교

무신 집권 이후 사회 변동기를 지나면서 불교계에서도 본연의 자세 확립을 주창하는 새로운 종교 운동인 결사 운동이 일어남

(1) 보조국사 지눌(1158~1210)

　① 배경 : 무신정변 후 무신정권이 교종을 탄압하고 선종을 후원함. 불교계에서도 본연의 자세 확립을 중시하는 신앙 결사 운동이 일어남

　② 수선사 결사

▲ 지눌(1158~1210)

　　　ⓐ 배경 : 명리에 집착하는 당시 불교계의 타락상을 비판함

　　　ⓑ 내용 : 승려 본연의 자세로 돌아가 독경과 선 수행, 노동에 고루 힘쓰자는 개혁 운동인 수선사 결사를 제창함, 송광사에 중심을 두고 개혁적인 승려와 지방민들의 적극적인 호응을 얻어 전개됨
　　　　　　　　⌐••••• ● = 길상사

　③ 불교 통합 운동

　　　ⓐ 돈오점수 : 단번에 깨달은 뒤에도 수행은 계속되어야 함

　　　ⓑ 정혜쌍수 : 선과 교학을 나란히 수행하되 선을 중심으로 수양하는 태도

　　　ⓒ 조계종의 성립 : 불교 정화 운동을 추진하며 결사 운동과 선교 일치 사상을 내세워 조계종을 성립함

▲ 순천 송광사(수선사)

④ **주요 저서** : 『정혜결사문』, 『수심결』, 『직선심결』

> ▶ **정혜결사문**
>
> 현재 불교계는 아침저녁으로 행하는 일들이 비록 부처의 법에 의지하였다고는 하나 자신을 내세우고 이익을 구하는데 열중하며 세속의 일에 골몰한다. 도덕을 닦지 않고 옷과 밥만 허비하니 비록 출가하였다고 하나 무슨 덕이 있겠는가. 하루는 같이 공부하는 사람 10여 인과 약속하였다. 마땅히 명예와 이익을 버리고 산림에 은둔하여 같은 모임을 맺자. 항상 선을 익히고 지혜를 고르는 데 힘쓰고, 예불하고 경전을 읽으며 힘들여 일하는 것에 이르기까지 각자 맡은 바 임무에 따라 경영한다. 인연에 따라 성품을 수양하고 평생을 호방하게 고귀한 이들의 드높은 행동을 쫓아 따른다면 어찌 통쾌하지 않겠는가.
> 『권수정혜결사문』

(4) 혜심(1178 ~ 1234)

① 지눌의 제자로서 유불 일치설을 주창하며 심상의 도야를 강조함.

② 장차 성리학을 수용할 수 있는 사상적 토대가 되기도 함

③ 당시 고려 사회의 국교인 불교와 비교될 정도로 유교가 이미 뿌리를 내리고 있음을 반영

> ▶ **유불일치설**
>
> 이름만을 생각한다면 불교와 유교가 아주 다르지만, 실제로는 유교와 불교가 다르지 않습니다. 부처님이 말씀하시기를 "나는 두 성인을 중국에 보내어 교화를 펴려고 했는데, 한 사람은 노자로 그는 가섭보살이요, 또 한 사람은 공자로 그는 유동보살이다." 하였습니다. 이 말에 의하면 유와 도의 종은 부처님의 법에서 흘러나온 것이니, 방편은 다르나 진실은 같은 것입니다.
> 『진각국사어록』

▲ 강진 백련사(만덕사) – 요세

(5) 요세(1163 ~ 1245)

① **활동** : 수선사 결사 운동에 참여하였으나 돈오점수는 수행이 높은 사람을 위한 것이라고 여김

② 백성들에게 구체적 이론을 제시하는 천태선 중시

③ 백련사에서 참회에 중심을 둔 법화 신앙을 강조 ⇨ 백련결사를 이끌며 지방민의 호응을 얻음 ⇨ 수선사와 양립할 정도로 성장

5 원 간섭기의 불교

(1) 불교계의 폐단

① **개혁 의지 퇴색** : 귀족 세력과 연결되어 불교계의 타락을 부추김

② **불교의 세속화** : 사원은 막대한 토지를 소유하고 상업에도 관여하여 부패가 심함

③ **결사 운동 쇠퇴** : 천태종의 백련사는 왕실의 원찰인 묘련사로 변질되었고 최씨 정권과 밀착되었던 수선사는 원의 탄압을 받아 쇠퇴함

④ **변모** : 균여파와 화엄종과 법상종, 선종의 가지산파가 부흥함

▲ **통도사 국장생표**

사원의 토지 구별을 위해 국가의 공인을 받아 경계에 세운 것. 국장생표라고도 하며 고려 말 부패한 사찰의 대토지 소유를 알 수 있음

(2) 보우

① **불교 교단 정비 노력** : 공민왕의 왕사로서 불교계의 폐단을 바로잡고 정비하기 위해 선종 9산의 통합을 모색하는 등의 노력을 하였으나 교단과 정치적 상황이 얽혀 성과를 거두지 못함

② **임제종** : 보우는 혜근(나옹화상)과 함께 임제종을 원나라에서 들여와 불교계의 주류로 떠오름

(3) 성리학의 대두 성리학자인 신진사대부는 불교계의 사회 · 경제적인 폐단을 크게 비판함

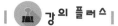

6 대장경 조판

(1) 배경

① **불교의 사상 체계화** : 당대 현존했던 불교에 관한 서적을 모두 모아 체계화하기 위한 목적으로 편찬함

② **외적 격퇴 염원** : 부처의 힘을 빌려 물리칠 거란과 몽골의 침략을 물리칠 목적으로 간행함

(2) 대장경

① 대장경이란 경, 율, 논 등 삼장의 불교 경전을 총칭하는 말임

② **대장경 조판의 의의** : 교리 체계에 대한 정리가 선행되어야만 이루어질 수 있는 것으로 문화적 의의가 높은 유산임

(3) 초조대장경(현종, 1011 ~ 선종, 1087)

▲ 팔만대장경판

① **조판 배경** : 현종 때 부처의 힘을 빌려 거란의 침입을 격퇴하기 위해 간행함

② **조판과 보관** : 목판에 새겨 간행하고 개경 흥왕사에 보관하였다가 대구 팔공산 부인사로 이관하였으나, 몽골의 2차 침입 때 불타 버리고 인쇄본의 일부가 남아 고려 인쇄술의 정수를 보여 줌

(4) 교장(선종, 1092 ~ 숙종, 1102)

① **조판 배경** : 초조대장경을 보완하기 위해 간행된 판본. 의천이 흥왕사에 교장도감을 설치하고 송과 요의 장경에 대한 주석서를 모아 편찬함

② **성격** : 주석서인 장소들을 모아 속장경으로 간행한 것으로 처음부터 정식 대장경으로 간행한 것은 아님, 속장경이라고도 부름

③ **조판**

㉠ 『신편제종교장총록』이라는 불서 목록을 작성하여 교장 작성에 활용함

㉡ 교장도감 (문종, 1073 ~ 선종, 1090)에서 신라인의 불서 목록을 포함하여 4,700여 권을 간행

④ **소실** : 몽골의 2차 침입으로 흥왕사와 함께 소실된 것으로 추정되며, 인쇄본 일부가 송광사에 남아 있어 고려 인쇄 수준을 알 수 있음

(5) 재조대장경(고종, 1236 ~ 고종, 1251) 팔만대장경이라고도 하며 8만 매가 넘는 장경판이 모두 합천 해인사에 보존되어 있음

▲ 해인사

① **조판 목적** : 몽골의 침입으로 소실된 초조대장경의 역할을 대신하고 부처님의 힘으로 국난을 극복하기 위해 제작함.

② **조판과 보관**

㉠ 대장도감 설치(1236) : 최우 집권 시 강화도에 대장도감, 진주에 분사 대장도감을 설치함

㉡ 보존 : 합천 해인사 장경판전에 목판이 모두 보존되어 있음

㉢ 의의 : 방대한 내용을 담았으면서도 잘못된 글자나 빠진 글자가 거의 없을 정도로 공들인 작품. 글씨체도 아름다워 2007년 고려대장경과 제경판은 조선왕조의궤와 함께 유네스코가 지정한 세계 기록 유산에 등재됨

03 과학 기술의 발달

1 인쇄술의 발달

세계적으로 당대 고려의 인쇄술은 가장 뛰어났음. 고려 초기에 개경과 서경에 도서관을 설치하고 많은 책을 수집 · 보관하여 송에서도 구매할 정도로 인쇄 산업이 발달함

(1) 목판 인쇄술

① **최고의 인쇄술** : 고려대장경의 판목은 고려의 목판 인쇄술이 최고의 수준에 이르렀음을 보여줌

② **단점** : 한 종류의 책을 대량으로 인쇄하는 데는 적합하지만 여러 가지 책을 소량으로 인쇄하지는 못함

(2) 금속 활자 인쇄술

① **배경** : 세계에서 최초로 고려에서 금속활자 인쇄술이 발명된 배경에는 목판 인쇄술이 이미 발달해 있었으며 청동 주조 기술과 인쇄에 적합한 먹, 종이의 제조 기술의 발달 등이 어우러진 결과임

② **상정고금예문 (고종,1234)** : 서양보다 200여 년 앞선 12세기 말 또는13세기 초에 금속 활자 인쇄술이 발명되었을 것이라 추측되며, 현존하지 않지만 몽골과 전쟁 중이던 강화도 피난 시에 금속활자로『상정고금예문』을 인쇄하였다는 기록이 '동국이상국집'에 쓰여있음

③ **직지심체요절 (우왕, 1377)** : 현존하는 세계에서 가장 오래된 금속활자본으로 공인되었으며 현재 유네스코 세계 기록 유산으로 등록되어 있음. 프랑스 국립도서관 보관

(3) 제지술의 발달

① **제조** : 종이 제조 전담 관서를 설치하고, 전국적으로 닥나무 재배를 장려하여 우수한 종이의 제조에 힘씀

② **특징** : 글 쓰고 인쇄하기에 좋은 종이를 생산함. 고려 종이는 질기고 반질거려 등피지라는 별명을 얻었으며 중국에 수출되어 호평을 받음

▲ 직지심체요절

2. 천문학과 의학의 발달

(1) 천문학의 발달

① **배경** : 국가 경제의 근본인 농경을 위해 천체 운행과 기후 관측은 필수적이었기에 천문 관측과 역법 계산을 중심으로 발달함

② **사천대(서운관) 설치** : 천문과 역법을 맡은 관청으로 이곳의 관리는 개성 첨성대에서 천문 관측 업무를 수행함

③ **관측 기록** : 일식, 혜성, 태양의 흑점 등에 관한 관측 기록이 풍부하며 당시 과학 기술 분야에서 앞서 있던 이슬람 문명의 기록과 비교할 정도로 훌륭한 것으로 평가됨

(2) 역법의 발달

① **고려 초기** : 당의 역법인 선명력 사용

② **고려 후기** : 충선왕 때 원의 역법인 <u>수시력</u>을 채용하여 활용하였음

········●1년을 365.2425일로 계산해냄

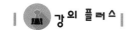

③ **고려 말기** : 공민왕 때에 명의 <u>대통력</u>을 사용함

•수시력을 일부 수정하여 사용

(3) 의학의 발달

① **교육** : 중앙에는 왕실의 질병 치료 기구로 태의감과 상약국을 설치함. 특히 태의감에서는 의원을 뽑는 의과를 실시하여 고려 의학 발전에 이바지했음. 지방의 향교에는 의학박사를 배치하여 의학 교육을 담당함.

② **의서의 편찬**

　㉠ **향약구급방** : 13세기 편찬된 것으로 현재 전해지고 있는 우리나라 최고의 의학서적으로 각종 질병에 대한 처방과 국산 약재 180여 종을 소개하고 있음. 약재나 병의 중국식 한자어는 우리말에 해당하는 차자로 기록 하여 국어사적으로 자료적 가치가 매우 높음

　㉡ **삼화자향약방** : 조선 세종 때 〈향약집성방〉을 편찬할 때 기본이 된 약학서

3 화약 무기와 조선술의 발달

(1) 화약 무기 제조

① **배경** : 고려 말 화포와 화약 개발의 선구자 최무선은 왜구의 침입을 효과적으로 막기 위해 화약 제조 기술 습득에 자신의 열정을 바쳤음

② **무기 개발** : 당시 중국의 화약 제조기술은 기밀사항이었으나 최무선의 노력으로 화약제조법의 핵심인 질산칼륨을 다루는 법을 터득하게 되었고, 이후 비약적 발전을 함

③ **화통도감 설치(우왕, 1377)** : 화통도감을 설치하고 최무선을 중심으로 화약과 화포를 제작

④ **화약 무기 활용** : 최무선은 개발한 화포를 이용하여 진포(금강하구)싸움에서 왜구를 크게 격퇴함

(2) 조선 기술

① 송과 해상무역이 활발해짐에 따라 길이가 96척 이나 되는 대형 범선이 제조 됨

② **조운선** : 각 지방에서 징수한 조세미를 운송하는 조운체계가 확립. 1,000석 가량의 곡물을 실을 수 있는 대형 조운선은 해안 지방의 조창에 배치하고, 200석 가량의 곡물을 실을 수 있는 소형 조운선은 한강 유역의 조창에 배치하여 운영함.

③ **전함 건조 기술(13세기 후반)** : 원 간섭기, 원의 요구로 일본 원정이 필요한 전함 수백 척을 짧은 기간에 건조 ⇨ 고려시대의 조선기술이 상당히 발전하였음을 보여줌

④ **전함에 화포 설치(고려 말)** : 배에 화포를 설치하여 전함의 전투력을 끌어 올림. 배의 구조 또한 화포 사용에 알맞도록 발포 직후에도 흔들림 현상을 개선하였음

04 도교와 풍수지리설

1 도교

(1) 특징

① 고려시대에는 유교, 불교와 함께 불로장생과 현세 구복을 비는 성격의 종교인 도교도 성행함.

② 여러 신을 모시면서 재앙을 물리치고 복을 빌며 나라의 안녕과 왕실의 번영을 기원함

(2) 내용

① **초제** : 궁중에서 하늘에 제사지내는 초제가 성행함

② **도관 건립** : 태조 때 도교 기관인 구요당이 건립되었고, 예종 때 도교사원인 복원궁이 처음 건립되었음. 이후 여러 곳에서 하늘과 별들에 제사를 지내는 도교행사가 개최됨

③ 국가적으로 이름난 명산대천에 제사를 지내던 팔관회는 도교와 민간신앙 및 불교가 어우러진 행사였음

(3) 한계

① 도교에는 불교적인 요소와 도참사상도 수용되어 일관된 체계를 보이지 못함

② 민간 신앙으로 전개 되는데 그침

2 풍수지리설

(1) **특징** : 신라 말에 유행한 풍수지리설은 미래의 길흉화복을 예언하는 도참사상이 더해져 고려 시대에 크게 유행함

(2) **초기** : 풍수지리설을 중시하여 도선의 풍수지리설에 따라 비보사찰이 건립 됨, 또한 서경 천도와 북진 정책 추진의 이론적 근거가 되었으나, 개경 세력과 서경 세력의 정치적 투쟁에 이용되어 묘청의 서경 천도 운동의 이론적 근거가 됨

(3) 중기 이후

① **한양 명당설** : 중기 이후에는 풍수지리상 명당인 한양이 북진정책의 퇴조와 함께 새로이 대두 됨

② **한양 건설 추진** : 문종은 한양을 남경으로 승격하고 숙종은 남경개창도감을 두고 궁궐을 지어 머물면서 도시 건설을 추진하기도 함

③ **고려 후기** : 공민왕과 우왕 때 한양 천도 주장의 근거가 됨

(4) **문헌** 『도선비기』등 풍수지리설에 관한 서적들이 유포되었으며, 예종 때에는 풍수지리설을 집대성한 『해동비록』이 편찬되었으나 전하지 않음

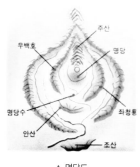

▲ 명당도

> ▶ **풍수지리에 입각한 서경 천도론**
>
> 신들이 서경 땅을 살펴보건대 이곳은 음양가들이 말하는 이른바 대화세(大華勢, 명당)가 틀림없습니다. 이곳에 궁궐을 세우고 머무르면 천하를 아우를 수 있으실 것입니다. 금나라도 폐백을 바치고 스스로 항복해 올 것이며, 36국이 모두 신하가 될 것입니다.　　　　　　　　　　　　　　　　〈고려사〉

05 귀족 문화의 발달

1 문학의 발달

(1) **고려 전기의 문학** : 향가와 한문학이 발달함

① 향가

㉠ 초기 : 광종 때 균여가 지은 '보현십원가' 11수가 그의 전기인 『균여전』에 전래함

㉡ 중기 : 예종 때는 향가가 현화사의 낙성식에서 문신들에게 한시와 향가를 짓게 할 정도로 유행하였으며 예종이 두 장수의 죽음을 추모한 '도이장가'와 정서의 '정과정'과 같은 단가는 향가의 잔영이라 평가함. 그러나 시간이 지나면서 향가는 점차 한시에 밀려 사라짐

② 한문학

㉠ 배경 : 광종 때부터 실시한 과거제와 함께 한문학이 크게 발달. 성종 이후 문치주의가 유행함에 따라 한문학은 관리들의 필수 교양으로 자리잡음.

㉡ 시인 : 박인량과 정지상과 같은 뛰어난 문재들이 등장

㉢ 성격 : 중국 모방의 단계를 벗어나 독자적인 모습을 보였음.

(2) **고려 중기 문학** : 고려 사회가 귀족화되면서 귀족 사회의 사치와 향락적 풍조가 심화. 그러한 사회 분위기가 반영되어 점차 한문학이 귀족화 되어가면서 당의 시와 송의 문장을 차용하는 일이 많아짐

(3) **고려 후기의 문학**

① 수필문학(패관문학)

㉠ 경향 : 무신의 집권기 문신들은 현실 도피적인 경향을 추구하며 낭만적 문학에 몰두함

㉡ 이인로 : 『파한집』에서 과거의 명문에 근거한 표현 방식을 강조하며 문학적 표현을 함. 개경, 평양, 경주 등 역사적인 유적지의 풍속과 풍경을 묘사함

㉢ 이규보의 『동국이상국집』, 『백운소설』

㉣ 최자의 『보한집』

㉤ 이제현의 『역옹패설』, 『익재난고』

② **경기체가** : 신진사대부들은 향가 형식을 계승하여 경기체가를 창작함. '한림별곡', '관동별곡', '죽계별곡' 등의 작품들은 주로 유교 정신과 자연의 아름다움을 표현

③ **시가문학** : 전원생활의 한가로운 모습을 그린 '어부가'가 있음

④ **속요(장가)** : 민중 사회에서는 서민의 생활 감정을 대담하고 자유분방한 형식으로 드러낸 작가가 알려지지 않은 장가 혹은 속요라는 가요가 유행함. '청산별곡', '가시리', '쌍화점', '만전춘'등이 있음

⑤ **가전체 문학** : 사물을 의인화하여 일대기로 구성한 문학 형식. 이규보의 『국선생전』과 이곡의 『죽부인』 등이 있음.

▲ 보현십원가

2 청자와 공예

(1) **자기 공예** : 왕실이나 귀족들은 자신의 부를 과시하는 사치품 중 하나로 청자를 이용 ⇨ 귀족 사회가 발전할수록 더욱 높은 수준으로 발전

① **11세기** : 청자 기술이 독자적인 기술 수준을 이룸. 비취색의 청자는 중국인들도 명품이라 극찬

② **12세기 중엽** : 고려의 독자적 기법인 상감법 개발됨. 상감청자는 13세기 중엽까지 주류를 이룸

③ **원 간섭기** : 북방 가마의 기술이 도입되고 청자의 빛깔에 변화가 생김. 이후 점차 소박한 형태와 빛을 내는 분청사기로 유행이 바뀌어 감

④ **생산지** : 전라도 강진과 부안이 대표적. 자기를 만들 수 있는 흙이 생산되고 연료가 풍부한 지역이었기 때문. 강진에서는 최고급의 청자를 만들어 중앙에 공급

▲ 청자 참외모양 정병

▲ 청자 상감운학무늬 매병

▲ 청자 동화 연꽃무늬 표주박 모양 주전자

▲ 청자투각칠보문 뚜껑 향로

▲ 분청사기

(2) **금속 공예**

① **범종** : 중기 이후부터 소종이 주로 주조 됨, 화성 용주사 종(수원), 대흥사의 탑산사 종(해남), 천흥사 종(천안), 조계사 종, 내소사 종(부안)이 있음.

② **청동 은입사** : 청동기 표면을 파내어 그림을 그리고 그 자리에 은을 채워 넣어 무늬를 장식하는 은입사 기술 발달함. 청동 은입사 정병이 대표적

(3) **나전칠기** 옻칠을 한 나무나 종이에 자개 장식을 올려 그림을 그리고 패턴을 만드는 방식의 나전 칠기 공예가 유행함.

3 음악, 그림, 글씨의 발달

(1) **서예**

① **전기** : 왕희지체(유신)와 구양순체(탄연)가 유행. 특히 귀족들에게는 간결한 구양순체가 주류를 이룸.

② **후기** : 조맹부의 유려한 송설체가 유행. 이암이 이를 잘 사용함

(2) **그림** : 도화원에 소속된 전문화원의 그림과 문인이나 승려의 문인화로 나누어짐

① **전기** : 송나라 휘종의 극찬을 받은 이령의 '예성강도'가 대표적이지만 전하지 않음

② **후기** : 사군자 중심의 문인화가 유행하였으나 전하는 작품이 없음

   ⊙ **공민왕** : 원대 북화의 영향을 받은 '천산대렵도'

   ⓒ **풍속화** : 고려 말 사대부 박익의 무덤에서 발견된 그림

▲ 천산대렵도

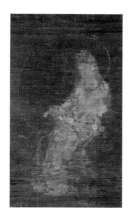

▲ 수월관음도

▲ 부석사 소조여래좌상

▲ 광주 춘궁리 철불

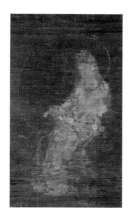
© 이규보나 이제현은 시화일치론을 전개함

③ **불화** : 왕실과 권문세족의 요구에 따라 불화가 많이 그려짐

    ㉠ **내용** : 극락왕생을 기원하는 아미타불도와 자장보살, 관음보살도가 주류

    ㉡ **특징** : 금가루를 많이 사용하여 매우 화려하고 섬세함

    ㉢ **대표작** : 일본 '센소지'에 소장되어 있는 혜허가 그린 수월관음도(= 관음보살도, = 양류관음도)

④ **사경화** : 불교 경전을 필사하거나 인쇄할 때 맨 앞장에 그 경전의 내용을 알기 쉽게 그림으로 설명

⑤ **사찰과 고분 벽화** : 부석사 조사당 벽화와 사천왕상과 보살상이 대표적

(3) 음악

① **향악(속악)** : 속악은 우리의 고유한 음악이 당악의 영향을 받아 궁중음악으로까지 발달한 것인데 당시 유행한 민중의 속요와 어울려 많은 곡을 낳았음. '동동', '한림별곡', '대동강', '오관산', '정과정' 등이 유명함

② **아악** : 예종 때 송에서 수입한 대성악이 궁중음악으로 발전된 것으로 태묘 등의 제사를 할 때 사용됨

③ **당악** : 송의 속악이 문종 때에 전래되어 향악과 함께 연주되면서 고려 음악의 발전에 영향을 미침

4 불상

(1) 특징

① **양식** : 개성이 강하여 시기와 지역에 따라 독특한 모습을 나타내는 것이 특징. 신라의 조형물과 건축을 계승한 양식이 있음에도 대체로 통일신라의 불교 미술에 비교하여 균형미와 조형미 등이 떨어짐. 자유분방한 양식을 지녔으며 초기에는 대형 철불이나 석불이 조성됨

② **재료** : 석불과 금동불이 주류, 대형 철불이 제작되기도 함

(2) 대표적 불상

① **신라 양식 계승** : 부석사 소조 아미타여래 좌상

② **철불** : 신라 하대에 만들어지기 시작한 광주 춘궁리 철불 등

③ **석불** : 고려 전기에는 머리가 크고 몸이 작거나 몸이 크고 얼굴이 작은 불균형한 석불이 많이 제작되었는데 논산 관촉사 석조 미륵보살 입상, 개태사지 석불, 안동의 이천동 석불 등이 대표적

▲ 관촉사 석조 미륵보살 입상

▲ 논산 개태사지 석조여래 삼존입상

▲ 안동 이천동 마애여래입상

▲ 화순 운주사 와불

임. 화순 운주사의 와불은 새로운 세상을 염원하는 모습을 담고 있음

5 건축

(1) **고려 전기의 건축** : 궁궐과 사원이 중심. 주심포 양식이 유행. 남아 있는 것이 거의 없음

① **궁궐 건축** : 궁궐 건축물은 남아있는 건출물이 거의 없어 개성 만월대 터에서 당시 궁궐 건축을 유추해야함. 경사진 면에 축대를 놓이 쌓고 건물을 계단식으로 배치한 것이 특징인데, 건물이 충충으로 나타나 웅장하게 보였을 것임

② **사원 건축** : 교종 사찰로서 현화사와 흥왕사를 지음, 현재는 당간지주 외에 남아 있는 것이 없음

(2) **고려 후기의 건축** : 13세기 이후에 지은 일부 건물이 지금까지 남아 있음, 주심포 양식에다 새로이 원의 다포양식을 도입하여 두 양식을 혼합한 다포식 건물도 등장

▲ 주심포 양식 – 부석사 무량수전

① **주심포식 건축**

㉠ **안동 봉정사 극락전** : 무신정권기에 만들어진 현존하는 가장 오래 된 목조 건물. 통일 신라의 건축 양식을 내포하고 있으며 맞배지붕과 주심포식으로 지음

㉡ **영주 부석사 무량수전과 조사당** : 의상이 세운 건출물. 사찰 안에는 신라 양식을 계승한 소조 아미타여래 좌상을 모시고 있음. 팔각 지붕 형식과 주심포 양식을 기본으로한 배흘림기둥 양식을 보여주고 있음.

▲ 다포 양식 – 성불사 응진전

▲ 부석사 무량수전(경북 영주)

▲ 수덕사 대웅전(예산)

▲ 봉정사 극락전(경북 안동)

㉢ **예산 수덕사 대웅전** : 맞배지붕 형식, 주심포식의 목조 건축

㉣ **강릉 객사문** : 우리나라에서 가장 오래 된 최고의 문임

② **다포식 건물** : 궁궐이나 화려한 건축물에 사용됨

㉠ **건축물** : 원의 영향을 받은 황해도 사리원의 성불사 응진전, 함경남도 안변군의 석양사 응진전 등

㉡ **영향** : 다포 양식은 이후 조선시대 건축 양식에 큰 영향을 줌

6 석탑과 승탑

(1) **석탑** : 팔각원당형 석탑과 같은 신라 석탑 양식의 전통을 일부 계승하면서도 새로운 조형미를 추구

② **전기**

▲ 성불사 응진전(황해도)

▲ 경천사지 10층 석탑

▲ 고달사지 승탑

▲ 월정사 8각 9층 석탑

⑩ 개성 불일사 5층 석탑 : 고구려 양식의 영향을 받음

⑪ 부여 무량사 5층 석탑, 익산 왕궁리 5층탑 : 백제 양식의 영향을 받음

⑫ 개성 현화사 7층 석탑 : 신라 양식의 영향을 받았으나 신라의 직선미보다 둥근 맛을 보여 주는 고려의 독특함을 보여줌

⑭ 오대산 월정사 8각 9층 석탑 : 송의 영향을 받아 건립, 다각다층탑을 대표

③ **후기** : 경천사지 10층 석탑은 원나라 라마교의 영향을 받은 대리석 탑으로 조선 세조 때 건립된 원각사지 10층 석탑에 영향을 줌

(2) 승탑

① **특징** : 죽은 승려의 사리나 여러 장엄구를 넣어 그를 기리기 위한 탑으로 고려 시대 조형 예술의 중요한 부분을 차지함. 선종의 유행과 관련하여 승탑 건립이 유행하였으며, 장엄하고 수려한 승탑이 많이 만들어짐

② **팔각 원당형 계승** : 신라 하대 승탑의 전형적인 형태를 계승한 것으로 구례 연곡사지의 북부도, 공주 갑사 승탑, 여주 고달사지 승탑(원종대사 혜진법)등

② **평면 사각형** : 원주 법천사지 지광국사 현묘탑

② **원구형** : 충주 정토사지 홍법국사 탑

01 | 고려의 문화

001 □□□
2018년 경찰간부

고려 후기에 편찬된 역사서와 그에 관한 설명 중 옳지 않은 것은 모두 몇 개인가?

> 가. 『해동고승전』 각훈이 왕명으로 편찬하였으며 교종의 입장에서 불교사를 정리하였다.
>
> 나. 『제왕운기』 – 충렬왕 대 이승휴가 기록한 서사시로 7언시 또는 5언시로 되어 있고 단군 신화와 발해를 저술하였다.
>
> 다. 『삼국유사』 – 충렬왕 대 일연이 저술한 사찬 사서로 불교적 입장에서 야사체 혹은 기사본말체로 고대 설화 등을 수록하였다.
>
> 라. 『사략』 – 이제현이 고려 태조에서 숙종 때까지 각 국왕들의 치적을 성리학적 명분론에 따라 서술하였다.

① 0개   ② 1개   ③ 2개   ④ 3개

002 □□□
2018년 국가직 9급

다음은 고려 시대 진화의 시이다. 이 시인과 교류를 통하여 자부심을 공유한 인물의 작품은?

> 서쪽 송나라는 이미 기울고 북쪽 오랑캐는 아직 잠자고 있네.
>
> 앉아서 문명의 아침을 기다려라, 하늘의 동쪽에서 태양이 떠오르네.

① 『삼국사기』   ② 『동명왕편』
③ 『제왕운기』   ④ 『삼국유사』

003 □□□
2018년 교육행정직 9급

(가)에 들어갈 내용으로 옳은 것은?

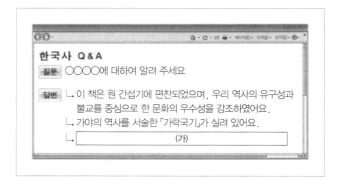

① 신라의 역사를 상고, 중고, 하고로 구분하였어요.
② 기전체 서술 방식에 따라 본기, 연표, 지, 열전으로 구성하였어요.
③ 기자 조선–마한 – 신라 정통론의 입장에서 강목법에 따라 서술하였어요.
④ 고구려 계승 의식을 바탕으로 동명왕의 업적을 서사시로 표현하였어요.

---

004 □□□
2018년 서울시(추가) 7급

〈보기〉의 고려 후기 역사서를 시간순으로 옳게 배열한 것은?

> ㄱ. 민지의 『본조편년강목』
>
> ㄴ. 이제현의 『사략』
>
> ㄷ. 원부, 허공의 『고금록』
>
> ㄹ. 이승휴의 『제왕운기』

① ㄱ-ㄹ-ㄴ-ㄷ   ② ㄹ-ㄱ-ㄴ-ㄷ
③ ㄷ-ㄹ-ㄱ-ㄴ   ④ ㄹ-ㄷ-ㄱ-ㄴ

005 □□□
2015 서울시 7급

고려 시대의 역사 서술에 대한 설명으로 옳지 않은 것은?

① 고려 초부터 역대 왕의 치적을 기록한 『실록』을 편찬하였는데, 조선 초기에 『고려사』를 편찬할 때 참고자료로 사용되었다.
② 의종 때 김관의가 『편년통록』을 편찬하여 태조왕건의 가계를 서술하였으나 현재는 남아 있지 않다.
③ 민지가 편찬한 『본조편년강목』에는 성리학적인 역사서술 방식이 반영되어 있다.
④ 이승휴는 태조에서 숙종때까지 역대 임금의 치적을 정리한 『사략』을 편찬하였는데, 현재는 사찬만이 남아있다.

006 □□□
2014 국가직 7급

밑줄 친 '사서'에 대한 설명으로 옳은 것은?

> 국왕의 명령을 받아 편찬한 기전체 사서로 편찬 동기를 "학사대부(學士大夫)가 우리 역사를 알지 못하니 유감이다. 중국 사서는 우리나라 사실을 간략히 적었고 고기(古記)는 내용이 졸렬하므로 왕, 신하, 백성의 잘잘못을 가려 규범을 후세에 남기지 못하고 있다"라고 하였다. 연표 3권, 본기 28권, 지 9권, 열전 10권 등 총 50권으로 구성되었다.

① 민간설화와 신라의 향가 14수를 수록하였다.
② 열전에는 김유신을 비롯한 신라인이 편중되었다.
③ 동명왕의 건국설화를 5언시체로 재구성하여 서술하였다.
④ 민족시조인 단군을 강조하고 발해에 대한 내용을 서술하였다.

🎯 **정답·해설**

정답 4.③ 5.④ 6.②

해설 4. ㄱ.1317,충숙왕 ㄴ.1357, 공민왕 ㄷ.1284, 충렬왕 ㄹ.1287, 충렬왕
    5. ④이제현의 사략에 대한 설명이다. 이승휴는 제왕운기를 저술하였다.
    6. 자료는 김부식의 삼국사기에 관한 것이다. 삼국의 역사 중 신라에 관한 자료가 많이 수록되었다. ①일연의 삼국유사 ③이규보의 동명왕편 ④유득공의 발해고가 발해에 대한 내용을 서술하고 있다.

007 □□□

우리나라에서 활약한 승려에 관한 다음 설명 중 옳은 것은 모두 몇 개인가?

> 가. 원효는 일심 사상을 바탕으로 종파 간의 대립 극복에 노력하였고 화엄 사상에 입각하여 『화엄일승법계도』를 만들었다.
>
> 나. 의상은 진골 출신으로 불교의 대중화를 위하여 관음 신앙과 함께 아미타 신앙을 주요 신앙으로 삼았다.
>
> 다. 지눌은 독경, 선 수행, 노동에 힘쓰자는 개혁 운동인 수선사 결사를 제창하였고 천태종을 발전시켰다.
>
> 라. 의천은 교종 중심의 교선 통합을 강조하였고, 무신정권의 보호를 받았다.
>
> 마. 보우는 중국 천태종 제16대 교조로 중국에서 명성을 떨쳤다.
>
> 바. 혜심은 유불 일치설을 주장하며 심성의 도야를 강조하여 장차 성리학을 수용할 수 있는 사상적 토대를 마련하였다.
>
> 사. 서산 대사는 임진왜란이 끝난 후 일본으로 건너가 전쟁 중에 사로잡힌 우리 포로들을 송환해 왔다.

① 1개 ② 2개 ③ 3개 ④ 4개

008 □□□

밑줄 친 '스님'에 대한 설명으로 옳은 것은?

> 스님은 항상 남악과 북악 종문(宗門)의 취지가 모순인채 분명하지 않음을 탄식하고, 그것이 여러 갈래로 갈라짐을 막아 한 길로 돌리고자 하였다. …… 나라에서 왕륜사(王輪寺)에 선석(選席)을 베풀고 승과를 시행할 때 우리 스님의 의리(義理)의 길을 정통으로 삼고 나머지는 방계로 했으니, 모든 재주와 명망 있는 무리들이 어찌 이 길을 따르지 않으랴.

① 천태종을 창시하였다.
② 성상융회를 표방하였다.
③ 정혜결사를 조직하였다.
④ 화엄일승법계도를 지었다.
⑤ 무애가를 지어 불교 대중화에 기여하였다.

009 □□□

(가)~(라) 승려에 대한 설명으로 옳지 않은 것은?

> (가) 참회법과 미타 정토 신앙을 실천행으로 강조하는 결사 운동을 전개하였다.
>
> (나) 송광산 길상사를 근거지로 새로운 선풍(禪風) 진작에 힘을 기울여 개혁적인 승려들과 지방민의 호응을 얻었다.
>
> (다) 북악파 중심으로 남악파를 통합하여 화엄교단을 정리하고 당시 불교계를 주도하였다.
>
> (라) 고려와 송, 거란 등의 불교 저술을 망라한 '신편제종교장총록'을 작성하고 속장경을 간행하였다.

① (가) - 중국 화엄종의 방계(傍系)인 이통현의 화엄 사상에서 많은 영향을 받았다.
② (나) - 선을 체(體)로 삼고 교를 용(用)으로 삼아 선과 교의 합일점을 구하였다.
③ (다) - 화엄 사상의 입장에서 법상종 세력을 흡수하여 성상 융회 사상을 표방하였다.
④ (라) - (다)의 화엄학이 실천의 문제를 떠나 지나치게 관념화되어 있음을 비판하였다.

🎯 **정답 · 해설**

정답 7. ② 8. ② 9. ①

해설 7. 가. 원효는 십문화쟁론을 통한 화쟁사상을 제시하였다. 화엄일승법계도는 의상이다. / 다. 지눌은 조계종을 성립하였다. / 라. 의천은 문벌귀족의 지원을 받았다. / 마. 의통 / 사. 사명대사(유정)
    8. '남악과 북악 종문의 취지가 모순인 채 분명하지 않음을 탄식하고'를 통해 균여임을 알 수 있다. ①의천 ③지눌 ④의상 ⑤원효
    9. (가)요세, (나)지눌, (다)균여, (라)의천 이다. ①지눌에 대한 설명이다.

2016 국회직 9급

(가), (나) 인물에 대한 설명으로 옳은 것을 〈보기〉에서 모두 고른 것은?

(가)	(나)
국청사를 중심으로 해동 천태종을 개창하였으며, 수행 방법으로 교관겸수를 제시하였다.	수선사 결사를 통해 불교계를 개혁하고자 하였으며, 수행 방법으로 정혜쌍수를 제시하였다.

─〈보기〉
ㄱ.(가) – 무애가를 지어 불교의 대중화에 힘썼다.
ㄴ.(가) – 불교경전에 대한 주석서를 모아 교장(敎藏)을 편찬하였다.
ㄷ.(나) – 화엄일승법계도를 지어 화엄 사상을 정리하였다.
ㄹ.(나) – 돈오점수를 바탕으로 한 꾸준한 수행을 강조하였다.

① ㄱ, ㄷ   ② ㄴ, ㄷ   ③ ㄴ, ㄹ
④ ㄱ, ㄴ, ㄷ   ⑤ ㄱ, ㄴ, ㄹ

011

2015 기상직 7급

다음과같은 주장을 한 인물에 대한 설명으로 옳은 것은?

"부처님이 말씀하시기를 나는 두 성인을 중국에 보내서 교화를 펴리라 하였다. 한사람은 노자로, 그는 가섭 보살이요, 또 한 사람은 공자로 그는 유동(儒童) 보살이다." 이 말에 의하면 유(儒)와 도(道)의 종(宗)은 부처님의 법에서 흘러나온 것이다. 방편은 다르나 진실은 같은 것이다. 공자는 "삼(參)아, 내 도는 하나로 꿰었다."하였고, 또 "아침에 도를 들으면 저녁에 죽어도 좋다."하였다.

① 당에 유학하여 화엄경을 설파하고 구산 학파를 개창하였다.
② 교(敎)와 선(禪)을 아울러 닦아야 비로소 수행의 바른 길을 얻을 수 있다고 역설하였다.
③ 고려 무신 집권기 조계종 승려이자 지눌의 제자로『선문염송』이라는 저서를 남겼다.
④ 서로 모순,대립하는 것처럼 보이는 각 경전의 불교 사상을 하나의 원리로 회통시키려 하였다.

012

2014 기상직 9급

다음각 석탑의 특징에 대한 설명으로 가장 적절한 것은?

| (가) | (나) |
| (다) | (라) |

① (가) – 석재를 벽돌 모양으로 만들어 쌓은 신라 시대의 대표적인 탑이다.
② (나) – 신라 말 선종이 유입되면서 나타난 양식으로 팔각원당형의 승탑이다.
③ (다) – 3층석탑의 기단과 탑신에 부조로 불상을 새겨 장식성이 강하다.
④ (라) – 원의 석탑을 본뜬 것으로 원각사지 10층석탑에 영향을 주었다.

🎯 정답 · 해설

정답 10.③ 11.③ 12.④

해설 10. (가)의천, (나)지눌에 대한 설명이다. ㄱ.원효 ㄴ.의천 ㄷ.의상 ㄹ.지눌

11. '유와 도의 종은 부처님의 법에서 흘러나온 것이다.'를 통해 혜심의 유불일치설에 대한 것임을 알 수 있다. ①당 유학과 화엄경 설파는 김교각이다. ②의천의 교관겸수 ④원효의 원융회통

12. (가) 백제의 익산미륵사지 석탑으로 목탑의 양식으로 만들었다. (나)통일신라의 다보탑이다. (다)신라 말 화순쌍봉사철감선사승탑이다. 승탑은 선종의 유행으로 나타났다. (라) 고려의 경천사 10층 석탑이다.

013 □□□

고려에서 행한 국가 제사에 대한 설명으로 옳지 않은 것은?

① 태조 때에 환구단(圜丘壇)에서 풍년을 기원하는 제사를 올렸다.
② 성종 때에 사직(社稷)을 세워 지신과 오곡 신에게 제사를 지냈다.
③ 숙종 때에 기자(箕子) 사당을 세워 국가에서 제사하였다.
④ 예종 때에 도관(道觀)인 복원궁을 세워 초제를 올렸다.

014 □□□

다음은 고려 시대의 특정 사상에 대한 내용이다. 이와 관련된 사실만을 〈보기〉에서 모두 고른 것은?

> 영암군사람들이 전하기를 "고려 때 최씨의 뜰 가운데 오이 하나가 열렸는데, 길이가 한 자나 넘어 온 집안 사람들이 자못 이상하게 여겼다. 최씨 딸이 몰래 이것을 따 먹었더니, 저절로 태기가 있어 달이 차서 아들을 낳았다. …… 이름을 도선이라 하였다."
>
> - 『세종실록지리지』

〈보기〉
ㄱ. 보현십원가   ㄴ. 남경개창도감
ㄷ. 대화궁 건립   ㄹ. 연등회

① ㄱ, ㄴ   ② ㄴ, ㄷ   ③ ㄴ, ㄹ   ④ ㄷ, ㄹ

015 □□□

밑줄 친 '그'의 활동으로 옳은 것을 〈보기〉에서 모두 고른 것은?

> 그가 글을 올리기를 "이의민은 성품이 사납고 잔인하여 윗사람을 업신여기고 아랫사람을 능멸했습니다. …… 원컨대 폐하께서는 태조의 바른 법을 따라서 이를 행하여 빛나게 중흥하소서. 이에 삼가 열 가지 일을 조목별로 아룁니다."

〈보기〉
ㄱ. 재조대장경의 조판을 주도하였다.
ㄴ. 순천의 수선사 결사운동을 지원하였다.
ㄷ. 금속활자본인 『남명천화상송증도가』의 발문을 지었다.
ㄹ. 문인 이규보를 발탁하여 그의 행정 능력을 활용하였다.

① ㄱ, ㄴ   ② ㄱ, ㄷ   ③ ㄴ, ㄹ   ④ ㄷ, ㄹ

---

016 ☐☐☐ 2017년 국가직(하반기) 7급

㉠에 대한 설명으로 옳은 것은?

> 평장사 최윤의 등 17명의 신하에게 명하여 고금의 서로 다른 예
> 문을 모아 참작하고 절충하여 50권의 책을 만들고 (㉠) (이)라
> 이름하였다.

① 교서관에서 갑인자로 인쇄되었다.
② 금속 활자로 인쇄한 판본이 남아 있다.
③ 최씨 집권기에 활자본 28부를 간행하였다.
④ 현재 프랑스 국립 도서관에서 소장하고 있다.

017 ☐☐☐ 2016 서울시 7급

우리나라의 국보와 그 제작 시대를 연결한 것으로 옳지 않은 것은?

① 조선 – 『징비록』, 『비변사등록』, 송시열 초상
② 고려 – 영주 부석사 무량수전, 안향 초상, 상원사 동종
③ 통일 신라 – 충주탑평리 칠층 석탑, 성덕 대왕 신종, 보은 법
주사 석련지
④ 백제 – 부여 정림사지 오층석탑, 익산 미륵사지 석탑, 서산
용현리 마애여래삼존상

018 ☐☐☐ 2015 기상직 7급

고려 시대 문화에 대한 설명으로 옳지 않은 것은?

① 사대부의 성장으로 경기체가로 불리는 새로운 문학이 등장
했다.
② 일반 서민층에서는 장가로 불리는 새로운 민요풍의 가요가
유행했다.
③ 안동 봉정사의 극락전은 지금 남아 있는 고려 시대 건물 가
운데 가장 오래된 것이다.
④ 문인화가 등장하였으며, 김시의 그림 가운데 '한림제설도'와
'동자견려도' 등이 유명하다.

🎯 **정답 · 해설**

정답 16.③ 17.② 18.④

해설 16. '고금의 서로 다른 예문'을 통해 책이 상정고금예문임을 알 수 있다. ① 교서관은 조선시대인 1392년 경적의 인쇄와 제사 때 쓰이는 향과 축문, 인신(도장) 등을 관장하기 위하
여 설치되었던 관청이다. 갑인자는 세종 때 주자소에서 만든 동활자이다. ② 현재 남아 있지 않다. ④ 직지심체요절에 대한 설명이다.
17. ② 상원사 동종은 통일신라 때 제작된 것이다.
18. ④ 문인화는 조선 양반들이 그린 그림이다.

1 고려 전기의 정치

태조	고려건국 (918)	신라 통합(935) → 후백제 정복(936) → 후삼국 통일(936), 발해 유민 포용		
	민생안정	세율 10분의 1로 감소, 흑창 설치, 취민유도		
	호족포섭	• 혼인 정책 • 사성 정책 • 역분전 하사	호족 견제	• 사심관 제도 • 기인 제도
	북진 정책	서경 중시, 청천강~영흥에 이르는 국경선 확보 《훈요 10조》, 《정계》, 《계백료서》		
혜종	• 왕규의 난 – 왕식렴이 진압 (정종 옹립)			
정종	• 서경 천도 시도 → 실패 • 광군사 설치			
광종	왕권 강화 (공신과 호족 숙청)	• 노비안검법: 호족 세력 약화, 국가 수입 기반 확대 • 과거 제도: 신진 세력 등용(후주 출신 쌍기의 건의) → 능력주의 관리 선발 • 백관 공복 제정, 칭제건원(광덕, 준풍)		
경종		• 시정 전시과		
성종	체제 정비	• 최승로의 시무 28조 수용 : 유교 정치 이념 채택 • 중앙 조직 : 2성 6부제(중서문하성, 상서성, 6부), 국자감 정비 • 지방 조직 : 12목 설치하고 지방관 파견, 향리(호장, 부호장)제도 마련, 3경 체제 • 흑창 → 의창, 상평창 / 지방에 경학·의학 박사 파견 / 연등회·팔관회 폐지		

2 고려 중기의 정치

목종	• 개정 전시과: 인품 배제 • 강조의 정변	
현종	• 5도 양계, 4도호부 8목 • 거란의 2차 침입, 3차 침입 • 7대 실록, 초조대장경, 현화사 • 연등회, 팔관회 부활 • 주현공거법	• 주창수렴법 • 면군급고법 • 감목양마법 • 향리정원제, 향리 공복제
덕종	천리장성 축조 시작	
정종	천리장성 완성	
문종	• 경정 전시과 : 현직 관리에게만 수조권 • 최충의 문헌공도 • 동서대비원 • 흥왕사 건립 • 의천 : 교종 중심으로 교단 통합하려 노력, 흥왕사에 교장도감을 설치 • 한양 : 남경 • 기인선상제	

순종	
선종	
헌종	
숙종	• 윤관, 별무반 조직 • 서적포 설치 • 기자사당 설치 • 남경개창도감 설치 • 화폐 발행(삼한통보, 해동통보, 동국통보, 활구)
예종	• 윤관, 동북 9성 축조 • 도관 설치 • 혜민국 설치 • 7재, 청연각, 보문각 설치(관학 진흥)
인종	• 이자겸의 난 • 묘청의 난 → 김부식의 진압

3 무신집권기의 정치

의종	무신 정변(1170): 정중부의 난
명종	봉사 10조 : 최충헌의 건의
신종	
희종	
강종	
고종	최우, 몽골의 1 차 침입 → 강화도 천도 → 쌍성총관부 설치

4 원 간섭기의 정치

원종	• 동녕부 설치 → 개경 환도 → 삼별초의 저항 → 진압 → 원 간섭기 → 탐라총관부 설치 → 결혼도감 설치 • 녹과전 지급
충렬왕	• 원 간섭기 일본 정벌에 동원 • 정동행성 설치 • 응방 설치(매 징발) • '편민 18사' 홍자번의 건의 • 필도치 설치 • 둔전경략사 폐지 • 관학 진흥 : 문묘, 섬학전, 경사교수도감 설치

충선왕	• 정방 폐지, 사림원 설치(조비 무고 사건으로 중단) → 원으로 소환 → 원 무종 옹립 → 심양왕 → 고려왕 겸직 • 각염법 제정 → 의염창 설치 → 소금전매제 실시 • 충숙왕에게 양위 → 원에 만권당 설치 • 1차 입성 책동
충숙왕	• 제폐사목소 설치 • 찰리변위도감 설치 • 평양에 기자사당 건립 : 숭인전, 기자사 • 2차 입성 책동
충혜왕	• 편민조례추변도감 설치 • 소은병 제작 • 3, 4차 입성 책동
충목왕	• 응방 혁파 • 정방 폐지 시도 • 정치도감설치 • 경천사지 10층 석탑
충정왕	• 공민왕 즉위 후 강화도로 추방

5 고려 말의 정치

공민왕	• 반원 자주 정책: 정방 폐지, 정동행성 이문소 폐지, 쌍성총관부 수복 • 홍건적의 침입(1359, 1361) • 왕권 강화 정책 : 신돈 등용, 전민변정도감 설치, 성균관 정비 • 요동정벌
우왕	• 이인임 일파의 집권 • 이인임 일파 숙청 → 최영과 이성계의 집권 • 명의 철령위 설치 요구로 인한 요동 정벌 → 위화도 회군 • 이성계에 의해 제거
창왕	• 쓰시마섬 정벌
공양왕	• 과전법 실시(1391) • 저화 발행 • 무과 실시 • 폐위 → 조선 건국

6 공전

내장전	왕실 경비를 충당하기 위해 지급한 토지
공해전	각 관청의 경비를 충당하기 위해

7 사전

과전	문 · 무반 관리들에게 규정에 따라 차등 지급한 토지 세습은 원칙적으로 불가능
공음전	5품 이상의 관료에게 지급되어 자손에게 세습 가능한 토지 음서제와 함께 귀족의 지위를 유지시킨 경제적 기반이 됨
군인전	중앙군에 부역하는 직업군에게 지급한 토지 군역이 세습되었기에 군인전도 세습됨
외역전	향리와 호장 등에게 지급한 토지 역의 세습에 따라 외역전도 세습이 가능했음
한인전	6품 이하의 관리의 자제이나 관직을 얻지 못한 자에게 지급한 토지
구분전	하급 관료나 군인의 유가족에게 지급한 토지
사원전	사원에 면세의 특혜를 포함하여 지급한 토지

01
고려의 정치

사성 정책과 사심관 · 기인제도

(김)순식은 강원도 명주 사람이다. 그는 그 고을의 장군으로 오랫동안 굴복하지 않아 태조가 걱정하였다. 시랑 벼슬을 하는 권열이 "아버지가 아들에게 명령하고 형이 아우에게 가르침을 주는 것은 당연한 세상 이치입니다. 순식의 아버지 허월이 지금 중이 되어 내원에 있으니, 그를 파견하여 회유하는 것이 좋겠습니다."라고 건 의하였다. 순식이 큰아들 수원을 보내 항복하자, 태조는 그에게 왕씨 성을 주고 땅과 집을 주었다.

－『고려사』

- 태조 18년 (935) 신라왕 김부(경순왕)가 항복하였으므로 신라국을 없애고 김부로 하여금 경주의 사심관(事審官)을 삼아 부호장(副戶長) 이하 관직자들의 일을 살피도록 하였다. 이에 여러 공신에게도 이를 본받아 각각 그 본주(本州)의 사심관으로 삼았다.
- 국초에 향리의 자제를 뽑아 서울에서 인질로 삼고 또 그 향사(鄕事)의 고문에 대비하니 이를 기인(其人)이라 하였다.

－『고려사』

훈요 10조

1조 우리나라가 대업을 이룬 것은 부처가 지켜주었기 때문이다. 뒷날 간신이 정치를 하면 승려들이 청탁을 하여 사원 쟁탈이 일어날 것이다.
이를 금지하라.

2조 모든 사원은 도선이 산수의 순역을 가려 개창한 것이다. 신라 말 사원을 함부로 지어 나라가 망하였다. 마땅히 경계해야 할 것이다.

3조 왕위 계승은 적자적손(嫡者嫡孫)을 원칙으로 하되 장자가 불초(不肖)할 때에는 인망 있는 자가 대통을 잇게 하라.

4조 중국 제도와 풍속을 배워야 하지만 반드시 똑같게 할 필요가 없다. 거란은 짐승 같은 나라이다. 본받지 마라.

5조 서경은 우리나라 지맥의 근본이며 만대에 전할 땅이다.
반드시 3달마다 가서 100일 이상 머물도록 하라.

6조 연등은 부처를 모시는 것이고, 팔관은 하늘 · 산 · 강을 섬기는 것이다.

두 행사를 줄이지 마라.

7조 왕이 된 자는 공평하게 일을 처리하여 민심을 얻도록 하라.

8조 차령산맥과 금강 이남은 산천과 인심이 배역(背逆)을 끼고 있으므로 그 지방 사람을 등용하지 마라.

9조 모든 제후와 여러 관료의 녹(祿)은 나라의 크고 작음에 견주어 이미 정제(定制)를 삼았으니, 늘리거나 줄이지 마라.

10조 국가를 가진 자는 항상 무사한 때를 경계할 것이며 널리 경사를 섭렵해 과거의 예를 거울로 삼아 현실을 경계하라.

과거제 시행

• 광종 9년(958) 쌍기가 과거제 실시를 처음으로 건의하였으며, 지공거가 되어 시(詩) 부(賦) 송(頌) 책(策)을 시험 과목으로 삼아 진사 갑과를 비롯해 명경업, 복업 등 모두 8명을 선발하였다.

• 삼국 이전에는 과거법이 없었다. 고려 태조가 처음으로 학교를 세웠으나 과거로 인재를 뽑는 데까지는 이르지 못하였다. 광종이 쌍기의 건의를 받아들여 과거로 인재를 뽑게 하였다. 이때부터 문풍(文風)이 일어났고, 그 법은 대체로 당의 제도를 따른 것이다.

－『고려사절요』

공복 제정

고려 태조가 나라를 세울 때는 모든 것이 새로 시작하는 것이 많아서 관복 제도는 우선 신라에서 물려받은 것을 그대로 두었다. 광종 때에 와서 비로소 백관의 공복을 제정하였다. 이때부터 귀천과 상하의 구별이 명확해졌다.

－『고려사절요』

IV

조선 유교 사회의
성립과 발전

| 1388년 위화도 회군 | 1446년 훈민정음 반포 | 1592년 임진왜란 발발 | 1627년 정묘호란 |
| 1392년 조선의 건국 | 1485년 경국대전 반호 | 1623년 인조반정 | 1636년 병자호란 |

01 조선의 건국과 통치

1. 조선의 건국

(1) **신진 사대부의 등장**

① **등장**

㉠ 무신집권기 : 중앙의 문신 몰살 후 지방 향리의 자제가 중앙으로 진출하여 행정 실무 담당

㉡ 과거제도 : 과거를 통한 정계 진출

㉢ 성리학 수용 : 고려 충렬왕 때 안향이 원의 만권당으로부터 수용. 권문세족과 불교 비판의 근거로 삼음

② **성향**

㉠ 다수가 지방의 중소 지주층이나 향리 출신으로 학문적 소양을 갖추어 정치 실무에 능한 학자적 관료임

㉡ 성리학적 국가 통치 원리인 민본주의를 중요하게 생각하여 권문세족의 토지 사유와 같은 백성을 대상으로 한 횡포를 비판하는 진취적 성향

④ **신흥 무인 세력과 결탁** : 이성계를 중심으로 하는 신흥 무인 세력과 결탁

⌐⌐⌐⌐⌐●홍건적과 왜구의 침입을 격퇴하면서 성장함

(2) **신진 사대부의 분화**

① **배경** : 성리학을 수용하고 이해하는 과정에서 입장 차이가 발생하여 갈라짐

② **온건 개혁파**

㉠ 중심 인물 : 이색, 정몽주, 길재 등 사대부의 대다수

㉡ 주장 : 고려 왕조의 틀 안에서 점진적인 개혁을 추진하려 함

㉢ 개혁안 : 사회 모순을 부분적으로 완화하는 점진적 개혁을 추구함. 비리의 핵심 세력을 제거하고 대토지 사유는 정리하되, 왕조 질서를 파괴하거나 토지 제도를 전면적으로 개혁하는 데에는 반대함. 이들은 높은 관직과 안정된 경제 기반을 갖추고 있었기 때문에 토지 사유제를 인정하는 선에서 중소 지주층의 이익을 안정시키려 함.

㉣ 계승 : 16세기의 사림파(사학파)

③ **급진 개혁파**

㉠ 중심 인물 : 정도전, 조준, 윤소종, 남은 등 신진 사대부 중 소수가 이성계 세력과 결탁하여 혁

▶ 조선의 건국과정

이성계의 위화도 회군(1388)
군사적 실권 장악

▼

신진 사대부 분화
급진 개혁파 – 온건 개혁파

▼

전제 개혁
과전법 실시(1391)

▼

| 온건 개혁파 제거 |

▼

| 조선 건국(1392) |

▼

| 한양 천도(1394) |

❶ 생육신과 사육신

생육신 : 김시습, 원호, 이맹전, 조려, 성담수, 남효온

사육신 : 성삼문, 박팽년, 하위지, 이개, 유성원, 유응부or 김문기

명파를 이룸

ⓛ 주장 : 고려 왕조를 부정하는 역성혁명

ⓒ 개혁안 : 성리학과 더불어 '주례'에 반영된 개혁 사상을 받아들임. 그에 따라 토지 제도 개혁, 사원 경제의 폐단 시정 등 전면적인 개혁을 추진하고자 함. 또한 토지, 상업, 수공업 등에 공개념을 도입하여 권세가들에 의한 사유와 사영을 축소시키고자 함

ⓔ 계승 : 15세기의 관학파(훈구파)

	혁명파 신진 사대부	온건파 신진 사대부
중심 인물	정도전, 권근, 조준, 윤소종, 남은	정몽주, 이색, 길재
권력	경제력 열세, 이성계와 협력	경제력 우세, 군사력 미비
계승	훈구파	사림파
성향	급진적 · 개혁적	점진적 · 온건적
개혁안	• 고려왕조를 부정하는 역성혁명 주장 • 권문세족의 대농장 비판 • 전면적인 토지 개혁 주장(과전법)	• 고려 왕조의 틀 안에서 점진적 개혁 추진 • 권문세족의 대농장 비판 • 전면적 토지 개혁 비판

▲ 신진 사대부의 분화

(3) 위화도 회군(1388)

① 요동 정벌

ⓞ 배경 : 명이 철령 이북의 땅을 지배하기 위하여 철령위 설치를 통보함

ⓛ 대립 : 요동 정벌에 대하여 최영 세력은 즉각적 출병을, 이성계 세력은 출병 반대를 주장하며 대립함

② 이성계의 실권 장악

ⓞ 전개 : 최영의 주장에 따라 요동 정벌이 추진되었으나 최영은 우왕과 함께 남고, 이성계와 조민수 등은 위화도에서 회군하여 반대파인 최영 세력을 제거

> **▶ 이성계의 4불가론**
>
> 4월에 봉주에 머물러 태조(이성계)에게 말하였다. "내 (우왕)가 요동을 공격하고자 하니, 경은 마땅히 힘을 다하라." 태조는 대답하기를 "지금 정벌하시는 것에 네 가지 불가한 점이 있습니다. 소국(小國)이 대국(大國)을 거역 할 수 없음이 첫 번째 불가함이고, 여름철(농사철)에 군대를 일으킬 수 없음이 두 번째 불가함입니다. 거국적으로 원정하면 왜구가 그름을 노릴 것이 세 번째 출병할 수 없는 이유이고, 지금은 덥고 비가 많아 활이 녹고 대군은 질역에 시달릴 것인데, 이것이 네 번째 불가한 이유입니다."라고 하니, 우왕은 그 말을 옳다고 여겼다. 태조가 이미 물러 나와 최영에게 말하기를 "내일에 이 말씀을 다시 왕에게 계달(啓達)하십시오."라고 하니 최영은 "그러하겠다." 라고 하였다. 밤에 최영은 들어가 우왕을 뵙고 아뢰었다. "원하옵건대 다른 말은 듣지 마옵소서."
>
> – 태조실록 –

ⓒ 결과 : 이성계 일파는 폐가입진 등을 통해 정치적 실권을 장악하고 새 왕조를 개창할 수 있는 기반을 마련하였으며, 명과의 관계를 발전시켜 나감

(4) 과전법의 시행

① 배경 : 권문세족의 토지 겸병으로 국가 재정이 약화되어 <u>신진 사대부</u>가 전제 개혁론을 제기
                                                  •정도전, 조준 등

② 목적 : 권문세족의 농장을 혁파, 신진 사대부의 경제적 기반을 마련, 국가 재정 안정

③ 과정 : 조준과 정도전이 주도하고 도평의사사의 결의로 과전법 반포(1391. 5.)

④ 내용

ⓐ 현직 관리뿐만 아니라 전직 관리에게까지 경기 44현의 토지를 과전으로 분급

ⓑ 과전은 해당 관리의 세대에 한정하는 것이 원칙이었으나, <u>수신전</u> · <u>휼양전</u> 등의 명목으로 세
     습되기도 함
                  사망한 관리의 아내에게 지급 •   • 사망한 관리의 자식에게 지급

ⓒ 필지의 수조율을 1/10로 낮추고, 농민의 경작권을 보장하여 백성의 생활을 안정시킴

> **▶ 과전법 시행**
>
> 공양왕 3년(1391), 경기는 사방의 근본이니 마땅히 과전을 설치하여 사대부를 우대한다. 무릇 경성에 거주하여 왕실을 시위하는 자는 직위의 고하에 따라 과전을 받는다.

(5) 조선의 건국

① 온건 개혁파 제거 : 정치 · 경제적 실권을 차지한 급진 개혁파는 이방원의 주도로 새 왕조 개창에 반대하는 여론을 주도하는 정몽주 등의 온건 개혁파를 제거함

② 조선 왕조 개창(1392) : 이성계는 도평의사사 관원들의 추대를 받고 공양왕으로부터 선양(禪讓)의 형식으로 왕위를 물려받아 조선을 건국함

③ 국호 제정(1393) : 국호를 '조선'으로 개칭

④ 한양 천도(1394) : 나라의 중심에 위치하여 행정과 교통의 요지이며 풍수 지리적으로 명당인 한양으로 천도

▶ 이방원의 하여가(何如歌)

이런들 어떠하며 저런들 어떠하리
만수산 드렁칡이 얽어진들 어떠하리
우리도 이같이 얽어져 백년까지 누리리라

▶ 정몽주의 단심가(丹心歌)

이몸이 죽고 죽어 일백번 고쳐 죽어
백골이 진토되어 넋이라도 있고 없고
임 향한 일편단심이야 가실 줄이 있으랴

▶ 폐가입진(廢假立眞)

우리 태조(이성계)가 판삼사사 심덕부, 찬성사 지용기, 정몽주, 정당문학 설장수, 평리 성석린, 지문하부사 조준, 판자혜부사 박위, 밀직부사 정도전과 함께 흥국사에 모여서 삼엄한 경계를 펴놓고 다음과 같이 의논하였다. "우와 창은 본래 왕씨가 아니니 가히 종묘제향을 받들 수 없다. 게다가 천자의 명령까지 내렸으니 가짜 왕을 끌어내리고 진짜 왕을 세워야 마땅하다. 정창군 왕요(王瑤)가 선종의 7대손으로 족보상 가장 가까운 친속이니 그를 옹립하는 것이 옳다." 그러나 조준은 정창군은 부귀한 환경에서 성장해 재산 모으는 것만 알 뿐 나라를 다스리는 방도는 알지 못하니 그를 왕으로 세울 수는 없습니다."라고 반대하였으며 성석린도 "왕을 세울 때는 마땅히 어진 이를 가려야 하는 것이지, 족보상의 친소 관계를 굳이 따질 필요는 없습니다."라고 말하였다. 이에 종실 사람 여러 명의 이름을 써서 심덕부, 성석린, 조준을 계명전(啓明殿)으로 보내 고려 태조의 영전에 고한 다음 탐주(探籌)하니 과연 정창군의 이름이 뽑혔다.
                                       -고려사, 공양왕-

▶ 역성혁명의 개혁 이념

정치	· 왕도정치
	· 민본정치
	· 군신공치
경제	· 대토지 사유 억제
	· 자작농 증가
	· 농본억상

▲ 정몽주(1337~1392)

(6) 근세 사회의 성격

① **정치적**

- ㉠ **관료 체제의 기틀 마련** : 왕권 중심의 권력 구조를 마련하여 중앙 집권적인 관료 체제의 기틀을 확립
- ㉡ **왕권과 신권의 조화** : 왕권과 신권을 적절하게 조화시킴으로써 모범적 유교 정치 추구
- ㉢ **중앙 집권적** : 행정적 관료 체제와 지방 체제가 완성되었고, 중앙에서 모든 현에 지방관을 파견함

② **경제적**

- ㉠ **양인의 수 증가** : 고려 말 불법적으로 노비가 된 자들을 해방시킴
- ㉡ **농민의 경작권 보장** : 과전법 실시로 농민들이 사회 · 경제적으로 안정됨

③ **사회적**

- ㉠ **과거 제도의 정비** : 음서가 축소되고 과거가 중시되면서 신분보다 능력이 존중됨
- ㉡ **정치 참여의 폭 확대** : 양천제의 실시로 특권 계급이 소멸, 신분에 따른 사회 진출 기회의 한계가 감소

④ **문화적**

- ㉠ **교육 기회의 확대** : 사농일치의 교육 제도를 표방하여 교육 기회를 양인 전반에 확대시키려 노력
- ㉡ **민족문화의 기반 마련** : 통일적 민족 의식을 강조하는 정신문화 + 생활 개선과 연관된 기술문화 발달

(7) 조건의 기본 정책 방향

① **정치** : 성리학을 통치 이념으로 내세우고 고려 말 부패했던 불교를 억압하는 숭유억불 정책 실시

② **경제** : 백성 대다수의 경제활동인 농업을 중시하고, 낭비와 사치를 부추길 수 있는 상공업을 억제하는 농본억상 정책 실시

③ **외교(사대교린 정책)** : 명에게는 사대의 우대 정책을 펼친 반면, 여진과 일본에게는 강경책과 회유책을 병행하는 교린 정책을 시행

2. 조선 초기 통치 체제의 정비

(1) 태조(재위 1392~1398)

① **국호 제정** : 고조선을 계승하였음을 뜻하는 '조선'으로 제정

② **3대 기본 정책** : 도첩제 실시, 중농 억상 정책, 사대교린 정책

········●숭유억불 정책을 배경으로 승려가 출가할 때 국가가 그 신분을 공인해주던 제도

③ **한양 천도의 의미**

- ㉠ **정치적** : 개경 중심의 구세력 약화
- ㉡ **경제적** : 한강이 흘러 교통과 무역에 편리
- ㉢ **군사적** : 산이 둘러싸고 한강이 흘러 방어에 유리

▲ 태조(1355~1408)

ⓔ 문화적 : 삼국의 문화가 공존하며 정치색이 가장 적은 곳

　　④ 제도의 정비

　　　　ⓐ **의흥삼군부** : 군사 기능을 의흥삼군부가 관장하도록 하고 종래의 도평의사사는 정무만을 담당하게 함

　　　　ⓑ **법제 정비** : 정도전이 『조선경국전』(태조 3, 1394) 편찬, 조준이 『경제육전』 편찬

　　　　　　　　　　　　　　　　　　　1388년(우왕 14)부터 1397년(태조 6)까지의 ●┄┘
　　　　　　　　　　　　　　　　　　　법령과 앞으로 시행할 법령을 수집·분류

　　　　ⓒ **과거제 정비** : 무과, 이과를 신설하고 문, 무, 의, 역, 음양, 이과, 문음 등 7과로 정비

　　　　　　　　　　　　　　┄┄●更料, 상급 서리를 선발하는 잡과 시험

　　　　ⓓ **행정 구역 개편** : 속현, 향·부곡·소 등을 주현에 편입

　　⑤ 정도전의 활동

　　　　ⓐ **재상 중심의 정치** : 왕도 정치와 덕치를 바탕으로한 재상 중심 정치 주장

　　　　ⓑ **통치 규범 마련** : 『조선경국전』, 『경제문감』 등을 통해 국초 통치 규범의 안정화에 기여

　　　　ⓒ **통치 이념 확립** : 성리학을 통치 이념으로 확립하고, 『불씨잡변』을 통해 불교 억제, '심기리편'을 통해 성리학이 불교와 도교보다 우세하다 주장

　　　　ⓓ **대명 정책** : '진도(陣圖, =진법서)'를 편찬하여 요동 정벌을 추진하기 위한 군사 훈련 도모

　　　　ⓔ **도성 정비** : 한양 도성의 4대문 이름을 유교의 덕목에 따라 〈흥인지문〉, 〈돈의문〉, 〈숭례문〉, 〈숙정문〉으로 명명

(2) **정종**(재위 1398~1400)

　　① **제1차 왕자의 난(무인정사)** : 세자 책봉 과정에서 불만을 품은 방원(태종)이 난을 일으켜 계비 신덕왕후의 아들이자 세자인 세자 방석과 방번, 정도전을 제거하고 형인 방과(정종)를 왕으로 추대함(태조, 1398)

　　② **정치** : 방원의 영향력 하에 이루어짐

　　　　ⓐ 개경 천도(1399)

　　　　ⓑ 사병을 혁파하여 관군으로 삼고, 중추원을 삼군부로 개편하여 중앙에 모든 병권을 집중시킴

　　　　ⓒ 도평의사사 축소, 의정부 신설, 승정원 설치(태종의 영향력)

　　③ **제2차 왕자의 난(방간·박포의 난)** : 방원이 실권을 장악하자 이에 질투를 느끼던 친형(신의왕후 한씨 소생)인 방간이 박포의 이간질을 믿고 군사를 일으켰으나 방원에 패함. 정종은 방원을 왕세제로 책봉하였다가 왕위를 물려주고 상왕이 됨.(정종, 1400)

(3) **태종**(재위 1400~1418)

　　① **왕권 강화**

　　　　ⓐ **정치 기구 개편** : 승정원(정종시기)과 의금부를 설치하여 왕실 권위 강화, 의례상정소를 설치하여 국가 예제 연구, 사평부는 호조로 합병, 승추부의 군무는 병조에 귀속, 상서사의 인사 기능은 이조와 병조로 귀속

　　　　ⓑ **6조 직계제 실시** : 6조의 모든 업무를 의정부를 거치지 않고 국왕에게 직접 보고함

▲ 정도전(1342~1398)

▲ 4대문과 궁궐

▲ 호패

ⓒ 한양 환도 : 한양으로 환도하고 창덕궁 건설

ⓐ 사간원 독립 : 언론 기관인 낭사를 사간원으로 독립시켜 대신들을 견제함

ⓜ 외척 견제 : 왕실 외척과 종친의 정치적 영향력을 약화시키고 왕권 강화

ⓑ 사병 철폐 : 공신의 사병을 혁파하여 의흥삼군부로 병력을 집중시키고, 왕이 군사 지휘권을 장악

② 재정 기반 안정책

ⓐ 양전 사업과 호적 작성 : 전국의 토지를 조사하여 20년마다 토지 대장인 양안을 작성하고 호구를 조사하여 3년마다 호적 작성

ⓑ 호패법 실시 : 노비를 포함한 16세 이상의 모든 남자는 호패 착용 의무화
     •조세 징수와 군역 부과에 활용

ⓒ 사원 정리 : 전국 242사 외의 사원을 폐지, 불교 사원 토지 몰수

ⓓ 노비 변정 도감 : 고려 말에 억울하게 노비가 된 자를 조사하여 해방시킴

③ 유교 윤리에 따른 법제 정비

ⓐ '속육전' 편찬 : '경제육전'의 내용을 간추려 법례가 될 부분을 모아 편찬

ⓑ 서얼 차별 : 서얼 출신에게 문과 응시를 금지하고, 무과나 잡과를 통해 관직에 올라도 승진에 한계를 두었음
    •서얼금고
    •한품서용

ⓒ 과부의 재가 금지 : 양반 본부인의 재혼 금지, 재가하여 낳은 자식은 문과 응시 금지함(성종 때 경국대전에 명기됨)

ⓓ 신문고 설치 : 신문고는 백성들이 원통하고 억울한 일에 대해 왕에게 직접 알릴 수 있도록 대궐에 설치한 북. 의금부에서 관할
    •등문고 → 신문고
    •연산군 때 폐지되었다가 영조 대에 부활하였으며, 이때부터는 병조에서 주관

④ 문화 사업

ⓐ 주자소 설치 : 계미자 등 금속 활자 주조

ⓑ 조지소 설치 : 종이를 만드는 일 담당 → 세조때 조지서 개칭

ⓒ 지도 제작 : 혼일강리역대국도지도는 현존하는 동양에서 가장 오래된 세계 지도
    •김사형, 이회, 이무등이 제작

ⓓ 저화 재발행 : 사섬서를 설치하여 지폐 발행 → 최초 : 공양왕

ⓔ 역사서 편찬 : '동국사략'(권근), '조선왕조실록' 편찬 시작(태조 실록)
    •조선 왕조 개창의 정당성을 밝히기 위해

＊ 한품서용제
- 서얼 : 정3품 당하관 이하
- 향리·토관 : 정5품 이하
- 하급 기술관·서리 : 정7품 이하

(4) 세종(재위 1418~1450)

① 집현전 설치

ⓐ 성격 : 세종 2년(1420) 다시 설치된 왕립 학술 연구 기관

ⓑ 특권 : 사헌부의 규찰을 받지 않았으며, 관원들은 사가독서제(학문 연구 휴가)를 통해 자유로운 학문 연구를 보장 받음
    •성종 2년(1471)에 독서당 제도로 계승

▲ 세종(1397~1450)

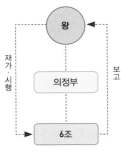

▲ 6조 직계제

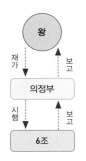

▲ 의정부 서사제

❶ 계해약조
1443년(세종 25) 대마도주와 세견선 (歲遣船) 등 무역에 관해 맺은 조약으로, 조선은 1년에 세견선은 50척, 세사미두는 200석으로 제한함

▲ 4군 6진 개척

ⓒ **기능** : 경연, 서연, 왕의 자문, 학술 연구

ⓔ **변화** : 세조 때 폐지, 성종 때 홍문관으로 부활

② **의정부 서사제** : 국정 전반은 의정부의 정승들에게 맡김 → 왕권과 신권의 조화 추구

> **▶ 의정부 서사제**
> 6조 직계제를 시행한 이후 일의 크고 작음이나 가볍고 무거움이 없이 모두 6조에 붙여져 의정부와 관련을 맺지 않고, 의정부의 관여 사항은 오직 사형수를 논결하는 일 뿐이었다. 그러므로 옛날에 재상에게 위임하던 뜻과 어긋남이 있고, …… 6조는 각기 모든 직무를 먼저 의정부에 품의하고, 의정부는 가부를 헤아린 뒤에 왕에게 아뢰어 (왕의) 전지를 받아 6조에 내려 보내어 시행한다. 다만, 이조·병조의 제수, 병조의 군사 업무, 형조의 사형수를 제외한 판결 등은 종래와 같이 각조에서 직접 아뢰어 시행하고 곧바로 의정부에 보고한다. 만약 타당하지 않으면 의정부가 맡아 심의·논박하고 다시 아뢰어 시행토록 한다.
> ─세종실록─

③ **사회 경제 정책**

ⓐ **전분 6등법과 연분 9등법** : 공법상정소를 설치하여 세금 제도의 구체화된 안정화 추구

ⓑ **의창** : 빈민 구제 담당, <u>춘대추납의 원칙</u>
　　　　　　　　　　　　●봄에 곡식을 꿔주고, 가을에 걷어들인다

ⓒ **사법 개혁** : <u>금부삼복법(의금부 삼심제)</u> 시행, 법규에 의하지 않거나 법규 이상의 것을 집행하던 <u>남형</u>과 태배를 금지, 감옥시설 개선　●사형수에 대한 세 차례의 재판
　　　　　　　●수령의 직권으로 이유 없이 볼기를 치는 일

ⓓ **천민 생활 개선** : 천민에게도 잡직을 주어 관직에 등용, 주인이 노비를 마음대로 처벌하는 것을 금지시킴, 관비의 출산휴가 연장　●장영실이 대표적인 예

ⓔ **지방 통치 체제** : <u>부민고소금지법</u>, <u>원악향리(元惡鄕吏)처벌법</u> 시행
향리나 백성들이 관찰사나 수령을 고소 금지●┄┄┄　　┄┄●부정을 저지른 향리 처벌

④ **유교 윤리의 보급** : '국조오례의' 편찬 시작, '주자가례' 시행 장려, '삼강행실도', '효행록' 간행, 국가 행사를 유교식으로 거행

⑤ **대외 정책**

ⓐ **여진** : 여진을 토벌하여 <u>4군 6진 설치</u> 토관 제도와 사민 정책 시행. 현재의 국경선 확정
　　　　　●4군 : 압록강 방면에 최윤덕, 6진 : 두만강 방면에 김종서 파견하여 설치

ⓑ **일본** : 이종무로 하여금 대마도(쓰시마 섬)를 정벌하게 함(1419), 후에 <u>3포</u>를 개항(1426)하고 계해약조❶ 체결(1443)　　부산포, 제포(창원, 진해), 염포(울산)●

⑥ **토관 제도** : 4군 6진 개척 이후, 지역민을 회유하고 국방력을 강화시키기 위해 평안도와 함경도 유역 12곳에 실시, 해당 지역에는 지방관을 파견하지 않고 토착민을 토관으로 임명함으로써 변경 지역의 안정 도모

⑦ **문화 정책**

ⓐ **불교 정리** : 불교 종파를 선교 양종으로 통합하여 36본사만 인정

ⓑ **칠정산** : 원의 수시력과 명의 대통력을 참조하여 '칠정산' 내편, 아라비아의 회회력을 참조하여 '칠정산' 외편 제작 ⇨ 서울을 기준으로 삼음

❷ 일성정시의

❸ 혼천의

❹ 간의

❺ 용비어천가

조선 건국의 정당성을 강조하기 위해 초기 왕들의 업적을 칭송하고, 현군 주에게 이를 본받고 매사를 경계하라는 내용. 최초의 국문학 작품으로 평가됨

▲ 세조 어진 모사본

1935년에 기존 세조의 어진을 모사하기 위한 기초 작업으로 김은호가 그린 밑그림

ⓒ 과학 기구 제작

측우기	세계 최초의 강수량 측정 기구
자격루	시각 측정을 위한 물시계(보루각, 장영실)
앙부일구	해시계
옥루	자동 종합 물시계(흠경각, 장영실)
일성정시의❷	해시계와 달시계를 겸함
혼천의❸, 간의❹	천문 관측 기구

ⓓ 의학 정리 : '향약집성방', '의방유취' 등을 편찬

ⓔ 훈민정음 창제 및 반포 : 우리 민족 고유의 문자인 훈민정음을 창제(1443) · 반포(1446)

ⓕ 편찬 사업 : '용비어천가❺', '월인천강지곡', '석보상절', '동국정운' 등의 한글 서적, '육전등록'(법전), '고려사', '신찬팔도지리지', '농사직설', '총통등록', '서언해', '신주무원록', '치평요람' 등
  ┈┈●편찬시작   화약무기 제작, 사용법 정리●┈┈   ┈┈●사서의 한글 번역서
  ┈┈●역대 사적에서 정치에 귀감이 될 만한 사실을 모아 엮은 책, 정인지

ⓖ 활자 주조 : 경자자, 갑인자, 병진자, 경오자 등의 금속 활자 주조, 갑인자는 선명하고 아름다움

ⓗ 인쇄술 발달 : 조지소(조지서)에서 종이 생산, 식자판 조립법 창안

ⓘ 음악 : 여민락(아악) 정리, 악보집인 '정간보' 발행

(5) 문종(재위 1450~1452)

'고려사'(기전체), '고려사절요'(편년체), '동국병감', '어제오위진법'(병서) 등 완성
  ┈┈●이민족과의 전쟁 · 전란사

(6) 단종(재위 1452~1455)

① 왕권 약화 : 문종(1450~1452)이 일찍 죽고 나이 어린 단종이 즉위하면서 왕권이 크게 약화됨

② 재상 중심 정치 : 김종서, 황보인 등의 재상들이 정치적 실권 장악 (황표정사)

③ 계유정난(1453, 단종 1) : 수양대군이 정변을 일으켜 김종서, 황보인, 안평대군 등을 제거하고 실권 장악

(7) 세조(재위 1455~1468)

① 통치권에 대한 반발

  ㉠ 이징옥의 난(단종 1, 1453) : 계유정난 이후 파직된 함길도 절제사 이징옥이 자신을 대금황제라 칭하고 여진족의 도움으로 반란을 일으킴

  ㉡ 단종 복위 운동(세조 2, 1456) : 사육신 등 집현전 학사 세력을 중심으로 단종 복위를 꾀함. 집현전 폐지의 계기
    ┈┈●보통 사육신은 성삼문, 박팽년, 하위지, 이개, 유응부, 유성원을 말함

  ㉢ 이시애의 난(세조 13, 1467) : 함경도 지방 차별에 반기를 든 길주는 길성현으로 강등되고, 이것을 계기로 전국의 유향소는 폐지됨

② 왕권 강화

  ㉠ 6조 직계제 시행 : 강력한 왕권을 행사하고자 의정부 서사제에서 다시 6조 직계제로 환원

㉡ **유향소 폐지** : 이시애의 난을 계기로 이를 주도한 유향소 폐지 ⇨ 성종 때 부활

  ㉢ **집현전과 경연 폐지** : 공신이나 언관들의 활동을 견제하기 위하여 폐지하고 ⇨ 성종 때 집현전을 홍문관으로 부활

  ㉣ **'경국대전' 편찬 착수** : 육전상정소(六典詳定所)를 설치하여 호전과 형전 완성, 전체적인 완성은 성종 때

  ㉤ **중앙집권 강화** : 토지와 인구 비례에 따라 합리적으로 군현제 정비, 자연촌 단위의 몇 개의 리(里)를 면으로 묶은 면리제와 서로 이웃하고 있는 다섯 집을 하나의 통으로 묶고 통수가 통안을 관장하게 하는 오가작통법 강화

········●한명회의 발의로 채택되어 '경국대전'에 올라 법제화

③ **부국책**

  ㉠ **직전법 시행** : 과전의 세습으로 새로운 관리에게 지급할 수조지가 부족해지자 현직 관리에게만 수조권을 지급하고, 세습 가능한 수신전과 휼양전 폐지

  ㉡ **팔방통보 주조** : 화폐를 주조 · 유통하여 국가 재정 확보 도모

④ **강병책**

  ㉠ **보법 시행** : 정군에 대해 양인 2명을 보인으로 정하여 이들이 정군을 경제적으로 지원하게 함. 군역 대상자를 확대.

  ㉡ **5위 체제의 정비** : 중앙군 5위를 정비. 국왕 중심 군권 강화

  ㉢ **진관체제❶ 실시** : 군현을 진관으로 편성. 수령이 자기 지역 진의 군사 지휘관 겸직. 관의 정병은 평상시 자기 지역 방어. 번차에 따라 서울로 번상 시위

  ㉣ **군액 증가** : 호적 관리, 호패법, 오가작통법 강화를 통해 군액 증가

  ㉤ **사민정책과 토관제도 강화** : 세종 때 실시된 사민정책 강화 및 세종 때 설치된 12곳 이외 경주, 전주, 개성부에 토관 설치

⑤ **불교 숭상**

  ㉠ **불교 숭상** : 원각사(1464)와 원각사지 10층 석탑 건립, 간경도감을 설치(1461)하여 불경 간행

  ㉡ **인지의와 규형** : 토지 측량 기구인 인지의와 규형을 제작하여 양전, 지도 제작 등에 사용

⑥ **원상제** : 국왕이 어리거나 정상적인 국정 수행이 어려울 때 원로대신들이 원상으로 임명되어 임금을 보좌하여 정무를 처리하는 제도, 세조 때 한명회, 신숙주, 구치관 등이 승정원의 서무를 지휘함

(8) **성종**(재위 1469~1494)

① **'경국 대전' 완성** : 세조 때 호전과 형전을 시작으로 간행된 '경국대전'이 6전 체제를 갖추어 반포됨(1485)

---

❶ **진관 체제**

전국에 주진(主鎭)을 두고, 그 밑에 몇 개의 거진(巨鎭)을 설치하였으며, 다시 거진 산하에 여러 개의 작은 진을 설치함으로써 지방 군사조직의 틀을 만들었다. 각 진관은 평상시 주진의 통제를 받았으나 유사시에는 독자적인 작전권을 행사하여 한 진관이 패배하면 다른 진관이 방위의 공백을 메워서 싸우게 하는 등 연계적인 체제로 형성되었기 때문에 지방 내륙에 대한 군사 방어 조직이 한층 강화되는 계기가 되었다. 이러한 체제는 《경국대전》에 반영되어 법제화되었다. 진관 체제는 작은 규모 전투에는 유리하지만 큰 규모의 적이 침입할 경우에는 문제점이 많다. 이에 16세기 이후 각 지역의 군사를 한 곳에 집결시켜 한 사람의 지휘하에 두게 하는 제승방략 체제를 실시하였다.

▲ **경국대전**

조선의 기본 법전. 조선 건국 이후 중요한 왕명이나 조례 등을 정리함. 이전, 호전, 예전, 병전, 형전, 공전의 6전 체제로 구성

② 유교적 정치 이념의 강화

㉠ 사림 등용 : 훈구 세력은 세조 때에 이어 예종 때 더욱 강화되어 왕권을 위협할 정도로 성장 ⇨ 성종은 훈구 세력을 견제하고 왕권을 강화하기 위해 김일손, 김굉필 등 재야의 사림 세력을 중앙 관직에 등용함

㉡ 유향소 부활 : 사림의 정치적 영향력이 확대되면서 유향소 부활

㉢ 홍문관 설치 : 집현전을 계승한 홍문관을 설치하고 모든 관원에게 경연관을 겸하게 하여 언로를 넓힘

㉣ 관학 진흥 : 성균관에 '존경각' 설치, 양현고 정비, 성균관과 향교에 학전과 서적 하사

④ 억불 정책

㉠ 간경도감 폐지 : 간경도감을 폐지하고 도성 안의 사찰을 밖으로 철거함

㉡ 도첩제 폐지(1492) : 승려의 출가 금지 ⇨ 불교는 산간 불교화됨

⑤ 관수관급제 실시(1470) : 관청에서 수확량을 조사해 국가가 농민으로부터 직접 조세를 거둔 다음 관리들에게 현물로 녹봉 지급

⑥ 북방 개척

㉠ 윤필상 등이 압록강 이북 지역을 정벌(1479)

㉡ 허종이 두만강 이북의 야만족을 소탕(1491)

⑦ 편찬 사업 : '경국대전', '동문선', '동국여지승람', '악학궤범', '삼국사절요', '동국통감' 등

⑧ 사창제 폐지 : 성종 원년(1470)에 이르러 시행된 지 20년 만에 호조의 제의에 따라 혁파

> ▶ 『경국대전』 서문
> (세조께서) 일찍이 말씀하시기를 "우리 조종의 심후하신 인덕과 크고 아름다운 규범이 훌륭한 전장에 퍼져 있고, 또 여러 번 내린 교지가 있어 법이 아름답지 않은 것이 아니지만, 관리들이 용렬하고 어리석어 제대로 받들어 행하지 못한다. 이는 진실로 법의 과목이 너무 번잡하고 앞뒤가 서로 모순되어 하나로 크게 정해지지 않은 때문이다. 이제 손익을 헤아리고 회통할 것을 산정하여 만대의 성법을 만들고자 한다."라고 하였다.

3. 중앙 정치 조직

(1) 정치 체제

① 구성 : 관리들은 문·무반의 양반으로 구성. 9품계로 정·종을 두어 18등급으로 나뉘었으며, 6품 이상을 다시 상직과 하직으로 나누어 총 30단계의 계서로 구성

② 구분

㉠ 당상관 : 정3품 상직 이상. 왕과 함께 정책을 논의하는 자리에 참여하거나 주요 관서의 책임자가 될 수 있음
└⋯⋯●문반의 통정대부, 무반의 절충장군

㉡ 당하관 : 정3품 하직 이하. 행정 실무 담당
└⋯⋯●문반의 통훈대부, 무반의 어모장군

품계	구분		비고
정 1품~정 3품(상)	당상관		정책 결정에 참여
정 3품(하) ~ 종 4품(하)	당하관	참상관	근무 일수에 의한 승진 한계
정 5품(상) ~ 종 6품(하)			지방관 임명 가능
정 7품 ~ 종 9품		참하관	

(2) 정치 제도 정비

▶ 조선의 중앙 관제

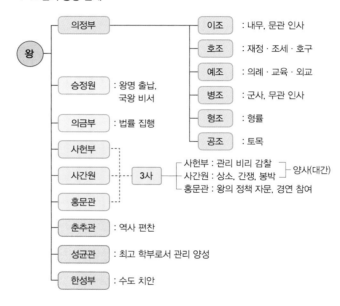

▶ **고려와 조선의 정치기구 비교**

고려	조선
도병마사, 식목도감	의정부
중서문하성의 낭사, 어사대	사간원, 사헌부
중추원 승선	승정원
순군부	의금부
사심관	유향소, 경재소
문하시중	영의정
안찰사	관찰사

▶ **합의기구의 변천**

고구려	제가 회의
백제	정사암 회의
신라	화백 회의
발해	정당성
고려 전기	도병마사, 식목도감
고려 후기	도평의사사
조선 전기	의정부
조선 후기	비변사

① **경관직(중앙 관제)** : 정종 때 도평의사사가 의정부로 개편되면서 도평의사사의 행정권은 의정부로 이관되었고, 중추원이 삼군부로 개편되면서 군사권은 삼군부로 이관됨

▶ **조선 시대 정치 체제에서의 왕권 강화와 왕권 견제**

왕권강화	6조 직계제, 의금부와 승정원, 과거제, 호패법, 장용영과 규장각
왕권견제	의정부, 3사(三司), 상소(上疏), 구언(求言), 경연, 윤대(輪對), 차대(次對), 순문(詢問), 권당(捲堂), 서경 제도

의정부	• 영의정, 정1품 • 최고 정부 기구로서 재상 합의로 운영 국정 총괄 • 정책 '결정 및 심의' 기구	6조 (판서, 정2품, 정책집행)	이조−문관의 인사, 공훈
			호조−조세, 호구, 광산, 조운
			예조−외교, 교육, 과거
			병조−무관의 인사, 국방, 봉수, 역참
			형조−형벌, 소송, 법률
			공조−토목, 건축, 수공업, 도량형
승정원	• 도승지, 정3품 • 국왕의 비서 기관으로 왕명 출납 담당		
의금부	• 고려 말 순군부를 개편 • 판사, 종1품 • 국왕 직속 상설 사법 기구 • 국가적 죄인 처단		

3사	대간 (양사)	사헌부	• 대사헌, 종2품 • 시정을 논하여 바르게 이끌고 모든 관원 규찰, 풍속 교정(감찰)
		사간원	• 대사간, 정3품 • 간쟁, 정사의 잘못을 논박하는 직무 관장
	홍문관		• 대제학, 정2품 • 왕의 자문, 경연, 경적과 문헌 관리
	• 3사의 언관은 고관이나 왕도 함부로 막을 수 없음 • 언관직, 청요직 • 언론 기능 담당, 권력의 독점 방지		
한성부	• 판윤, 정2품 • 서울의 행정과 치안 및 이와 관련된 재판의 업무 담당 • 경찰 업무의 최하위 집행기관으로 경수소 설치		
춘추관	• 영사: 영의정이 겸임 • 역사서 편찬과 보관 담당		
4관 (유교 정치 수행)	예문관		• 대제학, 정2품 • 고급 관원은 왕의 교서 작성 • 하급 관원은 사관으로 참석하여 사초를 작성
	교서관		• 제조, 종1품 • 궁중 서적 간행
	승문원		• 도제조, 정1품 • 외교 문서 작성
	성균관		• 지사(정2품), 대사성(정3품) • 국립대학, 고등 문관 양성
포도청	• 포도대장, 종2품 • 경찰 임무, 일반 양민의 죄를 다스림		

② **외관직(지방 관제)**: 중앙에서 관찰사와 수령을 지방관으로 파견

③ **중앙 관제의 특징**

  ㉠ 겸직제 발달: 재상과 당상관은 요직을 겸했고 관찰사는 병마절도사와 수군절도사를 겸직

  ㉡ 대가제 실시: 정3품 이상에게 별도로 부가된 품계를 아들, 동생, 사위, 조카 등에게 줄 수 있는 제도, 국가에 경사가 있을 때 실시

  ㉢ 한품서용제 실시: 관리 채용 시 신분에 따라 품계를 제한함

4. 지방 행정 조직

(1) 특징

① **군현 정비**: 전국을 8도로 나누고 고을의 크기에 따라 지방관의 등급 조정, 330여 개의 군현 설치

② **중앙 집권 체제 강화**

  ㉠ 속현 소멸: 모든 군현에 수령 파견. 전국의 주민을 국가가 직접 지배

  ㉡ 향·부곡·소 소멸: 특수 행정 구역인 향·부곡·소가 일반 군현에 편입되거나 군현으로 승격됨

  ㉢ 관찰사의 권한 강화: 감영에 상주하며 수령 감찰
  ┈┈┈┈●고려의 안찰사는 상주관이 아니었음

ⓔ **향리의 지위 격하** : 수령의 행정 실무를 보조하는 세습적인 아전으로 격하됨

ⓜ **임기제와 상피제의 시행** : 지방관의 임기를 관찰사 1년, 수령 5년으로 정하여 오랜 집권으로 인한 폐단을 줄이려 노력함. 또한 자신의 출신 지역에는 지방관으로 파견시키지 않는 상피제 실시

(2) 구조

① **8도** : 1413년 태종 때 확정, 함경도, 평안도, 황해도, 강원도, 경기도, 충청도, 경상도, 전라도

▲ 조선의 8도

▶ 조선의 지방 행정 조직

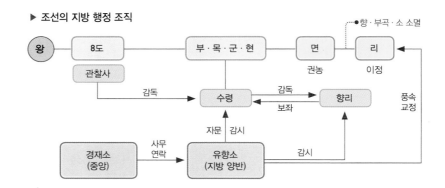

② **관찰사(종2품, 감사, 방백, 도백)**

ⓐ **임무** : 수령에 대한 감찰권, <u>포폄권</u> 지님, 각 도의 행정·사법·군사권 장악, 각 도의 병마절
　　　　 ┄┄┄┄┄┄●칭찬하고(褒) 낮춘다는(貶) 뜻, 관료의 근무 성적을 토대로 포상이나 징계 실시
　　도사와 수군절도사를 겸임

ⓑ **임기** : 360일(1년)마다 다른 지역으로 이동하는 임기제 적용

③ **유수부**

ⓐ **설치** : 개성(세종), 강화(인조), 수원(정조 17), 광주(정조 19)

ⓑ **목적** : 수도를 방어하는 행정·군사적 요충지로 국왕 직속의 특수 행정 구역

ⓒ **지방관** : 정·종 2품의 <u>유수관</u> 파견, 관찰사의 통제를 받지 않음
　　　　　　　　 ┄┄┄┄┄●경관직이었으며 비변사 회의에도 참석

④ **부·목·군·현**

ⓐ **수령** : 부윤(종2품), 부사(정3품), 목사(정3품), 군수(종4품), 현령(종5품), 현감(종6품)을 통칭, 목민관이라고도 함

ⓑ **임무** : 수령 7사 (농업 진흥, 인구 증식, 교육 진흥, 군대 정비, <u>부세 수취</u>, 공정한 재판, 치안
　　　　　　　　　　　　　　　　　　　　　　　　　　 ┄┄┄┄●조세와 공납 징수가 가장 중요한 임무
　　확보)

ⓒ **권한** : 국왕의 대리인으로서 지방의 행정·사법·군사권 행사

ⓓ **임기** : 1,800일(5년)

ⓔ **수령 견제** : 사헌부와 관찰사는 수령 감찰권 지님, 암행어사 수시로 파견, 유향소는 관찰사에게 수령 고발 가능

⑤ 면·리·통

　㉠ 책임자 : 향민 중에 면장(면임, 권농), 이정, 통주 등을 임명

　㉡ 임무 : 수령의 명령을 받아 주로 인구 파악과 부역 징발 담당

　㉢ 오가작통법 : 5호를 하나의 통으로 묶어서 상부상조 도모, 치안을 유지하며 농민의 토지 이탈 방지

　㉣ 의의 : 국가의 통치권이 향촌 말단까지 미치게 됨

⑥ 유향소(향청)와 경재소 : 유향소와 경재소는 고려의 사심관제가 분화·발전한 것 ⇨ 향촌의 자치를 인정하면서도 중앙 집권 체제의 강화 도모

구분	유향소(향청)	경재소
위치	각 지방	중앙
구성	• 향촌의 덕망 있는 인사들(재지 사족, 사림) • 좌수와 별감 등을 둠	• 태종 때 설치하고 세종 때 제도화 • 해당 지방 출신 중앙 고위 관료자가 책임자로 임명
기능	• 수령 보좌, 향리 규찰, 풍속 교정 • 수령과 향리의 비리 감시 • 여론 수렴, 향회 소집, 향약 보급, 사창제 시행등 지방 행정 참여	• 유향소와 정부 사이의 연락 담당, 향리 규찰, 인재 천거, 향풍 교화 등을 맡음 • 중앙에 머무르면서 공납 업무 등을 대행하기 위하여 경저리를 두었음 • 15세기 말에는 중앙의 고관(훈구 세력)이 유향소를 장악하고 세력을 확장하기도 함 ⇨ 1603년에 혁파
특징	향촌 자치 인정	중앙 집권 체제 강화

⑦ 향리

　㉠ 역할 : 중앙의 6조에 맞춰 6방으로 구성, <u>수령의 행정 실무를 보조하는 세습적인 아전으로 전락</u>, 토착인으로서 무보수 명예직
　　•·······• 고려 시대보다 지위 격하

　㉡ 경저리(京邸吏, 경주인) : 고려의 기인 제도 계승, 향리의 일부를 중앙에 올라오게 하여 중앙과 지방 연결(문서 전달 등), 부세 상납 주선, 서울에 있는 해당 지방 관리나 군인의 신변 책임, 지방 공납물의 대납 책임 등을 담당함

　㉢ 영저리(營邸吏, 영주인) : 지방의 감영에 파견된 향리를 칭함, 감영과 자기 군현을 연결하는 역할 담당

5. 군역 제도와 군사 조직

(1) 군역의 원칙

① 양인개병제 : 60세 이하의 <u>모든 양인 남자</u>에게 군역의 의무 부과(태종)
　　　　　　　•·······• 종친, 외척, 공신 및 고급 관리의 자제 포함하여 고급 특수군에 편입

② 편성 : 모든 양인을 현역 군인인 <u>정군</u>과 정군의 비용(식량, 의복)을 부담하는 <u>보인</u>으로 편성
　　　　　　•·······• 정병　　　　　　　　　　　　　　　　　•·······• 保人, 봉족

③ 보법 : 정군(정병)과 보인(봉족)체제, 세조 때 마련

　㉠ 구성 : 정군 1명을 1보(2명의 보인)가 지원, 토지 1결을 1정으로 계산.

▶ 유향소·경재소의 변화

고려 후기
사심관 제도를 모방하여 조직

↓ 유향품관의 반집권적 토호 성향

태종 6년(1406)
유향소 혁파 (수령권 강화, 중앙 집권 강화)

↓ 수령의 불법, 향리의 폐단

세종 10년(1428)
유향소 부활

↓

세조 말
유향소 폐지 (이시애의 난)

↓ 유향소 복립 운동(사림)

성종 19년(1488)
유향소 부활, 훈구 세력 장악, 사림 사마소 설립

↓ 사림파 재장악

선조 23년(1603)
경재소 혁파, 유향소는 향청(향소) 으로 개칭

ⓛ **보인** : 정군에게 군비로 한 달에 면포 1~2필씩 지급, 노비도 봉족에 포함, 병종에 따라 보인의 수를 달리함

④ **정군의 대우** : 서울에서 중앙군에 근무하거나 지방군으로 진에 배속됨. 일정 기간 동안 교대로 복무, 복무 기간에 따라 품계와 녹봉을 지급받기도 함

└┄┄┄● 갑사는 2보(4명), 기정병과 수군은 1보 1정 (3명), 보병은 1보(2명)

⑤ **군역의 면제** : 현직 관료, 학생, 향리 등

⑥ **노비** : 원칙적으로는 군역 의무가 없으나, 경우에 따라 특수군(잡색군)으로 편제

(2) 군사 조직

① **중앙군** : 5위(의흥위, 용양위, 호분위, 충좌위, 충무위)

ㄱ **설치** : 세조 때 5위 설치, 지휘 책임자인 총관은 문반 관료가 담당

ㄴ **역할** : 궁궐 수비와 수도 방어

ㄷ **구성**

정군	현역 군인, 군역으로 번상 시위하거나 국경 요충지에 배속
갑사	시험에 의해 선발된 직업 군인, 정식 무반으로서 품계와 녹봉을 받음, 중앙에서는 왕궁과 서울의 수비를 맡고, 지방에서는 하급 지휘관을 담당
특수병	왕족, 공신이나 고관의 자제로 구성, 국왕의 호위와 시종, 왕궁의 경비를 담당하는 고급 군인, 품계와 녹봉을 받음

② **지방군**

ㄱ **영진군** : 병영(육군)과 수영(수군)으로 국방상 요지인 영이나 진에 배치, 관찰사가 병사와 수사를 겸하는 것이 원칙, 양인개병제의 원칙, 일부는 교대로 수도에서 복무

ㄴ **진관 체제** : 전국을 군사 조직으로 묶은 것, 종전의 익군 체제를 개편하여 요충지의 고을에 읍성을 쌓아 지역 단위 방어 체제를 강화함.

└┄┄┄● 고려 말 농민으로 구성했던 상비군, 세조 때 진관 체제를 개편하면서 소멸됨

ㄷ **수군 설치** : 연해 각도에 설치, 수군은 육군에 비하여 위험 부담이 컸음

③ **잡색군**

ㄱ **성격** : 태종 때 유사시를 대비해 조작된 일종의 예비군, 세종 때 하나의 병종으로 정비

ㄴ **편성** : 서리, 잡학인, 신량역천인, 노비 등, 농민은 속하지 않음

ㄷ **업무** : 평상시 본업에 종사, 유사시 향토 방위에 대비, 진관 체제가 완성되면서 유명무실화

④ **방어체제**

ㄱ **군사력 확보** : 호적 제도와 호패 제도를 강화하여 군역 대상자를 조사 · 등록

ㄴ **방어 체제의 변화**

영진군 · 익군체제
조선 초기 • 평안도와 함경도는 몇 개의 군이 중익 · 좌익 · 우익을 이루게 하는 익군 체제로 운영

▶ **대립제**

사람을 사서 자신의 역을 대신 지게
하는 일

▶ **방군수포제**

수령이 정군에게 포를 받아 역을 면
제해주고, 면역자를 대신 정군으로
삼는 제도

진관 체제
세조 이후 • 성격 : 지방 단위의 방위 체제, 자수자진의 독립적 군사 거점 • 특징 : 각 도에 한두 개의 병영을 두어 병사가 관할 지역 군대를 장악하고, 병영 밑에 몇 개의 거진을 설치하고 거진의 수령이 그 지역 군대를 통제 • 붕괴 : 대립제와 방군 수포제

⬇

제승방략 체제
16세기 을묘왜변 이후 • 특징 : 유사시에 각 읍 수령들이 소속 군사를 이끌고 본진을 떠나 지정된 방위 지역에 모여 서울에서 보낸 경장이나 그 도의 병수사를 기다려서 지휘 받는 전술 • 문제점 : 후방의 군사가 없어 1차 방어선이 무너지면 다른 방어 수단이 없음 • 붕괴 : 임진왜란 조기 패전의 원인

⬇

진관 체제 복구
임진왜란 중 • 임진왜란 중 유성룡의 건의로 진관 체제 복구 • 속오법에 따라 군대를 편제하는 속오군 체제로 정비

6. 교통 · 통신 조직

(1) 역원제 (병조 관할)

① **역** : 관청의 공문 전달, 공납물 수송 등을 위해 전국에 287개의 역참 설치. 주요 도로에 30리 간격으로 500여 개 설치, 상서원에서 발행한 마패를 제시해야 역마 이용 가능

② **원** : 교통의 요지에 설치한 공공 여관, 공무 수행 중인 관원이 이용

(2) 봉수제 (병조 관할)

① **기능** : 군사적 침공 등 국경 지대의 비상사태를 중앙에 신속히 알리기 위한 통신 제도

② **운영** : 1개(평상시), 2개(적의 등장), 3개(적이 국경에 접근), 4개(적이 국경을 넘음), 5개(접전중)로 구분하여 낮에는 연기, 밤에는 불을 피워 신호를 보냄, 전국에 620여개의 봉수대 설치, 12시간 만에 주요 소식 서울에 전달

(3) 파발제 (공조 관할)

공문서 전달을 위한 통신 제도, <u>역원제와 봉수제</u>에 대한 대책으로 선조 때 마련됨, <u>기발(騎撥)</u>과 ━━●날씨의 영향을 많이 받음 ━━●말
<u>보발(步撥)</u>이 교대하는 곳을 <u>참(站)</u>이라 함 ━━━●임진왜란 이후 말 가격 상승과 역민(驛民)의 도망으로 유명무실화
┄┄┄●사람의 도보   ┄┄┄●파발막, 기발은 25리마다 1참, 보발은 30리마다 1참

(4) 조운제 (호조 관할)

지방에서 징수한 세미를 보관하는 조창에서 서울의 경창으로 운반하는 제도. 하천과 해안 요지에 조창(9조창) 설치, 중앙에 <u>3경창</u>을 설치, 평안도, 함경도, 제주도는 잉류지역
┄┄┄●서강, 용산강을 통해 운반

▲ 마패

역의 말을 빌리는 도구. 출마패라고
도 하며, 고려 원종 때부터 유래했고
조선 태종 10년부터 본격화됨.
암행어사가 대표적이지만 지방 출장
가는 관원들 모두가 쓸 수 있었던 물
건임. 영조 때 기준으로 중앙에서
500개, 지방에서 감사, 병사, 수사
들이 발부한 150개의 마패가 사용되
었음. 처음엔 목조 마패였으나 세종
대왕 때부터 철제, 성종 때부터는 동
제로 바뀌었음. 병조(국방부) 상서원
에서 기마문자(마문)을 내려주면 승
정원에서 받아가는 형식이었음. 앞
면에 말이 새겨져있고, 뒷면에는 연
월과 상서원인(상서원 도장)이란 글
씨가 쓰여있었음.

(5) **교통 · 통신 제도 발달의 의의** 중앙 집권 체제를 공고히 하고 국방 강화에 기여

7. 교육 제도와 관리 등용 제도

⑴ 특징

① **양반과 유학 중심의 교육** : 일차적 목적은 관리 양성이었기 때문에 모든 학제는 양반 자제를 중심으로 마련되었으며, 기술학인 잡학은 천시받았고 무신 양성을 위한 교육 시설은 없었음

② **교육 기회의 확대** : 고려에 비해 교육 기관이 증대되었고, 사농일치를 바탕으로 교육 기회가 전반적으로 확대됨

③ **개인 능력 중시** : 음서, 천거도 간단한 시험을 쳐야 했고, 취재(取才), 이과(吏科)등도 시험을 치렀음

④ **음서 혜택 축소** : 고려에 비해 음서의 혜택이 크게 축소됨, 음서로 관직에 진출한 경우 고관으로 승진하기 힘들었음

⑤ **무과 시행** : 무과는 고려 말에 시작되어 조선 시대에 정비되어 시행됨, 문과를 무과보다 우대함

⑥ **과거 응시 제한**

　㉠ **법제적** : 천인을 제외하고는 특별한 제한 없었음

　㉡ **실질적** : 농민은 경제적으로 어려워 과거에 합격하는 것이 쉽지 않았음

　㉢ **응시 제한** : 탐관오리의 아들, 재가한 여자의 아들과 손자, 서얼에게는 문과 응시 제한

⑦ **시험관과 응시자의 상피제** : 과거 시험장을 2곳으로 나누어 시행, 한양의 경우 문과는 성균관과 예조, 무과는 병조와 훈련원 또는 삼군부에서 실시

⑵ 교육 기관

① **중앙** : 중등 교육 기관인 4부 학당, 고등 교육 기관인 성균관 건립

② **지방** : 군현 단위의 중등 교육 기관으로 향교가 설치됨

③ **기술 교육** : 각 해당 관청에서 담당

　▶ 조선의 기술교육

의학	전의감	잡과로 선발
역학	사역원	
천문학	관상감	
율학	형조	
산학	호조	취재로 선발
도교	소격서	
회화	도화서	
악학	장악원	

(3) 관리 등용 제도

① 소과(감시, 생진과, 사마시)

    ㉠ 내용 : 사서오경을 시험하는 생원과와 시·부의 문장을 시험하는 진사과, 각각 초시와 복시를 치름

    ㉡ 응시 자격 : 원칙적으로 상민 이상은 응시 가능하나, 신량역천, 수공업자, 상인, 재가녀 및 부도덕한 부녀자의 자식, 서얼 등과 영구히 서용하지 않는 범죄자의 자손은 응시 금지. 또한 정4품 이상의 현직 관료와 지방 수령, 종친은 응시 불가능

    ㉢ 초시 : 생원·진사를 한성시에서 200명, 각 도의 향시에서 지역별로 정해진 인원 500명을 뽑아 총 700명 선발

    ㉣ 복시 : 실력에 따라 생원 100명, 진사 100명을 선발

▲ 조선의 과거제

    ㉤ 특전 : 4부 학당의 학생이나 향교생을 장려하기 위해 치르는 승보시, 사학합제, 공도회 등의 합격자들에게 복시 응시 자격 부여

② 대과(문과, 동당시)

    ㉠ 응시 자격 : 원칙적으로 생원·진사가 성균관에서 대과를 준비하는 것이지만, 생원·진사의 자격만으로도 응시 가능, 조선 후기에는 소과를 거치지 않은 일반 유학자가 응시하는 경우도 많았음. 당상관 이상의 관직자는 응시 불가능

    ㉡ 절차 : 3단계(초시·복시·전시)로 나누어 실시, 우선 초시에서 각 도의 인구 비례를 기준으로 240명을 선발하고, 복시에서 최종 합격자 33명을 선발, 마지막으로 전시는 국왕 앞에서 시행된 시험으로 시무책을 중심으로 평가하여 순위를 매김

    ㉢ 특전 : 합격 증서로 홍패 수여, 등수에 따라 차등을 두어 관직에 임용. 현직 관료가 응시하여 급제하면 품계를 높여줌
        •장원은 종6품, 갑과는 정7품, 을과는 정8품, 병과는 정9품

    ▶ 대과의 절차

초시	각 도, 한성부, 성균관에서 시행	인구 비율로 240명 선발
복시	예조에서 시행	성적 순으로 33명 선발 ⇨ 합격증인 홍패 지급
전시	국왕이 감독	33명의 등급을 정함 ⇨ 장원 1명(종6품), 갑 2명(정7품), 을 7명(정8품), 병 23명(정9품)

③ 무과

    ㉠ 절차 : 소과는 없으며, 문과와 같이 초시, 복시, 전시를 거쳤고, 최종 선발 인원은 28명. 합격자를 선달이라고 하였으며 홍패를 수여함

    ㉡ 특징 : 문과에 비해 천대받은 편. 중인 계층의 응시가 많았고 조선 후기에는 평민의 신분 상

승 통로로도 이용됨. 국방상의 필요 등에 의해 식년시보다 별시에서 더 많은 인원을 선발함

④ **잡과**

　⊙ **종류** : 역과, 율과, 의과, 음양과가 각각 사역원, 형조, 전의감, 관상감 등의 관리를 선발, 이 밖에 기술을 담당하는 관청의 관리는 취재로 선발

　⊙ **시행** : 3년마다 시행하는 식년시와 경사가 있을 때 부정기적으로 실시하는 증광시

　⊙ **절차** : 초시와 복시를 거쳤으며 분야별로 정원을 두고 선발

　　　　　　　　　　　　　　　　⋯⋯⋯●역과는 19명, 율과 · 의과 · 음양과는 각 9명

⑤ **과거 시행 시기**

정기 시험	식년시(式年試)로서 3년마다 실시
부정기 시험	국가의 특별 경사가 있을 때 실시한 증광시, 일반 경사가 있을 때 실시한 별시, 왕이 성균관 문묘 배알 시에 성균관 유생들의 불만을 달래기 위해 시행한 알성시, 시골 유생들의 학문 권장을 위해 임시로 실시한 백일장 등

⑥ **특별 채용**

　⊙ **음서(문음)** : 고려 시대에 비해 범위가 축소되어 2품 이상 고위 관리의 후손(아들, 손자, 사위, 동생, 조카)을 대상으로 시행된 무시험 관리 임용 제도. 3품 관원은 아들과 손자에게만 적용되었고, 이조, 병조, 도총부 및 3사의 관원은 아들에게만 문음을 통한 관직 진출이 허용되었지만 취재의 절차를 거쳐야 했음. 문음을 통한 관직 진출은 낮은 벼슬을 받았고, 과거에 합격해야 고관으로의 승진이 가능했음.

　⊙ **취재** : 재주가 부족하거나 나이 많은 이들을 대상으로 간단한 시험을 통해 하급 관리를 채용하는 제도

　⊙ **이과** : 서리 선발 시험으로, 한글을 실무에 사용하기 위해 훈민정음이 시험 과목에 포함됨

　⊙ **천거** : 고관의 추천을 받아 간단한 시험을 치른 후 관리에 등용하는 제도, 대개 기존 관리를 대상으로 실시함. 중종 때 조광조가 제시한 현량과가 대표적

⑦ **인사 관리 제도** : 관료적 성격이 더욱 강해짐

　⊙ **능력 중시** : 과거의 성적에 따라 초임의 관품이 정해질 뿐만 아니라, 높은 성적을 받아야 고관으로 승진이 가능했음

　⊙ **임기제(순자법)** : 관직마다 정해진 기간만큼 근무해야만 승진하거나 다른 관직으로 옮길 수 있었음

　⊙ **상피제** : 권력 집중과 부정을 막기 위해 가까운 친인척이 같은 관서에 근무하지 못 하도록 하거나, 출신 지역의 지방관으로 임명하지 않음

　⊙ **서경 제도** : 5품 이하 관리의 등용에는 양사(사헌부, 사간원)의 서경을 거치도록 함

　⊙ **인사고과(포폄제)** : 경관은 해당 관청의 당상관과 제조, 외관은 관찰사와 병마사가 매년 2회 (6월, 12월) 근무 성적을 평가하여 승진 또는 좌천의 자료로 삼음

　⊙ **해유(解由)** : 지방관이나 재물의 출납을 맡은 관원이 교체될 때 재정, 현물, 군기 등을 인수인계하는 과정. 이때 작성하는 해유문기와 호조 · 병조의 허가서 등은 인사고과의 중요한 자료로도 이용됨

ⓐ 분경 금지 : 인사 청탁을 막기 위해 이조 · 병조 당상관 등과 사적으로 만나는 것을 금지함

8. 조선 초기의 대외 관계

(1) 외교 정책

① **사대 정책** : 중국의 주변 국가가 명분상 중국의 연호를 쓰고 중국과 조공 관계를 맺는 것, 서로의 독립성을 인정하며 이루어진 것으로 예속 관계에 의한 것이 아님

② **교린 정책** : 일본과 여진에 대해 회유책과 강경책을 함께 써서 평화 관계를 유지하는 외교 정책

③ **북방 사민 정책**

ⓐ **목적** : 여진족의 침입에 효과적으로 대응, 자치적인 지역 방어 체제 확립, 균형적인 국토 발전 도모

ⓑ **내용** : 삼남 지방의 일부 주민들을 북방으로 이주시켜 압록강과 두만강 이남 지역을 개발함

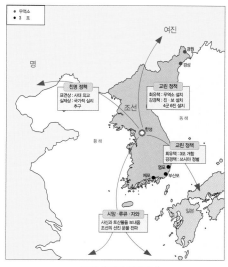

▲ 조선 초기의 대외 관계

④ **토관 제도 시행** : 국경 지방의 일부 군현에는 수령을 파견하지 않고 토착민을 토관(토관은 정5품까지로 승진 제한)으로 임명 ⇨ 국경 지대의 주민들을 회유하여 민심 수습 목적

▶ **여진과의 관계**

회유책	귀순장려	관직을 주거나 토지와 주택을 주고 정착시켜 귀화 도모
	유숙소 설치	북평관 등을 두어 여진의 사신 접대
	무역소 설치	국경 지방인 경성과 경원에 무역소를 두고 국경 무역 허락
강경책	태조	일찍부터 두만강 지역을 개척함
	세종	압록강 방면에 4군을 설치하고 함경도 방면에 6진을 개척함으로써 압록강과 두만강을 경계로 하는 오늘날에 가까운 국경선으로 확장함
	세조 · 성종	신숙주, 윤필상 등이 압록강과 두만강 이북의 여진족을 토벌함

▶ **종계변무(宗系辨誣) 문제**

태조 3년(1394)부터 선조 때까지 명나라의 '대명회전' 등에 태조가 정적(政敵)이었던 이인임의 아들로 잘못 기록된 것을 수정해 달라고 요구한 사건. 이 문제는 선조 때 사은사 유홍이 수정된 '대명회전'을 가지고 오면서(1588)하면서 일단락됨.

▶ **표전(表箋) 문제**

조선 건국 초 명나라에 보낸 표전문의 글귀가 예의에 어긋났다고 명에서 트집을 잡아 양국 간에 발생한 사건. 주원장(명 태조)은 조선이 태조(이성계)의 승인을 청하기 위해 올린 표문과 이듬해 하정사로 보낸 표문의 글귀가 불손하다는 트집을 잡음. 명은 표문을 지은 정도전 등의 압송을 요구하였으나 결국 해명됨. 하지만 명의 태도에 분노하여 정도전과 남은을 중심으로 요동 정벌이 계획됨

(2) 명과의 관계

① **태조** : 여진과의 관계 문제, 종계변무 문제, 그리고 표전 문제로 인해 <u>요동 정벌을 추진</u>하는 과정에서 명과 갈등이 생김

정도전이 중심이 됨 ●┄┄┄┄

② **태종** : 양국의 관계가 친선 관계로 바뀌면서 교류가 활발해짐

③ **세종** : 명(明)의 금(金) 세공 요구를 마필로 대체하였고, 공녀 요구 문제를 해결함

④ **세조** : <u>토목의 변</u>을 계기로 국내에서 요동 수복 운동이 전개됨

┄┄┄┄●1449년 명나라 정통제가 여진족인 오이라트 부의 에센과 토목에서 싸우다가 포로가 된 사건

⑤ **무역 관계** : 파견된 사신과 동행하여 교역을 하는 사행무역(공무역)이 주를 이룸

    ⊙ **사신 파견** : 조선은 명에 1년에 수차례 정기, 비정기 사절단을 파견함

        ▶ 대명사절

정기	하정사	정월 1일
	상절사	황제 생일
	천추사	황후, 태자 생일
	동지사	12월 동지
비정기	주청사	주청을 올릴 때
	진하사	황제 등극, 황태자 책봉 축하
	진위사	황제, 황후의 국상 조문

    ⓛ **특징** : 사신이 오가면서 중국의 선진 문화 수입과 교역이 이루어짐. 명에 대한 사대 외교는 선진 문물을 흡수하기 위한 문화 외교이자 자주적 실리 외교였음

    ⓒ **무역품** : 명에 마필, 인삼, 화문석 등 토산품과 수공업품 등을 수출하고, 고급 견직물, 서적, 약재, 문방구, 도자기 등 주로 양반이 사용하는 물건들을 수입함.

    ⓔ **대명 관계의 변화** : 16세기에 사림이 집권하면서 존화주의를 바탕으로 한 지나친 친명 정책으로 변질됨

(3) 일본과의 관계

 ① **강경책**

    ⊙ **왜구의 침략** : 고려 말부터 조선 초기까지 계속된 왜구의 침략으로 해안 지방 백성들의 피해가 심각하였음

    ⓛ **조선의 대비책** : 수군 강화, 우수한 성능의 전함 대량 건조, 화약 무기를 개발하여 선박에 장착

    ⓒ **쓰시마 섬(대마도) 정벌(기해동정, 1419)** : 세종 때 200여 척의 함대를 건조하여 이종무로 하여금 왜구의 소굴인 쓰시마 섬을 토벌하도록 함.

    ⓔ **결과** : 일본과의 통교 체제 확립, 일본 내의 정치적 혼란이 안정되면서 왜구가 감소됨

 ② **회유책**

    ⊙ **삼포 개항(1426, 세종 8년)** : 왜구의 요구를 수용하여 3포를 개방하고 무역 허용

          •••••••●부산포(동래), 염포(울산), 제포(진해)

    ⓛ **계해약조(1443, 세종 25년)** : 3포 개항 후, 지나치게 교역량이 늘어나자 무역을 제한함

          세견선은 50척, 세사미두는 200석으로 제한●••••••

 ③ **교역품** : 일본에 주로 쌀 · 인삼 · 무명 · 삼베 · 서적 등의 생필품을 수출하고, 구리 · 황 · 향료 · 약재 등을 수입함

          •••••••●'팔만대장경' 인쇄본을 전하여
                 일본 불교 발전에 영향을 줌

▶ 일본과 조선의 관계

15세기	통신사 파견	태종 13년(1413)	통신사 첫 파견시도, 세종이 재파견(1428)
	기해동정	세종 1년(1419)	이종무의 쓰시마 정벌
	3포개항	세종 8년(1426)	부산포, 염포, 제포
16세기	계해약조	세종 25년(1443)	세견선 50척, 세사미두 200석
	3포왜란	중종 5년(1510)	비변사 설치(병조 예하 임시 기구)
	임신약조	중종 7년(1512)	제포만 개항, 세견선 25척 세사미두 100석
	사량진왜변	중종 39년(1544)	왜선 20척이 통영 습격, 일본과 교역 중단
	정미약조	명종 2년(1547)	세견선 25척, 일본인에 대한 철저한 통제
	을묘왜변	명종 10년(1555)	왜선 70여 척이 전라도 주변 해안 지역을 침입 약탈, 국교 단절, 비변사의 상설 기구화(1556)
	임진왜란	선조 25년(1592)	훈련도감 설치, 비변사의 최고 기구화
	정유재란	선조 30년(1597)	노량해전
17세기	기유약조	광해군 1년(1609)	부산포(왜관)만 개항, 세견선 20척, 세사미두 100석

(5) 동남아시아와의 관계

① **상대국** : 류큐(오키나와), 시암(태국), 자와(인도네시아) 등

② **교역품** : 기호품을 중심으로 각종 토산품을 조공, 진상의 형식으로 가져와서 옷, 옷감, 문방구 등을 회사품으로 가져감. 특히 류큐에 유교 경전, 불상, 불경 등을 전달하여 불교 문화 발전에 이바지함

02 사림의 대두와 붕당정치

1. 훈구와 사림

(1) 훈구

① **성립** : 조선을 건국한 급진파 신진사대부의 후예들, 집현전과 성균관을 통해 등용되었으므로 관학파라고 불림. 주로 세조 집권 이후에 공신으로서 성종 때까지 고위 관직을 독점하고 정치적 실권을 장악한 학자 관료층으로 신숙주, 서거정, 이극돈 등이 대표적, 국가 초기 민생 안정에 기여

② **경제 기반** : 토지 매입 등을 통해 농장을 확대해 나간 대지주층, 대외 무역에도 관여, 방납을 통해 이익을 취하기도 함

③ **정치**

㉠ 고관직 차지 : 의정부나 6조의 고관직 차지

㉡ 중앙 집권과 왕도 정치 : 중앙 집권 강화와 왕도 정치를 추구하면서도 패도 정치를 인정

······●왕과 신하가 인과 덕으로 백성을 다스림

······●힘으로 인을 가장하여 통치하는 것

④ **학풍** : 고려 말 급진 개혁파(정도전, 권근 등)와 조선 초기 관학파의 학풍 계승, 사장(詞章) 중시

⑤ **사상** : 자주적 성리학 이외의 사상도 포용, 한 · 당 유학, 불교, 도교, 풍수지리설, 민간 신앙 등을 일부 수용, 단군 중시, 『주례』 중시

⑥ **의의** : '경국대전' 편찬을 비롯한 각종 제도와 문물 정비를 통해 조선 왕조의 기틀 마련

⑦ **문제점** : 훈구는 조선 초의 정치적 변동 속에서 공신에 책봉되며 막대한 부를 누린 경우가 많았으며, 각종 경제적 폐단을 자행함

(2) 사림

▲ 사림의 계보

① **성립** : 온건파 신진사대부의 후예들, 15세기 중반 이후 영남과 기호 지방을 중심으로 성장하고, 성리학의 원칙을 지키고자 하는 지방 사족들을 사림이라고 일컬음

② **경제 기반** : 재지 사족으로 대다수가 중소 지주, 지방 사회를 주도하며 기반을 다짐

③ **정치** : 왕도 정치 강조, 향촌 자치 주장, 형벌보다는 교화 중시

④ **학풍** : 고려 말 역성 혁명에 참여하지 않은 온건 개혁파(정몽주, 길재 등)의 학풍을 계승, 경학(經學)을 중시, 사학을 통해 성장

⑤ **사상** : 존화주의적 성리학 이외의 사상은 이단으로 배척, 패도를 거부하고 왕도 정치 지향, 기자 중시 의리와 명분 중시 『주자 가례』 중시

⑥ **의의** : 성리학적 명분론에 입각하여 공신과 외척의 비리와 횡포 비판, 당시의 사회 모순을 성리학적 이념과 제도적 실천으로 해결하고자 함, 이기론과 심성론을 심화시켜 16세기 성리학 발전에 기여

▶ 훈구와 사림의 비교

구분	훈구파(관학파)	사림파(사학파)
정치	– 혁명파 신진 사대부 (정도전, 조준, 권근) – 역성혁명 찬성(적극적 개혁) – 왕도정치를 바탕으로 패도 인정	– 온건파 신진 사대부 (정몽주, 이색, 길재) – 역성혁명 반대(소극적 개혁) – 왕도 정치
출신	성균관, 집현전	사학
사상	– 사장 중시 – 불교, 도교도 수용 – 자주적(단군 중시) – 부국 강병	– 경학 중시 – 성리학 이외 사상 배격 – 존화주의적(기자 중시) – 의리와 명분
성과	기술학 중시를 통해 조선 초기 문물 제도 정비에 기여	이기론과 심성론을 통한 16세기 성리학 발전에 기여

(3) 사림의 정치적 성장

① **중앙 진출** : 세조 때 정계에 입문한 김종직과 그 문인들이 성종 때 본격적으로 과거를 통해 중앙

정치에 진출 · 성장 하면서 기존의 훈구 세력과 대립

② **사림의 활동**

    ㉠ **언관직 진출** : 주로 전랑과 3사의 언관직을 차지, 훈구 세력이 지배하고 있는 현실 사회의 모순이 드러나면서 사림 세력은 훈구 세력의 비리를 비판 · 견제함

    ㉡ **사림과 훈구의 세력 균형** : 성종이 훈구 세력을 견제하기 위해 사림을 중용하면서 훈구 세력과 사림 세력 사이에 균형이 이루어짐

2. 사화의 발생

(1) **무오사화**(1498)

① **배경**

    ㉠ 성종 때 사림이 3사의 언관직을 차지하여 유자광, 이극돈, 윤필상 등 훈구 세력을 견제하고 비판, 연산군 즉위 후 훈구 세력이 사림 세력을 제거하고자 함

    ㉡ 연산군은 훈구와 사림을 모두 누르고 왕권을 강화함. 특히 사림의 언론 활동을 억제함

② **계기** : 김종직의 '조의제문❶'을 그 제자인 김일손이 사초에 실었는데, 훈구 세력 유자광 등은 '조의제문'이 세조를 비난한 것이라고 연산군에게 모함함, 유자광과 노사신, 윤필상 등과 함께 김종직과 김일손이 역모를 꾀했다고 연산군에게 보고

③ **전개** : 김종직은 <u>부관참시</u>되고 김일손 등의 사림이 처형되거나 귀양에 처함, 사림 세력 위축

           ●관을 쪼개어 송장의 목을 베는 형

(2) **갑자사화**(1504)

① **배경** : 연산군이 실정을 저지르며 국가 재정을 고갈시키고, 그 비용을 백성뿐만 아니라 훈구 대신에게까지 떠넘기려 함. 연산군이 권력을 강화하고자 훈구 대신을 제거하려는 의도도 작용

       왕비 윤씨가 질투심이 많다 하여 폐비가 되었다가 사약을 받고 죽은 사건 ●┈┈┐

② **전개** : 임사홍과 같은 연산군의 측근 척신들이 연산군의 생모인 <u>폐비 윤씨</u> 사건을 들춰내, 이와 관련있는 훈구 대신과 사림이 피해를 입음, 연산군은 성종의 후궁인 엄씨와 정씨를 죽이고 그의 아들 안양군과 봉안군은 귀양을 보내 사사함

        ┌●부관참시

③ **결과** : 한명회 등 일부 훈구 세력들과 김굉필, 정여창 등의 대다수 영남 사림 세력들이 피해를 입었음. 연산군은 신하들에게 신언패(慎言牌)❷를 차게 하는 등 언론을 극도로 탄압하고 폭정을 일삼음

(3) **중종반정**(1506) 훈구 대신들이 연산군을 내쫓고 중종을 추대함, 중종은 공신 세력의 독주를 막기 위해 일시 물러났던 사림들을 대거 등용

(4) **기묘사화**(1519)

① **배경**

    ㉠ **사림의 등용** : 중종은 훈구 세력을 견제하기 위한 과정에서 조광조 등 사림을 등용함, 사림은 삼사의 언관직을 차지하고 자신들의 의견을 공론이라 표방하며 급진적인 개혁을 추진함

② **조광조의 개혁 정치** : 성리학을 정치와 교화의 근본으로 삼은 도학 정치(왕도 정치)를 추구함

---

❶ 조의제문

중국 초나라 황제가 항우에게 죽임을 당한 비유를 들어 단종을 애도한 글. 수양 대군의 왕위 찬탈을 비방한 것이라고 해석되어 많은 사림들이 화를 입는 계기가 되었음.

❷ 신언패(慎言牌)

口是禍之門(구시화지문)

舌是斬身刀(설시참신도)

閉口深藏舌(폐구심장설)

安身處處牢(안신처처뇌)

입은 화근의 문이요,

혀는 몸을 자르는 칼이라.

입을 다물고 혀를 깊이 감추면

몸이 어느 곳에 있던지 편안하리라.

⊙ **현량과 실시** : 천거제인 <u>현량과</u>를 실시하여 사림 등용

               ●학문과 덕행이 뛰어난 인재를 천거하게 하여 정책 시험을 통해 채용하는 제도

    ⓛ **경연 · 3사 강화** : 언론의 활성화 주장

    ⓒ **향약(여씨 향약)실시** : 향촌 자치 추구, 재지 사족의 의견도 수렴하려고 노력함

    ⓔ **승과 · 소격서 폐지** : 불교, 도교 관련 행사 폐지, 유교식 의례 장려

    ⓜ **방납의 폐단 시정** : 농민 부담 경감 위해 수미법 건의

    ⓗ **소학 장려** : 유교적 가치관의 생활화와 성리학적 질서 확립 목적

    ⓢ **위훈 삭제** : 훈구의 비리 척결, 반정공신의 비리 척결의 의도였으나 기묘사화의 직접적 원인

  ③ **전개** : 위훈 삭제 문제로 피해를 예상한 훈구파들이 '주초위왕' 이라는 글씨가 나뭇잎에 새겨진

    것을 왕이 보게 함으로써 위기 의식 고조, 조광조는 능주로 귀양 가 사형됨

  ④ **결과** : 조광조의 급진적인 개혁은 점차 중종의 신임을 잃게 되었고, 훈구파 공신들의 반발로 조

    광조를 비롯한 사림 세력이 큰 피해를 입음

▶ **현량과 실시**

경연에서 조광조가 중종에게 아뢰기를, "국가에서 사람을 등용할 때 과거 시험에 합격한 사람을 중요하게 여깁니다. 그러나 매우 현명한 사람이 있다면 어찌 꼭 과거 시험에만 국한하여 등용할 수 있겠습니까. 중국 한을 본받아 현량과를 실시하여 덕행이 있는 사람을 천거하여 인재를 찾으십시오."라고 하였다   – 중종실록 –

(5) 을사사화(1545)

  ① **배경** : 대윤과 소윤의 알력 가운데 중종이 죽자 인종이 즉위하였는데 인종은 사림파 중용, 인종

    이 8개월만에 죽고 12세인 명종이 즉위하면서 문정왕후가 수렴청정을 시작, 인종의 외척인 윤

    임 일파(대윤)와 명종의 외척인 윤원형 일파(소윤)가 대립함 → 왕실 외척 간의 대립

  ② **전개** : 윤원형 일파와 왕실 외척인 척신들이 윤임 일파를 몰아내고 정국 주도

  ③ **결과** : 사림 세력이 중앙에서 물러나며 향촌 사회에서 서원과 향약을 통해 세력을 확대해 나감

    ▶ **4대 사화**

왕	구분	발단	가해자	피해자
연산군	무오사화 (1498)	김종직의 '조의제문', 김일손의 사초 문제	유자광 등 훈구파	김일손 등 사림파
	갑자사화 (1504)	연산군 생모 폐출 사사 사건	임사홍 등 궁중파	김굉필 등 부중파
중종	기묘사화 (1519)	조광조의 급진 개혁	남곤, 심정 등 훈구파	조광조 등 사림파
명종	을사사화 (1545)	왕실 외척 간의 대립 (대윤과 소윤의 대립)	윤원형 등 소윤파	윤임 등 대윤파

3. 붕당의 출현

(1) 배경

  ① 16세기 이후 왕권의 약화, 사화로 몰락한 사림들이 서원과 향약을 기반으로 향촌에서 세력기반

    확대 ⇨ 공론을 중심으로 한 사림 정치 전개 ⇨ 명종 시기 척신 정치의 잔재를 청산하는 과정에

    서 사림 간의 갈등 노출 ⇨ 붕당 형성 ⇨ 붕당간의 대립 발생

▶ **위훈 삭제 사건**(1519, 중종 14)

중종반정 때의 정국공신 중 거짓 공신이라고 평가된 자들의 직위를 박탈하고 토지와 노비를 환수한 사건. 조광조를 비롯한 사림파는 정국공신의 수가 지나치게 많다며 위훈 삭제를 주장함. 결국 공신의 3/4에 해당하는 76명의 공신 시호가 취소되면서 훈구파의 강한 반발을 샀고, 기묘사화의 직접적인 계기가 됨

② 선조 즉위 이후 사림 세력이 대거 중앙 정계로 진출하여 정국 주도

(2) 사림의 분화

① **원인** : 척신 정치의 잔재 청산을 둘러싸고 사림 간에 갈등이 생김

② **분당**

  ㉠ 서인 : 명종 때부터 정치에 참여해 온 심의겸 등 기성사림은 척신 정치 개혁에 소극적

  ㉡ 동인 : 선조 대에 새롭게 등장한 김효원 등 신진사림은 원칙에 철저하여 척신 정치 청산에 적극적

  └─●이조의 정5품 정랑과 정6품 좌랑으로서 하급 관리의 추천과 임명에 관여함

③ **붕당 형성** : 이조 전랑 자리를 두고 사림의 갈등이 표출되어 심의겸을 중심으로 한 기성 사림의 서인과 김효원을 중심으로 한 신진 사림의 동인으로 나뉨

	동인	서인
성향	• 김효원을 지지하는 신진 사림, 원칙에 충실한 사림 정치 추구, 개혁에 적극적 • 도덕적 수양을 통한 부패청산	• 심의겸을 지지하는 기성 사림, 척신 정치 개혁에 소극적 • 제도 개혁을 통한 부국안민에 초점
학풍	• 이황, 조식, 서경덕의 학문 계승 다수의 신진 세력들이 참여하여 먼저 붕당의 형세를 이룸 • 경상도 일대의 영남 사림(영남학파)	• 이이, 성혼의 문인들이 가담함으로써 붕당의 모습을 갖춤 • 서울과 경기 · 충청(기호학파) · 전라도 지역의 사림

▶ **이조 전랑의 역할과 동 · 서인의 분당**

• 무릇 내외의 관원을 선발하는 것은 3공에게 있지 않고 오로지 이조에 속하였다. 또한, 이조의 권한이 무거워질 것을 염려하여 3사 관원의 선발은 판서에게 돌려지 않고 낭관에게 오로지 맡겼다. 따라서 이조의 전랑과 좌랑이 또한 3사의 언론권을 주관하게 되었다. 3공과 6경의 벼슬이 비록 높고 크나, 조금이라도 마음에 차지 않으면 전랑이 3사의 신하들로 하여금 논박하게 하였다. …… 이 때문에 전랑의 권한이 3공과 견줄 만하였다. 이것이 바로 크고 작은 벼슬이 서로 엮이고 위와 아래가 서로 견제하여 300년 동안 큰 권세를 농간하는 신하가 없었고, 신하의 세력이 커져서 임금이 제어하기 어려웠던 근심이 없었던 까닭이다. ─이중환, 택리지─

• 선조 때 김효원이 전랑에 추천되었다. 이때 왕실의 외척이었던 이조 참의 심의겸이 거부하여 효원이 전랑이 되는 것을 허가하지 않았다. 효원은 젊은 선비들의 환심을 크게 얻고 있었는데, 이에 선비들이 의겸을 공박하였다. 의겸도 일찍이 권력을 잡은 간사한 자를 물리치고 선비들을 보호한 공이 있었다. 이리하여 늙고 벼슬이 높은 사람들이 의겸을 옹호하였다. …… 처음은 하찮은 일에서 점차 커지게 된 것이다. 효원의 집이 동쪽에 있었으므로 동인이라 하고, 의겸의 집은 서쪽에 있었으므로 서인이라 하였다. ─조선왕조실록─

• 김효원이 알성 과거에 장원으로 급제하여 이조 전랑의 물망에 올랐으나 그가 윤원형의 문객이었다고 하여 심의겸이 반대하였다. 이때 양편 친지들이 각기 다른 주장을 내세우면서 서로 배척하여 동인, 서인의 말이 여기서 비롯하였다. 효원의 집이 동쪽 건천동에 있고 의겸의 집이 서쪽 정동에 있기 때문이었다. 동인의 생각은 결코 외척을 등용할 수 없다는 것이었고, 서인의 생각은 의겸의 공로가 많을 뿐더러 선비인데 어찌 앞길을 막느냐는 것이었다. ─이긍익, 연려실기술─

4. 붕당 정치의 전개

(1) **붕당 정치의 배경** 증가하는 양반 수에 비해 관직의 수는 제한되었기 때문에 관직을 둘러싼 갈등이 심화되어 점차 붕당을 둘러싼 정쟁으로 전개됨

(2) **붕당 정치의 개념** 학연과 지연을 토대로 정치 이념을 같이하는 사람들이 모여 붕당을 이루고, 언론 활동을 통하여 국왕의 신임을 얻어 국정을 운영하는 정치 형태

(3) **의의** 붕당 정치는 특정 붕당의 독주를 견제하는 비판 세력이 공존하며, 산림(山林)의 의견을 국정에 반영할 수 있어서 건전한 정치 풍토를 만들 수 있음

(4) 선조 (재위 1567~1608)

① **정여립 모반 사건(기축옥사)** : 동인 · 서인으로 나뉜 초반에는 대체로 동인이 정국을 주도함. 1589년(선조 22) 10월에 대동계(大同契)를 만들어 세력을 확대하던 정여립이 역모를 꾀한다는 고발이 있자, 그는 자살함(정여립 모반사건), 이 사건을 서인이었던 우의정 송강 정철이 지휘하면서 의도적으로 사건을 확대 해석하고 모반 사건과 관련된 많은 동인계 인물을 처벌함

② **건저의 사건(1591)** : 건저의(健儲議)는 '세자를 세움에 따른 논쟁'이라는 뜻으로, 세자 책봉으로 광해군을 지지하였던 서인계의 정철 등이 선조의 미움을 받음, 정철이 탄핵될 위기에 처하자 이후 정철의 처리 문제를 둘러싸고 동인이 남인으로 분화됨

③ **임진왜란 후 북인 집권(1598)** : 광해군이 집권하면서 북인은 전쟁의 책임을 물어 유성룡을 중심으로 하는 남인정권을 퇴진시키고 정국 주도, 임진왜란 때 북인 출신 의병장들의 활약이 계기가 되어 임진왜란 이후에는 북인이 정국을 주도함

(5) 광해군(1608~1623) 의병활동을 주도하며 집권한 북인은 이산해, 이이첨, 정인홍 등을 위시하여 전후복구 사업을 추진하고, 후금과 명 사이에서 중립외교를 전개했지만 정권 독점에 대한 집착으로 폐단이 만만치 않았음

① **북인의 개혁 정치**   공물을 쌀, 포, 동전 등으로 납부 가능 ●┄┄┄┄

    ⊙ **전후 복구 사업 추진** : 임란 이후 북인은 국가 재정 확충을 위해 양전 사업과 대동법 시행, 은광 개발을 착수하고, 민심을 돌보기 위해 〈동의보감〉, 〈동국상감행실도〉 간행

    ⓛ **실리 외교 추진** : 국제 정세의 변화 속에서 명과 후금 사이에 중립 외교❶ 전개

② **북인의 독주**

    ⊙ **북인의 정권 독점** : 북인은 서인과 남인을 배제하고 정권을 독점하려 함.

    ⓛ **회퇴변척** : 북인 정인홍이 조식을 높이고 이언적(회재)과 이황(퇴계)을 문묘 종사에서 삭제를 주장하면서 사림의 지지를 완전히 잃게 됨. 광해군은 이에 반대하는 성균관 유생들을 모두 내쫓아 갈등을 부추김

(6) 인조반정(1623)

① **명분** : 광해군이 영창대군을 살해하고 인목대비를 유폐(廢母殺弟)하고, 명나라에 대한 재조지은(再造之恩)을 저버린 불충에 대해 비판함 ⇨ 서인이 주도하고 남인이 동조하면서 인조반정이 일어남

② **반정 이후 학문적 경향** : 서인이 정국을 주도하자 서경덕과 조식의 사상, 양명학, 노장 사상 등은 배척당하고 이황과 이이의 학문, 즉 주자 중심의 성리학만이 자리잡게 되었음

(7) 인조(재위 1623~1649)

① **서인 정권** : 기본적으로는 서로 간의 학문적 입장을 인정하는 토대 위에 상호 비판적인 공존 체제가 서인과 일부 남인 사이에 유지됨

② **공론의 형성** : 서원을 중심으로 정치적 여론 형성 ⇨ 자기 학파의 관리를 통해 중앙 정치에 반영

③ **산림❷의 강화** : 각 학파에서 학덕이 높은 자가 재야에서 여론을 주도

▶ 북인의 분열
선조는 피난 중에 광해군을 세자로 책봉하였는데 왜란 후 정비(인목대비)가 영창대군을 낳았음. 북인은 영창대군을 적통으로 보는 소북과 광해군을 지지하는 대북으로 나뉨.

❶ 중립 외교
전후 복구가 진행되던 조선은 더 이상의 전쟁 수행이 어려운 상황에서 명이 후금 정벌을 요구함. 광해군은 명의 요구를 거절할 수 없었지만 성장세인 후금과의 전면전도 피하고 싶었기에 강홍립에게 군사를 주어 명을 지원하게 하되, 적극적으로 전투에 나서지 말라고 지시함

❷ 산림
향촌에서 은거하며 학식과 덕망을 갖춘 학자 중 국가의 부름을 받아 특별 대우를 받던 사람으로, 각 붕당의 사상적 구심적 존재

④ **친명배금 정책** : 서인 정권은 광해군의 중립 외교를 비판하였고 존화주의적 명분론에 입각하여 명에 대한 의리를 지킬 것을 주장함. 후금에 대해서는 강경한 태도를 보임

⑤ **전쟁의 발발** : 결국 후금이 쳐들어옴(정묘호란, 병자호란)

⑥ **서인 정권의 병권 장악** : 후금과의 항쟁 과정에서 어영청(1623), 총융청(1624), 수어청(1626) 등을 설치함

⑻ **효종**

① **정국 운영** : 북벌을 내세운 서인이 정국을 주도하고 남인과 공존하는 구도

② **군비 확충** : 북벌 운동이 전개되었으나 실행되지는 못함, 두 차례에 걸친 나선 정벌로 북벌을 위한 군비 확충의 성과가 드러남

⑼ **현종**

① **예송의 발생** : 이때까지는 붕당의 공존과 견제의 원칙이 비교적 잘 지켜짐

ⓐ **원인** : 효종과 효종비의 국장에서 인조의 계비인 자의대비의 상복 문제(자의대비가 적장자에 준하는 상복을 입을 것인지 차자(次子)에 준하는 상복을 입을 것인지에 대한 논쟁)로 서인과 남인 사이에 두 차례의 예송이 벌어짐

ⓑ **성격** : 표면적으로는 복상 기간을 둘러싼 전례 논쟁이었으나 실제로는 둘째 아들로 즉위한 효종의 정통성과 관련한 서인과 남인의 정치적 논쟁이자 권력 다툼. 서인은 이기일원론의 배경 위에서 왕과 사대부의 동등함을 주장하였고, 남인은 이기이원론의 입장에서 왕실의 예는 사대부와 다르다고 주장

ⓒ **결과** : 효종이 죽은 후 일어난 1차 예송(기해예송, 1659)에서는 송시열, 송준길 등 서인의 주장이 받아들여짐. 그러나 효종비가 죽은 후 일어난 2차 예송(갑인 예송, 1674)에서는 허목, 허적 등 남인의 주장이 인정되어 남인이 정국을 주도

▶ 기해 · 갑인 예송

기해 예송	서인은 효종이 적장자가 아니므로 자의대비가 사대부의 예법과 동일한 1년 상복을 입어야 한다고 주장. 남인은 이에 반대하며 임금의 예로 3년간 상복을 입어야 한다고 주장함
갑인 예송	효종의 비가 사망하자 같은 방식으로 서인은 9개월간 상복을 입어야 한다고 주장. 남인은 '국조오례의'를 바탕으로 1년간 상복을 입어야 한다고 주장

⑽ **붕당 정치의 기능**

ⓐ **긍정적 측면** : 초기의 붕당 정치는 학문과 이념의 차이에서 출발하여 정치의 활성화와 세력 간의 상호 비판과 견제 기능을 함

ⓑ **부정적 측면** : 점차 학문과 이념보다는 자기 당파의 이익을 앞세웠으며, 학벌, 문벌, 지방 의식과 연결되어 국가 발전에 지장을 주기도 함

ⓒ **언론 중시** : 언론을 토대로 상호 비판이 전개되었으므로 3사 언관과 이조 전랑의 권한이 강화됨, 지방의 여론을 수렴하는 등 공론 중시

ⓓ **지방 사회와의 연결** : 지방의 서원과 향교를 통한 학맥이 붕당의 바탕이 되어 지방 사림의 여

▶ **기해 예송**
· 남인 : 3년복 주장
· 서인 : 1년복(기년복) 주장

▶ **갑인 예송**
· 남인 : 1년복(기년복) 주장
· 서인 : 대공복(9개월) 주장

▶ **상복을 입는 기간에 대한 기준**
· 남인 : 왕권 중심, 『오례』 기준
· 서인 : 신권 중심, 『주자가례』 기준

론이 중앙 정계에 반영됨, 산림이 공론을 주도하는 지도자로서 출현함

⑾ 한계

붕당의 공론은 백성들 보다는 지배층의 의견을 내세우는 것에 불과함, 학파와 지연, 문벌 의식 등이 강화되면서 점차 국익보다 당파의 이익을 앞세워 정치 질서를 문란하게 하는 현상이 발생함

▶ 붕당의 형성

구분	붕당 성립기		붕당 정치기	환국기		탕평 정치기		세도 정치기
시기	선조	광해군	인조~현종	숙종	경종	영조	정조	순조~철종
분열	서인			노론 / 소론		벽파 / 시파 (남인+소론+노론 일부)		세도 가문
	동인 — 남인			청남 / 탁남				
	동인 — 북인 — 대북 / 소북		→ 몰락					
주도 붕당	서인 → 동인	대북	서인+남인	남인→서인→남인 →소론→노론	소론	탕평파 (노론 중심)	남인 (시파 중심)	

5. 왜란과 호란

⑴ 임진왜란(1592)

① 왜란 이전의 상황

㉠ 조선의 무역 통제 : 일본의 무역 요구는 증가하고 조선은 무역 통제를 강화하면서 대립이 심화됨

㉡ 잦은 왜변의 발생 : 삼포왜란(중종 5, 1510), 사량진 왜변(중종 39, 1544), 을묘왜변(명종 10, 1555) 등

㉢ 국방력 약화 : 16세기 이후 양인개병제가 무너지고 군적수포제가 모순을 드러내면서 조선은 군사력이 매우 약해짐

㉣ 조선의 대응 : 비변사를 설치(1511)하여 국방 대책을 강구하였고, 일본에 사신을 보내어 정세를 살핌. 그러나 이이의 10만 양병설(十萬養兵說)이나 일본 정세에 대한 붕당 간의 의견이 갈라지는 등 국론이 분열되면서 적극적인 대책이 마련되지 못함

㉤ 일본의 상황 : 도요토미 히데요시가 전국 시대를 통일하면서 정권을 안정시키고 반대 세력의 관심을 밖으로 돌리고자 조선과 명에 대한 침략을 계획함

② 임진왜란의 발발

㉠ 일본의 정명가도 : '명을 정벌하러 가는 데 길을 빌려 달라'는 일본의 요청을 조선이 거절하자 20만 왜군 침략

㉡ 부산진 · 동래성 함락(1592. 4.) : 부산진에서 정발, 동래성에서 송상현이 분투하였으나 함락

됨, 왜군은 한양으로 북상

ⓒ 신립의 패전(1592. 4.) : 제승방략 체제하의 관군 집결지인 충주 탄금대에서 신립이 배수의 진을 치고 싸웠으나, 수적으로 우세하고 조총을 지닌 왜군에 패함

ⓔ 선조의 피난 : 왜군은 한양을 점령하고 계속 북상하여 평양과 함경도 지방까지 침입, 선조는 의주로 피난하여 명에 원군을 요청함

③ 수군의 승리와 진주대첩

㉠ 왜군의 전술 : 수군이 남해와 황해를 돌아 물자를 조달하며 북상하는 육군과 합세하는 것

㉡ 옥포 해전(1592. 5.) : 이순신의 첫 출전이자 첫 승전, 왜선 30여 척을 격파

㉢ 사천 해전(1592. 5.) : 거북선이 최초로 사용됨

㉣ 당포 · 당항포 · 율포 해전(1592. 6.) : 전라 우수사 이억기와 경상 우수사 원균이 합세하여 왜군 격파

㉤ 한산도 대첩(1592. 7.) : 왜적을 한산도 앞바다로 유인한 다음 학익진을 펼쳐 왜군 100여척 대파, 이후 남해안에서 연승하며 남해의 제해권을 장악 ⇨ 곡창 지대인 전라도 지방 사수

㉥ 부산포 해전(1592. 9.) : 이순신 등이 부산포에서 왜군 100여 척을 격파

㉦ 이순신의 활약 : 왜의 침입에 대비하여 판옥선과 거북선을 개량하고 전함과 무기를 정비하여 수군을 훈련시키고 군량미를 저장함, 병참 지원을 담당한 왜의 수군을 격퇴함으로써 적의 보급로 차단함

㉧ 조선 수군의 승리 : 조선 수군은 남해안의 제해권을 장악하였으며 왜군의 수륙 병진 작전을 좌절시킴, 곡창 지역인 전라도 지방을 보호, 왜군은 식량 공급에 어려움을 겪었고 육군 작전에도 타격을 입음

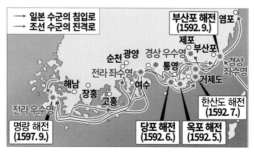

▲ 임진왜란 해전도

㉨ 김시민의 진주대첩(1592. 10.) : 김시민은 곽재우, 최강 등의 의병 부대와 함께 접전 끝에 진주성을 공격한 왜군을 격퇴 → 김시민은 왜군의 총격으로 전사

④ 의병의 항쟁

㉠ 조직 : 전국 각지에서 농민을 주축으로 전직 관리와 양반 사림, 승려 등이 합심하여 자발적으로 향촌 사회를 지킴

㉡ 전술 : 의병들은 향토 지리에 밝아 그에 알맞은 전술을 펼치며 적은 병력으로도 왜군에게 큰 타격을 입힐 수 있었음

ⓒ 관군에 편입 : 의병 부대는 산발적으로 일어났지만 점차 조직화되어 관군과 협조하여 활약하였고, 후에는 관군에 편입되어 관군의 전투 능력도 강화시킴

ⓔ 대표적인 의병장

곽재우	경상도 의령에서 최초 거병, 진주 목사 김시민과 함께 활약 ('칼 찬 선비'인 조식의 학풍을 이어받음)
정문부	함경도 경성에서 거병하여 길주에서 가토 기요마사의 군대 격파 ⇨ 숙종 때 북관대첩비 건립
고경명	전라도 담양에서 거병, 금산에서 전사
휴정 (서산대사)	묘향산에서 거병, 왕명에 따라 격문 돌려 승병 모집, 평양 탈환에 참여
유정 (사명대사)	금강산에서 거병, 평양 탈환에 참여, 일본에 사신으로 파견되어 포로를 데리고 돌아옴

▲ 관군과 의병의 활동

⑤ 전란의 극복

ⓐ 조 · 명 연합군의 활약

평양성 탈환 (1593. 1.)	이여송의 명군과 유성룡의 조선 관군은 휴정 · 유정과 함께 평양성을 탈환함
벽제관 전투 (1593. 1.)	조 · 명 연합군의 평양성 탈환으로 왜군이 후퇴하는 상황에서 명군은 벽제관(경기도 고양시)에서 왜군의 기습으로 패배, 명군은 평양으로 후퇴함
행주 대첩 (1593. 2.)	명군의 후퇴로 한양을 탈환하려던 권율의 군대는 행주산성에서 왜군에 포위되었으나, 관군과 백성들의 합심으로 왜군의 대규모 공격을 격퇴함

ⓑ 휴전 제의 : 명은 일본에 사신을 보내 화의를 제안하였고 일본이 수락하여 휴전 회담이 진행되었으나, 양쪽이 자신들의 주장을 고집하다가 3년간의 회담이 결렬됨

⑥ 조선의 전열 정비

ⓐ 중앙군 : 훈련도감을 설치하고 포수–사수–살수의 삼수병 양성 → 직업 군인

⌐●화포와 총기
└●활   └●칼과 창

ⓑ 지방군 : 속오법을 실시하여 지방군 편제도 속오군(양인 · 천인 혼성군, 평상시에는 생업에 종사하다가 유사시에 병력으로 활용함)으로 개편, 제승방략 체제에서 진관 체제로 복구함

ⓒ 군사력 강화 : 화포를 개량하고 조총 제작

⑦ 정유재란(1597)

ⓐ 명과 일본 사이의 휴전 회담이 결렬되자 왜군이 다시 침입

ⓑ 칠천량 해전(1597. 9) : 원균이 지휘하는 조선 수군이 칠천량에서 왜군에 대패함. 조정은 당시 권율의 밑에서 백의종군하던 이순신을 다시 삼도 수군통제사에 임명함

ⓒ 직산 전투(육군)(1597. 9.) : 조 · 명 연합군이 왜군을 직산에서 격파

ⓓ 명량 해전(1597. 9) : 삼도 수군통제사가 된 이순신이 명량(울돌목)에서 대승하자, 왜군은 남해안 일대로 다시 후퇴함

ⓔ 노량 해전(1598) : 이순신은 노량 앞바다에서 후퇴하는 적선 수백 척을 추격하여 대승을 거두

바로 이름을 써 주기 위해서 벼슬
을 받는 이의 이름을 비워 둠

▲ 공명첩(空名帖)

임진왜란 이후 부유층에게 돈이나 곡
식을 받고 관직의 이름을 팔던 명예
직 임명장. 매관매직(賣官賣職)을 합
법적으로 조장하는 폐단을 낳았음

▲ 이삼평 기념비

❶ 사고의 소실과 이전

왜란 전	한양 춘추관 충청도 충주 경상도 성주 전라도 전주
왜란 후	춘추관 마니산(⇨ 정족산) 오대산 태백산 묘향산(⇨ 적상산)

임진왜란 중 내장산으로 옮겨 지킨
전주 사고 실록을 제외한 3개의 사고
가 소실되었다. 이에 전주 사고본으
로 재인쇄하는 한편 , 섬과 산간 등
전란을 피할 수 있는 곳에 사고를 지
어 보관하였다.

고 전사함. 이후 왜군은 도요토미 히데요시가 죽자 본국으로 철수함

⑧ 임진왜란의 영향

ㄱ **정치** : 비변사가 최고 기구가 된 반면 의정부와 6조 중심의 행정 체계는 유명무실화 됨, 훈련
도감을 설치하고 속오군이 편제되는 등 군력을 정비함

ㄴ **경제** : 왜군에 의한 살상과 기근과 질병이 유행하면서 인구가 급격히 감소함. 양안과 호적이
소실되고 식량이 부족하여 국가 재정 및 백성들의 생활이 매우 궁핍해짐. 한편, 임진왜란 직
후 일본으로부터 새로운 작물(담배, 고추, 호박, 토마토 등)이 전해짐.

ㄷ **사회** : 국가 재정 충당을 위해 납속책이나 공명첩이 대량으로 발급되어 신분제의 동요가 일
어남. 이몽학의 난(1596) 등 민란이 발생하기도 함.

ㄹ **문화** : 불국사, 3대 사고, 서적 등과 경복궁(창덕궁과 창경궁도 다수 소실)이 소실됨

ㅁ **사상** : '재조지은'을 바탕으로 숭명 사상이 고조되었으며, 관우(조선과 명나라가 왜군을 물리
치게 된 것이 관우의 덕을 입었기 때문이라고 인식함)에 대한 숭배를 바탕으로 동묘가 건립
됨(선조 34, 1601)

ㅂ **일본** : 성리학자와 활자 인쇄공 및 도자기 기술자(이삼평 등) 수 만 명을 포로로 잡아갔는데,
이들은 일본의 성리학(이황의 성리학이 일본에 전래됨), 인쇄 문화, 도자기 문화가 발달할
수 있는 토대를 마련해주었음

ㅅ **중국(明)** : 임진왜란을 거치는 동안 국력이 급격히 쇠퇴되었고, 이 틈에서 여진족은 급성장하
여 후금을 건국함. 이후 후금은 청을 건국하고 명을 멸망시킴

(2) **광해군의 중립 외교**

① 전후 복구

ㄱ **정치 · 경제** : 경기도를 대상으로 대동법 시행(1608), 호적을 조사하고, 양전을 실시하여 토
지 대장(양안) 제작(1611). 또한, 상품 유통 경제의 발달에 맞추어 국가 경제를 상공업에 기
반을 두고 운영함

ㄴ **국방** : 화기도감(火器都監)을 설치하여 화포를 개발하고 총포를 제작하여 각 진영에 보냄. 남
한산성 등의 성곽을 수리 · 개축, 병기를 수리하고 병사를 훈련시킴

ㄷ **편찬 사업** : '동국여지승람', '경국대전', '고려사', '삼강행실도' 등을 복간, '동의보감'(선조의
명으로 편찬 시작, 1610년(광해군 3년)에 완성, 세계 최초의 공중 보건 안내서라는 점이 인
정되어 2009년에 세계 기록 유산으로 등재됨) 편찬

ㄹ **지방의 사고(史庫) 정비**❶

ㅁ **궁궐 수리** : 전란 중 훼손된 창덕궁, 창경궁 등을 수리, 경희궁을 세워 왕권을 회복하고자 하
였으나 이 토목 공사로 백성의 부담이 가중되어 민심이 떠나는 계기가 됨

ㅂ **기유약조 체결(1609)** : 임진왜란 이후 단절되었던 국교를 재개하기 위해 쓰시마 도주와 체결
하여 제한된 범위 내에서의 교섭 허용

② 중립 외교

ㄱ **국제 정세** : 명이 쇠퇴하고 후금이 성장하여 명을 침략함

▶ 항왜원조
중국의 관점에서 임진왜란을 부르는
명칭. 왜구에 맞서 조선을 도운 전쟁
이란 뜻

     ⓛ 광해군의 판단 : 현실적으로 후금에 맞설 능력이 되지 않지만 화이론(華夷論)의 명분과 항왜
       원조를 고려하여 중립적인 외교를 펼침

     ⓒ 명의 출병 요구 : 명이 후금을 치기 위해 조선에 원병을 요청 ⇨ 광해군은 여러 구실을 들어 출
       병을 미룸 ⇨ 명분론에 입각한 관료들이 강경하게 출병을 주장 ⇨ 광해군은 강홍립에게 적
       극적으로 나서지 말고 '상황에 따라 대처하라.'는 밀명을 내리며 출병시킴

     ⓔ 후금과의 화의 : 결국 강홍립은 후금에 항복, 후금에게 조선군의 출병이 불가피한 일이었음
       을 내세우며 평화를 꾀하는 중립 외교를 펼침.

(3) 호란의 발발과 전개

① 정묘호란

     ㉠ 정묘호란의 배경 : 인조반정을 주도한 서인은 명분을 내세우기 위해 친명배금 정책을 추진함
       ⇨ 모문룡의 가도 사건(1623) : 명나라 장군 모문룡이 후금이 차지한 요동 탈환을 명분으로
       평안도 가도에 주둔함으로써 후금을 자극함 ⇨ 이괄의 난(1624) : 인조반정에 대한 논공행
       상에 불만을 품은 이괄이 난을 일으켰으나 실패, 그 잔당이 후금에 가서 인조 즉위의 부당함
       을 호소하며 조선의 정세를 밀고함

     ⓛ 정묘호란의 전개 : 광해군을 위하여 보복한다는 명분을 내세워 침입, 평안도 의주를 거쳐 황
       해도 평산까지 이르렀고(1627), 인조는 강화도로 피난 ⇨ 철산 용골산성의 정봉수와 의주
       의 이립 등은 의병을 일으켜 관군과 함께 전투

     ⓒ 정묘호란의 결과 : 후금은 형제의 맹약을 맺고 조공과 국경에서의 관무역을 조건으로 철수함
       (정묘약조)

② 병자호란

     ㉠ 병자호란의 원인 : 청은 조선에 군신 관계를 요구하며 더 많은 조공을 요구함

     ⓛ 주화파와 주전파의 대립

▶ 후금의 정세 변화

1616년
누르하치가 여진족을 통합하여 후금 건국

▼

1626년
조선에 대한 강경책을 주장한 홍타이지가 칸(汗)으로 즉위

▼

1636년
후금은 국호를 청이라 하고 황제를 칭함

주화파	최명길 중심, 외교적 교섭을 통한 문제 해결을 주장
주전파 (척화파)	김상헌 중심, 3학사(윤집, 홍익한, 오달제)가 가담, 청의 요구에 굴복하지 말고 전쟁까 지도 마다하지 말자고 주장

▶ 최명길의 주화론

아무리 생각해 보아도 우리 국력은 현재 바닥나 있고, 오랑캐의 병력은 강성합니다. 정묘년의 맹약을 이제라도 지키셔서 몇 년이라도 화를 늦추시고, 그 기간을 이용하여 인정을 베풀어 민심을 수습하고 성을 쌓으며, 군사를 집합시켜 일사분란하게 움직여 적의 허점을 노리는 것이 우리로서는 최상의 계책일 것입니다.

『지천집』

▶ 윤집의 주전론(척화론)

명은 우리나라에게는 곧 부모요. 오랑캐는 우리나라에게 곧 부모의 원수입니다. 신하된 자로서 부모의 원수와 형제가 되어 부모를 어찌 저버리겠습니까. 하물며 임란의 일은 터럭만 한 것도 황제의 힘이어서 우리나라가 살아 숨 쉬는 한 은혜를 잊기 어렵습니다. 차라리 나라가 없어질지라도 의리는 저버릴 수 없습니다. 어찌 이런 시기에 다시 화의를 주장하는 것입니까.

『인조실록』

ⓒ **청의 침략** : 청의 요구가 과도해지자 주전론이 우세해졌고, 이에 청 태종이 직접 군대를 이끌고 조선을 침략함(1636) ⇨ 임경업이 지키는 백마산성을 우회하여 서울을 점령 ⇨ 인조는 남한산성에 피난하여 청군에 45일간 대항했으나 결국 청에 항복함

ⓔ **병자호란의 결과** : 삼전도의 굴욕 [삼전도에서 항복의 예(삼궤구고두례)를 갖춤]

⇨ 청과 군신 관계를 맺고 명과의 관계 단절, 두 왕자(소현세자, 봉림 대군)와 김상헌, 3학사 등이 인질로 잡혀가 참형을 당하거나 옥중생활을 함 홍익한, 윤집, 오달제●┄┄┄

▲ 삼전도비

(4) 호란의 영향

① **국토의 황폐화** : 왜란에 비해 피해가 적었지만, 청군이 거쳐 간 서북 지역은 황폐해짐.

② **청에 대한 반감**

ⓐ 조선에서 오랑캐라 여기고 조선에 조공을 바쳐온 여진족과 군신 관계를 맺고, 임금이 굴욕적으로 항복했다는 사실 자체가 조선인들에게 충격적이었음

ⓑ 소중화를 자처하던 유학자들의 자존심이 실추됨, 숭정처사, 대명거사를 자처하며 출사를 거부하는 양반들도 존재

③ **피로인 쇄환문제** : 포로로 잡혀간 서민들은 대다수가 빈민, 청에 억류되었다가 돌아온 부녀자, 즉 환향녀에 대한 대우 문제 대두

④ **북벌론 제기** : 청에 대한 적개심과 문화적인 우월감으로 인하여 북벌론이 제기됨

6. 북벌론과 나선 정벌

(1) 북벌론

① **배경** : 겉으로는 청에 대해 군신 관계를 유지하였지만, 소중화 사상(小中華思想)이 확산되면서 효종 대를 정점으로 청 정벌을 준비함.

② **주장** : 화이론을 명분으로 북벌론이 전개됨. 즉, 청을 정벌하여 오랑캐에게 당한 수치를 씻고, 임진왜란 때 우리를 도와준 명에 대하여 의리를 지켜 청에 대한 복수를 하자는 주장(복수설치)

③ **북벌 운동의 전개**

효종	송시열 등 중용
	북벌 준비
숙종	윤휴 중심의 북벌운동
	만동묘 설치

④ **북벌론의 의미**

ⓐ **왕권 강화책** : 어영청을 중심으로 한 군력 강화는 사실상 금군(왕의 친위대) 강화에 그침 ⇨ 결국 왕권을 강화하고 혼란한 민심을 수습하기 위한 수단이었음

ⓑ **서인 정권의 유지** : 인조는 서인 중 일부 소장파들의 강경한 척화주전론이 청의 침략을 불러들였다고 생각하고 일부 남인을 등용, 굴욕적 강화 체결(삼전도의 굴복) 후 호란에 대한 책임을 져야 할 서인들은 오히려 남인의 중앙 진출을 견제할 목적에서도 북벌론을 강조하며

정권을 유지하기 위한 수단으로 이용하기도 함

⑤ **북학 운동의 대두** : 북벌론은 효종 대 이후 점차 쇠퇴하였고, 18세기 후반에 이르러서는 청의 발달된 문물을 받아들이자는 북학 운동까지 대두됨. 주로 사행(使行)에 참여하였던 자제군관(子弟軍官)들이 발전된 청나라 문물을 보고 돌아와 청의 선진 문물을 선별 수용할 것을 주장함. 이들은 성리학적 의리와 명분보다는 이용후생(利用厚生)에 관심을 가짐.

(2) **나선 정벌** 러시아가 동쪽으로 나아가며 청과 대립하자, 청은 조선에도 원병 요청하였고, 조선은 두 차례[변급(1차, 1654), 신유(2차, 1658)]에 걸쳐의 조총 부대를 파병함. 북벌을 위해 양성한 조총부대의 실력을 입증하게 됨

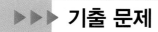

01 | 조선 전기 정치

001 □□□　　　2017년 경찰(순경)2차

(가)~(라) 시기에 있었던 역사적 사실로 가장 적절하지 않은 것은?

	(가)	(나)	(다)	(라)	
명의 철령위 설치 통보	위화도 회군	조선 건국	제1차 왕자의 난	태종 즉위	

① (가) – 김용이 왕을 시해할 목적으로 흥왕사에 침범하였다가 최영에 의하여 격퇴되었다.

② (나) – 이성계 일파는 폐가입진을 명목으로 우왕과 창왕을 연이어 폐위시켰다.

③ (다) – 명은 표문의 글귀가 불손하다는 구실로 정도전을 명으로 압송할 것을 요구하였다.

④ (라) – 박포가 논공행상에 불만을 품고 난을 일으켰다.

002 □□□　　　2018년 국가직 7급

조선 초기 국왕의 업적에 대한 설명으로 옳지 않은 것은?

① 태조는 한양으로 천도하고 한성부로 이름을 바꾸었다.

② 태종은 창덕궁과 창경궁을 새로 건설하였다.

③ 세종은 사가독서제를 실시하여 학문 활동을 장려하였다.

④ 세조는 간경도감을 설치하여 불경을 번역하고 간행하였다.

003 □□□　　　2018년 서울시(추가) 9급

고려와 조선의 지방 행정 제도에 대한 설명으로 가장 옳지 않은 것은?

① 조선에서 지방관은 행정·사법권을, 별도로 파견된 진장·영장은 군사권을 보유하였다.

② 고려에서 상급 향리는 과거 응시에 제한을 두지 않아 고위 관리가 될 수 있었다.

③ 조선에서 지역 양반은 유향소를 구성하여 향리를 규찰하고 향촌 질서를 바로잡았다.

④ 고려의 지방은 지방관이 파견된 주현과 파견되지 않은 속현으로 구성되었다.

⊙ 정답·해설

정답 1.① 2.② 3.①

해설 1. 명나라 철령위 통보(1387), 위화도 회군(1388), 조선건국(1392), 제 1차 왕자의 난(1398), 태종 즉위(1400)이다. ①김용이 1363년 흥왕사에 침범한 것은 공민왕을 시해하기 위한 것이다.

2. ②창덕궁은 1405년 태종 때 지었고, 창경궁은 1483년 성종 때 지었다.

3. 지방관은 행정·사법·군사권을 가지고 있었다. 진장과 영장은 속오군의 훈련을 담당하였다.

004 □□□

〈보기〉의 조선 시대의 국방 정책을 시간순으로 바르게 나열한 것은?

> ㄱ. 서울 주변의 네 유수부가 서울을 엄호하는 체제를 구축하였다.
> ㄴ. 금위영을 발족시켜 5군영 제도가 성립되었다.
> ㄷ. 하멜이 가져온 조총 기술을 도입하여 서양식 무기를 제조하였다.
> ㄹ. 수도 방어 체계를 강화하고 『수성윤음』을 반포하였다.

① ㄱ → ㄴ → ㄷ → ㄹ
② ㄴ → ㄹ → ㄱ → ㄷ
③ ㄷ → ㄴ → ㄹ → ㄱ
④ ㄹ → ㄷ → ㄱ → ㄴ

006 □□□

조선 시대 과거 제도에 대한 설명 중 가장 옳은 것은?

① 소과인 생원과나 진사과에 합격하면 문과에 응시할 수 없었다.
② 생원과나 진사과의 초시에는 지역별 할당 인원을 정하였지만, 문과의 경우는 지역 할당 없이 초시, 복시 모두 시험 성적순으로 뽑았다.
③ 『경국대전』에서는 탐관오리의 자식, 재가한 여자의 아들과 손자, 서얼의 응시를 제한하고 있다.
④ 문과 합격자에게는 합격 증서에 해당하는 백패를 수여하였다.

005 □□□

조선 시대의 과거 제도에 대한 설명으로 가장 적절하지 않은 것은?

① 문과(대과)의 복시에서는 33명을 뽑았고, 이들은 다시 전시를 보았다.
② 문과(대과)의 최종 합격자는 지역과 상관없이 성적에 따라 갑·을·병으로 나뉘었다.
③ 무과는 문과처럼 대과와 소과의 구별은 없었으나 초시·복시·전시를 치르는 것은 문과와 마찬가지였다.
④ 소과 복시의 합격자 수는 각 도의 인구 비율로 배분되었다.

정답·해설

정답 4.③ 5.④ 6.③

해설 4. ㄱ.서울의 4유수부는 개성(세종), 강화(인조), 광주, 수원(정조)으로 정조 때 체제를 구축하였다. / ㄴ.금위영은 숙종 때 설치되었다. / ㄷ.하멜은 효종 때 제주도에 표류하였다. / ㄹ.수성윤음은 영조 때 반포하였다.

5. 〈경국대전〉에는 지역별 인구 비례에 따라 과거 합격자를 뽑는 지역 할당제가 명시되어 있다. 소과 초시에는 생원과 진사과에 총 700명을 선발하고, 복시에서 생원과 진사를 각 각 100명씩을 선발하였다.

6. ①문과에 응시하려면 소과인 생원과 진사에 합격해야 했다. 이들은 성균관에 입학하거나 하급 관리가 될 수 있다. ②대과의 합격자는 성균관시 50명, 한성시 40명, 향시는 각 도의 인구 비례를 고려하여 150명이 할당되었다. ④문과 합격자에게는 홍패를 소과, 잡과 합격자에게는 백패를 주었다.

007 □□□ 2018년 경찰간부

아래의 사건이 있었던 국왕 통치기에 일어난 사건으로 가장 옳은 것은?

> 이덕응이 자백하기를 "평소 대윤·소윤에 휘말리지 않으려고 조심하였는데, 그들과 함께 모반을 꾸민다는 것은 말도 안 됩니다."라고 하였다. 계속 추궁하자 그는 "윤임이 제게 이르되 경원 대군이 왕위에 올라 윤원로가 권력을 잡게 되면 자신의 집안은 멸족될 것이니 봉성군을 옹립하자고 하였습니다."라고 실토하였다.

① 이이의 활약으로 백운동 서원에 '소수 서원'이라는 편액이 내려졌다.
② 대마도주와 계해약조가 수립되어 우호적 관계의 틀이 마련되었다.
③ 현량과 실시와 경연 강화 등 조광조의 개혁 정치가 시행되었다.
④ 황해도를 중심으로 광범위하게 전개된 임꺽정의 난이 진압되었다.

---

008 □□□ 2018년 서울시 7급

조선 초기 대외 관계의 설명으로 가장 옳은 것은?

① 신숙주는 일본에 다녀온 뒤 일본의 사정을 자세하게 소개한 견문록 『해동제국기』를 성종 2년 (1471) 에 편찬하였다.
② 대마도주가 무역을 요청해 오자, 벼슬을 내려 조선의 신하로 삼고, 부산, 인천, 원산 3포를 열어 무역을 허용하였다.
③ 태종은 요동 수복을 포기하지 않고 삼남 지방의 향리와 부민을 대거 북방으로 강제 이주시켜 압록강 이남 지역의 개발을 추진하였다.
④ 여진족에 대해서는 포섭 정책만을 구사하여, 국경 지역에서 무역을 허용하고 조공과 귀화를 권장하였다.

---

009 □□□ 2018년 경찰(순경) 1차

다음은 임진왜란과 관련된 설명이다. 이를 시간순으로 나열한 것은?

> ㄱ. 신립 장군이 충주의 탄금대에서 왜군과 싸웠으나 패배하였다.
> ㄴ. 군민들이 첨사 정발의 지휘 아래 왜군과 싸웠으나 패배하였다.
> ㄷ. 조선 수군이 옥포에서 첫승리를 거두었다.
> ㄹ. 왜군이 평양을 점령하였다.

① ㄱ → ㄴ → ㄷ → ㄹ
② ㄴ → ㄱ → ㄷ → ㄹ
③ ㄱ → ㄴ → ㄹ → ㄷ
④ ㄴ → ㄱ → ㄹ → ㄷ

🎯 **정답·해설**

정답 7.④ 8.① 9.②

해설 7. '대윤·소윤에 휘말리지'를 통해 명종 때의 을사사화임을 알 수 있다. ① 백운동 서원은 명종 때 이황의 건의로 이루어졌다. ② 계해약조는 세종 때이다. ③ 조광조의 개혁은 중종 때이다.

8. ② 세종 때 대마도주의 요구로 제포(창원), 염포(울산), 부산포(부산)이다. ③ 세종은 4군 6진을 개척하고 사민정책을 통해 농민을 이주 시켰다. ④ 여진족은 교린정책으로 강경책과 화유책을 함께 사용했다.

9. ㄱ.1592년 4월28일 ㄴ.1592년 4월 14일 부산진 전투 ㄷ.1592년 5월 7일 옥포 해전 ㄹ.1592년 6월15일

010 ☐☐☐

다음 사건을 발생한 순서대로 바르게 나열한 것은?

> ㄱ. 이순신이 명량에서 일본 수군을 격파하였다.
>
> ㄴ. 의주로 피난하였던 국왕 일행이 한성으로 돌아왔다.
>
> ㄷ. 권율이 행주산성에서 일본군의 공격을 격파하였다.
>
> ㄹ. 원균이 이끄는 조선 수군이 칠천량에서 크게 패배하였다.

① ㄴ → ㄷ → ㄱ → ㄹ

② ㄴ → ㄷ → ㄹ → ㄱ

③ ㄷ → ㄴ → ㄱ → ㄹ

④ ㄷ → ㄴ → ㄹ → ㄱ

012 ☐☐☐

밑줄 친 '대의(大義)'를 이루기 위하여 효종이 한 일로 옳은 것은?

> 병자년 일이 완연히 어제와 같은데 날은 저물고 갈 길은 멀다고 하셨던 성조의 하교를 생각하니 나도 모르게 눈물이 솟는구나. 사람들은 그것을 점점 당연한 일처럼 잊어가고 있고 대의(大義)에 대한 관심도 점점 희미해져 북녘 오랑캐를 가축과 비단으로 섬겼던 일을 부끄럽게 생각지 않고 있으니 그것을 생각한다면 그 아니 가슴 아픈 일인가.
>
> ─《조선왕조실록》

① 남한산성을 복구하고 어영청을 확대하였다.

② 훈련별대를 정초군과 통합하여 금위영을 발족시켰다.

③ 명과 후금 사이에서 실리를 추구하는 중립 외교 정책을 펼쳤다.

④ 호위청, 총융청, 수어청 등의 부대를 창설하여 국방력을 강화하였다.

011 ☐☐☐

다음 인조반정 이후 17세기에 발생한 사실을 순서대로 나열한 것은?

> ㉠ 삼학사(三學士)가 심양에 끌려가 죽임을 당하였다.
>
> ㉡ 이괄이 평안북도에서 반란을 일으켜 서울까지 점령하는 사태가 벌어졌다.
>
> ㉢ 후금의 태종은 광해군을 위하여 보복한다는 명분을 내걸고 '정묘호란'을 일으켰다.
>
> ㉣ 후금이 국호를 청(淸)이라 고치고 조선에 대하여 군신(君臣)의 관계를 맺을 것을 요구해 왔다.

① ㉠ → ㉡ → ㉢ → ㉣

② ㉡ → ㉢ → ㉣ → ㉠

③ ㉢ → ㉠ → ㉡ → ㉣

④ ㉣ → ㉢ → ㉡ → ㉠

⊙ 정답·해설

정답 10.④ 11.② 12.①

해설 10. ㄱ.1597년 9월 명량해전 ㄴ.1593년 휴전협정 ㄷ.1593년 2월 권율이 행주대첩 승리 ㄹ.1597년 7월 칠천량전투 패배 후 이순신이 명량 해전으로 왜군을 격파

11. ㉠병자호란의 결과 소현세자, 봉림대군 등과 청에 인질로 끌려갔다. ㉡ 인조반정 이후 논공행상에 불만을 품고 난을 일으켰다(이괄의 난,1624) ㉢인조반정 후 서인의 친명배금 정책을 추진하자 금이 침략하였다(정묘호란,1627) ㉣ 후금 국호를 청이라 하고 심양을 수도로 하고, 황제라 칭한다. 조선이 청의 군신관계를 거절하자 침략한다.(병자호란,1636)

12. 병자호란 이후 청에 대한 반감으로 청을 정벌하고 명에 대한 의리를 지키자는 북벌론이 제기된다. 효종은 청에 반대하는 관리(송시열 등)를 등용시키며 북벌을 준비한다. ② 조선 숙종때 일이다(1682) ③ 광해군의 외교정책이다. ④ 인조 때 일이다.

013 □□□ 2018년 국가직 7급

㉠~㉢에 대한 설명으로 옳지 않은 것은?

예조가 아뢰기를, "㉠ 자의 왕대비께서 선왕의 상에 입어야 할 복제를 결정하여야 하는데 ㉡ 어떤 사람은 삼년복을 입어야 한다고 하고 ㉢ 어떤 사람은 기년복(期年服)을 입어야 한다고 하니 어떻게 결정하여야 할지 모르겠습니다."라고 하였다. 이에 국왕은 여러 대신에게 의견을 물은 다음 ㉣ 기년복으로 결정하였다.
－《조선왕조실록》

① ㉠ － 인조의 계비인 조 대비를 가리킨다.

② ㉡ － 윤휴는 왕통을 이었으면 적장자로 보아야 하므로 3년 복을 입어야 한다고 주장하였다.

③ ㉢ － 송시열은 '체이부정(體而不正)'을 내세워 기년복을 입어야 한다고 주장하였다.

④ ㉣ － 『국조오례의』의 상복 규정에 따라 기년복으로 결정되었다.

014 □□□ 2018년 경찰간부후보

아래의 자료의 ⓐ에 대한 다음 설명 중 가장 옳지 않은 것은?

처음에 ⓐ 와/과 남은은 임금을 날마다 뵙고 요동을 공격하기를 권고하고 진도를 익히게 하는 고로 그 급함이 이와 같았다. 이에 앞서 좌정승 조준이 휴가를 청하여 집에 돌아가 있으니, ⓐ 와/과 남은은 조준의 집에 찾아가서 말하기를 "요동을 공격하는 일은 이미 결정되었으니 공은 다시 말하지 마십시오"라고 하였다.

① 국왕 중심의 정치 운영 체제를 지향하였다.

② 『조선경국전』, 『경제문감』등을 저술하였다.

③ 『불씨잡변』을 통해 불교를 비판하였다.

④ 무인정사(1398) 때에 이방원 일파에 의해 살해당하였다.

015 □□□ 2018년 지방직 7급

세종 재위 기간에 있었던 사실만을 모두 고른 것은?

ㄱ. 왜구의 소굴인 쓰시마섬을 정벌하였다.

ㄴ. 삼포에 대한 조선 정부의 통제가 강화되자, 삼포왜란이 일어났다.

ㄷ. 김종서를 함경도 관찰사로 임명하여 두만강 유역에 6진을 개척하였다.

ㄹ. 압록강 방면에 여진족의 침입이 잦아지자, 최윤덕을 파견하여 그들을 토벌하였다.

ㅁ. 쓰시마 도주(島主)와 계해약조를 맺어 연간 50척의 세견선을 파견할 수 있게 하였다.

① ㄱ, ㄴ
② ㄱ, ㄷ, ㄹ
③ ㄱ, ㄷ, ㄹ, ㅁ
④ ㄴ, ㄷ, ㄹ, ㅁ

🎯 **정답·해설**

정답 13.④ 14.① 15.③

해설 13. 효종이 승하한 후 자의 대의 상복을 두고 남인과 서인의 갈등이 일어났다.(1차 예송논쟁, 1659) ④ 2차 예송 때이다. 1차 예송 때 서인은 〈주자가례〉를 근거로 천하동례를 적용하여 기년설(1년설)을 주장하였고 이를 받아들였다.

14. '요동을 공격하기를 권고하고'를 통해 정도전임을 알 수 있다. ① 정도전은 재상중심의 정치를 주장하였다.

15. ㄴ.삼포왜란은 중종 때의 일이다. 세종 때는 계해약조를 통해 제한적인 무역을 공인하였다.

016 □□□
2016년 서울시 7급

다음은 조선 시대의 한양을 설명한 것이다. ㉠~㉣에 각각 들어갈 단어를 순서대로 나열한 것은?

한양은 통치의 중심 공간인 ㉠ 을 ㉡ 아래에 남향으로 짓고 그 좌우에 종묘와 사직을 건설하였다. ㉢ 은 안산에 해당한다. 도성에는 네 개의 대문이 건설되었는데 동은 흥인지문, 서는 ㉣ , 남은 숭례문, 북은 숙정문이다.

	㉠	㉡	㉢	㉣
①	경복궁	인왕산	남산	소의문
②	경복궁	백악산	남산	돈의문
③	창덕궁	인왕산	낙산	소의문
④	창덕궁	백악산	낙산	돈의문

017 □□□
2018년 경찰 2차

다음 사실들을 일어난 순서대로 바르게 나열한 것은?

㉠ 훈구 세력은 김일손 등의 사림 학자를 죽이거나 귀양 보내었다.
㉡ 연산군은 생모인 윤씨의 폐출사사 사건에 관여한 사림을 몰아냈다.
㉢ 소윤이 대윤에 대한 보복으로 옥사를 일으켰다.
㉣ 훈구 세력의 모략으로 조광조 일파가 제거되었다.

① ㉠ - ㉡ - ㉢ - ㉣ ② ㉠ - ㉡ - ㉣ - ㉢
③ ㉡ - ㉠ - ㉢ - ㉣ ④ ㉡ - ㉠ - ㉣ - ㉢

018 □□□
2016년 국회직 9급

다음사건을 시기 순으로 바르게 나열한 것은?

ㄱ. 조 · 명 연합군이 평양성을 탈환하고, 왜군을 추격하다가 고양의 벽제관에서 패하였다.
ㄴ. 선조는 세자와 함께 의주로 피난하고, 임해군과 순화군을 함경도와 강원도로 보내 근왕병을 모집하게 하였다.
ㄷ. 이순신이 이끄는 수군이 한산도에서 일본 수군을 대파하여 해상권을 장악하였다.
ㄹ. 김시민이 이끄는 군관민이 왜군 2만여 명과 진주성에서 격돌하여 방어에 성공하였다.

① ㄱ → ㄷ → ㄹ → ㄴ ② ㄴ → ㄷ → ㄹ → ㄱ
③ ㄴ → ㄹ → ㄱ → ㄷ ④ ㄷ → ㄹ → ㄱ → ㄴ
⑤ ㄹ → ㄴ → ㄷ → ㄱ

019 □□□
2018년 경찰간부

(가) 전쟁에 대한 설명으로 옳은 것은?

① 4군 6진이 설치되는 결과를 가져왔다.
② 정봉수와 이립이 의병장으로 활동하였다.
③ 외적의 침입에 맞서 강화도 천도가 단행되었다.
④ 군신 관계를 맺는 조건으로 강화가 이루어졌다.

01 경제 정책

1. 농업 중심의 경제 정책

(1) 농본 정책의 목적

① 민생 안정 : 민생 안정은 백성을 위하는 것을 중시하는 왕도 정치의 최우선 과제임

② 재정 확충 : 조선 초부터 재정 확충을 위한 대책으로 농본주의 경제 정책을 내세움

(2) 농업 정책

① 토지 개간과 양전 사업 : 건국 초부터 토지 개간을 장려하고 20년마다 양전 사업을 실시한 결과, 경지 면적이 고려 말 50여만 결에서 15세기 중엽에는 160여만 결로 증가

② 기술 개발 : 새로운 농업 기술과 농기구를 개발하여 보급

(3) 상공업 정책

① 상공업 부진의 원인 : 사 · 농 · 공 · 상 간의 직업적인 차별, 국가가 검소한 생활을 강조하는 유교적인 경제관을 내세워 소비 억제, 자급자족적인 농업 중심 경제로 인하여 화폐 유통, 상공업 활동, 무역 등이 부진, 도로와 교통 수단의 발달 미비

② 화폐 정책

  ㉠ 발행 : 저화(태종), 조선통보(해서체, 세종), 팔방통보(=전폐, 세조) 등

  ㉡ 발행 목적 : 화폐를 발행하는 데 필요한 원가는 화폐의 명목 가치보다 적기 때문에 화폐 발행이 국가 재정 확충에 도움이 됨

  ㉢ 유통 : 동의 생산량이 부족하였고, 상공업이 부진하여 화폐에 대한 수요가 적었기 때문에 약간의 저화와 동전이 삼베, 무명, 미곡과 함께 사용됨.

(4) 16세기 이후의 상공업 발전

① 배경 : 통치 체제의 문란으로 인해 상공업에 대한 통제가 느슨해짐.

② 상공업 발전

  ㉠ 장시 확대 : 15세기 말 전라도 지방에 장시 등장 ▷ 16세기에 전국적으로 확대됨

  ㉡ 무역 발달 : 국내의 상공업 발달을 바탕으로 국제적인 무역도 활발해짐

▶ **저화**

1391년 고려 공양왕 때 1장이 미 2되에 해당하는 지폐인 저화가 제조되었으나 고려의 멸망으로 모두 소각되어 유통이 중단됨. 다시 조선 태종 때 사섬서를 설치하고 저화를 발행하여 법화로 유통 · 보급시키고자 하였으나 실패함.

▲ **조선통보**

세종 5년(1423)에 주조된 조선 최초의 동전. 주전소를 설치하여 발행. 유통은 원활치 않음. 앞면에 '조선통보'라 적혀 있는데 해서체로 쓰였고, 인조 때 다시 발행된 조선통보는 팔분서체로 주조됨.

▶ **팔방통보(유엽전, 전폐)**

세조 때 화살촉 모양의 팔방통보가 주조되었으나 유통되지 않았음

2. 과전법의 시행(공양왕 3년, 1391)과 변화

(1) 시행 배경

위화도 회군으로 실권을 장악한 이성계와 급진파 신진사대부가 전국의 토지를 조사하여 기존의 토지 대장을 불태우고 수조권을 재분배함. 권문세족의 토지 장악을 막고 자영농을 육성하여 국가 재정의 안정을 꾀하기 위함

(2) 내용

① **목적** : 수조권의 재분배를 통한 재정 확충, 신진 사대부의 경제적 기반 마련

② **지급 대상** : 전·현직 관리를 18과로 나누어 경기 지방(지방 세력의 성장을 예방하기 위해)에 한하여 과전 지급(최고 150결에서 최하 10결까지 차등 지급)

③ **반환 원칙** : 받은 사람이 죽거나 반역을 저지르면 국가에 반환하는 것이 원칙

④ **조세** : 1결당 생산량의 1/10을 거둠. 1/10에 해당하는 액수는 그 해의 풍흉에 따라 차이가 있으나 최고 30두로 통일함. 관리는 농민에게 30두의 1/15인 2두를 국가에 세금으로 납부. 수조권자에게 세금을 거둔 것은 조세의 근원이 국가에 있음을 나타내기 위함. 조의 부과는 경차관이나 사전의 전주가 매년 농사 작황을 답사해 정하는 답험손실법으로 정함.

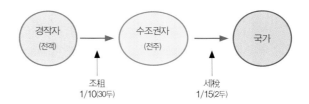

⑤ **거경시위** : 거경시위를 하지 않는 지방 거주의 한량품관에게 5결 혹은 10결씩 지급하고, 사대부는 왕실을 호위한다는 명분으로 특수한 군역 부과

⑥ **한계** : 경자유전(耕者有田)의 원칙을 내세웠으나 농민에게 토지를 지급한 것이 아니라 신진 사대부를 중심으로 수조권을 재분급한 것에 불과함. 또한 전직 관료들의 가족들에게 주어졌던 수신전과 휼양전이 세습되면서 새로 관직에 나아간 관리에게 줄 토지가 부족해짐

(3) 토지 종류 원칙적으로 토지는 국가 소유이나 수조권의 귀속 여하에 따라 공전과 사전으로 구분

① **공전** : 경기도를 제외한 전국 토지의 대부분으로서 국가가 수조권을 가진 토지. 공전의 대부분은 민전. 원래 개인이나 관청이 소유하고 있던 민전을 국가가 징세의 대상으로 파악하여, 국가는 농민에게 경작권을 보장해주고 조세를 거둠.

공해전	중앙 관청의 경비 조달에 쓰임
늠전	지방 관청의 경비 조달에 쓰임
학전	각급 교육 기관에 지급
둔전	관청이나 군대 비용 충당에 쓰임
내수사전	왕실 경비 충당에 쓰임
적전	왕의 친경지

② 사전 : 수조권을 개인이 가진 토지

과전	직 · 산관에게 18품에 따라 지급, 원칙적으로 세습 불가능, 경기도 지방에 한하여 지급
수신전	관리가 죽은 뒤 재가하지 않은 처에게 지급, 세습 가능
휼양전	관리와 그의 처가 죽고 남겨진 자식이 어릴 경우 아버지의 과전을 물려줌, 세습 가능
공신전	공신들에게 지급, 세습 가능
별사전	준공신들에게 지급, 3대까지 세습 가능
사원전	사원에 지급, 면세 · 면역의 특권을 누림
능침전	조선시대 여러 왕릉 · 왕비릉의 수호 경비를 조달하기 위하여 각 능침별로 지급된 토지
군자전	군량(軍糧)의 용도로 수조된 토지

(4) 과전법의 변천

① 직전법(세조 12년, 1466)

ㄱ 목적 : 재정 확보와 중앙 집권

ㄴ 배경 : 수신전, 휼양전, 공신전 등으로 세습되는 토지가 증가하면서 과전이 부족해짐.

ㄷ 내용 : 현직 관리에게만 수조권 지급, 수신전 · 휼양전을 몰수

ㄹ 한계 : 현직 관리들이 관직에서 물러난 후의 생계를 대비하면서 농민의 토지를 겸병하며 농민에게 과도하게 수취하기도 함, 이는 지주전호제의 확산을 불러옴

② 관수관급제(성종 1년, 1470)

ㄱ 목적 : 국가의 토지 지배권 강화

ㄴ 배경 : 수조권을 지닌 자가 직접 그해의 생산량을 조사하여 농민에게 세금으로 거두었기 때문에 수조권을 가진 양반이 생산량을 많게 책정하여 조세를 과다하게 수취하는 발생

ㄷ 내용 : 지방 관청에서 그해의 생산량을 조사하여 거두고, 관리에게 나누어줌

ㄹ 결과 : 국가의 토지 지배권이 강화되어 양반 관료들이 수조권을 빌미로 토지와 농민을 예속하지 못함

ㅁ 한계 : 관리의 토지 소유 욕구를 자극하여 농장이 형성되고 소작농이 증가

ㅂ 의미 : 수조권의 변화로 조(租)와 세(稅)의 구별이 없어지고 전세로 통합됨, 지주와 전호 사이에 지대(地代)만 남음

③ 직전법 폐지(명종 11년, 1556)

ㄱ 내용 : 16세기 중엽에는 직전법마저 폐지되어 수조권 지급 제도 자체가 없어짐, 관리들은 녹봉만을 받음

ㄴ 결과 : 수조권에 입각한 토지 지배 관계(전주전객제)가 소멸되고 소유권에 바탕을 둔 지주전호제가 확대됨, 대부분의 농민들이 소작농으로 전락함

구분	과전법	직전법	관수관급제	녹봉제
시기	공양왕(1391)	세조(1466)	성종(1470)	명종(1556)
배경	권문세족의 토지 겸병으로 국가의 재정이 악화되고, 민생이 피폐해짐	경기도의 과전 부족 현상	과전 경작 농민에 대한 과도한 수취	토지 세습으로 과전법 체제 붕괴되어 재정 악화
목적	신진 사대부의 경제 기반 마련, 국가 재정 확보, 민생 안정	토지 부족 보완 (국가 재정 안정)	국가의 토지 지배권 강화	국가 재정 확보, 관리들의 생활 수단 마련
원칙	전·현직 관리에게 경기도 지역에 한정하여 수조권 지급	현직 관리에게만 지급 수신전과 휼양전 폐지	국가가 수조권 행사	현물로 녹봉 지급
영향	농민의 경작권 인정	훈구파의 농장 확대	농장 확대 가속화	농장 보편화 (지주 전호제 확대)

3. 수취 체제의 확립

(1) 전세

① **납부** : 토지 소유자가 납부하는 것이 원칙이나, 토지 소유자인 지주들이 소작 농민에게 전가하는 경우가 많았음

② **과전법에서의 조세**

　㉠ **조세율** : 고려와 같이 토지를 비옥도에 따라 3등급으로 나누고, 과전법에서는 1결의 수확량을 300두로 정하고, 그 1/10인 30두를 조세로 거둠

　㉡ **답험손실법(踏驗損實法, 손실답험법)** : 추수 때에 전주(수조권자)가 직접 풍흉을 조사하여 그 수확량에 따라 납부액을 조정, 공전은 담당 관원이, 사전은 수조권을 가진 관리가 직접 조사함

③ **공법** : 전분 6등법, 연분 9등법(세종 26, 1444)

　㉠ **배경** : 답험손실법 하에서는 관리의 부정이 개입될 가능성이 높았음

　㉡ **과정** : 세종의 목적은 조세 수취 과정의 부정을 막고 조세를 일정하게 정하는 것 ⇨ 과거 시험의 과제로 부과하거나, 관료부터 서민까지 17만 호의 의견을 물음 ⇨ 공법 상정소와 전제상정소를 설치하여 공법을 마련

④ **전분 6등법**

　㉠ **내용** : 토지를 비옥도에 따라 6등급으로 나누고, 등급에 따라 1결의 실제 면적을 달리함, 등급별로 각기 다른 자를 이용하여 측량(수등이척법), 1결의 실제 면적에 차이를 두었기 때문에 연분이 같다면 1결에 부과되는 조세는 동일(이적동세)

　㉡ **결과** : 전분 3등에 비해 결수 증가 ⇨ 결당 면적이 축소된 것을 의미함

⑤ **연분 9등법(세종 때 전라도부터~성종 때 전국적으로 시행)**

　㉠ **내용** : 풍흉(豊凶)의 정도에 따라 상상년에서 하하년까지 9등급으로 나누고, 조세를 토지 1결당 최고 20두에서 최저 4두까지 차등 징수

　㉡ **결과** : 농민의 조세 부담은 다소 감소하였고, 국가의 수세액은 증가

⑥ **공법의 한계** : 판정 기준의 객관성이 떨어지고, 운영 방법이 복잡함, 토지 소유자인 지주들이 소작 농민에게 세금을 대신 내도록 강요하는 경우도 많았음

▶ 조선의 수취체제

구분	조세	공납	역
대상	토지	가호	정남
물품	곡물	토산물 (현물)	노동력
관리	토지대장 (양안)을 20년마다 작성	공안	호적을 3년 마다 작성하고, 6년마다 군 적 작성

전분 6등법

전분	면적(m²)
1등전	9,101
2등전	10,730
3등전	12,995
4등전	15,613
5등전	22,800
6등전	36,479

연분9등법

연분	1결당 조세
상상년	20두
상중년	18두
상하년	16두
:	:
하상년	8두
하중년	6두
하하년	4두

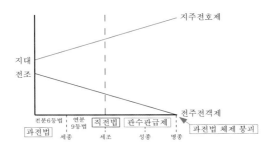

▶ **공법**

각도의 수전, 한전의 소출의 많고 적음을 자세히 알 수가 없으니, 공법에서의 수세액을 규정하기가 어렵다. 지금부터는 전척으로 측량한 매 1 결에 대하여, 상상(上上) 의 수전에는 몇 석을 파종하고 한전에서는 무슨 곡종 몇 두를 파종하여, 상상년에는 수전은 몇 석, 한전은 몇 두를 수확하며, 하하년에는 수전은 몇 석, 한전은 몇 석을 수확하는지... 각 관의 관둔전에서도 과거 5년간의 파종 및 수확의 다소를 위와 같이 조사하여 보고한다.
〈세종실록〉

모든 토지는 6등급으로 나누었다. 20년마다 토지를 다시 측량하여 양안(토지 대장)을 만들어 호조와 해당 도, 고을에 갖추어 둔다. 1등전의 척은 주척으로 4척 7촌 7분이며, 6등전의 척은 9척 5촌 5분이다. 정전으로 기록되었더라도 토질이 좋지 못하여 곡식이 잘되지 않는 토지라든지, 속전으로 기록되어도 토질이 비옥하여 소출이 많은 경우에는 수령이 이를 관찰사에게 보고하여 다음에 개정한다.
〈경국대전〉

(2) 공납

① 공납의 종류

ㄱ **상공(常貢)** : 지정된 토산물을 매년 정기적으로 납부

ㄴ **별공(別貢)** : 비정기적으로 납부

ㄷ **진상(進上)** : 왕이나 왕실 개인에게 바치는 공물. 예헌이라고도 하며 국가의 경사일에 지방관이 국왕에게 토산물을 징수하는 일. 상공보다 극심한 부담

② 공납의 부과 원칙

중앙
중앙에서 각 지방 공물의 품목과 수량을 적은 장부인 공안을 군현으로 보내는데, 그 품목과 수량은 군현의 토지와 호구의 다과를 기준으로 배정

▼

군현
군현에 부과된 공물을 가호마다 나누어 백성에게 직접 징수

▼

민호

③ 공납의 문제점

　㉠ **과도한 부담** : 전세보다 공물의 부담이 훨씬 컸으며, 특산물의 특성상(생산량이 일정하지 않고 저장과 운반이 용이하지 않음) 납부하는 데에도 어려움이 많았음

　㉡ **방납의 발생** : 납부 기준에 맞는 공물의 품질과 수량을 맞추기 어려울 때에는 중앙 관청의 서리들이나 경저리, 시전상인들이 그 물품을 다른 곳에서 구입해서 납부 ⇨ 이를 대신해 주고 폭리를 취하는 방납이 발생하였고 폐단이 극심하였음 ⇨ 공물의 부담을 이기지 못하고 도망가면 그 지역의 이웃이나 친족에게 대신 내게 하였는데, 이로 인해 농민의 유망이 더욱 급증

　㉢ **공납 부과 기준의 이중성** : 부과 기준이 호구인지 토지 결수인지 명확하지 않음, 납부자가 토지 소유자인지 경작자인지 또한 불분명 ⇨ 토호층이 소작 농민에게 공납을 책임을 미루는 일이 발생함

　㉣ **횡간과 공안의 작성 방식** : 국가 세출 예산안인 횡간과 지방에서 징수할 공물 품목 예산서인 공안은 백성이 실제로 생산하는 물건 중심이 아니라 국가의 필요를 우선시하여 작성하였음

(3) **역** 16~59세까지의 양인 남자인 정남에게 부과

① **군역** : 신역(身役), 정남 개개인에게 부과

　㉠ **정군과 보인** : 정군(정병)은 일정 기간 현역으로 병역에 복무, 보인(봉족)은 정군이 복무하는 데 드는 비용을 부담

　㉡ **보법** : 세조 때 정남 2정을 1보로 정함, 토지 5결을 1정으로 하고 노비도 봉족에 포함시켜, 정군·갑사 병종에 따라 보인의 수를 달리하여 지급

　㉢ **군역 면제** : 양반, 서리, 향리 등은 관청에서 직역을 담당하므로 군역 면제, 성균관, 향교, 4부 학당 등의 학생도 면제

② **요역** : 호역(戶役), 가호에 부과

　㉠ **의미** : 정남의 수를 고려하여 뽑아 성, 왕릉, 저수지 등의 공사에 동원, 그러나 보법이 성립되면서 거의 모든 정남이 군역 대상자로 파악되어 요역을 맡을 노동력이 부족했음

　㉡ **규정의 변화** : 요역을 토지를 대상으로 하는 것으로 바뀜, 성종 때 토지 8결을 기준으로 1명씩 동원하고, 동원 기간은 1년에 6일 이내로 제한(팔결출 일부제)

　㉢ **문제점** : 수령이 요역을 임의로 징발하는 경우가 많았으며, 군역의 요역화(군인에게 요역을

부담시키는 것) 발생

> ▶ 군역
> 첫째, 2정을 1보로 한다. 둘째, 토지 5결을 1정에 준하도록 한다. 셋째, 노자도 봉족 수로 계산한다. 넷째, 병종별
> 급보 단위는 갑사 4보, 기병 정병, 나팔수 3보 …… 다섯째, 누락된 장정과 누락된 가호에 대한 벌칙을 강화한다.
> 『경국대전』

> ▶ 요역
> 무릇 전지(田地) 8결에서 인부 1명을 내되, 1년 부역 일수는 6일을 넘지 못 한다. 만약 길이 멀어서 6일 이상 걸리
> 면 다음 해의 부역 일수를 그만큼 줄여주고, 만약 한 해에 두 번 부역을 시켜야 할 경우에는 반드시 왕에게 아뢰고
> 서 시행한다 수령이 징발을 균등하게 하지 않거나, 영역관(거느리고 사역하는 관리)이 일을 지체해서 기한을 넘기
> 게 하는 경우에는 법률에 따라 죄를 준다.(서울 부근 10리 이내에는 모두 경역(京投)에 동원시킨다.)
> 『경국대전』

⑷ 조운 제도

① **의미** : 군현에서 거둔 조세를 서울로 운송(수로로 운반함)하는 제도

  ㉠ **조창** : 강가나 바닷가에 설치한 창고, 각 군현의 조세를 임시 보관하는 곳

  ㉡ **경창** : 태조 원년(1392) 한강의 남쪽 강변에 설치하여 전국에서 온 세곡을 보관·관리, 도성 내에는 군자감, 풍저창, 광흥창(각각 군량미, 정부의 제반 경비, 관리의 녹봉으로 쓰일 곡식을 저장함) 등의 본창을, 도성 밖에는 용산과 서강에 강창을 설치

② **운송 경로** : 주로 관선에 의해 운송되었으나 명종 대 이래 민간 선박을 임대하여 운송함

  ㉠ **전라·충청·황해도** : 바닷길로 운송

  ㉡ **강원도** : 태백산맥을 넘은 후 한강을 통해 운송

  ㉢ **경상도** : 남부 지역은 낙동강, 북부 지역은 남한강을 통해 운송

③ **잉류 지역** : 조세를 경창으로 운송하지 않고 현지에서 사용한 지역

  ㉠ **평안도·함경도** : 국경에 가까워 군사비와 사신 접대비로 쓰임.

  ㉡ **제주도** : 쌀 생산량이 많지 않고 먼데다가 바닷길이 험함.

▲ 조선 시대의 조운로

4. 수취 체제의 문란

⑴ 전세의 폐단

① **공법의 변화** : 공법은 기준의 객관성이 떨어지고 운영 방법이 복잡함 ⇨ 15세기 후반~16세기에는 풍흉에 관계없이 최저 세율에 따라 4~6두를 징수하는 것이 관례화됨 ⇨ 1635년(인조 13)에 법제화하여 영정법을 시행하여 최저 세율인 4~6두로 고정

② **지주 전호제와 농민의 부담** : 16세기에는 지주 전호제가 확산되면서 농민 대다수가 소작인으로 전락함, 소작인은 지주에게 지대로서 생산량의 1/2을 바치고, 남은 1/2로 공납과 역을 부담하는 등 생활고에 시달렸음

                                      └┈┈┈┈●병작반수

▶ 군역 제도의 변화

사병제 폐지

▼

양인개병제
16~59세 양인 장정이 군역 부담

▼

보법 실시
정군 : 현역 보인(봉족):비용 부담

▼

군역의 요역화
대립제 성행

▼

방군수포제
수령의 횡포

▼

군적수포제
1년 군포 2필 농민 부담 증가

(2) **공납의 문란**

① **방납의 원인**

ㄱ **불산공물** : 공물의 종류와 수량은 국가의 필요를 기준으로 책정 ⇨ 생산되지 않는 토산물이 부과되거나, 생산량이 감소한 경우 다른 지역에서 사다가 납부해야 했음

ㄴ **현물 징수의 어려움** : 공납이 가능한 토산물이라도 생산 시기와 공납 시기가 맞지 않거나, 현물 특성상 수송과 저장에 어려움이 따름

② **방납의 발생** : 공물 납부에 어려움이 많아지면서 서리나 상인 등이 대신 공납하고 높은 대가를 받는 방납 발생

③ **결과**

ㄱ **농민 부담 가중** : 방납이 성행하면서 농민의 부담이 가중됨.

ㄴ **유민의 증가** : 공물의 부담을 감당하지 못한 농민이 도망 ⇨ 이웃이나 친척에게 대신 부과 ⇨
　　　　　　　　　　　　　　　　　　　　　　　　　　　　　　　⌐●인징, 족징
유망 농민이 늘어나는 악순환이 반복됨.

④ **개선책** : 공납의 문란으로 피폐해진 농촌 사회의 안정을 위한 노력

ㄱ **사대동(私大同)** : 구하기 힘든 현물 대신 쌀이나 포로로 공납을 걷음

ㄴ **조광조** : 공안을 개정하고 공물을 쌀로 대납하는 대공수미법을 주장

ㄷ **이이** : 지방관이 공물을 직접 중앙에 납입할 것과 공물을 쌀로 거두는 수미법을 주장

ㄹ **유성룡** : 이이와 유사하게 공물을 쌀로 통일하여 거두는 수미법 제안

⑤ **대동법** : 광해군 때(1608) 경기도부터 시행되어 숙종 때(1708) 전국으로 확대 시행됨

(3) **군역의 문란**

① **배경** : 농민의 요역 기피와 군역의 요역화로 대립과 방군수포가 성행함

② **대립(代立)** : 군인이 직접 복무하지 않고 보인에게 받은 포(布)로 사람을 사서 대신 군역에 나가게 하는 것

③ **방군수포(放軍收布)** : 수령이나 군사 지휘관들이 군인에게 포를 받고 군역을 면제시켜 주는 것으로, 주로 지방 관청과 병영에서 발생 ⇨ 방군수포가 성행하면서 병영(兵營)과 진(鎭)의 군사의 수 대폭 감소 ⇨ 진관 체제 붕괴 초래

④ **군적수포제 시행 (중종 36, 1541)** : 번상병이 현역에 종사하지 않고 정해진 군포를 납부하면 지방관이 이를 병조에 보내고, 병조는 이 포를 각 부처에, 각 부처는 대립하는 고용인에게 지급하는 제도 ⇨ 대립, 방군수포의 양성화

⑤ **결과**

ㄱ **군적의 부실화** : 군포에 대한 부담과 군역 기피 현상으로 도망하는 자가 늘어나면서 군적이 부실해짐

ㄴ **농민 부담 가중** : 군포 징수 기관이 통일되지 않아 여러 번 부담시키거나, 각 군현에서는 정해진 액수를 맞추기 위해서 남아 있는 사람에게 도망자들의 군포까지 부담시킴

(4) **환곡의 고리대화**

① **배경** : 의창에서는 봄에 빈민들에게 양식과 종자를 빌려주고 가을에 원곡만을 회수하면서 의창의 원곡이 점차 부족해짐

② **이자 징수** : 원곡 부족 현상 해결을 위해 이자를 징수함, 1554년(명종 9) 환곡 이자 중 1/10을 호조에 귀속하는 일분모회록 실시

③ **고리대화** : 수령이나 향리들이 모곡에 점차 각종 수수료를 붙여서 사적으로 사용하거나 점차 고리대화 되어 농민의 부담이 커짐

(5) **16세기 농촌의 상황**

① **유민 증가** : 수취 체제와 환곡의 문란으로 농민 생활이 피폐해져 유민이 증가함

② **도적 증가** : 유민 중 일부는 도적이 되어 양반과 중앙 정부로 바치는 물품을 빼앗거나 도성에 나타나기도 함. 연산군 때의 홍길동, 명종 때 임꺽정이 대표적
　　　　　　　　　　　　　　　　●허균이 지은 〈홍길동전〉의 모델

③ **임꺽정의 난(1559~1562)** : 16세기의 대표적인 농민 봉기, 백정 출신의 임꺽정은 경기도와 황해도 일대를 중심으로 강원·평안·함경도에서까지 활동함

02 양반과 평민의 경제 활동

1. 양반 지주의 생활
　　　　　　　　　　　　　　　　　　　　　　　　●정1품의 곡식 97석, 종9품의 곡식 12석

(1) **양반의 경제 기반** : 관직에 대한 대가로 지급받은 과전과 녹봉, 자기 소유의 토지와 노비, 외거 노비의 신공 등을 통해 풍요로운 생활을 영위함. 양반의 대부분은 지주였으며 양반 소유의 토지는 경상도·전라도·충청도 지역에 집중되어 있었고, 규모가 커서 농장의 형태를 이루고 있었음

(2) **농장의 경영** : 대개 친족에게 위임하여 대신 관리하게 하며 노비에게 경작시킴 + 토지의 규모가 크면 주변 농민에게 병작반수의 형태로 소작 시킴
　　　　　　　　　　　　　　　　●생산량을 절반씩 나누어 가짐

(3) **노비 소유** 조선 전기 양반은 10~300여 명이 넘는 노비를 소유하고 있었음. 노비를 사거나 일천즉천법에 따라 노비 수를 늘림

(4) **노비의 업무**

　㉠ 솔거 노비 : 주인집에 거주하면서 노동력을 제공

　㉡ 외거 노비 : 주인과 따로 살며 주인의 땅을 경작·관리함, 매년 신공으로 포, 돈을 바침.

2. 농민 생활의 변화

(1) **중농 정책과 농민 생활의 안정**

① **농업 기반 마련** : 개간을 장려하고 각종 수리 시설을 보수·확충함, 보(洑) 등의 저수 시설을 설치하고 수차(水車) 보급 시도

② **농서 간행** : '농사직설'(농민들의 실제 경험을 토대로 우리 풍토에 맞는 농법을 정리하여 편찬한 농서), '금양잡록' 등을 간행 · 보급

⑵ 농업 기술의 발달

① **밭농사**

　㉠ **2년 3작** : 조 · 보리 콩의 2년 3작 윤작법이 널리 보급됨.

　㉡ **가을갈이** : 가을에 추수 후 빈 농지를 갈아엎어 다음 해의 농사를 준비하는 가을갈이가 점차 행해짐.

② **논농사**

　㉠ **이모작과 모내기** : 모내기법은 고려 말부터 남부 지방에서 계속 실시되어 벼와 보리의 이모작이 가능했음.

　㉡ **건사리(건경법)** : 봄에 비가 적게 오는 것을 대비하여 마른 땅에 종자를 뿌려 일정한 정도 자란 다음에 물을 대주는 방법

　㉢ **물사리(수경법)** : 무논에 종자를 직접 뿌리는 방법

　㉣ **종자개량** : 바람과 가뭄에 강하고 일찍 수확되는 벼 품종이 도입
　　　　　　　　　　　　　　　　　　　　　　　········● 조생종 or 조도

▶ **모내기(이앙법)**

모내기로 재배하는 방법은 물이 있는 논을 선택하되 비록 가물어도 마르지 않는 곳이어야 한다. 2월 하순부터 3월 상순 사이에 갈 수 있다. 논마다 10분의 1은 모를 기르고 나머지 10분의 9는 모를 심는다(모를 뽑고 나면 못자리에도 아울러 모를 심는다). 먼저 못자리로 할 곳을 갈고 방법대로 잘 다스리고 물을 뺀다. 다음으로 연한 버들가지를 잘 썰어서 두껍게 펴서 발로 밟아 넣고 흙을 볕에 쬐어 말린 후에 물을 댄다. 앞서 담근 볍씨는 3일 만에 걸러 내어 짚으로 엮은 섬(향명은 공석)에 하루 동안 두었다가 씨를 뿌리고 판로(향명은 번지)로 씨를 덮는다. 모가 한 움큼 이상 자라면 옮겨 심을 곳을 먼저 간 다음 상수리 나뭇잎을 깐다(향명은 가을초). 외양간 거름을 펴고 모낼 때에 또다시 갈아 앞에 든 방법대로 잘 다스려 흙이 매우 부드럽도록 한다. 한 그루에 모 4∼5본을 넘지 않도록 심을 것이며, 미처 뿌리를 내리기 전에 물을 대는 것은 불가하다(이 방법은 제초하기에는 편리하나 만일 크게 가물면 농사를 망치게 되므로 농가로서는 위험한 방법이다).

---

③ **농사법의 발달**

　㉠ **시비법 발달** : 밑거름과 뒷거름을 주는 각종 시비법 발달 ⇨ 경작지를 묵히지 않고 매년 경작하게 되어 휴경 제도가 거의 사라짐.
　　　　　　　　　　　　　　　　　　　　　　　　　········●연작상경

　㉡ **가을갈이** : 가을에 추수 후 빈 농지를 갈아엎어 다음 해의 농사를 준비하는 가을갈이가 점차 행해짐

▶ **시비법**

봄에 가물어 물갈이를 할 수 없을 때는 마땅히 마른갈이로 해야 한다. (오직 늦벼를 심어야 한다) 그 법은 (논을) 간 다음에 곰배로 흙덩이를 깨뜨리고 또 써레로 가로세로로 평평히 고른 뒤 볍씨 한 말을 잘 썩은 인분이나 오줌재 한 섬에 고루 섞도록 한다.(오줌재를 만드는 법은 소 외양간 밖에 구덩이를 파서 오줌을 모아 놓고 여기에 볏짚이나 왕겨, 버쭉정이 등을 불태워 만든 재를 넣은 후 고루 저어서 만든다) 볍씨는 넉넉히 뿌리고 새를 쫓아낸다(싹이 나올 동안만).
〈농사직설〉

---

④ **새로운 작물 재배**

    ㉠ 조선 전기에는 목화 재배가 거의 전국적으로 확대되고 생산량도 증가함 ⇨ 백성들은 주로 무명옷을 입었고, 무명을 화폐 대신 사용하기도 함.

    ㉡ 누에치기가 확산됨, 삼, 모시의 재배 성행, 약초와 과수 재배 등도 확대됨

⑤ **농기구의 개량** : 쟁기, 낫, 호미, 쇠스랑, 써레 등을 개량

(3) 농민의 몰락

① **소작농으로 전락** : 지주제가 확산되면서 농민들이 자연재해, 고리대, 세금 부담을 이기지 못하여 자기 소유의 토지를 팔고 소작농이 되는 경우가 늘어남.

② **농민의 이탈** : 농민들은 수확량의 반 이상을 지주에게 소작료로 내야했기 때문에 토지에서 이탈하여 유랑함

③ **노비로 전락** : 고리대를 이기지 못하고 노비로 전락

④ **농민 생활 방지책**

    ㉠ **구황촬요의 보급** : 16세기 명종 때 '구황촬요'가 간행되어 잡곡, 나무껍질 등을 가공하여 먹는 구황 방법이 제시됨 ⇨ 농민의 최소한의 생활이라도 보호함으로써 토지에서의 유리를 방지하기 위한 목적

    ㉡ **농민 통제 강화** : 호패법, 오가작통법 등을 강화하여 농민의 유망을 방지함

    ㉢ **양반층의 노력** : 지주인 지방 양반들도 향약 · 사창을 시행하여 농민에 대한 지배력을 공고히 하고 농촌 사회 안정을 위해 노력함

3. 수공업

(1) 관영 수공업

① **운영** : 전문 기술자를 공장안에 등록시켜 서울, 지방의 각급 관청에 소속시키고, 이들은 관청에서 필요한 물품을 제작 · 공급함. 제조 과정이 분업화되어 제품의 질이 우수

② **제작 물품** : 활자 인쇄, 의류, 화약, 무기, 문방구, 그릇 등

③ **공장의 생계**

    ㉠ 국역을 행하는 수공업자들은 녹봉을 받지 않았고, 근무하는 동안에 식비 정도만 지급 받음

    ㉡ 부역으로 동원되는 기간 외에는 사적으로 물건을 만들어 팔 수 있었음. 책임량을 초과한 상품에 대해서는 세금을 내고 판매

④ **쇠퇴** : 16세기부터 부역제가 해이해지고 상업이 발전하면서 관영 수공업은 점차 쇠퇴함

(2) 민영 수공업

① **운영** : 주로 농민들에게 농기구 등을 만들어 공급, 양반의 사치품도 생산

② **가내수공업**

    ㉠ 농가에서 자급자족의 형태로 생필품을 생산

    ㉡ 의류로서 명주, 모시, 삼베 등이 생산되었는데, 목화 재배가 확대되면서 무명 생산이 점차 증가

4. 상업

(1) 시전 상인

① **시전 설치** : 한양으로 천도하면서 종로 거리에 상점가를 설치하여 개경의 시전 상인을 이주시켜 장사하게 함, 그 대가로 국역으로 특정한 물품을 납부하게 하고 점포세와 상세를 거둠

② **시전 설치의 목적** : 도성 상업과 전국의 교역 과정을 국가의 통제하에 두고, 국가와 도성민의 필요 물품을 조달하고자 함

③ **권리와 의무** : 왕실과 관청에서 필요한 물품을 국역의 형태로 공급할 의무와 특정 상품에 대한 <u>독점적 판매권</u>이 있었음
　　　　　　　　　●17세기 이후 금난전권

④ **육의전(육주비전)** : 시전 중 가장 규모가 크고 국역의 부담을 많이 지는 선전(비단), 면주전(명주), 저포전(모시 · 삼베), 면포전(무명), 지전(종이), 어물전(어물) 등을 일컬음

⑤ **경시서** : 물가 조절, 상인 감독, 국역 부과 등을 담당하여 시전의 불법적인 상행위를 통제함, 시전은 경시서에서 가격에 대한 평가를 받고 세인(稅印)을 찍은 후에 상품 판매가 가능함. 경시서는 조선 세조 때에 평시서로 개칭

(2) 장시와 보부상

① **장시의 등장** : 15세기 후반 전라도 지역에서 등장

② **장시의 확대** : 국가는 장시의 발전을 억제하였으나, 정기 시장도 등장함. 16세기 중엽에 이르러 전국적으로 확대되었고, 18세기 중엽에 이르러 전국에 1,000여 개소가 개설됨.

　　　　　　●주로 값비싼 필묵, 금 세공품 등을 판매
③ **보부상** : 보상(褓商, 봇짐장수)과 부상(負商, 등짐장수, 주로 그릇 등의 일용품을 판매)을 합쳐 부르는 말, 보부상은 각 지역의 장시를 육로로 이동하면서 각종 물품을 판매 · 유통시킴

(3) 무역

① **명**

　㉠ **공무역** : 공무역이 주로 행해졌고 사무역도 허용됨, 역관은 이 기회를 이용하여 부를 축적할 수 있었음

　㉡ **사무역** : 사신을 따라간 역관이 부를 축적하기도 함

　㉢ **교역품** : 금 · 은, 인삼, 말, 호문석, 종이, 도자기 등을 수출하고, 비단, 서적, 약재, 문방구 등을 수입함

② **일본** : 동래에 설치한 <u>왜관</u>을 중심으로 무역이 이루어짐
　　　　　　　　●일본인이 조선에서 통상하던 무역소이자, 숙박처 · 접대처

③ **여진**　　　　　●태종 때 경원, 경성에 설치

　㉠ 국경 지역에 설치한 <u>무역소</u>를 통하여 교역이 이루어졌고, 국경 부근에서 이루어지는 사무역은 엄격하게 감시함, 사신 접대소로 북평관이 있었음

　㉡ **교역품** : 옷감, 철기, 농구, 식기, 종이류 등의 수공업품과 쌀, 콩, 소금 등의 식료품을 주로 수출하고, 말, 해동청과 모피 등을 수입함

⑷ **광업**

① **철광업의 발달** : 광물 채굴은 대개 농민의 부역으로 행해짐

ㄱ **목적** : 개국 초부터 무기 생산을 위한 철과 연철(납)의 생산에 힘씀

ㄴ **관청** : 수도 건설 담당 관청으로 선공감을, 대규모 무기 제조 공장으로 군기감을 설치함, 여기에 필요한 철을 염철법(농민들이 자체로 철을 생산하거나 구입해서 국가에 바치는 공철 제도)이나 철장제, 혹은 철장도회제를 통하여 공급함

② **철장도회제 (15세기 후반)** : 영철법은 공철납부가 어렵고 철장제는 농민들을 수시로 부역에 동원해야 하는 어려움이 있어 전국에 20여개소의 철장을 두고 정부에서 파견한 철장관이 농한기에만 백성들을 동원하여 생산하게 함

③ **철광의 사경영 등장** : 철장 도회제 실시 과정에서 야철 수공업이 사적으로 행해지면서 국가의 철장 경영이 붕괴되기 시작

④ **철장도회제 폐지** : 철광의 사경영이 늘면서 철을 쉽게 구할 수 있게 됨 ⇨ 철장도회제 폐지 ⇨ 철장을 보유한 마을에만 공철을 부과하고 철물 수공업자에게는 세금을 징수함

▶▶▶ 기출 문제

01 | 조선 전기 경제

001 ☐☐☐
2018년 지방직 7급

다음 자료 이후에 나타난 사실로 옳은 것은?

> 대사헌 조준이 글을 올려 아뢰기를 "······ 근년에는 (토지를) 겸병하는 일이 더욱 심해져 간사하고 흉악한 무리의 토지가 주(州)에 걸치고 군(郡)을 포괄하며, 산천을 경계로 삼을 정도입니다. 1무(畝)의 주인이 5, 6명이나 되고 1년에 조세를 받는 횟수가 8, 9차에 이릅니다. 위로는 어분전(御分田)부터 종실 · 공신 · 조정 · 문무관의 토지, 외역 · 진 · 역 · 원 · 관의 토지와 백성들이 여러 대 동안 심은 뽕나무와 지은 집에 이르기까지 모두 빼앗아 차지하니 호소할 곳 없는 불쌍한 백성들이 사방으로 흩어져 떠돌아다닙니다."

① 전시과를 공포하여 전제 개혁을 단행하였다.
② 전제 개혁으로 신진 사대부들은 심각한 타격을 받았다.
③ 이성계에 반대하는 신하들에게는 토지를 분배하지 않았다.
④ 과전 지급 지역은 경기에 한정되었고, 지급 대상은 전직, 현직 관리였다.

002 ☐☐☐
2018년 서울시 7급

〈보기〉의 문제점을 해결하기 위하여 시행한 토지 제도에 대한 설명으로 가장 옳은 것은?

> ─〈보기〉─
> 조정의 사대부들이 겉모양으로는 서로 사이가 좋으나, 마음속으로는 시기하여 심지어 은밀하게 중상하는 지경에까지 이르렀으니 이것은 사전이 함정이 되었기 때문입니다. 근년에 이르러 겸병이 더욱 심해져서 간악하고 흉악한 무리들은 주(州)를 타 넘고 군(郡)을 포괄하며 산과 내를 표로 삼아 모두 가리켜 조업전(祖業田)이라고 하면서 서로 물리치며 서로 빼앗으니, 한 이랑의 주인이 5~6명을 넘고 1년에 조(租)를 거두는 것이 8~9차례에 이릅니다. ─《고려사》

① 전국의 토지가 재분배되었으며, 관료들은 경기도 땅에서 최고 150결, 최하 10결의 토지를 수조지로 받았다.
② 관료 등급을 18등급으로 나누어 전지와 시지를 지급하였으며, 시지는 14등까지만 주었다.
③ 현직 관리에게만 토지가 지급되었다.
④ 인품과 관품에 따라 최고 100결에서 최하 20결의 토지를 주었으며, 상층 향리에게도 주었다.

003 ☐☐☐
2018년 경찰간부

조선 전기 토지 제도의 변화에 관한 다음 설명 중 가장 옳지 않은 것은?

① 신진 사대부 세력의 경제적 기반을 마련하기 위하여 공양왕 3년에 전시과를 시행하였다.
② 세습전이 증가하면서 새로운 관리들에게 지급할 토지가 부족하게 되었는데 이를 시정하고자 직전법을 시행하였다.
③ 직전법이 시행되면서 수신전과 휼양전을 폐지하고, 현직 관리에게만 수조권을 주었다.
④ 직전법 시행 이후 수조권을 받은 관리가 과다하게 농민을 수탈하는 일이 잦아졌는데 이를 막고자 성종 때에 관수 관급제를 시행하였다.

◎ 정답 · 해설

정답 1. ④ 2. ① 3. ①

해설 1. 자료는 조준이 고려 우왕에게 올린 상소문이다. (1388) ① 경종 때 관직과 인품을 고려하여 토지를 지급한 시정전시과가 시행되었다. ② 과전법의 시행으로 신진사대부의 경제적 기반을 마련하였다. ③ 과전법은 관직복무에 대한 것으로 관직을 가지면 수조권을 지급하는 토지제도이다.
2. 자료는 조준이 권문세족의 토지겸병에 대한 문제점을 이야기하고 있다. 이후 과전법이 시행된다. ② 전시과 ③ 과전법은 전직, 현직 관료를 대상으로 경기지역의 수조권을 지급하는 토지제도이다. ④ 인품과 관품을 모두 고려한 것은 시정전시과이고, 최고 100결에서 최하 20결의 토지를 지급한 것은 개정전시과이다.
3. ① 신진사대부의 경제력 기반을 위해 마련한 토지제도는 과전법이다.

004 □□□

조선 시대의 토지 제도에 대한 설명으로 가장 적절하지 않은 것은?

① 조선 성종 때 시행된 관수 관급제는 수조권자의 과다한 수취를 막기 위하여 국가가 수조를 대행하는 제도이다.

② 조선 명종 때 직전법이 폐지됨에 따라 자영농의 숫자가 급속히 늘어나게 되었다.

③ 과전의 세습 등으로 관료에게 지급할 토지가 부족해지자 현직 관리에게만 토지를 지급하는 직전법을 시행하였다.

④ 과전법 체제에서는 관료가 사망한 이후 수신전과 휼양전이 죽은 관료의 가족에게 지급되기도 하였다.

006 □□□

조선 후기 경제에 관한 다음 설명 중 가장 옳지 않은 것은?

① 전세를 수취하는 과정에서의 불법 행위를 시정하고자 양척동일법을 시행하였다.

② 정부는 농민의 부담을 완화시키기 위하여 연분9등법을 지키도록 하였다.

③ 대동법 시행으로 물품의 수요와 공급이 증가하면서 상품 화폐 경제가 한층 발전하였다.

④ 백성들의 군포 부담을 줄이기 위하여 1년에 2필씩 받던 군포를 1필로 감하였다.

005 □□□

〈보기〉의 정책이 실시된 왕대에 대한 설명으로 가장 옳은 것은?

— 〈보기〉 —
백성들이 2필의 응역(應役)에 괴로워하였기 때문에 …… 그 폐단을 줄이려 하였으나 오래도록 결말이 나지 않았다. 이에 1필을 감하고 어(憶)·염(鹽)·선(船)에 세를 거두어 그 감액을 보충하려 하였다. 아! 예부터 민역(民役)을 줄이는 방도는 경비를 절약하여 백성을 넉넉하게 해 주는 것보다 나은 방도가 없는 것이다.

① 자의 대비의 복제 문제를 둘러싸고 예송 논쟁이 치열하게 전개되었다.

② 국제 정세를 이용하여 명과 후금의 사이에서 중립 외교 정책을 취하였다.

③ 호포제를 시행하기 위하여 창경궁 홍화문에 나아가 백성들에게 의견을 물었다.

④ 흉년을 당하여 걸식하거나 버려진 아이들을 구휼하기 위하여『자휼전칙』을 반포하였다.

19세기 부세 제도인 도결(都結)에 대한 설명으로 옳은 것을 모두 고른 것은?

> ㄱ. 군역, 환곡, 잡역 중 일부 또는 전부를 토지에 부과하여 화폐로 징수하였다.
>
> ㄴ. 노비 신공과 결세는 그 해의 작황을 참작하여 중앙에서 일방적으로 도별 총액을 할당하였다.
>
> ㄷ. 양전하는 자[尺]를 통일하였고, 전세율을 1결당 4~6말로 고정시켰다.
>
> ㄹ. 제도적으로는 신분에 따른 부세의 차별이 거의 남지 않게 되었음을 의미한다.
>
> ㅁ. 수령과 아전이 횡령한 관곡을 민의 토지에 부세로 부과하는 수단이 되었다.

① ㄱ, ㄷ, ㄹ 　　　　　　　　　② ㄷ, ㄹ, ㅁ

③ ㄴ, ㄷ, ㅁ 　　　　　　　　　④ ㄱ, ㄹ, ㅁ

다음 (가)~(다)는 조선 시대의 토지 제도에 대한 내용이다. 이에 대한 설명으로 가장 적절한 것은?

> (가) 국가 재정을 확충하고 신진 사대부의 경제적 기반을 확보하기 위해 만들었다.
>
> (나) 과전의 세습 등으로 관료에게 지급할 토지가 부족해지자 현직 관리에게만 수조권을 지급하였다.
>
> (다) 지방 관청에서 그 해의 생산량을 조사하여 거두고 관리들에게 나누어 주었다.

① (가)는 경기 지방을 비롯한 전국의 토지로 지급하였는데, 받은 사람이 죽거나 반역을 하면 국가에 반환하도록 정해져 있었다

② (가)는 관료에게 전지와 시지에 대한 수조권을 함께 지급하였다.

③ (나)는 (다)가 시행된 이후에 폐지되었다.

④ (다)가 실시되어 국가의 토지 지배권이 약화되었다.

조선 시대 과전법 제도에 대한 설명으로 옳지 않은 것을 ㉠~㉤ 중에서 모두 고른 것은?

> 과전은 ㉠ 18등급으로 나누어 경기 지방의 전지와 시지를 지급하였는데, 이때 관리들에게 준 토지는 ㉡ 소유권을 지급한 것이다. 이 토지를 ㉢ 받은 자가 죽거나 반역을 하면 국가에 반납하도록 정해져 있었다 ㉣ 공신전은 세습을 할 수 없었으나, 죽은 관료의 가족에 대해서는 생계를 유지할 수 있도록 하기 위하여 받았던 토지 중 일부를 ㉤ 수신전, 휼양전 등으로 다시 지급하여 세습이 가능하도록 하였다.

① ㉠, ㉡ 　　　　　　　　　　② ㉠, ㉡, ㉢

③ ㉠, ㉡, ㉣ 　　　　　　　　④ ㉢, ㉤

 정답 · 해설

정답　7.④　8.③　9.③

해설　7. ㄴ. 세원의 변화 없이 일정액을 할당하였다. ㄷ. 양전자를 통일한 것은 효종 때, 1결당 4~6두로 고정한 것은 영정법으로 인조 때이다.

　　　8. (가)과전법 (나)직전법 (다)관수관급제를 설명하고 있다. ① 과전법은 경기지역에 한정되었다. ② 과전법은 전지만 지급하였다. ④ 관수관급제로 수조권을 바탕으로 한 농민과의 관계가 차단되면서 토지 사유화 현상이 심각해졌다.

　　　9. ㉠고려 시대 전시과에 대한 설명이다. 과전법은 전지만 지급한다. ㉡ 수조권을 지급하여 조세만을 거두었다. ㉣ 공신전은 세습이 가능하였다.

다음은 조선 시대의 조세 제도에 관한 자료이다. (가)~(다)에 대한 설명으로 가장 적절한 것은?

> (가) 처음 삼남 지방은 정해진 결수로 조세 대장에 기록하되 ……
> 나머지 5도는 모두 하지하(下之下)로 정하여 징수하였다. 이
> 후 경기 · 삼남 · 해서 · 관동 모두 1결에 4두를 징수하였다.
>
> (나) 소출이 10분이면 상상년(上上年)으로 정해 1결당 20두, ……
> 2분이면 하하년(下下年)으로 4두씩 거두며 1분이면 면세하
> 였다.
>
> (다) 농부의 둘째 손가락으로 열 번을 재어 상전척(上田尺)으로
> 삼고, …… 1결에서 조(租)는 모두 30두씩 거두는 것을 정수
> 로 하였다.

① (가) 제도 하에서는 토지의 비옥도와 풍흉의 정도에 따라 전
분 6등법, 연분 9등법으로 나누고, 조세 액수를 1결당 최고
20두에서 최하 4두를 내도록 하였다.

② (가) 제도 하에서는 전세의 비율이 이전보다 다소 낮아졌으
나, 대다수의 농민에게는 크게 도움이 되지 못했고, 오히려
부담이 더 늘어났다.

③ (나) 제도에서 조세는 수확량의 10분의 1을 내는데, 1결의 최
대 생산량을 300두로 정하고 매년 풍흉을 조사하여 그 수확
량에 따라 납부액을 조정하였다.

④ (다)의 시행으로 감소된 재정은 지주에게 결작이라고 하여
토지 1결당 미곡 2두를 부담시켜 충당하였다.

다음 사건이 있었던 국왕 대의 역사적 사실로 옳지 않은 것은?

> 임꺽정은 양주의 백성으로 성품이 교활하고 또 날래고 용맹했으
> 며 그 무리 10여 명이 모두 날래고 빨랐다. 도적이 되어 민가를
> 불사르고 소와 말을 빼앗고 만약 이에 항거하면 살을 베고 사지
> 를 찢어 몹시 잔인하게 죽였다.

① 회령에서 니탕개(尼蕩介)가 반란을 일으켰다.

② 문정왕후의 불교 숭신으로 선교 양종이 다시 설치되었다.

③ 세견선의 감소로 곤란을 겪던 왜인들이 전라도를 침범해
왔다.

④ 척신과 권신들은 많은 노동력을 투입하여 해택지(海澤地)를
개간하였다.

정답 · 해설

정답 10.②   11.①

해설 10. (가) '1결에 4두'를 통해 인조 때 실시한 영정법임을 알 수 있다. (나) '상상년', '하하년'을 통해 세종 때 실시한 공법으로 연분 9등법, 전분6등법임을 알 수 있다. (다) '1결에서 조는 30두씩 거두는'를 통해 과전법임을 알 수 있다. ① (나)자료에 대한 설명이다. ③ (다)자료에 대한 설명이다. ④ 결작은 균역법의 보충분으로 1결당 2두씩 납부한다.

    11. 임꺽정은 명종 때의 경기도와 황해도 일대에 있던 도적이다. ① 여진족 니탕개의 난은 선조 때이다.

1402년 태종, 호패법 실시

1485년 성종, 〈경국대전〉 완성

1543년 주세붕, 백운동 서원 건립

1556년 이황, 예안 향약

1577년 이이, 해주 향약

1603년 선조, 경재소 혁파

01 조선 전기의 사회

1. 신분 제도

(1) 양천 제도(법제상) 조선 초기(15세기)

신분을 양인과 천민으로 구분하고 양인 안에서 차등을 두는 양천 제도를 법제화. 국가 기반의 안정을 위해 양인층을 늘리는 것이 목적. 갑오개혁 이전까지 조선 사회를 지탱함

① **양인** : 과거에 응시하고 벼슬에 오를 수 있는 자유민으로서 조세, 국역 등의 의무 지님. 즉 법적으로는 양반도 군역 의무가 있었음 (5위의 특수병)

② **천민** : 비자유민으로서 개인이나 국가 기관에 소속되어 천역 담당

(2) 반상 제도(관습상) 조선 중기(16세기)

실제로는 양반의 특권이 강화되면서 반상제가 일반화됨

① **양반과 상민 간의 차별** : 양반은 관직을 가진 사람에서 점차 하나의 신분이 되면서 특권이 강화되었고, 양반 관료들을 보좌하던 중인도 신분층으로 정착됨. 그리하여 지배층인 양반과 피지배층인 상민 간의 차별을 두는 반상 제도가 일반화되었음

② **4신분제 정착** : 양반, 중인, 상민, 천민의 신분 제도가 점차 정착됨

양천제(법제적)		반상제(관습적)	
양인	과거 응시가 가능한 자유민	**양반**	경제적으로 지주층, 정치적으로 관료층
		중인	양반과 상민의 중간계층, 기술관 · 서리 · 향리와 서얼
		상민	농민(조세, 공납, 역부담), 수공업자, 상인, 신량역천
천민	비자유민, 노비는 유일한 법적 천민	**천민**	대부분 노비(매매, 상속, 증여의 대상), 백정 · 무당 · 광대 · 창기

(3) 신분 이동

법적으로 양인이면 누구나 과거에 응시하고 관직에 나아갈 수 있었고, 양반도 죄를 저지르면 노비가 되거나 경제적으로 몰락하여 중인이나 상민이 되기도 하였음. 음서의 특권이 축소되고 공음전이 지급되지 않았기 때문에 과거에 합격하지 못해 국가로부터 토지나 녹봉을 받지 못하면 가문의 지위가 유지되지 않는 경우가 많았음

2. 양반

(1) 의미 변화

15세기 : 문반과 무반을 아울러 부르는 명칭 ➡ 16세기 : 문 · 무반 관료뿐만 아니라 그 가족이나 가문까지도 양반이라고 부름

(2) 배타적 성격 강화 양반들은 자신들의 기득권 유지를 위해 지배층이 늘어나는 것을 막는 조치들을 취함. 문무 양반의 관직을 가진 자만 사족으로 인정

① 양반과 중인 구분 : 현직 향리층을 비롯하여 중앙 관청의 서리와 기술관, 장교, 역관들은 하급 지배 신분인 중인으로 격하시킴

② 서얼층 배제 : 서얼과 재가녀의 자손을 차별하여 이들의 관직 진출을 제한하고 제사와 재산 상속 등에서 차별받음

③ 향리의 관인화 제한 : 문 · 무 품관만 양반으로 공인화하여 '세종실록지리지'에 토성으로 기록

(3) 양반의 신분적 특권 제도화

① 정치적 : 양반은 과거, 음서, 천거 등을 통해 고위 관직을 독점한 관료층으로 지방 사회의 사족은 수령과 함께 향촌 사회를 지배함

② 사회적 : 정부는 법률로 양반의 신분적 특권을 제도화하였고, 각종 국역을 면제함. 형벌이나 사회적 예우에 있어서도 특별 대우를 받음. 백성들은 오가작통법이나 호패법으로 거주 이전에 제한이 있었으나 양반은 외가, 처가, 농장이 있는 곳으로 이주가 가능. 양반은 오직 관료가 되거나 유학자로서의 소양과 자질을 닦는데 집중하였음

③ 경제적 : 토지와 노비를 소유한 지주층이며 생계에는 종사하지 않았음

3. 중인(위항인)

(1) 의미

① 분류 : 좁게는 잡과를 통해 선발된 기술관, 넓게는 양반과 상민의 중간 계층. 기술관, 서얼, 서리, 향리, 토관, 군교 등

② 특징 : 직역 세습. 같은 신분 안에서 혼인. 한품서용에 적용

(2) 서얼

① 출신 : 서자는 양인 첩의 자손, 얼자는 천인 첩의 자손을 의미, 양반 첩의 자손은 중인과 같은 신분적 처우를 받았으므로 중서라고도 불림

② 서얼 금고법 : 문과에 응시하는 것이 금지되었고 무반직에 등용되는 경우도 있었음

(3) 향리

① 지위 격하 : 향리의 중앙 진출을 제한하고, 원악향리처벌법(수령을 조롱하거나 인민의 토지를 강제로 빼앗는 향리 규제) 제정

② 역할 : 지방 관아의 6방에 소속되어 행정 실무를 담당, 주로 호적 정리, 공부와 군역 · 요역 감독을 맡음, 무보수직이었기 때문에 농민을 수탈하는 등 폐해가 많았음

(4) **사회적 지위**

① **양반과 차별** : 서리와 향리 및 기술관으로 직역 세습, 같은 신분 안에서 혼인, 관청에서 가까운 곳에 거주, 한품서용법(신분과 직종에 따라 품계를 제한하여 관리를 서용)을 적용받음

② **신분적** : 양반에게서 멸시와 하대를 받음

③ **실질적** : 전문 기술직이나 행정 실무를 담당하였으므로 나름대로 권한을 행사할 수 있었음(역관은 무역에 관여하여 이득을 취할 수 있었고, 향리는 토착 세력으로서 수령을 보조하면서 행세를 부리기도 함)

4. 상민

(1) **구성** 백성의 대부분을 차지하였으며, 평민 또는 양인으로도 불림

(2) **사회적 지위**

① **법제적** : 과거 응시 가능

② **실질적** : 과거 준비에 드는 시간과 비용이 상민에게는 매우 부담스러워 사실상 상민이 과거에 응시하는 것은 거의 불가능함, 군공을 세우는 등의 경우 가 아니면 상민의 신분 상승 기회는 많지 않음

(3) **구분**

① **농민** : 조세 · 공납 · 역 등의 의무 부담

② **수공업자** : 공장으로 불리며 관영 · 민영 수공업에 종사, 공장세 부담

③ **상인** : 국가의 통제 하에 상거래에 종사, 상인세 부담, 농본억상 정책으로 농민보다 아래에 위치함

④ **신량역천** : 양인 중에서 천역을 담당하는 계층으로 칠반천역, 수군(水軍), 조례(중앙 관청의 잡역), 나장(형사 업무), 일수(지방 고을 잡역), 봉수군(봉수 업무), 역졸(역에 근무), 조졸(조운 업무)이라고도 함

5. 천민

(1) **노비의 처지** 비자유민으로 교육을 받거나 벼슬길에 나아갈 수 없음, 재산으로 취급되었기 때문에 매매 · 상속 · 증여의 대상

(2) **신분** 부모 중 한쪽이 노비일 경우 그 자녀도 노비가 되는 제도가 조선 전기까지 시행되었고, 자식은 어머니 노비 소유주의 재산으로 귀속됨

........● 천자수모법

(3) **구분**

① **공노비** : 16세부터 역을 부담하고, 60세가 되면 면천되었음. 공노비 노동력 동원은 선상입역제로 운영. 국가에 속한 노비이며 유외잡직(상인과 서얼, 공노비 등에게 주어진 하급 기술직, 공노비의 경우 궁중 악사나 요리, 의복 제조, 정원 관리 등을 맡음)에 진출 가능

㉠ **입역 노비** : 관청에 노동력 제공, 지방 관청에 속한 노비를 중앙 관청으로 올리기도 하였는데, 이를 선상 노비라고 함.

ⓒ 납공 노비 : 관청 밖에 거주, 농업에 종사하며 신공 바침.

② **사노비** : 주인집에 거주하면서 잡역을 담당(솔거 노비)하거나, 주인과 따로 살며 독립된 생활을 하면서 신공을 바침(외거 노비), 외거 노비는 자신의 재산을 소유할 수 있고, 조상에 대한 제사를 지내기도 함

③ 납공 노비와 외거 노비는 일반 농민과 지위가 비슷(결혼과 재산 소유 가능)

(4) 기타

① 기타 천민으로는 창기, 의녀, 악공 등이 있음

● 고려 시대의 백정은 농민

② 건국 초기에는 백정(도살업, 피혁·유기 제조업), 무당, 광대 등은 양인으로 취급되기도 하였으나, 점차 이 직업들이 천시되면서 조선 중기 이후 천민화 됨

02 사회 정책과 법률 제도

1. 사회 정책

(1) 목적

① **농민 생활 안정** : 농본 정책을 중시하는 조선에서 농민의 몰락은 곧 국가의 안녕을 위협하므로 농민들의 삶을 안정시키기 위한 여러 정책들이 강구됨.

② **양반 지배 체제 강화** : 농민 생활 안정과 사회 신분 질서 유지는 양반 중심의 지배 체제 강화를 위해 필수적이었음

(2) 농민 이탈 방지책

① 양반 지주들의 토지 겸병 규제

② 농번기 잡역 동원을 금지하여 농민들의 이탈 방지

③ 각종 재해를 당한 농민에게는 조세 경감

(3) 빈민 구제 제도

① **환곡 제도**

ⓐ **의창** : 평시에 곡물을 비축하였다가 흉년이 들었을 때 가난한 백성에게 대여함. 15세기에 원곡만을 회수하는 환곡을 담당하였으나, 점차 원곡이 부족해지면서 제 기능을 다하지 못함

ⓑ **상평창** : 16세기 이후 물가 조절 기관인 상평창에서 평시에는 물가 조절, 흉년에는 환곡을 담당, 추수기에 원곡의 감소분을 고려하여 10분의 1을 더 거두어들여 고리대처럼 운영(일분모 회록)

② **사창제 운영**

ⓐ **성격** : 본래 지방의 양반 지주들이 향촌 사회를 안정시키기 위하여 운영, 각종 재난에 대비하기 위함

ⓑ **운영** : 마을 단위로 민간이 주도함. 세종 30년(1448)에 대구에서 처음 시행 ⇨ 문종 대에 이자

규정 확립 (곡식 1석당 3두) ⇨ 세조 7년(1461)에 전국 확대 ⇨ 성종 때 폐지(1470) ⇨ 향촌 사족들이 자치적으로 운영

(4) 사회 시설

① 의료 기관

    ㉠ 혜민국과 동·서 대비원 : 고려 시대의 제도를 계승함. 수도권 안의 서민 환자 구제와 약재 판매, 의녀 교육 담당. 혜민국은 동서대비원과는 다르게 환자의 요청이 있을 때만 의원을 보내 치료함

    ㉡ 동·서 활인서 : 수도에 거주하는 환자 중에서 유랑자 수용과 구휼 담당

    ㉢ 제생원 : 서울에 머무르는 지방민의 구호와 진료 담당. 제위보와 같은 역할

    ㉣ 전의감 : 국가의 핵심 의료 기관, 의료 업무, 의료 정책 입안 및 시행과 진료, 약재 구입 판매·재배·관리, 의서 편찬, 의학 교육 등을 담당

> **▶ 구휼**
> - 굶주린 사람 중 나이가 많거나 병이 들어 관아에 나와 환곡을 직접 받아갈 수 없는 사람은 가져다 줄 것
> - 모자라는 구휼의 곡식을 보충하기 위해서 산나물 등을 많이 캐어 먹도록 할 것
> - 여러 날 굶주린 사람에게 간장물을 마시게 하면 즉사하므로 먼저 죽물을 식혀서 천천히 먹여 허기를 면하게한 다음 밥을 줄 것
> - 깊은 산골과 외떨어진 곳의 굶주린 사람을 먼저 살필 것
>
>   〈세종실록〉

(5) 제도의 한계점

① 이러한 제도들은 당시 농민들의 삶을 근본적으로 안정시키는 대책이 아니라 최소한의 생활을 보장하여 농토에서의 유리를 방지하기 위한 미봉책에 불과했음

② 농민 이탈 방지 대책을 실시하여 농민의 이탈을 통제함
                    •● 오가작통법, 호패법 등

2. 법률 제도

(1) 형법

① **특징** : '경국대전'과 '대명률' 등 성문법에 의한 법치의 면모를 갖춤

② **'대명률'** : 형법에 관한 사항을 주로 적용, 대명률은 명의 기본 법전, 태, 장, 도, 유, 사 5형 형벌 체제인 당률을 계승하면서 자자(刺字, 글자로 문신을 새기는 일)와 능지처사 같은 극형이 추가됨

③ **'경국대전' 형전** : '대명률'에 없거나 실정에 맞지 않는 것은 따로 '경국대전' 형전으로 규정, '경국대전' 형전은 '대명률'에 대한 특별 형법으로 형벌, 재판, 공·사노비에 관한 규정

④ **중죄와 연좌제** : 중대 범죄로 여겨진 반역죄와 강상죄(자기의 부모 또는 남편을 죽인 죄, 노비로서 주인을 죽인 죄, 관노로서 관장(官長)을 죽인 죄 등)에는 범인은 물론 부모, 형제, 처자까지도 함께 처벌하는 연좌제가 적용됨, 범죄가 발생한 고을의 호칭이 강등되고 수령이 파면되는 경우도 있었음

⑤ **형벌**

종류	특징
태	작은 회초리로 볼기를 치는 것, 10~50대의 5등급
장	태보다 큰 회초리 사용, 60~100대의 5등급
도	징역을 살며 강제 노동에 종사, 1~3년의 5등급, 등급에 따라 장형도 함께 부과
유	먼 곳으로 유배를 보내는 것, 유배 전에 장 100대 부과
사	사형, 왕에게 세 번 보고하여 처리

(2) 민법

① **운영** : 관찰사와 지방관이 재판권을 가지고 처리

② **관습법 중심** : 민사는 거의 관습법에 의해 처리

③ **소송 내용** : 노비와 관련된 소송에서 점차 산송(山訟, 남의 묘지에다 조상의 묘를 쓰는 데에서 발생하는 소송)이 주류를 이룸, 토지와 노비의 소유권 분쟁은 문건에 의한 증거를 기준으로 함

(3) 상속 ········●가부장제를 바탕으로 친족체계를 대종과 소종으로 나누고 적서를 구분하여 장자
상속 및 대가족 제도 등을 내용으로 하는 유교주의 가족 제도

① **운영** : 가족 윤리를 바탕으로 하는 종법(宗法)에 따라 이루어짐

② **내용** : 제사와 노비 상속 중시, 고려보다 물건과 토지 소유권에 대한 관념이 발달함

(4) 사법 기관

① **의금부** : 왕명에 의한 특별 재판소, 왕족과 양반에 대한 중대 범죄나 강상죄, 반역죄 등을 다룸, 사형죄 등 중범죄에 대한 3심 기관의 역할도 맡음. 신문고 제도를 담당하기도 함

② **3법사** : 사헌부 · 형조 · 한성부, 의금부가 포함되기도 함

　ㄱ **사헌부** : 관리의 비리 감찰 및 사법권 행사, 양반에 대한 재판 담당

　ㄴ **형조** : 사법 행정의 감독 관청, 사건에 대한 재심 담당

　ㄷ **한성부** : 수도인 한성(한양)의 행정과 치안 담당, 토지와 가옥에 관한 소송 처리

③ **장례원** : 형조의 예하 기구. 노비에 관한 소송을 담당, 세조 13년(1467)에 설립, 영조 40년(1764)에 형조에 병합됨

④ **포도청** : 형조의 예하 기구. 좌포도청과 우포도청으로 구성, 도적을 수색 · 체포, 도적 · 화재 예방 위해 순찰

⑤ **관찰사와 수령** : 지방에서는 관찰사와 수령이 사법권을 행사하여 행정 기관과 명확하게 구분되지 않음

(5) 기타 사법 제도

① **항고 가능** : 재판에 불만이 있을 경우 타 관청이나 상부 관청에 항고하여 소송 제기 가능

② **기타 구제 수단** : 신문고나 징을 쳐서 임금에게 직접 억울함을 호소하는 방법, 흔히 시행되지는 않았음
　　　　　　　　　　　·······● 격쟁

03 향촌 사회의 조직과 운영

1. 향촌 사회의 모습

(1) **향(鄕)** 중앙에 대칭되는 개념, 행정 구역상의 군현, 중앙에서 지방관을 파견함

(2) **촌(村)** 군현 아래의 마을·촌락, 면·리가 설치되어 지방관 대신 향촌의 유력자 중에서 면임(권농관), 이정 등이 선임됨

(3) **유향소**

 ① **역할** : 향촌의 덕망 있는 인사(재지 사족, 사림)들이 좌수, 별감 등을 맡아 수령 보좌, 향리 규찰, 풍속 교정 등 지방 행정에 참여

 ② **변화** : 태종 때 폐지되었다가 세종 10년(1428) 복설 ⇨ 이후 세조 때 이시애의 난으로 인해 폐지 ⇨ 성종 때 김종직 등의 유향소 복설 운동에 따라 복설 ⇨ 선조 때 경재소가 혁파된 후 유향소는 향소 또는 향청으로 명칭이 변경됨

(4) **경재소** 세종 때 설치되고 선조 때(1603) 혁파, 해당 지방 출신의 중앙 고관이 책임자로 임명되어 유향소와 중앙 정부 사이의 연락을 맡음, 유향소를 중앙에서 직접 통제하기 위한 목적

(5) **사족의 향촌 지배**

 ① **향안** : 향촌 사회의 지배층인 지방 사족의 명단, 임진왜란 전후에 각 군현마다 보편적으로 작성

 ② **향회** : 향안에 속한 사족은 향회를 조직하여 결속을 다지고 지방민을 통제

 ③ **향규** : 향회의 운영 규칙

(6) **사족 중심의 사회 질서 수립 노력**

 ① **성리학적 명분론** : 성리학은 상하귀천의 차이를 정당화하고 각자의 지위에 따른 규범을 강조함, 사림들은 성리학적 명분론을 중시하여 양반의 신분적 우위를 강화하고자 함

 ② **'소학' 보급** : 성리학적 도덕과 의례의 기본 서적

  •양반 가문으로서의 지위를 밝히기 위한 것인 만큼, 역대 조상의 과거 성적과 관직에 대한 기록이 주를 이룸

 ③ **족보 편찬** : 가문의 내력을 기록한 것, 종족 내부의 결속을 다지고 우월 의식을 내세우는 수단, 혼인 상대를 구하거나 붕당을 구별하는 데에도 쓰임

 ④ **가묘와 사당** : 고조 이하 조상의 위패를 모시고 제사를 지내는 곳, 가묘는 고려 말부터 세워져 선조 이후 널리 보급됨

 ⑤ **예학과 보학** : 예학이 친족과 종족 내부의 의례를 규제하는 것이라면 보학은 족보를 연구하는 학문으로서 사족의 특권을 정당화 시키는 것에 기여함

▶ 조선의 향촌사회의 조직

유향소	• 향촌 자치를 위하여 설치 ⇨ 수령 보좌, 향리 감찰, 향촌 사회의 풍속 교정 등
경재소	• 중앙 정부가 현직 관료를 통해 유향소 통제
향약	• 조광조가 여씨향약을 처음 보급한 이후 이황과 이이의 노력으로 전국으로 확산 • 향촌 사회의 질서 유지와 풍속 교화를 담음
서원	• 주세붕이 최초의 서원인 백운동서원(안향 배향) 설립 ⇨ 이황의 건의로 소수서원으로 사액됨(최초의 사액서원)

2. 향약과 서원

(1) 향약

① **성립 배경** : 성종 때 유향소가 복립되었으나 경재소에 장악됨 ⇨ 지방 사족들이 향촌 지배력을 유지하기 위한 수단 + 성리학에 대한 이해가 심화되면서 현실에서 실천하려는 노력

② **성격** : 전통적 공동체 조직과 미풍양속을 계승하고 유교 윤리를 바탕으로 교화 및 질서 유지를 위해 구성

③ **시행** : 중종 때 조광조가 중국의 여씨 향약 보급 ⇨ 이황, 이이(대표적으로 이황의 예안 향약, 이이의 해주 향약, 서원 향약)에 의해 우리 실정에 맞게 토착화됨 ⇨ 사림이 집권한 선조 이후 전국으로 확대

④ **조직** : 양반에서 노비까지 향촌민 모두 의무적으로 가입, 약정(회장), 부약정(부회장), 직월(간사) 등으로 간부 구성

⑤ **내용** : 군현 단위로 시행되어 약간씩 내용 차이가 있음, 대개 여씨 향약의 4대 덕목을 바탕으로 함, 삼강오륜 중 효를 강조

- 덕업상권(德業相勸) : 좋은 일은 서로 권장한다.
- 예속상교(禮俗相交) : 올바른 예속은 서로 교류한다.
- 환난상휼(患難相恤) : 어려운 일과 재난은 서로 도운다
- 과실상규(過失相規) : 잘못한 일은 서로 규제한다.

⑥ **향약 보급의 결과** : 유교 윤리가 확산되어 향촌 사회의 풍속 교화와 질서 유지에 기여 농민들의 유입을 방지하여 향촌 사회 안정화 ⇨ 사림의 농민 지배력이 강화되고 지방관의 권한이 약화됨

⑦ **향약의 폐단** : 향약은 본질적으로 신분제적 봉건 질서를 유지하기 위한 수단이며, 지방 유력자들의 지방민에 대한 경제적 착취를 보장하기 위해 이용됨

⑧ **향약의 변화** : 17~18세기에 이르면 신분 질서의 동요로 향회가 약화되고 향전이 발생했으며, 정조 때에는 지방 수령이 향약을 주도하게 되면서 국가의 지방 통치를 보조하는 기구로 전락 _{• 구향과 신향의 대립}

(2) 서원

① **기능**

㉠ **선현 제사** : 학문적 명망이 높거나 모범이 될 만한 선비·공신 등을 배향하여 덕행 추모

㉡ **자제 교육** : 지방 사족의 자제를 교육하면서 후진 양성, 이를 통해 학맥이 이어지고 가문과 붕당이 결속함

㉢ **학문 연구** : 양반들이 모여 학문을 연구하는 기관, 많은 도서를 비치하고 간행하기도 함 ⇨ 지방 유학자 교육과 학문 보급에 기여

㉣ **향음주례** : 봄과 가을에 향촌의 선비나 유생들이 학식과 덕망을 갖춘 이를 손님으로 모시고 술을 마시며 덕담을 들음 → 어진 이에 대한 존경과 봉양을 나타내는 의식

② **최초의 서원** : 백운동 서원(중종 38, 1543), 풍기(경북 영주) 군수 주세붕이 안향을 제사하기 위해 설립

③ **최초의 사액 서원** : 소수 서원(명종 5, 1550), 풍기 군수 이황의 건의로 백운동 서원이 소수 서원으로 최초로 사액됨

　　　└‥‥‥● 국가의 공식적 승인을 의미, 실제로는 관학과 유사한 대우를 받음

④ **발전**

　ⓐ **서원의 권위 향상** : 관학이 점차 출세 도구로 변질되어 향교 교육의 질이 떨어지면서 서원이 향교보다 높은 권위를 갖게 됨, 관례적으로 양반 자제들은 서원, 평민 자제들은 향교에 주로 입학함.

　ⓑ **특권** : 서원에 들어간 사림은 양반의 지위를 보장받아 역(役)이 면제됨, 사액 서원이 국가로부터 받은 토지는 면세의 특권을 누렸고, 사액을 받지 못한 서원에 기증된 토지도 지방관의 배려로 면세됨

　ⓒ **확산 과정**

명종	사림 세력의 진출로 17개가 설립됨.
선조	사림 정치의 본격화와 함께 사액 서원만 100개가 넘어감.
임진왜란 이후	붕당 정치의 전개와 함께 각 학파에서 경쟁적으로 서원을 세워 18세기에는 700여 개, 19세기에는 1,000여 개로 급속히 증가함

⑤ **구조** : 사당(선현 제사), 강당(강의실), 동재와 서재(기숙사)로 구성, 대체로 사원의 가람 배치를 본떠서 건축

⑥ **주요 서원** : 도산 서원(1560년(명종 15) 도산 서당으로 창건되어, 이황 사후에 서원으로 격상됨)(안동, 이황), 자운 서원(파주, 이이), 옥산 서원(경주, 이언적), 덕천 서원(산청, 조식) 등

⑦ **영향**

　ⓐ **지방 사림의 지위 강화** : 향촌 사림이 결집을 강화하고 서원을 통해 각종 특권을 누리며 향촌 사회에 대한 지배력을 강화할 수 있었음

　ⓑ **지방 문화의 발전** : 지방 중소 지주층의 학문적 수준을 심화시키고 향촌 문화의 수준을 높이는 데에 기여함

　ⓒ **붕당의 세력 기반 제공** : 사림이 서원을 중심으로 모여 여론을 형성하고 학파와 당파의 결속을 강화하는 역할 ⇨ 붕당 정치의 기반을 제공하고, 더 나아가 당쟁을 격화시키기도 함

　ⓓ **경제적 폐단 발생** : 서원의 대폭 증가 ⇨ 면세전의 증가와 국역 부담자의 감소 ⇨ 민생과 국가 경제에 악영향을 미침. 또한 서원에서 제사나 기타 비용을 충당한다는 명목으로 백성에게 금전을 징수하기도 함

3. 예학

(1) 예학

① **배경** : 양반들이 성리학적 도덕 윤리를 강조하면서 신분 질서를 공고히 하고자 성립한 학문

② **의미** : 삼강오륜을 실재로 구현하는 의식과 절차로 '예'가 중시되었고, '예학'으로 학문화 됨.

③ **보급과 발달**

ⓐ **15세기** : '삼강행실도'를 편찬하여 국가 차원에서 성리학적 질서 보급

ⓑ **16세기 중반** : '주자가례'를 바탕으로 하는 생활 규범서가 등장하고 '주자가례'에 대한 학문적 연구가 이루어지기 시작

ⓒ **16세기 후반** : 가묘와 사당이 건립됨, 사림은 향약을 시행하고 '소학'을 보급하여 향촌 사회에 대한 지배력을 강화함

ⓓ **17세기** : 양 난 이후 유교 질서의 회복을 위해 더욱 중시됨, 예학 연구가 심화되어 김장생의 '가례집람', 정구의 '오선생예설분류' 등이 편찬됨.⇨ '예학의 시대'로 일컬어질 만큼 크게 발달

④ **영향**

ⓐ **정쟁의 구실로 이용** : 각 학파 간 예학의 차이가 전례 논쟁(예송으로 대립이 정점에 달함)을 통해 표출됨

ⓑ 양반 중심의 신분제와 가부장적 종법으로 성리학적 사회 질서가 확립됨

(2) **보학**

① **배경** : 친족 공동체의 유대를 통해서 문벌을 형성하고 양반으로서의 신분적 우위를 확보하고자 가족의 내력을 기록하고 암기하는 보학이 발전함

② **기능**

ⓐ **문벌의 과시** : 안으로는 문중의 결속을 강화하고, 밖으로는 문중과 가문의 권위를 과시하며 하급 신분에 대하여 우월 의식을 내세우는 수단이 됨

ⓑ **붕당 구별의 자료** : 족보는 붕당을 구별하거나 결혼 상대자를 구할 때 중요한 참고 자료로 활용됨

(3) **족보의 변화**

① **조선 전기** : 내외 자손(자손보)을 자녀 구분 없이 출생순으로 모두 기록

② **조선 후기** : 부계 친족만(씨족보) 선남후녀의 순서로 기록

▶ **안동 권씨 성화보**
• 현존 최고(最古)의 족보
• 조선 성종 때 제작됨

> 우리나라는 자고로 종법이 없고 보첩(譜牒)도 없어서 비록 거가대족(巨家大族)이라도 가승(家乘)이 전혀 없어서 겨우 몇 대를 전할 뿐이므로 고조나 증조의 이름도 호(號)도 기억하지 못하는 이가 있다.
>
> 「안동 권씨 성화보」 서문

4. 촌락의 구성과 운영

(1) **촌락의 조직** : 농민 생활과 향촌 구성의 기본 단위, 자연촌이면서 동(同) · 리(里)로 편제됨

(2) **정부의 지배** 면리제, 오가작통제 등을 실시하여 통제함

(3) **촌락의 구성**

① **일반적 촌락** : 두서너 개의 씨족이 서로 인척 관계를 맺고 있었으며, 양반 평민 · 천민이 섞여 살았음

② **반촌** : 신흥 사족이 향촌으로 이주하면서 주로 양반이 거주하는 촌락, 친족, 처족, 외족 등 다양한 성씨가 거주하는 동족촌이었다가 18세기 이후 동성 촌락으로 발전

③ **민촌** : 대부분 평민과 천민들이 거주, 다른 촌락에 거주하는 지주의 소작농으로 생활, 18세기 이후 구성원 가운데 다수가 신분 상승

(4) **특수 마을** 교통 요지에 역·진·원에 역촌·진촌·원촌이 형성되었고, 어촌과 점촌도 발달함

(5) **촌락의 운영**

① 사족

㉠ 동계(洞契), 동약(洞約) : 마을을 단위로 하는 자치 조직, 여러 개의 자연 촌락에 거주하는 사족 집단의 결사체의 성격이 강함. 촌락민들을 신분적·사회 경제적으로 지배하고자 함 ⇨ 양난을 거치며 사족 지배 체제가 약화되자 양반과 평민이 함께하는 형태로 바뀜

② 일반 백성

㉠ 두레 : 공동 노동의 작업 공동체

㉡ 향도 : 불교와 민간 신앙 등의 신앙적 기반 + 공동체 조직의 성격, 주로 상을 당하였을 때나 어려운 일이 생겼을 때 서로 도움을 줌, 상여를 메는 상두꾼도 향도에서 유래(최초의 향도는 통일신라 김유신의 용화향도)

(6) **촌락의 풍습**

① **석전** : 조선 초에는 상무 정신을 기르기 위하여 전부터 이어오던 돌팔매 놀이를 자주 거행하였으며 국왕도 이를 관전할 정도 ⇨ 사상자가 속출하여 법으로 금하였으나 민간 풍습으로 이어짐

② **향도계·동린계** : 남녀노소를 막론한 백성들이 모여 며칠 동안 술과 노래를 즐기는 일종의 마을 축제 ⇨ 양반 사족들은 음사라 하여 배척

01 | 조선 전기 사회

001 □□□
2018년 서울시 9급

조선 시대 신분제에 대한 설명으로 가장 옳지 않은 것은?

① 중앙 관직에 진출할 수 있던 고려 시대의 향리와 달리 조선의 향리는 수령을 보좌하는 아전으로 격하되었다.

② 유교의 적서 구분에 의하여 서얼에 대한 차별이 심하였기 때문에 서얼은 관직에 진출하지 못하였다.

③ 뱃사공, 백정 등은 법적으로는 양인으로 취급되기도 했으나 노비처럼 천대받으며 특수 직업에 종사하였다.

④ 순조는 공노비 중 일부를 양인으로 해방시켜 주었다.

002 □□□
2017년 국가직(하반기) 9급

다음 족보가 편찬된 시기의 사회상으로 가장 적절한 것은?

> 우리나라는 자고로 종법이 없고 보첩(譜牒)도 없어서 비록 거가대족(巨家大族)이라도 가승(家乘)이 전혀 없어서 겨우 몇 대를 전할 뿐이므로 고조나 증조의 이름도 호(號)도 기억하지 못하는 이가 있다.　　　　－《안동 권씨 성화보》서문

① 윤회봉사·외손봉사 등이 행해졌다.

② 아들을 먼저 기록하고 딸을 그다음에 기록하였다.

③ 자손이 없으면 무후(無後)라 하고 양자를 널리 맞아들였다.

④ 남자는 대개 결혼 후에 바로 친가에서 거주하였다.

003 □□□
2013년 국가직 7급

조선 전기의 신분제도에 대한 설명으로 옳지 않은 것은?

① 공노비는 유외(流外)잡직으로 불리는 하급 기술관직을 가질 수 있었다.

② 서얼은 『경국대전』에 의해 문과 응시가 가능했지만 실제로는 제약을 받았다.

③ 지위가 높은 문무 관원의 자손에게는 음서와 대가(代加) 등의 혜택이 주어졌다.

④ 국역 노동이 끝난 공장(工匠)들은 시장을 상대로 필요한 물품을 만들어 판매하여 이득을 취하였다.

🎯 **정답·해설**

정답 1.② 2.① 3.②

해설 1. ② 서얼은 문과에는 응시는 제한되었지만 무과나 잡과에는 응시 할 수 있어 관직 진출도 가능하였다.

2. 자료는 조선 전기 성종 때 간행 된 족보이다. 현존하는 가장 오래 된 것이다. ② 조선후기 ③ 조선 전기는 양자를 들이는 경우는 거의 없었고 이는 조선후기의 일반적인 모습이다. ④ 조선후기의 친영제도이다. 조선 전기는 남귀여가혼으로 남자가 여자집에서 생활하는 것이 유행하였다.

3. ② 서얼, 탐관오리의 자손, 재개한 부인의 자식은 문과 응시를 제한한다는 것이 경국대전에 명시되었다.

004 □□□

2012년 지방직 9급

전근대 사회의 모습에 대한 설명으로 옳지 않은 것은?

① 고려 시대에는 귀족이 죄를 지으면 형벌로 귀향을 시키기도 하였다.

② 조선 시대 강상죄는 범죄 중에서 가장 무겁게 취급되었지만, 범인에 한정하여 처벌하였다.

③ 신라의 골품제도는 가옥의 규모와 장식물은 물론, 복색이나 수레 등 신라인의 일상생활까지 규제하였다.

④ 백제의 관리는 뇌물을 받거나 국가의 재물을 횡령했을 때 3배를 배상하고, 죽을 때까지 금고형에 처하였다.

006 □□□

2015년 지방직 7급

조선 시대 향약에 대한 설명으로 옳지 않은 것은?

① 덕업상권, 과실상규, 예속상교, 환난상휼 등을 주요 강령으로 하였다.

② 서원과 더불어 향촌 사회에서 사림의 지위를 강화시키는 역할을 하였다.

③ 영남 지방에서는 이황이 만든 예안향약을 표본으로 삼은 향약이 유행하였다.

④ 오가작통제를 중심으로 그 지역의 풍속 교화와 치안 유지를 담당했던 향촌자치 조직이었다.

005 □□□

2016년 경찰1차

다음 중 조선 시대 향촌 사회의 모습에 대한 설명으로 옳은 것은 모두 몇 개인가?

> ㄱ. 유향소는 수령을 보좌하고 향리를 감찰하며 향촌 사회의 풍속을 바로잡기 위한 기구였다.
>
> ㄴ. 경재소는 중앙정부가 현직 관료로 하여금 연고지의 유향소를 통제하게 하는 제도로서, 중앙과 지방의 연락 업무를 맡았다.
>
> ㄷ. 향촌 사회에서 지주로 농민을 지배하던 계층은 사족(士族)이었다.
>
> ㄹ. 향약은 중종 때 조광조가 처음 시행한 이후 전국적으로 확산되었다.

① 1개　　② 2개　　③ 3개　　④ 4개

정답　4.② 5.④ 6.④

해설　4. ② 강상죄는 유교윤리를 어긴 죄로 가족까지 처벌하고 심하면 고을을 강등시키기도 하였다.

　　　5. 유향소와 경재소는 서로 보완적 역할을 하였다. 향약은 조광조가 여씨향약을 들여오며 처음 시행되었고, 이이와 이황에 의해 우리 실정에 맞게 고치며 전국적으로 확산되었다.

　　　6. ④ 오가작통법은 다섯집을 하나로 묶어 호구파악, 범죄자 색출, 세금징수, 부역동원 등에 이용하였다.

다음은 현존하는 우리나라 족보들 가운데 가장 오래된 족보의 기재 방식을 설명한 것이다. 이 족보가 편찬되었을 무렵의 가족 제도에 대한 추론으로 옳은 것만을 〈보기〉에서 모두 고른 것은?

- 자녀는 출생 순서에 따라 기재하였다.
- 딸이 재혼하였을 경우 후부(後夫)라 하여 재혼한 남편의 성명을 기재하였다.
- 자녀가 없는 사람은 무후(無後)라 기재하였고, 양자를 들인 사례는 거의 없다.

〈보기〉
ㄱ. 적서의 차별이 없었을 것이다.
ㄴ. 친영 제도가 일반화되었을 것이다.
ㄷ. 형제가 돌아가면서 제사를 지냈을 것이다
ㄹ. 재산 상속에서 아들과 딸의 차별이 없었을 것이다.

① ㄱ, ㄴ   ② ㄱ, ㄹ   ③ ㄴ, ㄷ   ④ ㄷ, ㄹ

다음을 통해 알 수 있는 시기의 조선 사회 모습에 대한 설명으로 옳지 않은 것은?

- 여성의 재가 사실을 족보에 기록하였다.
- 외손이 있으면 아들이 없더라도 남의 아들로 양자 삼는 사람이 없다.

① 호적에 출생 순서대로 기재하였다.
② 재산 상속은 자녀 균분이 관행이었다.
③ 동족 부락이 만들어져 족보 편찬이 성행하였다.
④ 제사는 형제가 돌아가면서 지내거나 책임을 분담하였다.

다음 글은 '안동 권씨 성화보'의 일부이다. 이와 관련이 가장 적은 것은?

내가 생각하건대 옛날에는 종법이 있어 대수(代數)의 차례가 잡히고, 적자와 서자의 자손이 구별지어져 영원히 알 수 있었다. 종법이 없어지고는 족보가 생겨났는데, 무릇 족보를 만듦에 있어 반드시 그 근본을 거슬러 어디서부터 나왔는가를 따지고, 그 이유를 자세히 적어 그 계통을 밝히고 친함과 친하지 않음을 구별하게 된다.

① 이를 통해 향촌 자치를 구현하고 일반 농민에 대한 통제를 강화하고자 하였다.
② 가문의 내력을 기록하여 성리학적 질서를 유지하고자 하였다.
③ 혼인 상대자를 구하거나 붕당을 구별하는 데 중요 자료로 활용하였다.
④ 안으로 종족 내부의 결속을 다지고, 밖으로 다른 집안이나 하급신분에 대한 우월의식을 가지게 하였다.

다음 정책을 추진한 국왕 대에 있었던 사실로 옳은 것은?

옛적의 관가의 노비는 아이를 낳은 지 7일 후에 입역하였는데, 아이를 두고 입역하면 어린아이에게 해로울 것이라 걱정하여 100일간의 휴가를 더 주게 하였다. 그러나 출산에 임박하여 일하다가 몸이 지치면 미처 집에 도착하기 전에 아이를 낳는 경우가 있다. 만일 산기에 임하여 1개월간의 일을 면제하여 주면 어떻겠는가. 가령 저들이 속인다 할지라도 1개월까지 넘길 수 있겠는가. 상정소로 하여금 이에 대한 법을 제정하게 하라.

① 사형의 판결에는 삼복법을 적용하였다.
② 주자소를 설치하여 계미자를 주조하였다.
③ 국방력 강화를 위해 진관체제를 실시하였다.
④ 도평의사사를 개편하여 의정부를 설치하였다.

🎯 **정답 · 해설**

정답 7.④ 8.③ 9.① 10.①

해설 7. 현존하는 가장 오래된 족보는 성종 때의 안동 권씨 성화보이다. 조선전기의 상황이다. / ㄱ.서얼에 대한 차별은 태종 때부터 있었다. / ㄴ.친영제도는 조선후기의 일반적인 모습이다.

    8. 자료는 조선 중기 이전의 모습으로 고려 시대와 비슷한 가족제도였다. ③ 조선후기 부계중심의 사회가 되면서 동족마을이 생겨났다.

    9. 자료는 성종 때 만들어진 현존하는 가장 오래된 족보이다. ① 향약에 대한 설명이다.

    10. 제시된 사료는 출산 후 노비에게도 출산휴가를 준 세종의 복지정책에 관한 내용이다. 세종 때에는 억울한 죽음을 최소화하기 위하여 금부삼복법을 실시하였다. ② 태종 ③ 세조 ④ 정종 시기 왕세제 이방원의 주도로 시행

04 조선 전기의 문화

1395년 태조, 〈고려국사〉   1461년 세조, 간경도감 설치   1568년 이황, 〈성학십도〉

1441년 세종, 측우기 제작   1478년 성종, 〈동문선〉   1575년 이이, 〈성학집요〉

01 조선 전기의 문화

1. 민족 문화 발달의 배경

(1) 실용적 학문 추구

① 한글이 창제되어 민족문화의 밑거름이 됨

② 세종 때부터 성종 때까지는 유교 이념에 토대를 두고 과학 기술과 실용적인 학문이 발달함

(2) 성리학 이외의 사상 수용 관학파 학자들이 민생 안정과 부국강병, 중앙집권체제의 강화에 도움이 되는 성리학 이외의 사상들을 수용하면서 민족적 · 자주적인 성격의 민족 문화가 크게 발전함

2. 교육 제도

(1) 4부 학당과 향교(관학, 중등 교육 기관)

① 전국의 부 · 목 · 군 · 현에, 4부 학당(중학, 동학, 서학, 남학)은 서울에 설치했으며 교육 내용은 같았음. 지방에 세워진 향교에는 문묘를 두어 선현에 대한 제사도 담당함

② '소학', 4서 5경 등의 유학 경전을 가르침, 중앙에서 교수와 훈도를 파견함, 향교마다 학전(學田) 지급, 향교 운영은 수령이 담당함, 4부 학당의 정원은 각각 100명이며 향교의 입학 정원은 각 군현의 비례로 배정

③ 8세 이상의 남자라면 입학이 가능하며 교생(校生)이라 부름, 교생은 양반이든 평민이든 군역에서 차별을 받지 않았음, 성적 우수자는 생원 · 진사시의 초시를 면제 받음

④ 학업을 마치면 유학(幼學)으로 불리며 사회적으로 존경 받았음, 과거에 응시할 수 있으며, 성균관에 입학하기도 함, 그러나 성적이 나쁘면 군역에 동원되기도 함(향교)

▶ **상재생과 하재생(기재생)**
- 상재생 : 소과 합격생
- 하재생(기재생) : 승보시 합격생

(2) 성균관(관학, 최고 교육 기관)

① 생원과와 진사과에 합격한 자에게 우선적으로 입학 기회 부여, 성균관의 정원은 생원 · 진사 각각 100명씩이었으나, 4부 학당에서 올라온 학생을 정원에 포함하지 않아 실제 유생은 200명이 넘었음. 생원과 진사는 상재에서 기숙하고, 부학에서 입학한 유생은 하재에서 기숙함

② 성적이 우수한 자는 문과의 초시를 거치지 않고 바로 복시에 응시할 수 있었음. 성균관에서 50세까지 공부한 자에게는 과거를 치르지 않고 벼슬을 주기도 함

③ 유생들은 유학자의 입장에서 국가 정책을 비판하는 역할도 수행함 ⇨ 집단 의사의 표시로 상소

를 올리거나(유소), 단체로 식사를 거부하기도 하고(권당), 성균관을 비우고 모두 나가버리는 (공관) 등의 방법으로 자신들의 의견을 표출함

(3) 서당(사학, 초등 교육 기관)

① 마을 단위로 건립, 대개 8~9세부터 15~16세 정도에 입학함. 선비나 평민의 자제로 4부 학당이나 향교에 입학하지 못한 자들이 서당에서 교육을 받음

② '천자문', '동몽선습', '통감'(대개 '통감'까지만 교육), 4서, 3경('시경', '서경', '역경') 등

(4) 서원(사학, 중등 교육 기관)

① 주세붕이 세운 백운동 서원이 시초. 선현의 제사와 후진교육 담당. 사림의 세력이 강화되면서 전국적으로 확산됨.

② 향교와 구조, 교육 내용이 비슷함. 성균관, 향교에서 문묘(공자)를 배향하는 것과 달리 각 지방 및 건립 세력과 관련 있는 선현을 배향함, 향촌 사회의 교화에 공헌, 국가에서 서원 설립 장려

③ 학생들이 학비를 스스로 부담, 지방 사림이 후배들을 가르치는 교육적 기능 + 선비들이 모여 성리학을 연구하는 학문적 기능을 동시에 수행

(5) 기술 교육

① 내용

과목	내용	담당 관청	관직 등용 방법
역학	외국어	사역원	잡과
의학	의학	혜민서, 전의감	
음양학	천문, 지리, 명과학	관상감	
율학	법률	형조	
산학	수학	호조	취재
도학	도교	소격서	
화학	그림	도화서	
악학	음악	장악원	

② 역과와 의과가 가장 우대 받음. 잡과 합격자에게 백패 지급. 역과의 장원에게는 종7품, 을과는 종8품, 병과는 종9품을 수여했고, 의과·음양과·율과는 이보다 한 등급 낮았음, 정3품 당하관까지 승진(한품제 적용 받음) 가능

③ 초기에는 양반 자제들도 의학·역학을 많이 배웠고 평민이 잡과에 응시하는 경우도 있었지만 특정 가문에서 의학이나 역학을 대대로 응시(거의 중인층의 세습역이었음)하는 등, 보통 중인끼리 혼인 관계를 맺음

3. 훈민정음 창제

(1) **배경** 일원적인 통치체제를 갖춘 조선에서 피지배층을 도덕적으로 교화하며, 민본 사상에 입각하여 백성들이 쉽게 배울 수 있는 문자의 필요성을 인식함

(2) **창제 · 반포** 최만리 등 유학자들의 반대가 있었지만, 세종은 집현전에 정음청(正音廳)을 설치하여 한글을 창제(1443)하고 훈민정음을 반포함(1446)

(3) **보급 · 이용**

① **한글 서적**

　㉠ 편찬 : 농서, 병서, 불경, 윤리서 등을 한글로 번역, 편찬

　㉡ 보급

세종	조선 왕조 건국의 정당성과 왕실 조상의 덕을 찬양하는 '용비어천가', 부처님의 덕을 기리는 '월인천강지곡' 등을 간행
세조	간경도감 설치, '월인석보' 등 불경을 언해
중종	최세진이 '훈몽자회'(어린이들의 한자 학습을 위한 책) 편찬

② 서리들이 한글을 행정 실무에 이용하여 백성들에게 국가 시책을 알리도록 함. 채용 시 훈민정음으로 시험을 치루기도 하였음

(4) **의의**

① 누구나 쉽게 배우고 쓰며 문자 생활을 누릴 수 있게 되었음

② 민족 문화의 기반을 갖추고 발전할 수 있는 토대가 마련됨

4 역사서

(1) **건국 초기의 역사서**

① **목적** : 왕조의 정통성에 대한 명분을 밝히고 성리학적 통치 규범을 정착시키기 위함

② **고려국사(1395, 태조 4)**

　㉠ 편찬 : 정도전, 조준, 정총 등이 고려의 역사 전체를 편년체로 편찬

　㉡ 내용 : 고려 멸망의 당위성과 조선 건국의 정당성을 내세우고자 함. 성리학적 통치이념을 정립하려는 목적

③ **동국사략(1402, 태종 2)**

　㉠ 편찬 : '삼국사략'이라고도 함. 하륜, 권근, 이첨 등이 삼국사를 편찬

　㉡ 내용 : 단군-기자-위만조선-한사군-삼한-삼국 순으로 서술. 신라의 고유 왕호나 칭호 등을 제후의 명분에 맞지 않는다고 여겨 성리학적 명분론에 맞게 바꿈, 단군조선~신라 말까지 역사를 기록

(2) **15세기 중엽의 역사서**

① **목적** : 왕조가 안정됨에 따라 고려 왕조의 부정과 건국의 합리화 보다는 민족적 자각을 일깨우고 왕실과 국가 위신을 높이며 민족문화를 향상시키기 위한 역사 편찬이 시도됨.

② **고려사(1446, 세종 28~1451, 문종 원년)**

　㉠ 편찬 : 김종서와 정인지가 기전체로 편찬

　㉡ 내용 : 종, 폐하, 태후 등의 칭호를 그대로 사용하여 자주적인 태도를 보임. 고려 말기의 우왕

과 창왕을 신돈의 자식이라 간주하고 신우, 신창이라 하여 세가에 기록하지 않고 열전에 기록함.

③ **고려사절요(1452, 문종 2)**

㉠ **편찬** : '고려사'를 편찬한 김종서, 정인지 등이 편년체로 편찬

㉡ **내용** : '고려사'와 내용과 역사관은 거의 일치하나, '고려사'에 비해 대신의 역할과 관료 제도의 정비를 역사 발전의 핵심으로 다룬 점이 차이점

④ **삼국사절요 (1476, 성종 7)**

㉠ **편찬** : 서거정이 서문을 작성하였고, 주로 편년체로 서술

㉡ **내용** : 단군조선부터 삼국의 멸망까지 다루었으며, 불교사는 배제함. 조선 시대 삼국사 서술의 바탕이 됨

⑤ **동국통감(1485, 성종 16)**

㉠ **편찬** : 서거정, 이극돈 등에 의해 편찬된 최초의 편년체 통사

㉡ **내용** : 고조선에서 고려까지의 통사로, 외기 · 삼국기 · 신라기 · 고려기로구성. 당시 정계에 진출한 사림 계열의 역사인식이 반영되어 사론이 많이 첨가됨

(3) 16세기의 역사서

① **특징** : 사림의 존화주의, 왕도주의적 의식과 기자조선에 대한 연구가 반영된 역사서들이 편찬됨.

② **동국사략 (중종 연간)** : 박상이 편찬, 개국공신을 비판하고 역성혁명에 반대한 사대부를 칭송(조선 초기의 '동국사략'과 구분)

③ **기자실기 (1580, 선조 13)** : 이이의 '율곡전서' 권 14에 수록, 기자가 우리 민족을 교화하고 문화 수준으로 향상시킨 공로를 높이 여김

④ **표제음주동국사략(중종)** : 유희령이 편찬, 단군-기자-위만-삼국-고려의 역사 수록, 유교적 명분보다 정치 제도사를, 중국에 대한 사대보다는 대외항쟁을 중시하여 서술함. 단군조선을 상세히 다루었으며 삼한의 위치는 최치원과 같은 맥락에서 한반도 중심으로 파악하고, 고구려를 중심으로 각 삼국을 독립하여 서술

⑤ **영향** : 사림의 역사 서술은 우리 민족이 중국을 제외한 주변의 침략에 저항하는 애국심을 높여 주는 구실을 하였으나 국제 정세의 변동에 제대로 대처하지 못한 한계를 보임

(4) 조선왕조실록

① **특징**

㉠ 한 왕대의 역사를 후대에 남기기 위해 왕이 죽은 후에 그 왕대에 있었던 일을 연대순으로 기록(편년체)한 책으로, 국가적 차원에서 추진, 조선 시대 연구의 기본 자료임.

㉡ 세계 기록 유산으로 등재됨(1997년)

② **편찬에 참고한 자료**

㉠ 사관이 기록한 사초(史草)와 각 관청의 문서들을 모은 시정기(時政記)를 중심으로 함.

㉡ '승정원 일기', '의정부 등록', '비변사 등록', '일성록' 등

③ **실록과 일기** : 태종 때 '태조실록'이 편찬된 이래로 '철종실록'까지 계속됨, 폐위된 광해군과 연산군은 일기로 표시

④ **편찬 기관** : 춘추관내에 임시로 실록청을 설치하고 간행함

⑤ **편집과 보관** : 초조 → 중초 → 정초 단계를 거쳐 4부를 인쇄하여 사고에 보관, 일단 편찬된 실록을 수정한 경우도 있음

⑥ **세초(洗草)** : 기밀 유지를 위해 편찬이 완료된 뒤 사초(史草)와 초고들은 파기됨

⑦ **사고** : 4대 사고 중 전주 사고본을 제외하고 임진왜란 때에 소실된 뒤, 광해군 때 5대 사고가 정비됨

▶ 사고의 변천 과정

세종	임진왜란	광해군	이괄의 난 이후	현재
춘추관 사고	소실	춘추관	소실	전하지 않음
충주 사고	소실	오대산	오대산	도쿄 대학 (2006년 한국에 기증)
성주 사고	소실	태백산	태백산	부산국가기록보관소
전주 사고	보존	마니산	정족산	서울대학교 규장각
		묘향산	적상산	김일성 대학

⑧ **국조보감** : 실록 중에서 역대 왕들의 귀감이 될 치적을 모아서 간행한 것으로, 왕들의 정치 참고서로 이용됨. 세종이 권제, 정인지 등에게 명하여 태조 · 태종보감을 편찬하도록 하였으나 완성하지 못하였고, 이어 세조 때 1457년 수찬청이 설치되고 신숙주와 권람 등이 태조 · 태종 · 세종 · 문종 4조의 보감을 완성함, 정조 때 태조~영조에 이르는 〈국조보감〉이 완성

5 지도 제작 및 지리서

(1) **목적**

(2) **15세기 지도**

① **혼일강리역대국도지도(1402, 태종2)** : 이회, 이무 등이 제작한 현존하는 동양 최고(最古)의 세계지도. 원의 지도를 참조하고 여기에 한반도 지도를 덧붙여 만든 것, 유럽 · 아프리카 · 일본 등이 그려져 있고 중국과 우리나라를 실제보다 크게 그려 진취적인 세계관을 반영

② **팔도도(1402, 태종2)** : 이회가 제작한 것으로 추정되는 조선 시대 최초의 전국 지도이지만, 남아 있지 않아 정확한 내용은 알 수 없음. '혼일강리역대국도지도'에 나타난 조선은 '팔도도'를 그대로 옮긴 것. 세종 때 이 지도를 보완하여 다시 간행함.

③ **동국지도** : 정척, 양성지가 왕명으로 만든 지도 최초의 실측도로 추정됨. 양계와 압록강 지역을 상세히 기록하여 당시 국토 관념을 보여줌

(3) **16세기 지도** 명종 대 제작된 '조선방역지도'는 유일하게 현존하는 원본 지도로 양성지와 정척의 '동국지도'를 참조하여 제작됨. 만주와 대마도를 표기하고 있고, 전국 주현의 명칭을 8도별로 색깔을 달리하여 표시하였음

▶ **승정원 일기**

조선 시대 국왕의 비서 기관인 승정원에서 왕명 출납, 각종 행정 사무와 의례, 국왕의 일과 등에 관해 기록한 일기로, 국정을 날짜순으로 기록한 세계 최대 분량의 단일 역사 기록물. 조선 초부터 작성되었으나, 임진왜란 때 소실되고 1623년(인조) 이후의 기록만 현존함. 2001년에 유네스코 세계 기록 유산에 등재됨.

▶ **일성록**

1752년 영조 대부터 1910년까지 일기 형식으로 조선 후기 역대 국왕의 언동과 정사를 기록한 책

(4) 15세기 지리지

① **신찬팔도지리지(세종실록지리지)(1432, 세종 14)** : 변계량이 주도하여 각도에서 편찬한 전국 지리지. 춘추관에 보관되다가 1454년 (단종 2) '세종실록'을 편찬하면서 부록으로 수록됨.

② **팔도지리지(1478, 성종 9)** : 양성지가 세조의 명을 받아 '팔도지리지'를 보완하기 위해 편찬을 시작했고 성종 대에 완성함. 각 지역의 봉화, 역참의 서울과의 거리, 도의 위치와 수로의 거리 등을 조사한 것으로 현재 전하지 않음.

③ **동국여지승람(1481, 성종 12)** : 노사신 등이 '팔도지리지'에 '동문선'의 시문 등을 첨가·종합하여 50권으로 편찬하였는데, 조선 초기 지리지 편찬의 완결을 의미함. 정치·경제·군사 등 국가 통치에 필요한 항목들을 총망라하였고, 인물과 시문 등을 수록하여 조선 왕조의 정통성을 강조함

(5) 16세기 지리지 신증동국여지승람(1530, 중종 25)

이행이 '동국여지승람'을 보충하여 편찬한 지리지로, 오늘날까지 전해지고 있음. 연산군 대의 잘못된 관제를 돌려놓으려는 작업 중 하나임. 최초로 울릉도와 독도가 표기된 지도인 '팔도총도'가 첫머리에 수록됨

(6) 견문기

① **해동제국기(1471, 성종 2)** : 신숙주가 세종 때 일본에 다녀온 후 쓴 견문기. 일본과 류큐의 지리, 국정, 풍속 외에도 교빙(交聘)의 연혁이나 통상에 관한 규정을 모아, 조선 초기의 일본에 대한 인식을 정리함

② **표해록(1487, 성종 18)** : 최부는 추쇄경차관으로 제주에서 부임하던 중 부친상을 당해 육지로 가다가 표류하여 중국 절강성 임해현에 도착함. 최부는 명나라의 조사를 받은 후 일행들과 함께 대운하를 따라 소주, 천진, 북경을 지나 요동을 경유하여 148일 만에 귀국함. 최부가 귀국하자 성종은 그동안 있었던 일을 정리하여 보고하라는 명령을 내렸고 이에 최부는 귀국 과정과 현지에서 본 중국의 자연환경과 사회 제도에 대하여 기록함

(7) 16세기에는 일부 군·현의 읍지(邑誌)가 편찬됨 ⇨ 당시 향토의 문화적 유산에 관심

6. 윤리·의례서의 발달

(1) 목적 : 성리학적 질서 확립

(2) 15세기

① **삼강행실도** : 세종 때 중국과 우리나라의 모범이 될 만한 충신·효자·열녀의 이야기를 그림과 함께 실어 편찬, 성종 때 언해본도 편찬하여 백성에게 보급하고자 함

② **기타 윤리서** : '효행록'(세종), '오륜록'(세조) 등

③ **국조오례의** : 조선 시대 5례[길례(각종 제사), 가례(혼례·과거·잔치 등), 빈례(사신 접대), 군례(활쏘기·열병 등), 흉례(장례)]의 예법과 절차에 관하여 기록한 책, 세종 때부터 편찬을 시작하여 1474년(성종 5년) 신숙주 등에 의해 완성됨

(3) 16세기

① **이륜행실도** : 중종 때 조신과 김안국이 저술, 연장자와 연소자, 친구 사이에서 지켜야 할 윤리를

강조한 책

②**동몽수지** : 주희가 지은 아동용 윤리서, 어린이가 지켜야 할 예절을 기록한 책

7. 법전

(1) **목적** 유교적 통치 규범의 성문화

(2) **조선경국전 · 경제문감(태조)** 건국 초기에 정도전이 편찬한 법전, '조선경국전'은 조선 최초의 법전

(3) **경제육전(태조)** 조준이 위화도 회군 이래의 조례를 모아서 관찬한 최초의 통일된 성문 법전

(4) **경국대전**

① 세조 때부터 편찬되기 시작하여 성종 때 완성

② 6전(이전 · 호전 · 예전 · 병전 · 형전 · 공전)으로 구성된 조선의 기본 법전

③ 의의 : 조선 초기의 유교적 통치 질서와 문물제도의 완성을 의미

8. 성리학의 발달

(1) **관학파**

① 고려 말 역성혁명과 왕조 교체를 통해 사회 모순의 근본적 개혁을 추구한 급진 개혁파 사대부 (대표적 인물로 정도전)

② 부국강병과 민생 안정을 위해 성리학 이외의 다양한 사상도 수용적. 중앙 집권적 성향, '주례(周禮)' 중시. 경학(經學)보다 사장(詞章)을 중시(시와 문장, 사장파라고도 함)

③ 성균관, 집현전 등을 통해 중앙에서 조선 초 문물 정비에 공헌함

(2) **훈구파**

① 세조 즉위 후 공신으로 책봉되어 정치적 실권을 장악하고 고위 관직과 부를 독점하여 사림과 갈등을 빚음. 관학파와 같이 부국강병과 중앙 집권을 중시함

② 중앙 집권에 힘쓰면서 지방에 대한 중앙의 정치적 통제력이 강화됨. 경제적으로는 훈구파가 농장을 확대하고 토지를 탈점하면서 향촌 사회 동요를 야기함.

(3) **사학파**

① 역성혁명에 반대한 온건 개혁파, 건국 후에 재야에서 학문에 힘쓰던 길재의 학통을 따름

② 성리학적 명분론에 의해 왕도 정치를 내세움. '소학'과 '대학' 중시. 지방 중소 지주 출신으로 향촌 자치를 중시함

③ 서원과 향약 등을 통해 향촌 사회에서 세력을 넓혔고, 성종 때부터 정계에 진출하여 공신 · 외척 등 훈구 세력의 비리와 횡포를 비판함. 심성론과 이기 철학을 발전시켜 16세기 이후 송나라 때의 성리학 철학 수준을 넘어섰음

(4) **16세기 성리학의 발전**

① 발달 배경

㉠ 16세기 사림파는 사화로 인해 큰 타격을 받았지만 향촌 사회에서 영향력을 확대하며 세력 기

반을 다짐. 그러나 사림 자체 내에서도 대지주층과 신진 중소지주층 사이에 분화가 일어남

　　　ⓒ 성리학적 의리 명분론에 투철 : 16세기 사림은 도덕성과 수신을 중시하고 사회적으로 실천하는 가운데 인간 심성에 대하여 깊게 연구함

　　　ⓒ 국제적 긴장이 완화되어 평화적인 분위기가 지속됨

　　② 인간의 본성인 4단과 7정의 발현을 둘러싼 논쟁이 벌어져 학문적으로 심화되고 학파가 형성됨

　③ 주기론

　　　㉠ 서경덕(1489~1546) : 주기론의 선구자로 이(理)보다는 기(氣)를 중심으로 세계를 이해하고 이와 기를 일원적으로 보는 기일원론 주장. 불교와 노장 사상에 대해서 개방적

　　　ⓒ 조식 (1501~1572) : 학문의 실천성을 강조하여 임진왜란 때 의병 활동에 참여함, '경'과 '의' 강조

　　　ⓒ 서경덕과 조식을 중심으로 한 주기론적 경향은 16세기 중반 이후 하나의 중요한 사상적 조류를 형성함

　　　ⓔ 이이 : 일원론적 이기이원론의 주기론을 집대성

　　　ⓜ 특징 : 인간의 경험적인 세계를 중시하여 사물의 객관적 파악을 통한 제도 개혁 사상으로 연결됨

　　　ⓗ 영향 : 북학파와 개화 사상에 영향을 줌

　④ 주리론

　　　㉠ 이언적(1491~1553) : 기보다는 이를 중심으로 이기이원론을 전개하여 이황 등 후대에 큰 영향을 미침, 중종에게 『일강십목소』 바침

　　　ⓒ 이황 : 이기이원론의 주리론 집대성

　　　ⓒ 특징 : 현실 세계에 대한 도덕적 원리를 주장하며, 신분 질서와 도덕 규범을 확립하고자 함

　　　ⓔ 영향 : 임진왜란 이후 일본에 전해져 일본의 성리학 발전에 큰 영향을 미침. 개화기의 위정척사 사상에도 영향을 줌

(5) 성리학의 정착

　① 이황(1501~1570)

　　㉠ 활동

사회 질서 재확립	사화가 빈번한 시기에 도덕적 수양과 실천을 통해 사회 질서 확립에 힘씀
심성 중시	도덕적 행위의 근거로 인간의 심성을 중시
이상주의적	근본적이며 이상주의적인 성격이 강하였음

　　ⓒ 사상

이기이원론	이(본질)와 기(현상)은 서로 의존적이지만 섞일 수 없는 다른 것으로, 이는 선하며 기는 선할 수도 악할 수도 있는데, 수양을 통해 기를 선하게 유지해야 한다고 주장
이기호발설	4단은 선한 이가 발동한 것이고, 선악이 혼재된 7정은 기가 발동한 것으로 여김. 이가 작용하여 기가 이에 따르기도 하고(이발이기수지), 기가 작용하여 이가 그 위에 타기도 한다(기발이이승지)고 주장

ⓒ 저서

성학십도	군주 스스로가 성학을 따른 것을 10개의 도식으로 제시
주자서절요	'주자대전'의 일부를 요약하여 저술. 일본 성리학의 발달에 영향을 줌
전습록변	양명학의 경전인 '전습록'이 유입되자 이를 비판함
이학통록	주희를 비롯한 송·원·명나라 주자학자들의 전기, 어록 등을 간단히 서술한 책
기타	'심경후론', '자성록', '역학계몽전의' 등

ⓔ 영향 : 김성일, 유성룡 등에 이어져 영남학파를 형성하고 일본 성리학에 영향을 줌

② 이이(1536~1584)

ⓐ 활동

개혁 추구	사림 집권기에 현실적·제도적 개혁을 추구하며 사회 혼란 수습 도모
현실적·개혁적 성격	주기론의 입장에서 관념적 도덕 세계를 중시하면서도 개혁적인 성격을 지님

ⓑ 사상

이원론적 이기이원론	이와 기는 둘이면서도 분리 불가하다고 보고, 기가 능동적으로 작용하면 원리인 이는 거기에 항상 내재되어 있다고 보았음
기발이승일도설	이가 스스로 활동하는 것이 아니라 기가 활동하는 원인이 될 뿐이기 때문에 기가 발하는 데 이가 타고 있는 것이라 여김
이통기국론	이(보편)는 통하고 기(특수)는 국한된다는 주장으로, 만물의 보편성과 특수성을 모두 강조함. 현실 개혁의 논리적 근거가 되었음
사회경장론	현실적인 문제의 해결이 수반되어야 함을 강조함. 경제가 안정되어야 도덕이 피어날 수 있다고 여김. 따라서 10만 양병설과 방납의 폐단을 시정하기 위한 수미법을 주장하여 현실 정치에 참여함

ⓒ 저서

성학집요	현명한 신하가 군주에게 성학을 가르쳐 그 기질을 변화시켜야 한다고 주장함
동호문답	왕도 정치의 구현과 수미법 주장
만언봉사	10만 양병설 제기
격몽요결	'소학' 장려, 청소년 윤리서

ⓔ 영향 : 조헌, 김장생 등에 의해 계승되어 기호학파가 형성되었고, 북학파 실학 사상과 개화 사상에 영향을 줌

(6) 학파의 형성과 대립

① 영남 학파(동인)

ⓐ 구성 : 주로 이황 학파, 서경덕 학파, 조식 학파

ⓑ 분열 : 기축옥사와 건저의 사건 이후 정철에 대한 처벌을 놓고 북인(강경파, 서경덕, 조식 학파)과 남인(온건파, 이황 학파)로 나뉨

② 기호 학파(서인)

　㉠ 구성 : 주로 이이 학파, 성혼 학파

　㉡ 정국 주도 : 이이의 주자중심의 성리학자, 인조반정을 주도하여 권력 장악

　㉢ 서인 정권 : 서인이 주도하고 남인과 공조하여 국정이 운영되는 체제가 지속됨. 성리학적 명분론에 입각하여 친명배금 정책으로 인조 때 정묘호란, 병자호란이 일어남.

　㉣ 분열 : 숙종 때 환국 정치가 시행되면서 붕당 정치가 변질됨. 서인은 경신환국(숙종 6, 1680)을 계기로 상대 붕당에 대한 탄압과 정책 수립 등을 놓고 신진세력 소론과 노장세력인 노론으로 갈라짐. 노론은 송시열을 중심으로 주자를 절대시하고, 소론은 윤증을 중심으로 성리학을 탄력적으로 이용함.

9. 불교와 민간 신앙

(1) 불교의 정비

① 성리학적 유교관에 입각하여 국가의 기초를 확립하고, 사원이 소유한 토지와 노비를 회수하여 신진 사대부의 경제적 기반을 확보하고자 함.

② **불교 정비 과정**

　㉠ 태조 : 도첩제(승려의 출가를 제한)를 실시하고 사원 건립을 억제함

　㉡ 태종 : 242개의 사원을 제외한 나머지 사원의 토지와 노비를 몰수

　㉢ 세종 : 교단을 정비하여 7종의 불교를 선교 양종으로 통합, 전국 36개 사찰과 3,770명의 승려만을 인정함

　㉣ 성종 : 도첩제와 간경도감이 폐지되는 등 사림의 적극적인 비판으로 불교는 점차 왕실에서 멀어졌음, 산간 불교로 명맥만 유지

　㉤ 중종 : 조광조의 건의를 받아들여 승과를 폐지함

③ **불교의 명맥 유지** : 왕실의 안녕을 기원하고 왕족의 명복을 비는 불교 행사는 이어져서 명맥은 유지됨

　㉠ 태종 : 궁궐 내에 내원당(내도량, 불도(佛道)를 수행하는 장소) 설치

　㉡ 세종 : 내불당을 건립하고 '월인천강지곡', '석보상절', 대장경 등을 간행

　㉢ 세조 : 간경도감을 설치하여 불경을 번역하여 간행·보급하고 원각사지 10층 석탑을 건립하는 등 적극적으로 불교 진흥을 도모하여 일시적으로 불교가 중흥되기도 함. 이 시기에는 혜각존자 신미(信眉)와 묘각대사 수미(守眉)를 왕사(王師)에 임명하기도 함

　㉣ 명종 : 중종의 왕비인 문정왕후의 지원 아래 일시적인 불교 회복 정책의 결과, 보우가 중용되고 승과가 일시적으로 부활기도 함. 사림 세력의 중앙 진출로 17세기 이후 급격하게 위축

④ **16세기 후반 이후** : 휴정(서산대사)과 같은 고승이 배출되고 임진왜란 때 승병이 활약함으로써 불교계의 위상이 새롭게 정립되었으나, 사원의 경제적 기반 축소와 우수한 인재의 출가 기피로 불교의 사회적 위상은 크게 약화됨

(2) 도교의 정비

① 도교의 유지

㉠ 고려 시대에 비해 크게 위축되어 사원이 정리되고 행사도 줄어듦

㉡ 건국 초 도교와 관련된 여러 관서들이 혁파되었으나, 소격서 등은 국가의 권위를 높이고 민심을 모으는 중요 행사는 상당 기간 유지됨

㉢ 유교가 문을 숭상하면서 문약에 빠지는 약점을 보완하는 것으로 여김. 또한 은거하며 학문에 몰두하는 사대부 사이에서 도교 수련이 유행하기도 함

㉣ 초제 중시 : 민족문화가 발달하면서 단군이 부각되고 하늘에 대한 제사를 중요시여김. 유교와는 다르게 중국을 존중하는 세계관이 없음 ⇨ 국가의 권위와 민족의식을 높이는 자주성을 보임

② 도교 행사

㉠ 소격서 설치 : 도교의 보존과 도교 의식을 위하여 설치되어 참성단에서 일월성신에 대하여 제사를 지내는 초제가 시행됨. 중종 때 조광조의 건의로 일시적으로 폐지됨

㉡ 원구단 설치(세조) : 왕권 강화를 위해 설치되어 제천 행사 거행

③ 사림 진출 이후 도교 행사가 사라져 가고 조광조에 의해 소격서 폐지됨. 도교나 불교 등 정신 수양에 도움을 주는 종교가 관심을 받기도 함

(3) 풍수지리설 · 도참사상 · 민간 신앙

① 조선 건국 이래로 중시됨. 한양을 수도로 정한 것도 풍수 사상이 반영된 결과임(남경 길지설)

② 조상의 묘를 잘 써야 한다는 풍수설(음택 풍수)에 의해 양반 사대부를 중심으로 산송 문제가 다수 발생함

③ 민간 신앙

㉠ 백성들 사이에 무격신앙, 산신 신앙, 삼신 숭배 등이 널리 퍼짐 ⇨ 국가는 민간 신앙의 미신 행위를 차단하면서 종묘, 사직, 문묘, 서낭, 명산, 대천 등의 제사 규범을 유교적으로 개편함

㉡ 세종 때 평양에 단군 사당을 건립하여 명의 사신이 참배하도록 함

㉢ 환인 · 환웅 · 단군을 모시는 구월산의 삼성사를 국가에서 성역으로 지정하고 제사를 지냄

④ 계절에 따른 세시 풍속은 유교 이념과 융합되면서 조상 숭배와 함께 촌락의 안녕을 기원함

⑤ 화장하던 풍습에서 묘지를 쓰는 것으로 변화하면서 명당 선호가 두드러짐

⑥ 종묘와 사직 건립

㉠ 종묘 : 왕과 왕비의 신주를 모신 사당

㉡ 사직 : 토지신과 곡식신에게 제사를 지내는 곳

㉢ 좌묘우사(左廟右社) : 좌묘우사 원칙에 따라 경복궁의 좌측(동쪽)에 종묘, 우측(서쪽)에 사직을 설치함

10 과학 기술의 발달

(1) **조선 초기의 과학 기술**

　① 세종 때를 전후한 시기(15세기)의 과학 기술은 우리나라 역사상 탁월하게 우수

　② '사물의 이치를 연구하여 후천적 지식을 명확히 함'는 격물치지의 경험적 학풍이 토대가 됨

　③ 국왕들이 부국강병과 민생 안정을 위하여 과학 기술을 장려하여 국가적 지원이 이루어짐

　④ **외래 문화 수용** : 우리나라의 전통문화를 계승하면서 서역과 중국의 과학 기술을 수용하여 우수한 업적을 남김

(2) **천문과 농업 기구**

　① **배경** : 왕도 정치와 민본 정치가 국가 이념인 조선의 왕은 하늘을 살펴 농사의 때를 정하는 것이 중요한 임무임 ⇨ 왕들은 천문 관측과 농업 발전을 위해 힘씀

　② **천문 관측과 측정 · 측량을 위한 기구**

구분	시기		기구
천문	천체 관측	세종	혼천의 · 간의(천체의 위치 측정), 간의대(천문대 역할)
	천문도	태종	천상열차분야지도(1395년, 태조4) 권근 등이 만든 석각 천문도, 고구려의 천문도를 바탕으로 제작
측정 측량	시간	세종	자격루(물시계, 서울은 서운관에, 지방은 각 관청에 비치), 앙부일구(해시계)
	강우량	세종	측우기(1441년, 세계 최초), 수표(수위 측정)
	토지 측량	세종	기리고차(기리고거)
		세조	인지의 · 규형

(3) **역법**

　① **칠정산 내편 (1442)** : 세종이 이순지, 김담 등에게 당의 선명력, 원의 수시력 등을 연구하여 제작을 명함, 7정, 즉 해와 달 그리고 다섯 행성(수성 · 금성 · 화성 · 목성 · 토성)의 위치를 정확히 계산할 수 있는 방법 ⇨ 우리나라 역사상 최초로 한양을 기준으로 일식, 월식 등의 천체 현상을 정확히 계산

　② **칠정산 외편 (1444)** : 아라비아의 회회력을 참고하여 제작

(4) **수학** 과학 기술의 발달과 함께 수학도 발달함, 천문학, 역법에 대한 관심, 양전 조세 수입 계산을 위해 필요. 수학 교재로 '상명산법(詳明算去)', '산학계몽(算學啓蒙)'(아라비아 수학의 영향을 받음)등이 있음

(5) **의학** : 우리 풍토에 알맞은 약재와 치료 방법을 정리한 서적이 간행됨 ⇨ 민족 의학의 발달

의학서	시기	내용
향약제생집성방	태조 7년(1398)	'향약집성방'의 모체, 현존하지 않음
향약채취월령	세종 13년(1431)	우리나라에서 생산되는 약재 수백 종을 정리한 약학서

향약집성방	세종 15년(1433)	• 우리나라에서 나는 700여 종의 약재와 우리 풍토에 맞는 치료법을 정리 • 당·송·명의 의서를 취합하고 전통 의약법을 종합하여 우리 풍토에 알맞은 약재와 치료 방법을 개발, 정리
신주무원록	세종 22년(1440)	• 중국 원나라 왕여가 만든 무원록에 주해를 붙여 만든 법의학서 • 시체의 검시 등 범죄 수사의 기초가 됨
의방유취	세종 27년(1445)	• 한(漢)·당(唐) 이래의 중국 의학서와 우리나라 의학서를 망라하여 1445년(세종 27년)에 만든 의학 백과사전

(6) 인쇄술과 제지술

① 태종 때 주자소(鑄字所)를 설치하고, 계미자를 주조함, 세종 때 경자자, 갑인자를 주조, 식자판을 조립하여 활자를 고정하는 방식이 쓰임 (이전에는 밀랍으로 활자를 고정하는 방식이 쓰였음.) ⇨ 인쇄 능률이 향상됨

활자명	주조 시기	재료	활자명	주조 시기	재료
계미자	1403년(태종 3)	동(구리)	병자자	1516년(중종 11)	동
경자자	1420년(세종 2)	동	임진자	1772년(영조 48)	동
갑인자	1434년(세종 16)	동	생생자	1792년(정조 16)	목(나무)
병진자	1436년(세종 18)	납	정리자	1796년(정조 20)	동
을유자	1465년(세조 11)	동	춘추강자	1797년(정조 21)	철

② 제지술 : 인쇄술의 발달로 종이 생산량이 늘어남. 태종 때 조지소(造紙所)를 설치하여 종이를 전문적으로 생산함 → 세조 때 조지서로 개칭

(7) 농서의 편찬

① 농서집요(1517, 중종 12) : 16세기 전반의 한국 농법의 실상을 알려주는 농서로, 밭갈이와 벼·보리·밀 재배 기술을 집중 선택하여 이두로 번역한 책

② 농사직설(1429, 세종 11) : 정초, 변효문에 의해 편찬된 우리나라 최초의 농서로서 중국의 농서를 참고하고 삼남 지방 농민들의 실제 경험을 토대로 우리의 실정에 맞는 독자적인 농법을 정리함.

③ 사시찬요(1466, 세조 12) : 강희맹이 편찬, 사계절의 농법 정리

④ 양화소록(1473, 성종 4) : 세조 때 강희안이 원예에 대하여 저술하여 성종 때 편찬되었으며, 서문은 동생 강희맹이 씀.

⑤ 금양잡록(1492, 성종 23) : 강희맹이 편찬, 금양(경기도 시흥) 지방을 중심으로 한 경기 지방의 농사법을 자신의 경험과 견문을 토대로 정리하여 편찬

(8) 병서의 편찬과 무기 제조

① 병서의 편찬

㉠ 진도(태조) : 정도전이 저술, 독특한 전술과 부대 편성 방법을 창안

㉡ 총통등록(세종) : 화포의 제작법과 사용법을 그림과 함께 한글로 기록

㉢ 동국병감(문종) : 조선~고려 말까지 중국과의 전쟁사 정리

▶ 갑인자

• 특징 : 글자의 크기가 고르고 네모 반듯한 데다가, 완전한 조립식 조판이어서 인쇄할 때 흔들림이 줄어들었고, 인쇄 속도도 상당히 향상됨.

• 인쇄한 서적 : '월인천강지곡', '석보상절', '동국정운', '자치통감강목'의 목과 주석

• 단점 보완(병진자) : 갑인자가 중소자(中小字) 중심이어서 큰 글자를 인쇄할 수 없는 단점을 보완함.

    ⓔ 진법(문종) : 군사 훈련 지침을 밝힌 교본. 수양대군의 서문, 진법과 관련된 그림 등이 수록됨, 이후 영조 때 '병장도설'로 개칭

    ⓜ 역대병요 : 고조선~고려 말까지 주요 전쟁의 전략 평가, 세종 때 짓고 단종ㆍ세조 때 간행함

  ② **무기 제조 기술의 발달**

    ㉠ 최무선의 아들인 최해산은 태종 때 특채되어 화약 무기의 제조 담당

    ㉡ 화포는 사정거리가 늘어났고, 문종 때 개발된 화차가 신기전이라는 화살 100개를 잇따라 발사할 수 있게 개선됨, 태종 때 화약무기를 만드는 화통군이 편성

    ㉢ 태종 때 거북선 제작, 전투선인 비거도선을 제조하여 수군의 전투력이 향상됨

 (9) **의의** : 조선 초기에는 과학기술이 발달하여 국방력 강화 및 민생 안정에 기여하였지만, 16세기에 이르러 과학 기술을 경시하는 풍조가 생기면서 점차 침체됨

11 문학과 예술

(1) **15세기 문학**

① **한문학**

  ㉠ 격식을 중시하는 사장이 중시되고 역성혁명의 업적을 찬양하는 문학이 발달. 관학파는 사장을 중시했기 때문에 문장과 시는 필수적인 교양이었음.

  ㉡ '동문선' 편찬 : 1478년(성종 9) 서거정이 삼국 시대부터 조선 초기까지의 뛰어난 시와 산문을 엮어 편찬, 우리 글에 대한 자주적인 의식이 나타남.

② **시조** : 관학파는 건국 초의 패기를, 재야에서 은거하는 사림파는 유교적 충절을 읊었음.

③ **악장(樂章)** : 궁중 종묘 제향 때 부르는 노래의 가사, 조선 왕조의 탄생과 업적을 찬양하고 자주의식을 표출, 대표적으로 '용비어천가', '월인천강지곡'(세종은 소헌 왕후의 명복을 기원하기 위해 수양대군에게 석가의 일대기를 그린 '석보상절' 제작을 명하였고, 이를 한글 가사 악장으로 꾸민 것)이 있음.

④ **설화 문학** : 고려 후기부터 창작됨.

  ㉠ 내용 : 일정한 격식 없이 일상생활과 관리의 행적, 신앙과 감정, 전해오는 전설과 풍속 등

  ㉡ 종류

작품명	저자	내용
용재총화	성현	수필체의 설화 문학, 불의를 폭로하고 풍자하는 내용으로 서민사회를 이해하려는 모습을 보임.
금오신화	김시습	• 최초의 한문 소설 • 남원ㆍ개성ㆍ평양ㆍ경주 등 오랜 도시를 배경으로 한 5편이 현존 • 이승과 저승, 현실과 꿈 등 대립되는 세계의 사람들이 만나는 이야기를 통해 남녀 간의 애정이나 세상의 이치 등을 밝힘.
필원잡기	서거정	조선의 일사, 한담 중 후세에 전할 만한 것을 추려서 엮음
청파극담	이륙	'극담'은 유쾌한 이야기라는 뜻, '대동야승'에 수록된 야담집

(2) 16세기 문학

① **사림 문학의 특징**

  ㉠ 개인적인 감정과 심성을 표현하는 가사와 시조 문학이 많음.

  ㉡ **형식과 내용** : 시조, 가사, 패관문학, 소설 등 다양한 형식으로 은둔적 삶의 즐거움, 산천의 아름다움 등을 표현

② **시조** : 전기에 비해 인간 내면의 감정에 충실, 대표작으로는 윤선도의 '오우가', '어부사시사'(자연을 벗하며 유유자적하는 사대부의 정신 세계를 표현) 등

③ **가사 문학**

  ㉠ **발전** : 15세기부터 등장하여 16세기에 발전, 조선 초기의 악장과 전기 가사를 발전시켜 구체적인 감정을 표현

  ㉡ **대표 문인** : 송순, 정철('관동별곡', '사미인곡', '속미인곡'), 박인로 등

④ **설화 문학** : 서얼 출신 어숙권이 문벌제도와 적서 차별에 대한 비판을 담은 '패관잡기', 임제가 사육신과 단종의 사후 생활을 그린 〈원생몽유록〉등이 대표적임.

⑤ **여류 문인의 활동** : 신사임당, 허난설헌, 황진이(박연폭포, 서경덕, 황진이를 송도삼절이라고 일컬음) 등

(3) 음악과 무용

① **음악** : 유교적 관점에서는 형벌보다 예악(禮樂)을 통한 백성 교화의 수단으로 여겨 국가의 각종 의례와 관련됨. 궁중 음악 역시 백성을 교화하는 수단으로서 적극적으로 활용됨, 16세기 중반 이후에는 서민 사회가 성장하면서 이들에 의해 속악이 향유되고, 탈춤 등 민간 무용이 널리 유행함

② **궁중 음악**

  ㉠ **신악의 창작** : 조선의 건국 세력은 건국의 정당성을 밝히는 여러 가사를 만들어 향악이나 중국 아악의 곡조에 붙여 사용함, 세종 때는 '용비어천가'를 비롯해 여민락 등의 악곡을 제작함

  ㉡ **아악의 체계화** : 세종 때 정간보를 창안하여 음의 높낮이와 길이까지 표현이 가능해짐, 박연이 편경, 편종 등 악기를 제작하고 악곡을 정리하여 주나라 시대의 아악에 가깝게 정비함 아악은 고려 · 조선 연간에 궁중의식에서 연주된 전통음악으로 문묘제례악이 해당됨.

  ㉢ **악학궤범 편찬** : 성종 때 성현이 편찬한 음악 이론서, 음악을 아악 · 당악 · 향악으로 나누어 음악의 원리와 역사, 악기 편성법, 악기 제작법, 의상 등으로 세밀하게 정리한 책

③ **16세기 중반 이후** : 당악, 향악 등 속악이 발달함, 시조, 가사, 가곡 외에 판소리와 민요 등도 민간에서 유행함

④ **종묘제례악** : 제사 의례에 관련된 음악, 세종 때 조정의 문무백관들이 모이는 회례악으로 창제된 '보태평' 과 '정대업'은 세조 때 이르러 종묘제례악에 맞게 개작 · 편곡되어 '세조실록'에 수록됨, 종묘제례 및 종묘제례악은 2001년 유네스코 세계 무형 유산으로 등재됨

⑤ **궁중 무용** : 의례와 사신 접대 등에서 나례춤, 처용무 등이 사용

⑥ **민간 무용** : 농악무, 무당춤, 승무, 산대놀이(탈춤), 꼭두각시놀음(인형극) 등 전통 춤을 발전시킴.

⑷ **그림과 글씨**

① **15세기 그림**

㉠ 중국 역대 화풍을 선택적으로 수용하여 우리의 독자적인 화풍 개발

㉡ 인물 · 산수화 : 진취적인 시대 분위기를 반영

② **15세기 화가**

㉠ 안견 : 대표작인 '몽유도원도'는 안평대군의 꿈을 형상화한 것으로, 자연스러운 현실 세계와 환상적인 이상 세계를 구현한 작품. 현재 일본 덴리[天理]대학 중앙 도서관에서 소장 중

㉡ 최경 : 인물과 산수화에 걸출함.

㉢ 강희안 : 대표작인 '고사관수도'는 선비가 수면을 바라보며 무념무상에 빠진 모습을 담고 있음, 인물의 내면세계를 느낄 수 있게 표현, 조선 중기 이후의 화풍에 영향을 줌.

㉣ 신숙주 : 서화집인 '화기'를 저술하여 안평대군의 소장품을 소개함

③ 일본에 가는 사신들과 동행한 화원들이 그림을 많이 남기고 돌아와 무로마치 시대의 미술에 많은 영향을 줌, 이수문, 문청 등이 대표적

④ **16세기 그림 특징** : 다양한 화풍이 발달 산수화에서는 산수의 형태를 짧은 선과 점을 이용하여 독창적으로 표현, 한국의 정취가 풍기는 영모도, 초충도 등이 있음.

⑤ **16세기 화가**

㉠ 이상좌 : 노비 출신으로 화원에 발탁되어 색다른 분위기의 그림으로 명성을 떨침, 대표작인 '송하보월도'는 바위틈에 뿌리를 박고 자라는 늙은 소나무를 통하여 강인한 정신과 굳센 기개를 표현함

㉡ 이암 : 강아지, 고양이 등 동물의 모습을 사랑스럽게 나타냄

㉢ 신사임당 : '초충도' 등 풀과 벌레를 소박하고 섬세하게 그려 여성의 심정을 표현함

㉣ 3절(황집중, 이정, 어몽룡) : 황집중은 포도, 이정은 대나무, 어몽룡은 매화를 뛰어나게 그렸음

⑥ **서예**

㉠ 양반이라면 누구나 익혀야 할 필수 교양이었기 때문에 뛰어난 서예가나 독자적인 서체가 개발됨.

㉡ 안평대군 : 송설체를 따르면서 수려하고 활달한 기풍을 살린 독자적 글씨를 씀

㉢ 양사언 : 왕희지체를 특기로 하면서 초서에 능함

㉣ 한호(한서봉) : 왕희지체에 우리 고유의 예술성을 가미하여 단정하면서 건실한 석봉체를 만듦, 명에 보내는 외교 문서를 써서 중국에도 이름이 알려짐. 그가 쓴 천자문은 널리 보급되어 일반인도 석봉체를 많이 따라함

12 건축

(1) 15세기 건축

① 조선 초기의 건축은 궁궐과 성곽, 관아와 향교 등이 중심, 초기에는 지위의 높고 낮음에 따라 집의 크기에 차등을 두었으며, 건물 장식을 검소하게 함

② 한양으로 이전 후 여러 궁궐을 건축함, 현재 창경궁 명정전, 창덕궁 돈화문 등에서 당시 모습을 엿볼 수 있음, 또한, 창경궁과 창덕궁의 후원(금원, 복원, 비원)은 자연미를 살려 편안한 느낌을 줌. 숭례문은 고려의 건축기법과는 다른 방식으로 조선의 건축을 대표함.

③ 개성의 남대문과 평양의 보통문은 고려 시대 건축의 단정하고 우아함과 조선 시대 건축으로 발전해 나가는 모습을 볼 수 있음.

④ 불교 건축

　　㉠ 무위사 극락전 : 전남 강진, 주심포 양식으로 간결하면서 절제된 조선 특유의 건축미가 담김

　　㉡ 해인사 장경판전 : 경남 합천, 고려 시대에 제작된 팔만대장경을 보관하고 있음, 전면과 후면 창호의 위치와 크기를 달리하는 등 기능성을 극대화함, 통풍, 방습, 온도 유지 등을 위해 당시의 과학적 기법이 총동원됨. 1995년 12월 유네스코 세계 문화 유산으로 등재됨

　　㉢ 원각사 10층 석탑 : 서울, 고려의 경천사지 10층 석탑을 계승한 것으로, 세조 때 대리석으로 제작

(2) 16세기 건축

① 서원 : 사림의 진출과 함께 활발히 건축됨, 가람 배치 양식을 본떠 강당을 중심으로 좌우에 재(齋)를 배치하였고 검소하게 세움, 실용적이면서 유교적인 모습, 안동의 도산 서원, 경주의 옥산 서원 등이 대표적

② 정원 : 지방 선비들은 주거지에 정원을 짓기도 함, 대표적으로 조광조의 문하생이었던 양산보가 담양에 세운 소쇄원, 정철의 가사 문학의 산실이었던 식영정, 윤선도가 보길도에 세운 세연정 등이 유명함

13 공예

(1) 특징

① 실용과 검소를 중시하는 기품을 반영하여 사치품보다는 생활필수품이나 문방구 등을 제작

② 나무대 · 흙 · 왕골 등과 같은 흔한 재료를 주로 이용

(2) 도자기 공예

① 분청사기(15세기)

　　㉠ 회색 또는 회흑색의 태토(胎土) 위에 정선된 백토로 표면을 분장한 뒤에 유약을 씌워 구운 도자기로, 안정된 그릇 모양과 소박하고 역동적인 모습을 보여줌

　　㉡ 분청사기와 옹기그릇은 자기소와 도기소에서 생산됨, 특히 경기도 광주의 사용원 분원에서 생산하는 자기의 품질이 우수함.

　　㉢ 16세기부터 백자가 본격적으로 생산되면서 분청사기의 생산이 점차 감소

② **백자(16세기)**

　㉠ 고려 백자의 전통을 잇고 명나라 백자의 영향을 받아 질적으로 발전함.

　㉡ 태토(규산(석영)과 산화알루미늄을 주성분으로 함)로 모양을 만들고 무늬를 새긴 후 유약을 발라 대략 1,300~1,350도에서 구워 제작

　㉢ 순백의 고상함을 풍겨서 선비들의 취향이 반영되어 널리 이용.

　㉣ 임진왜란 이후 끌려간 도공에 의해 일본 도자기 기술이 발전됨.

⑶ **기타 공예**

　① 장롱, 궤, 문갑 같은 목공예 분야와 돗자리 공예 분야에서도 실용성과 예술성을 조화, 나뭇결을 살리는 등 자연미를 살린 작품들이 생산됨

　② 장롱, 화장품 그릇 등에 그림을 그리고 그 위에 쇠뿔을 얇게 쪼개 붙여 제작한 화각 공예가 등장함.

　③ 자개 공예도 뛰어났으며, 수와 매듭을 이용해 부녀자들이 섬세하고 부드러운 정취를 살려 아름다운 작품들을 제작함

▶▶▶ 기출 문제

001 □□□
2018년 경찰간부

다음 중 아래의 논쟁에 참여한 학자의 저술이 아닌 것은?

4단은 맹자가 실천 도덕의 근거로 삼은 측은지심 · 수오지심 · 사양지심 · 사비지심을 말하며, 7정은 『예기』, 『중용』에 나오는 희 · 노 · 애 · 락 · 애 · 욕 · 오를 말한다.

① 『전습록변』   ② 『이향견문록』
③ 『심경』   ④ 『이학통록』

002 □□□
2018년 서울시(추가) 7급

〈보기〉와 같은 사상 체계를 지닌 인물에 대한 설명으로 가장 옳지 않은 것은?

─〈보기〉─
• 이기호발설(理氣互發說)을 내세워 이(理)는 착하고 보편적이지만, 기(氣)는 착한 것과 악한 것이 섞여 있어 비천한 것으로 보았다.
• 4단(四端)은 이에서 발생하고 7정(七情)은 기에서 발생한다고 보았다.

① 주자의 서찰을 뽑아 『주자서절요』를 편찬하여 일본 주자학 발달에 기여하였다.
② 선배 학자 이언적의 철학을 발전시켜 주리설(主理說)을 수립하였다.
③ 유성룡, 김성일, 정구, 장현광 등 영남 학자들에게 학설이 계승되었다.
④ 국왕과 선비가 지켜야 할 왕도 정치의 규범을 체계화한 『성학집요』를 지었다.

003 □□□
2018년 국가직 7급

다음과 같이 주장한 인물에 대한 설명으로 옳은 것은?

예로부터 나라의 역사가 중기에 이르면 인심이 반드시 편안만 탐하여 나라가 점점 쇠퇴한다. 그때 현명한 임금이 떨치고 일어나 천명을 연속시켜야만 국운이 영원할 수 있다. 우리나라도 200여 년을 지내 지금 중쇠(中衰)에 이미 이르렀으니, 바로 천명을 연속시킬 때이다.

① 경과 의를 근본으로 하는 실천적 성리학풍을 창도하였다.
② 왕이 지켜야 할 왕도 정치 규범을 체계화 한 『성학십도』를 지었다.
③ 삼강오륜의 윤리를 설명하고 중국과 우리나라의 역사를 적은 『동몽선습』을 지었다.
④ 우리 역사에서 기자의 행적을 주목하고 그 전통을 계승하기 위하여 『기자실기』를 지었다 .

---

004 ☐☐☐

다음 교육 기관에 대한 설명으로 옳은 것은?

> 우리 태조께서 즉위하시고 국학(國學)을 동북쪽에 설립하였는
> 데, 그 규모와 제도가 완전하지 않은 것이 없었다. 건물을 지어
> 스승과 제자가 강학하는 장소로 삼고, 이를 명륜당이라고 하였
> 다. 학관(學官)은 대사성 이하 몇 사람을 두는데, 아침에 북을 울
> 리어 학생을 뜰 아래 도열시키고, 한 번 읍한 다음에 명륜당에 올
> 라 경(經)을 가지고 논쟁하며, 군신, 부자, 장유, 부부, 붕우의 도
> 를 강론하였다.

① 흥선 대원군에 의하여 철폐되었다.
② 유학부와 기술학부로 구성되었다.
③ 사학 12도의 융성으로 위축되었다.
④ 공자의 위패를 모신 대성전을 두었다.

006 ☐☐☐

조선 성리학의 학설이나 동향을 시기순으로 바르게 나열한 것은?

> ㄱ. 현실 세계를 구성하는 기를 중시하여 경장(更張)을 주장하
> 였다.
> ㄴ. 우주를 무한하고 영원한 기로 보는 '태허(太虛)설'을 제기하
> 였다.
> ㄷ. 정지운의 『천명도』 해석을 둘러싸고 사단칠정 논쟁이 시작되
> 었다.
> ㄹ. 향약 보급 운동과 함께 일상에서의 실천 윤리가 담긴 『소학』
> 을 중시하였다.

① ㄱ → ㄴ → ㄹ → ㄷ
② ㄴ → ㄹ → ㄱ → ㄷ
③ ㄹ → ㄴ → ㄷ → ㄱ
④ ㄹ → ㄷ → ㄴ → ㄱ

005 ☐☐☐

〈보기〉의 (가)에 대한 설명으로 가장 옳은 것은?

> ──〈보기〉──
> "(가)를 역을 피하는 곳으로 삼거니와, 어쩌다 글을 아는 자가 있
> 어도 도리어 (가)에 이름을 두는 것을 부끄럽게 여겨 온갖 방법으
> 로 교묘히 피하므로, 훈도 · 교수가 되는 자가 초동(樵童) · 목수
> (牧豎)의 나머지를 몰다가 그 부족한 수를 채워 살아갈 길을 도
> 모하고 있습니다." ─《중종실록》

① 군현의 인구 비례로 정원을 배정하였다.
② 천민도 입학이 허가되었다.
③ 국가의 사액을 받으면 면세의 특권이 주어졌다.
④ 성적이 우수한 자는 문과 복시에 바로 응시할 수 있었다.

007 □□□

㉠~㉣에 대한 설명으로 가장 적절한 것은?

(㉠)에 소속된 주서는 왕과 신하 간에 오고 간 문서와 국왕의 일과를 매일 기록하여 (㉡)을/를 작성하였다. 왕이 바뀌면 전왕의 통치 기록인 사초, 시정기, 조보 등을 합하여 (㉢)을/를 편찬하여 4부를 만들고 한성에는 (㉣)에 보관하였다.

① ㉠ - 의정의 합좌 기관으로 백관과 서무를 총괄하였다.
② ㉡ - 실록 편찬의 기본 자료였으며 세계 기록 유산이다.
③ ㉢ - 임진왜란 이후 전주, 성주, 충주에 지은 사고에 각기 보관하였다.
④ ㉣ - 국왕의 교서를 제찬하고 외교 사무를 관장하였다.

008 □□□

조선 시대에 편찬된 『조선왕조실록』에 대한 다음 설명 중 가장 옳은 것은?

① 일반 관료와는 달리 국왕은 사초를 자유롭게 열람할 수 있었으며 국가 정책을 추진하는 데 참고하도록 하였다.
② 실록 편찬을 위한 자료로는 사초와 시정기 등이 있었고, 사초 등 기록물에는 사관의 주관적인 의견을 넣을 수 없었다.
③ 세종 이래 사고가 정비되어 춘추관을 비롯해 충주 사고, 성주 사고, 전주 사고 등 4대 사고가 운영되었다.
④ 실록 편찬에 사용된 사초는 별도로 묶어 등록을 만들어 보관하였다 .

009 □□□

아래 자료에 관한 다음 설명 중 가장 옳은 것은?

천하의 떳떳한 다섯 가지가 있는데 삼강이 그 수위에 있으니, 실로 삼강은 경륜의 큰 법이요, 일만 가지 교화의 근본이며 원천입니다. (중략) "간혹 훌륭한 행실과 높은 절개가 있어도, 풍속 습관에 옮겨져서 보고 듣는 자의 마음을 흥기시키지 못하는 일도 또한 많다. 내가 그중 특별히 남달리 뛰어난 것을 뽑아서 그림과 찬을 만들어 중앙과 지방에 나누어 주고" …… (이하 생략)

① 연장자와 연소자, 친구 사이에 지켜야 할 윤리를 강조한 책이다.
② 어린이가 지켜야 할 예절을 기록한 책이다.
③ 모범이 될 만한 충신, 효자, 열녀의 행실을 모아 그림으로 그리고 설명을 붙여 만든 책이다.
④ 『주자가례』에 대한 제가의 이론을 엮어 편찬한 책이다.

정답·해설

정답 7. ② 8. ③ 9. ③

해설 7. 자료는 실록에 관한 것이다. ㉠ 승정원 ㉡ 사초 ㉢ 조선왕조실록 ㉣ 춘추관이다. ① 의정부 ③ 임진왜란 이후에는 춘추관 실록청, 오대산, 태백산, 정족산, 적상산 사고에 보관하였다. ④ 국왕의 교서는 예문관, 외교문서는 승문원이다.
8. ① 사초는 열람 할 수 없다. ② 사초에는 사관의 주관이 들어 갈 수 있었다. ④ 실록 편찬이 끝난 사초는 세초작업을 통해 물에 씻어 비밀을 유지하였다.
9. 자료는 〈삼강행실도〉로 세종 때이다. ① 〈이륜행실도〉 중종 때 편찬되었다. ② 〈동몽수지〉 중종 때이다. ④ 김장생의 〈가례집람〉

010 □□□

〈보기 1〉 지도에 대한 설명으로 옳은 것을 〈보기 2〉에서 모두 고른 것은?

── 〈보기 1〉 ──
1402년(태종 2)에 의정부 정승 이무와 검사형이 발의하여 이회가 제작하고 권근이 발문을 쓴 세계 지도이다.

── 〈보기 2〉 ──
ㄱ. 원나라 세계 지도를 참고하고, 여기에 한반도와 일본 지도를 첨가하여 만들었다.

ㄴ. 지도의 중심에 중국이 위치하였고, 중국과 한국을 실제보다 크게 그렸다.

ㄷ. 유럽과 아프리카 대륙은 지도에 빠져 있다.

ㄹ. 후대의 모사본 가운데 하나를 일본 류코쿠 대학이 소장하고 있다.

ㅁ. 지도 제작에 참여한 이회는 이보다 앞서 『동국지도』도 만든 바 있다.

① ㄱ, ㄴ, ㄹ
② ㄱ, ㄴ, ㅁ
③ ㄴ, ㄷ, ㄹ
④ ㄴ, ㄹ, ㅁ

012 □□□

다음의 내용과 관련된 설명으로 옳은 것은?

> 나랏말이 중국과 달라서 문자로 서로 통하지 못한다. 고로 어리석은 백성들이 말하고 싶은 바가 있어도 마침내 그 뜻을 펴지 못하는 이가 많다. 내 이를 매우 딱하게 여겨 새로 스물여덟글자를 만들어 내노니 사람마다 쉽게 익히어 나날이 사용이 편리하도록 함에 있다.

① 이전부터 사용했던 발음이 유사한 한자에서 글자의 모양을 따왔다.
② 양반 관료층의 적극적인 지지를 받아 이루어졌다.
③ 세종은 이후 모든 서적을 훈민정음을 써서 편찬하도록 했다.
④ 한글로 풀이한 『삼강행실도』 등을 간행하여 유교 윤리를 보급하였다.

011 □□□

조선 시대 의궤에 대한 설명으로 옳지 않은 것은?

① 가례도감의궤는 임진왜란 이후부터 편찬되기 시작하였다.
② 조선 왕조 의궤는 유네스코세계 기록 유산으로 등재되었다.
③ 정조 때 화성 행차 일정, 참가자 명단, 행차 그림 등을 수록한 의궤가 편찬되었다.
④ 가례도감의궤의 말미에 그려진 반차도에는 당시 왕실 혼례의 행렬 모습이 담겨 있다.

🎯 **정답 · 해설**

정답 10.① 11.① 12.④

해설 10. 태종 때 세계지도인 〈혼일강리역대국도지도〉이다. / ㄷ. 아메리카 대륙이 빠져있다. / ㅁ. 〈동국지도〉는 세조 때 정척과 양성지에 의해 만들어졌다.

11. ① 조선왕실의 가례를 위해 가례도감을 설치한 것은 태조 때부터이다. 가례도감의궤도 조선 전기부터 작성 된 것으로 보인다.

12. 훈민정음에 대한 설명이다. ① 이두에 대한 설명이다. ② 양반관료층은 훈민정음 창제를 반대했다. ③ 일부 서적을 훈민정음으로 편찬했다.

013 □□□　　　　　　　　　　　　2017년 사회복지직 9급

조선 시대의 교육제도에 관한 설명으로 옳지 않은 것은?

① 왕세자는 궁 안의 시강원에서 교육을 받았다.

② 성균관에는 생원이나 진사만 입학할 수 있었다.

③ 서울에는 서학, 동학, 남학, 중학이 설치되었다.

④ 향교의 교생 가운데 시험 성적이 나쁜 사람은 군역에 충정되기도 하였다.

014 □□□　　　　　　　　　　　　2015년 국가직 7급

괄호 안에 들어갈 역사책에 대한 설명으로 옳은 것은?

> 동양에서는 역사학이 정책을 입안하는 데 이론적 근거와 참고 자료를 마련하기 위하여 연구되었다. 동양에서는 역사학의 제1차적인 목적을 귀감에서 찾는다. 그러기에 대부분의 역사책은 '거울 감(鑑)'자를 쓴다. 우리나라에서는 서거정이 편찬한 (　　), 중국에서는 사마광의 『자치통감』, 주희의 『통감강목』, 원추의 『통감기사본말』 등이 그 대표적인 예이다.

① 성리학적 가치관으로 고려 역사를 정리한 기전체 사서이다.

② 단군 조선에서 고려 말까지의 역사를 노래 형식으로 정리하였다.

③ 단군 조선에서 삼한까지의 역사를 외기(外紀)로 구분하여 서술하였다.

④ 역대 국왕의 사적(事績) 가운데 후세의 귀감이 될 만한 내용만을 뽑아 편년체로 편찬하였다.

015 □□□　　　　　　　　　　　　2017년 법원직 9급

다음은 시기별 국경선을 표시한 지도이다. (가)에서 (나)로 변화되어 가는 과정에서 만들어졌던 문화재로 가장 적절한 것은?

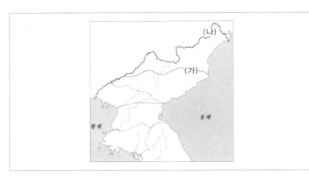

① 서양문물의 수용, 곤여만국전도

② 중국 중심 세계관의 극복, 지전설

③ 한양 기준 역법서의 편찬, 칠정산

④ 외적을 물리치기 위해 만들어진, 팔만대장경

016 □□□

2015년 경찰 1차

조선 시대 과학 기술에 대한 설명으로 가장 적절한 것은?

① 태종 때에는 고구려의 천문도를 바탕으로 천상열차분야지도를 돌에 새겼다.
② 계미자, 갑인자등 정교하고 아름다운 활자가 만들어졌고, 세조 때에는 식자판을 조립하는 방법을 창안하여 인쇄 속도도 빨라졌다.
③ 토지 측량 기구로 인지의와 규형을 제작하였다.
④ 『동국병감』, 『병장도설』을 간행하여 군사훈련 지침서로 사용하였다.

017 □□□

2010년 국가직 9급

조선 시대의 미술 작품에 대한 설명이다. ㉠~㉢을 바르게 연결한 것은?

• 창덕궁과 창경궁의 전모를 그려낸 ㉠ 는 기록화로서의 정확성과 정밀성이 뛰어날 뿐 아나라 배경 산수의 묘사가 극히 예술적이다.
• 강희안의 ㉡ 는 무념무상에 빠진 선비의 모습을 그린 작품으로 간결하고 과감한 필치로 인물의 내면 세계를 느낄 수 있게표현하였다.
• 노비 출신으로 화원에 발탁된 이상좌의 ㉢ 는 바위틈에 뿌리를 박고 모진 비바람을 이겨내고 있는 나무를 통하여 강인한 정신과 굳센 기개를 표현하였다.

	㉠	㉡	㉢
①	동궐도	송하보월도	금강전도
②	동궐도	고사관수도	송하보월도
③	서궐도	송하보월도	금강전도
④	서궐도	고사관수도	송하보월도

018 □□□

2012년 경찰간부후보

다음은 조선 시대의 대표적인 자기를 제작 시기와 상관없이 배열한 것이다. (가)~(다) 양식의 자기가 널리 유행하던 시기의 상황으로 옳은 것은?

(가)   (나)   (다)

① (가) – 옹기와 더불어 주로 서민들이 사용하였다.
② (나) – 『경국대전』이 반포되었다.
③ (다) – 척신 정치의 잔재를 어떻게 청산할 것인가를 둘러싸고 사림 세력이 갈등을 겪게 되었다.
④ (가) – 탕평책이 시행되었다.

019 □□□

2019년 지방직 9급

다음 서적을 편찬된 시기순으로 바르게 나열한 것은?

ㄱ. 의방유취
ㄴ. 동의보감
ㄷ. 향약구급방
ㄹ. 향약집성방

① ㄱ → ㄴ → ㄷ → ㄹ
② ㄱ → ㄷ → ㄴ → ㄹ
③ ㄷ → ㄱ → ㄹ → ㄴ
④ ㄷ → ㄹ → ㄱ → ㄴ

🎯 정답 · 해설

정답 16.③ 17.② 18.③ 19.④

해설 16. ① 태조 때이다. ② 계미자는 태종, 갑인자, 식자판 조립은 세종때이다. ④ 〈동국병감〉은 역대 전쟁을 기록 한 전쟁사 서적이다.
17. ㉠ 동궐도, 경복궁의 동쪽에 있다하여 둘이 합쳐서 동궐이라 부른다. ㉡ 강희안은 15세기 대표적인 문인화가로 선비의 내면을 표현 한 고사관수도가 있다. ㉢ 16세기 노비출신의 이상좌의 대표작은 송하보월도이다.
18. (가) 분청사기로 고려 말~ 조선 초, (나) 청화백자로 조선후기, (다) 순수백자로 16세기이다. ① 분청사기는 사대부들이 사용하였다. ② 경국대전은 조선전기이다. ④ 조선후기
19. ㄱ. 세종 시기 1443년에 편찬하기 시작하여 1445년에 완성된 의학 백과사전, ㄴ. 광해군 시기에 허준이 편찬, ㄷ. 가장 오래된 의서,고려 최우 집권시기인 1236년(고종23) 대장도감에서 간행, ㄹ. 1433년 세종 시기에 간행된 의학 서적

V

조선 후기

Chapter 01 조선 후기의 정치 변화

1592년 임진왜란	1636년 병자호란	1680년 경신환국	1725년 영조, 탕평책 실시
1623년 인조반정	1659년 1차(기해) 예송	1689년 기사환국	1776년 정조, 규장각 설치

01 조선 후기의 정치 변화

1. 통치 체제의 변화

(1) 비변사의 변천

① **설치** : 삼포왜란(1510, 중종 5)을 계기로 설치된 임시 회의 기구. 여진족과 왜구의 침입에 대비하려는 목적으로 설치함. 군사 문제에 능통한 종2품 이상의 무관인 지변사재상을 중심으로 운영됨

② **상설 기구화** : 을묘왜변(1555, 명종 10) 이후

③ **강화** : 임진왜란(1592) 직후

   ⊙ **배경** : 임진왜란이라는 국가의 비상사태를 효율적, 효과적으로 해결하기 위해 정책 결정을 담당하는 고위 관리들이 모여 논의하는 기구로 발전함

   ⓒ **확대** : 5조(공조 제외)의 판서와 참판, 대제학, 각 군영 대장, 강화 유수 등

   ▶ **비변사의 구성**

도제조	• 4~8명 정도의 전·현직 정승 • 정책에 관한 결재 업무를 수행하는 형식적 기구
제조	• 문·무 정2품 이상의 당상관 • 5~14명의 중요 관직자인 '예겸당상'과 5~30명 정도의 국방에 능통한 관직자인 '전임당상'으로 구성됨
부제조	• 정3품 당상관
낭청	• 문반 4명, 무반 8명으로 구성됨 • 문서 작성, 연락 업무 등 비변사의 행정 실무를 담당함

   ⓒ **결과** : 양난 이후 <u>국정 전반을 총괄하는 기구로 강화됨</u> ⇨ 의정부·6조 체계의 기능이 거의 상실되고 왕권이 약화됨 ⇨ 인조 반정 이후 ┈┈┈ 특정 가문들이 비변사의 요직을 겸하여 19세기 세도 정치를 주도하는 기구로 변질됨 ┈┈┈●군사는 물론 외교·인사·행정 등

④ **폐지** : 흥선 대원군이 개혁을 실시하여 비변사의 기능이 크게 약화되고 곧 혁파됨. 일반 정무는 의정부가 담당하고 군사 문제는 삼군부가 담당.

   ▶ **비변사의 변화 과정**

중종	명종	선조	19세기	고종(흥선대원군)
삼포왜란	을묘왜변	임진왜란	세도정치	왕권 강화 의지
임시 기구	상설 기구	최고 의결 및 집행 기구	국가 정치 중심 기구	삼군부와 의정부로 기능 분산 후 폐지

▲ **비변사등록**

비변사의 매일을 기록한 책. 임란 이전의 기록은 모두 소실되고, 1617(광해군9)부터 1897(고종29)의 기록만 남아있음. 조선 후기 국정 전반을 파악할 수 있는 매우 귀중한 자료

> **▶ 비변사의 기능 강화**
>
> 사헌부에서 아뢰길 "비변사를 설치한 처음 이유는 알 수 없으나 이름으로 뜻을 생각해 보면 변방 방비에 대한 긴급한 일 등이 있을 때 대신과 변방 일을 잘 아는 재신들이 한 자리에 모여 계책을 세우기 위하여 설치한 것입니다. 그런데 오늘날은 8도와 6조의 일들이 거의 비변사로 들어갑니다. 6조 관원은 비변사의 명령을 받느라 제 때 결단할 수 없으니, 문서가 쌓여 통하지 않는 것은 이 때문입니다."
>
> 『선조실록』
>
> 김익희가 상소하여 말하길. "요즘 비변사가 큰 일이건 작은 일이건 모두 취급합니다. 의정부는 이름뿐, 육조는 할 일을 모두 빼앗기고 말았습니다. 이름은 '변방을 담당하는 것'이라고 하면서 과거 시험에 대한 판정이나 세자빈 간택까지 모두 여기서 합니다." 라고 하였다
>
> 『효종실록』

(2) 3사와 전랑권의 변화

① **3사** : 본래의 기능인 공론 반영에 충실하지 못하고, 자신들의 세력을 유지하기 위해 상대 세력을 견제하고 비판하는 데에 힘을 쏟음

② **전랑권** : 이조 · 병조 전랑은 3사, 중 · 하급 관원에 대한 인사권과 <u>자천권</u>을 지니는데, 이를 자기 세력을 강화하고 상대 세력을 누르는 데에 행사하기도 함 ●자대권, 후임자 추천권

③ **혁파** : 영조와 정조가 탕평 정치를 실시하여 이를 혁파함

(3) 중앙 군사제도의 개편

① **중앙군 개편 배경** : 16세기 이후 군역 대립의 보편화와 임진왜란 초기의 패전 ⇨ 군사 제도 개편의 필요성이 대두됨

　㉠ **대립** : 주로 한양으로 가야하는 번상병이 사람을 사서 군역을 대신시키는 것. 처음에는 정군을 위해 이루어졌지만 점차 한양의 관리나 서리들이 대립시킬 공 · 사노비나 유민 등을 미리 준비해 놓고 정군에게 대립을 강요하고 대립가를 높게 불러 이득을 취함

　㉡ **방군수포** : 주로 지방의 농민병이 사정이 생겼을 때 베나 쌀을 내는 것으로 군역을 대신하는 것. 이 과정에서 지휘관이 재물만 챙기고 사람을 구하지 않는 경우가 생겨 군사가 줄고 국방력은 약화되는 폐단을 낳음

　㉢ **군적수포제** : 국가가 오히려 대립과 방군수포를 양성화하여 대립 · 대역가를 정하고 국가에서 관리함

② **5군영의 설치** ●포수(총), 사수(활), 살수(창)

　㉠ **훈련도감(1593, 선조 26)** : 임진왜란 중 유성룡의 건의로 설치됨. 삼수병으로 구성되었고, 직업군이었기 때문에 이들의 급료를 위해 <u>삼수미세</u>를 걷음. 국왕 숙위와 서울 방어, 궁궐 수비 ●토지 1결당 2.2두

를 주로 담당하였고, 최정예 군으로서 지방군을 훈련시키기도 함. 둔전, 광산 등을 갖추고 무기 제조 공장까지 설치하여 조선 후기 둔전의 발생과 확산, 군수 광공업과 서울의 상업 발달에 영향을 미침. 별기군이 설치(1881년, 고종 18)되면서 폐지됨

> **▶ 훈련도감의 설치**
>
> 선조 26년 (1593) 10월 국왕의 행차가 서울로 돌아왔으나 성안은 타다 남은 건물 잔해와 시체로 가득하였다. 굶주림에 시달린 사람들은 인육을 먹기도 하고, 곳곳에서 도적들이 일어났다. 이때 임금께서 도감을 설치하여 군사를 훈련시키라고 명하시고 나(유성룡)를 도제조로 삼으셨다. 나는 "당속미 1000석을 군량으로 하되, 한 사람당 하루에 2승씩 급료를 준다면 사방에서 군인으로 지원하는 자가 모여들 것입니다."라고 하였다. …얼마 안 되어 수천 명을 얻어 조총 쏘는 법과 창 · 칼 쓰는 기술을 가르치고 초관과 파총을 세워 그들을 거느리게 하였다. 또 당번을 정하여 궁중을 숙직하게 하고, 국왕의 행차가 있을 때에 이들로써 호위하게 하니 민심이 점차 안정되었다.
>
> 유성룡, 「서애집」

▲ 어영청등록

▲ 남한산성 수어장대

ⓛ **어영청(1623, 인조 1)** : 인조반정 이후 후금의 침입에 대비하여 설치되었고 이괄의 난(1624) 이후 기능이 강화됨. 효종의 북벌 운동 때 중앙군으로 편성되어 수도 방어와 북벌의 핵심 역할을 담당함

ⓒ **총융청(1624, 인조 2)** : 이괄의 난이 진압된 직후에 설치됨. 북한산성 및 경기 북부를 방어하며 경기도 속오군이 배치됨

ⓔ **수어청(1626, 인조 4)** : 정묘호란 후 독립 부대로 강화됨. 남한산성 및 경기 남부 일대의 수비를 담당하며 경기도 속오군이 배치됨.

ⓜ **금위영(1682, 숙종 8)** : 정초군과 훈련별대를 합한 부대. 번상병이며 비용은 보(保)로 충당함. 국왕 숙위와 궁궐 수비 담당

③ **5군영의 한계**

ㄱ **설치 배경** : 계획적으로 설치된 것이 아니라 대외 정세 및 국내 상황에 따라 설치됨. 직업군과 번상군 구성 또한 명확하지 않았음

ㄴ **정치적 이용** : 서인이 자신들의 군사적 기반으로 삼기 위해 군영을 설치하고 장악하여 5군영이 붕당 정치의 세력 기반으로 작용하기도 함

ㄷ **양인개병제의 원칙 붕괴** : 직업군 성격의 군인, 군적수포제에 기반을 둔 번상병의 등장, 신분제의 동요로 인한 부역제의 해이 등
················● 훈련도감의 삼수병 등

⑷ **지방 군사제도의 개편**

조선 초기의 진관 체제는 전국을 지역 단위의 방위 체제로 구성하여 대규모 외적의 침입에는 효과적이지 않음. 이에, 제승방략 체제를 도입하여 보완하려 했으나, 임진왜란을 겪으며 큰 한계를 경험함. 임란 이후엔 다시 진관을 복구하여 속오군 체제를 마련함

① **제승방략 체제**

ㄱ **배경** : 방군수포제 시행 등으로 지방의 군사력 확보가 어려워짐

ㄴ **내용** : 외침이 있을 시 각 읍의 수령들이 소속 군사를 이끌고 본진을 떠나 지정된 방위 지역으로 가서 중앙에서 파견된 장수의 지휘를 받는 전술

ㄷ **한계** : 신속하게 대처하기 힘들고, 한곳의 방어가 무너지면 후방이 무방비 상태로 대처하는 문제점이 임진왜란 때 드러남

② **속오군**

ㄱ **구성** : 진관을 복구하고 속오법에 따라 양천 혼성군으로, 평상시에는 생업에 종사하다가 유사시에 동원됨
················● 노비부터 양반까지 편제

ⓒ 관리 : 여러 고을의 속오군을 관할하는 영장이 파견되어 훈련, 관리함

ⓒ 한계 : 양반들은 노비와 함께 속하는 것을 꺼림 ⇨ 노비와 상민들만 남음

③ 영장제 : 정묘호란 직후 나타난 지역 방어 체제. 중앙에서 전문적인 무신을 영장으로 파견하여 지방 수령 대신 속오군을 훈련, 강화시키는 목적 ⇨ 정부의 사정에 따라, 지방관과의 마찰 등으로 설치와 폐지가 반복됨

▶ 조선 지역 방어 체제의 변천

진관체제	• 시기 : 15세기 초 • 지역 단위의 방위 체제로서 각 도에 병영을 두고 그 밑에 거점을 설치하여 방어함 • 한계 : 거대한 규모의 침입 방어는 어려움
제승방략 체제	• 시기 : 16세기(명종) • 외침 시 주변 지역의 군사력이 총동원되어 중앙에서 파견된 지휘관의 지시를 따르며 방어에 임함 • 한계 : 신속한 대응이 어려우며, 방어 실패 시 후방 지역도 쉽게 점령당함
속오군 체제	• 시기 : 17세기(임란 이후) • 진관을 복구하고 속오법에 따라 양반과 천인을 함께 군대로 편성함 • 한계 : 양반은 빠지고 평민과 노비만 군대에 남음

(5) 수취 제도의 개편

① 배경 : 지주전호제가 강화되면서 다수의 농민들이 토지를 잃고 전호나 임노동자로 전락하였고, 과도한 수취로 인해 불만이 고조됨. 따라서 농민들의 불만을 해소하고 사회를 안정시키고자 수취 제도를 개선해야 할 필요성을 느낌

② 결과 : 지주의 부담을 늘리고 농민들의 부담이 줄어들도록 수취 제도를 개선함 ⇨ 농민의 부담이 실질적으로 줄지 않았음

⌐⋯⋯⋯⋯ ● 전세는 영정법, 공납은 대동법, 군역은 균역법으로 바뀜

③ 중앙 집권적 향촌 지배

㉠ 수령과 향리의 농민 수탈 : 사족을 통한 향촌 지배 방식에서 수령과 향리 중심으로 바뀌면서 농민에 대한 착취가 더욱 심해짐

㉡ 농민 통제 강화 : 호패법과 오가작통제를 강화하여 농민들의 이탈을 방지함

2. 붕당 정치의 변질

(1) 배경

① 사회의 변화 : 향반과 잔반, 서민 지주의 등장 ⇨ 지주제와 신분제 동요, 사족 중심의 향촌 지배가 무너짐 ⇨ 붕당 정치의 기반이 흔들림

② 경제적 변화 : 전란으로 소실된 농경지가 복구되고 새로운 농법(이앙법(모내기법), 견종법 등)이 시행됨 ⇨ 농업 생산량이 증대되고, 장시의 발달과 상평통보 유통으로 상품 화폐 경제가 발달함

(2) 과정

① 쟁점의 변질 : 예학 등의 성리학적 쟁점 ⇨ 군사력 확보를 위한 군영 장악, 왕위 계승 문제 등으로 변질됨

② 경신환국(1680) : 2차 예송(1674, 갑인예송)을 통해 정권을 장악한 남인이 실각하고 서인 정권이

▲ 송시열

수립됨(경신대출척)

③ **일당 전제화** : 경신환국을 계기로 붕당 사이의 균형이 무너지고 정국이 급격하게 반전되는 환국이 빈번히 일어났고, 특정 붕당이 정권을 독점하는 일당 전제화가 나타남

④ **서인의 분열** : 남인 처리 문제와 국정 운영에 대한 대립으로 노론과 소론으로 나뉨

구분	노론	소론
중심 세력	송시열 중심의 노장 세력	윤증 중심의 신진 세력
성격	보수적	진취적
주안점	대의명분, 민생 안정 강조	실리 중시, 적극적인 북방 개척 주장
학통	이이 계승	성혼 계승
특징	성리학의 절대화 → 주자 중심의 성리학 중시	성리학 이외의 학문에도 유연함 → 양명학과 노장 사상에도 관심

⑤ **기사환국(1689)** : 숙종이 소의 장씨(●장희빈)의 아들(●후의 경종)을 원자로 책봉하려는 것을 서인들(송시열 등)이 반대하였다. 이에 숙종은 서인을 숙청하고 남인을 다시 등용하였으며, 인현왕후 민씨를 폐위시키고 희빈 장씨를 왕비로 승격시킴

⑥ **갑술환국(1694)** : 서인의 폐비 민씨(●인현왕후) 복위 운동을 남인이 탄압하자 숙종이 서인의 편을 들어 장희빈과 남인(이후 정권에서 완전히 축출됨)이 몰락함. 숙종은 인현왕후를 복위시켰고 서인(소론)이 다시 집권함.

⑦ **소론의 권력 강화** : 정권을 잡은 소론은 주요 병권(●훈련도감과 어영청)을 장악하고 군사적 영향력을 넓힘. 붕당 정치의 순기능(●상호간의 견제와 비판)은 환국을 거치면서 완전히 사라지고, 권력 쟁탈전에서 이긴 세력은 권력을 독점함

⑧ **신사환국(1701)** : 인현왕후가 죽은 후 장희빈이 인현왕후를 저주하고 자신이 복위하기를 기도한 사실이 발각되어 장희빈은 사사되고(●무고의 옥, 1701) 소론도 몰락하였으며, 노론이 정국을 잡음

⑨ **병신처분(1716)** : 주자의 이념을 좇아 대의명분을 중시하는 송시열과 양명학과 노장사상을 수용하여 탄력적 성리학 이해를 추구한 윤증 사이의 학문적 대립(회니시비)에서 숙종이 노론의 편을 들어준 사건

▶ 숙종 때 주요 사건

경신환국	숙종6년, 1680	• 남인의 영수 허적이 유악사건을 일으킴. 서인은 이 사건을 계기로 숙종의 화를 부른 남인의 주요 인사들이 역모를 꾸미고 있다고 주장함. 이후 남인이 축출되고 서인이 정권 장악 • 남인 처리 문제에 관한 입장 차이로 서인이 노론과 소론으로 분열
기사환국	숙종15년, 1689	• 숙종이 희빈 장씨의 어린 아들(경종)을 책봉하려 하자 서인이 반대함 • 숙종은 서인을 축출하고 다시 남인을 등용 • 인현왕후를 폐비하고 희빈 장씨를 왕비로 책봉함

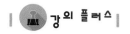

갑술환국	숙종20년, 1694	• 서인은 폐비 민씨(인현왕후)를 복위시키려 노력했으나 남인이 이를 탄압함 • 숙종은 남인을 축출하고 다시 서인의 편을 들어 인현왕후를 복위 시킴
신사환국 (무고의옥)	숙종27년, 1701	• 인현왕후 사후 희빈 장씨가 무당을 불러 민비 저주 • 장희빈 사사후 소론 축출 및 노론 집권

⑩ **정유독대(1717)** : 숙종이 이이명을 불러 세자의 대리청정 문제를 논의함

⑪ **신축옥사(경종1, 1721)** : 노론은 <u>연잉군</u>(후의 영조)을 지지하여 왕세제로 책봉시키는데 성공하였고, 이어 연잉군의 대리청정까지 몰아갔다. 이에 소론은 노론 대신들이 역적 행위를 하였다고 고하였고, 경종은 <u>노론의 4대신</u>(김창집, 이이명, 이건명, 조태채)을 귀양 보냈다.

⑫ **임인옥사(경종2, 1722)** : 남인 목호룡이 소론에 가담하여 노론이 경종을 죽이려고 했다고 고변하여 이미 귀양에 처한 노론 4대신 등 60여명이 처형당하는 등 노론이 큰 타격을 입었음 →**목호룡의고변 사건**

⑬ **을사환국(영조1, 1725)과 정미환국(영조3, 1727)** : 영조 즉위 당시에는 소론이 정권을 잡고 있었음. 영조가 신임사화를 일으킨 소론 과격파를 축출하고 노론 4대신의 죄를 없애자 다시 노론이 정권을 잡게 됨(을사환국). 이 상황에서 몇몇 노론이 소론에 대한 보복을 고집하자 영조는 그들을 내쫓고 소론을 다시 국정에 참여시킴(정미환국)

(3) 붕당 정치 변질의 결과

① **일당 전제화** : 붕당 간의 균형이 무너지면서 견제와 비판이라는 붕당의 순기능이 사라지고, 특정 붕당이 권력을 독점하고 상대방에 보복하는 사사가 빈번히 일어남

② **외척 세력과 종친의 비중 확대** : 왕이 환국을 직접 주도하면서 외척이나 종실 등 왕과 직접적으로 관련이 있는 집단의 영향력이 확대됨

③ **비변사의 강화** : 고위 관원에게 정권이 집중되면서, 그들의 합좌 기구인 비변사의 기능이 강화, 변질됨

④ **3사와 이조 전랑의 정치적 비중 감소** : 환국이 거듭되는 동안 3사와 이조 전랑은 자기 당의 이익을 직접 대변하는 역할을 담당함

⑤ **양반층의 분화** : 소수의 권반 + 다수의 몰락 양반으로 분화됨

⑥ **서원의 남설** : 정계에서 배제된 세력은 연고지의 향반(鄕班)이 되어 서원과 사우를 건립함. 서원은 여론을 형성하는 붕당 정치의 중심지로서의 성격을 벗어나 붕당의 이익이나 특정 가문을 내세우는 역할을 함

> • 특정 가문의 선현에 대한 제사를 지내는 곳

⑦ **탕평론 제기** : 붕당 간의 대립과 분화가 끊이지 않자 국왕이 정치의 중심에서 이들의 세력 균형을 조율하고 어느 편에도 치우치지 않으려는 탕평론이 제기됨

3. 탕평 정치

(1) **탕평의 뜻** '탕평(蕩平)'이란 임금이 어느 한쪽만을 편들지 않고 당을 이루지도 않은 상태에서 정
치적 균형을 이루는 것을 뜻함. 각 붕당 사이의 힘의 균형이 자율적으로(선조~현종) 이루어지는
경우와 왕권에 의하여 타율적으로 중재(숙종 이후)되는 경우가 있음

(2) **숙종의 탕평**

① 의도 : 인사 관리를 통한 세력 균형 도모

② 전개

ㄱ 명목상의 탕평책 : 임금과 신하가 함께 의리와 선행을 실천하고 인사를 공정하게 처리한다면
붕당 사이의 균형이 이루어지고 갈등이 해결될 것이라 여김 ⇨ 숙종의 이러한 탕평책은 실
질적으로는 지켜지지 않았고 명목에 불과했음

ㄴ 편당적 인사 : 한 당파에 정권을 모두 맡기고 상대 당파를 쫓아내는 인사 관리로 오히려 환국
을 조장함

③ 숙종의 업적

ㄱ 대동법 전국 시행 : 광해군 때 처음 실시된 대동법(1608)을 숙종 34(1708)년에 황해도까지 확
대하여 100년 만에 전국적으로 실시함

ㄴ 양전 사업 완료 : 대동법과 마찬가지로 서북방 일부를 제외한 전국적 규모의 양전사업 완료
함

ㄷ 국방력 강화 : 훈련 별대와 정초청을 통합하여 금위영을 신설함으로써 5군영 체제 확립. 양
역이정청을 설치하여 양역변통을 해결하려고 노력함

ㄹ 대외 정책 : 무창, 자성 등에 진을 설치하여 북방 영토 개척 노력. 백두산 정계비 설치함. 일본
막부로부터 울릉도와 독도 해역의 조선 귀속 사실을 명확히 공인 받음

(3) **경종(1720~1724)**

① **왕위 계승에 대한 대립** : 왕위 계승 문제를 둘러싼 노론과 소론의 대립 끝에, 결국 소론의 지지를
받는 경종이 즉위함. 재위 기간에 왕세제(영조)의 대리청정 문제로 노론과 소론이 극단적으로
대립함

② **신임사화** : 소론은 신축옥사와 임인옥사를 일으켜 노론을 탄압함

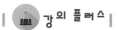

▲ 영조

▲ 탕평비
영조는 성균관 유학생들이 공부를 하면서도 붕당을 경계하라는 의미로 성균관 앞에 탕평비를 세움

▲ 탕평채

▶ **이인좌의 난**
영조 4년(1728), 정권에서 배제된 소론과 남인의 과격파가 연합해 무력으로 정권 탈취를 기도한 사건

▶ **나주 괘서 사건(을해옥사)**
영조 31년(1755), 소론 일파가 노론을 제거할 목적으로 일으킨 역모 사건. 나무 객사에서 나라를 비방하는 괘서를 붙였다가 난을 일으키기도 전에 발각되어 처형당함

(4) 영조의 탕평 정치

① **즉위 초** : 즉위 직후 탕평 교서를 발표하고 당쟁을 해결하고자 함 ⇨ 영조 자신이 노론과 소론을 번갈아 등용하는 등 편당적 태도를 취하여 붕당 간의 갈등을 야기하기도 함

② **이인좌의 난(1728, 영조 4년)** : 즉위 초 정권에서 소외된 소론과 남인 강경파가 영조의 정통성이 부당하다며 난을 일으킴. 반란군은 청주성을 함락하였으나 결국 정권 탈취에 실패함 ⇨ 영조는 당론과 당파를 앞세우는 자들을 배제하는 완론 탕평을 내세우게 됨

③ **완론 탕평**

 ㉠ **기유처분(1729)** : 본격적인 탕평 정치의 시작을 알리는 결정으로, 노론, 소론 중 영조의 탕평책을 따르는 온건파를 고르게 등용하여 정국을 안정시키고자 함

 ㉡ **탕평파 중심의 국정 운영** : 붕당에 관계없이 타협적이고 완론자들을 중심으로 탕평파를 육성 · 등용하여 정국을 운영함 ┄┄•공론을 이끄는 역할

④ **붕당의 기반 약화** : 붕당의 근원을 없애기 위하여 산림의 존재를 부정하고 서원을 대거 축소함. 또한 이조 전랑의 권한을 약화시킴 ┄┄•산림의 근거지
 ┄┄•자천권, 3사의 관리를 선발하는 관행

⑤ **탕평책 실시 결과** : 정치 권력이 왕과 탕평파에게 집중됨. 특히 왕권이 막강해지고 왕의 영향력이 국정 전반에 미침

> ▶ **영조의 탕평 교서**
> 붕당의 폐해가 요즘보다 심한 적이 없었다. 우리나라는 원래 땅이 협소하여 인재 등용의 문도 넓지 못하였다. 그런데 근래에 와서 인재 임용이 당에 들어있는 사람만으로 이루어지고, 조정의 대신들이 서로 공격하여 공론이 막히고 서로를 반역자라 지목하니 선악을 분별할 수 없게 되었다. 지금 새로 일으켜야 할 시기를 맞아 과거의 허물을 고치고 새로운 정치를 펴려 하니, 유배된 사람은 경중을 헤아려 다시 등용하되 탕평의 정신으로 하라. 지금 나의 이 말은 위로는 종사를 위하고 아래로는 조정을 진정하려는 것이니, 이를 어기면 종신토록 가두어 내가 그들과는 나라를 함께 할 뜻이 없음을 보이겠다.
> – 영조실록 –

⑥ **문물 제도 정비**

 ㉠ **균역법 실시(1750)** : 군포를 2필에서 1필로 줄여 군역 부담을 완화함

 ㉡ **군영 정비** : 병권을 병조에 귀속시키고 3군영(훈련도감 · 금위영 · 어영청)이 도성을 방위하는 체제를 갖춤

 ㉢ **형법 개선** : 가혹한 형벌을 폐지하고 사형수에 대한 삼심제를 엄격하게 적용

 ㉣ **속대전 편찬** : 법전 체계 정비

 ㉤ **신문고 부활** : 백성들의 억울함을 해결하고, 민의를 듣고 정치에 반영하고자 노력함

 ㉥ **노비종모법** : 아버지가 노비라 하더라도 어머니가 양인이면 자식을 양인으로 인정함 ⇨ 양인 수 확보 위한 조치

 ㉦ **노비공감법** : 노비들의 신공을 1필로 반감함

 ㉧ **기로과 설치** : 왕, 왕비 등의 나이가 60, 70세가 되었음을 경축하며 실시하는 과거로, 60세 이상의 전직 문무 관리를 대상으로 함

㉺ 기타 : 청계천을 준설하여 홍수에 대비하였고(준천사), 금주령을 내리고 사치 방지를 위해 스스로 모범을 보임

⑦ 편찬 사업

서적명	특징
속대전	『경국대전』 시행 이후에 시행할 법령만을 추려서 편찬한 통일 법전
속오례의	『국조오례의』 속편
속병장도설	병서
동국문헌비고	홍봉한, 한국학 백과사전
동국여지도	신경준, 채색 지도집, 양성지의 동국지도(세조 때 제작)를 잇는 지도로서 산천과 주·현을 자세히 표현함
동국지도	정상기, 최초로 100리척을 사용하여 축척을 표시
해동지도	채색 지도집
여지도서	전국 읍지

⑧ 탕평책의 한계

　㉠ 미봉책에 불과 : 붕당 사이의 대립을 강력한 왕권으로 잠시 억누른 것에 불과함 ⇨ 붕당의 폐단을 근본적으로 해결하지 못함

　　　　　　　　　　　　　　　　　　●이인좌의 난과 나주 괘서 사건 등

　㉡ 노론의 정계 주도 : 소론 강경파가 자주 변란을 일으켰고 사도세자의 사망(임오화변, 1762)으로 소론의 정치적 입지가 축소됨 ⇨ 영조를 지지한 노론 강경파(벽파)가 정국을 주도하며 우위를 차지함

(5) 정조의 탕평 정치

① 준론 탕평 : 정조는 영조의 탕평파 중심의 완론 탕평이 척신 정치를 조장하였다고 여겼음. 따라서 영조보다 더욱 강력한 준론 탕평을 추진하여 당파를 없애기 보다는 당론을 주장한다 할지라도 옳은 의견이라면 받아들임

　　　　　　　　　　　●각 붕당의 주장이 옳은지 그른지를 명백히 가리는 것

② 시파와 벽파 : 사도 세자 사건을 계기로 나뉨

구분	입장	당파
시파	영조를 비판하며, 사도세자의 잘못은 인정하나 죽음은 지나치다	노론의 일부와 남인, 소론이 다수
벽파	사도세자의 행실을 비난하며, 사도 세자의 죽음은 당연하다	영조를 지지한 노론 강경파가 다수

③ 척신·환관 척결 : 영조 때 성장한 척신·환관, 노론 등을 밀어내고, 탕평파 대신들을 비판하였던 노론과 소론 일부 그리고 정계에서 배제되었던 남인 계열의 시파를 등용함

④ 왕권 강화 정책

　㉠ 장용영 설치 : 왕의 친위 부대로, 독립적인 각 군영을 약화시키고 왕권을 뒷받침함

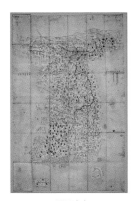

▲ 동국여지도

▶ **탕평정책의 변화**

숙종	명목 탕평 → 특정 붕당에 권력을 몰아줌. 환국 사태로 연결
영조	완론 탕평 → 붕당 간의 대립을 강력한 왕권으로 억누름
정조	준론 탕평 → 국왕의 판단으로 시비 가림

●왕의 비서 역할, 기밀 관리 등을 담당

ⓒ 규장각 설치 : 학문 연구소로 설치되었으나 정조의 왕권을 뒷받침하고 영향력이 막강한 정치 기구로 육성함. 과거 시험과 문신 교육을 주관하였고, 정약용과 서얼 출신을 규장각 검서관으로 등용함

●유득공, 박제가, 이덕무, 서이수

ⓒ 초계문신제 시행 : 신진 인물이나 중 · 하급 관리 중에 37세 이하의 능력 있는 자들을 양성하고 재교육시키는 제도

ⓔ 화성 건설 : 수원으로 사도 세자의 묘를 옮기고 화성 건설(정치) + 수원을 유수부로 승격시켜 장용영의 외영을 설치(군사) + 상공업자를 유치하고 화성 행차 시 백성들과 가까이 접촉하고자 함(격쟁, 상언 등을 받음)(사회) ⇨ 정조 자신의 정치, 군사, 사회적 이상 실현과 왕권 강화를 도모함

▲ 수원 화성

ⓜ 지방에 대한 중앙의 통제력 강화 : 수령이 지방 사족 대신 지역 단위의 향약을 직접 주관하게 하는 등 수령의 권한이 강화됨 ⇨ 지방 사족의 향촌 지배력을 약화시키고 백성에 대한 중앙의 통치력을 강화함

⑤ 문물 제도 정비

ⓐ 신해통공(1791) : 국가 재정을 늘리고 상공업을 발전시키기 위해 시전 상인의 금난전권을 폐지함

●육의전 제외

ⓑ 대전통편 편찬 : 국가의 통치 규범 재정비

ⓒ 편찬 사업

▲ 정조

서적명	특징
무예도보통지	그림으로 무예를 설명한 병법서
탁지지	국가 각 기관의 기능, 호조의 사례 등을 정리한 경제서
동문휘고	조선 후기의 대외 관계 관련 문서를 집대성한 책
일성록	정조가 세손 때부터 쓴 일기로 시작되어 차차 정부의 업무로서 계속 편찬됨
오륜행실도	이병모 등이 세종 대의 '삼강행실도'와 중종 대의 '이륜행실도'를 합하여 펴냄
기타	'홍재전서', '증보문헌비고', '추관지', '규장전운', '증수무원록', '자휼전칙' 등 청나라에서 편찬된 백과사전인 '고금도서집성' 수집

▲ 준천시사열무도

⑥ 차별 완화 : 서얼과 노비에 대한 차별을 완화하여 신분에 관계없이 능력 있는 인재를 고루 등용하고자 함

⑦ 문체반정 : 정조 때 유행하던 문예 운동으로, 한문문체를 개혁하여 순정고문(醇正古文)으로 바로잡고자 함. 정조의 개혁 정책에 대한 노론 벽파의 반발을 가라앉히기 위한 것이기도 함

●박지원 가문

⑧ 탕평책의 한계 : 정조는 조선 후기 문물 정비에 크게 기여하였고 막강한 왕권을 행사하였으나, 붕당 자체를 없애거나 붕당을 융합하지는 못하여 붕당의 폐단을 근본적으로 혁파하지 못함

▲ 규장각도

> **▶ 정조의 만천명월주인옹**
>
> 용문(龍門)의 물은 넓고 빠르고, 안탕(雁宕)의 물은 맑아 잔물결이 일고, 염계(濂溪)의 물은 푸르다 못해 검푸르고, 무이(武夷)의 물은 거세게 흘러 소리가 나고, 양자강(揚子江)의 물은 차갑고, 탕천(湯泉)의 물은 따뜻하다. 강물은 담담하고 바닷물은 짜다. 경수(涇水)는 흐리고 위수(渭水)는 맑다. 이렇듯 물은 제각각이지만 달은 각기 그 형태에 따라 비춰준다.
>
> 물이 흐르면 달도 함께 흐르고, 물이 머무르면 달도 함께 머무른다. 물이 거슬러 올라가면 달도 함께 거슬러 올라가고, 물이 돌아 흐르면 달도 함께 돌아 흐른다. 그러나 그 물의 큰 근본은 모두 달의 정기(精氣)이다.
>
> 나는 물이 세상 사람들이라면 달이 비춰서 그 상태를 드러내는 것은 사람들의 형상이고, 달은 태극이며 그 태극은 나 자신이라는 것을 알고 있다. 이것이 바로 옛사람이 만 개의 개울을 밝게 비춘 달에 태극의 신비로운 작용을 비유하여 말한 것이 아니고 무엇이겠는가.
>
> 나는 또한 그 달빛이 반드시 비춰 포용하는 것을 만약 태극의 테두리로 헤아리는 자가 있다면, 그것은 물속에 뛰어들어 달을 잡아보려고 수고하는 것과 다를 것이 없는 아무 소용이 없는 짓임도 알고 있다. 이에 마침내 내가 한가롭게 거처하는 곳에 '만천명월주인옹(萬千明月主人翁)'이라고 적어 자호(自號)로 삼았다. 때는 무오년(戊午年: 1798년) 2월3일이다.
>
> – 홍재전서 –

4. 세도 정치

(1) 성립

① **배경** : 영·정조의 탕평 정치는 붕당간의 정쟁을 강력한 왕권으로 억누르고 중재하는 것이었음 ⇨ 11세의 어린 나이의 순조가 즉위하자 강력한 왕권 대신 특정 인사가 권력을 독점하는 정치가 이루어짐

② **특징** : 몇몇 유력 가문에 권력이 집중되는 정치 형태로, 정국 운영에 있어서 국익보다 사익을 우선시하여 정치 질서가 파탄됨

(2) 전개

① **순조(재위 1800~1834)**

　㉠ **노론 벽파** : 벽파 세력은 정조 때 정계에서 소외되었으나 정순왕후가 수렴청정하면서 정국을 주도함. 이들은 규장각 출신 관리 등 정조가 양성한 인물들을 신유박해로 대거 쫓아냈으며, 장용영을 혁파하고 훈련도감을 장악함

　㉡ **안동 김씨** : 정순왕후 사후 벽파 세력이 약화되고 <u>안동 김씨</u>가 요직의 대부분을 차지하여 세도 정치가 시작됨
　　　　　　　　　　　　　　　　　●순조의 장인 김조순 등

② **헌종(재위 1834~1849)** : <u>풍양 조씨</u>가 권력 독점
　　　　　　　　　　　　　　●외척 조만영, 조인영 등

③ **철종(재위 1849~1863)** : 안동 김씨가 다시 정권 장악
　　　　　　　　　　　　●김문근 등

(3) 권력 구조

① **가문 정치** : 왕의 외척 또는 특정 관료 가문 등 소수의 유력 가문이 정권을 장악하고 정치 집단을 이루며 권력과 각종 이권을 독점함

② **정치 체계의 변질** : 정2품 이상의 고위 관료들이 정권을 독점 운영하고, 유력 가문 출신들이 차지한 비변사의 권한이 강화됨 ⇨ 의정부·6조 체제의 유명무실화

(4) 폐단

① **왕권 약화** : 세도 가문이 권력을 독점하고 인사에 관여하여 왕권이 약화됨

▶ 애절양

갈밭마을 젊은 여인 울음도 서러워라
현문 향해 울부짖다 하늘보고 호소하네
군인 남편 못돌아옴은 있을 법도 한 일이나
예로부터 남자의 그곳을 자른 일은 들어보지 못했노라
시아버지 죽어서 이미 상복 입었고
갓난아이 배냇물도 안 말랐는데
삼대의 이름이 군적에 실리다니
달려가서 억울함을 호소하려 해도
범같은 문지기 버티어 있고
이정이 호통하여 단벌 소만 끌려갔네
남편 문득 칼을 갈아 방안으로 뛰어들자
붉은 피 자리에 낭자하구나
스스로 한탄하네
"아이 낳은 죄로구나"

▶ 삼정이정청

임술 농민 봉기 때 안핵사로 파견된 박규수의 건의로 삼정의 폐단을 고치기 위해 1862년 임시로 설치된 관청

●京華土族, 서울에서 상업과 도시의 발달을 바탕으로 성장한 가문

② **사회 분열** : 경화사족이 정권을 장악하면서 지방 사족은 배제되고 재야 세력은 권력에서 멀어짐

●소론, 남인, 지방의 선비 등

③ **정치 기강의 문란**

   ㉠ **매관매직의 성행** : 과거 시험에서 비리가 발생하고, 수령 자리를 사고파는 매관매직도 성행함

   ㉡ **지방 통제력 약화** : 중앙 정치가 무너지면서 지방에 대한 정부의 통제력 또한 약화되어 절대 권을 가진 수령과 그 밑의 아전들이 백성에게 수탈을 일삼음 ⇨ 삼정(전정, 군정, 환곡)의 문란이 극심해졌고, 상공업자도 수탈하여 상품 화폐 경제의 발전을 저해함.

▲ 천주실의

1583년 명나라 말기에 중국으로 온 이탈리아 태생의 예수회 선교사 마테오 리치가 중국 선비와 서양 선비, 즉 자신과의 대화 형식을 빌어 저술한 것을 번역한 것

> ▶ **세도 정치의 폐단**
>
> 가을에 한 늙은 아전이 대궐에서 돌아와 처와 자식에게 "요즘 이름있는 관리들이 모여서 온종일 이야기를 하여도 나랏일에 대한 계획이나 백성을 위한 걱정은 전혀 하지 않는다. 오로지 각 고을에서 보내오는 뇌물의 많고 적음과 좋고 나쁨에만 관심을 가지고, 어느 고을의 수령이 보낸 물건은 극히 정묘하고 또 어느 수령이 보낸 물건은 매우 넉넉하다고 말한다. 이름 있는 관리들이 말하는 것이 이러하다면 지방에서 거둬들이는 것이 반드시 늘어날 것이다. 나라가 어찌 망하지 않겠는가." 하고 한탄하면서 눈물을 흘려 마지 않았다.
>
> — 목민심서 —

   ㉢ **삼정의 문란** : 세도 정치기에는 수령이 지역에서 절대적 권력을 행사하며 향리와 향임을 통해 조세를 징수함. 이들은 유력 세도가들과 연결되어 있는 경우가 많았기 때문에 견제할 만한 정치 세력이 없었음. 설상가상으로 자연재해, 기근, 질병이 널리 퍼지면서 인구가 급격히 감소하자 국가 재정의 3대 요소인 삼정(전정, 군정, 환곡)이 아무런 원칙 없이 걷히게 되어 농민의 조세 부담은 오히려 증가함. 삼정의 문란으로 곧 민심의 불만은 극한으로 치닫게 됨

상소하여 청함 ●━━━━━━━ ●익명으로 벽에 글을 써서 붙임

④ **농민 봉기 발생** : 백성들은 자신들의 불만을 소청, 벽서 등의 방법으로 표출했으나 삶이 나아지지 않자 봉기를 일으킴

●홍경래의 난과 임술 농민 봉기가 대표적

⑤ **세도 정권의 한계**

   ㉠ **양반층 포섭 실패** : 세도 정치 시기의 민란은 이전과는 달리 몰락 양반들이 농민 봉기를 주도하는 경우가 발생 → 양반층의 계층 분화와 세도 정권에 불만을 품은 지방 양반들의 반발 때문

   ㉡ **사회, 경제의 쇠퇴** : 집권층의 부패로 인해 유망하는 농민들이 증가하고, 농촌에 남은 농민들이 부당한 부담을 지게 되면서 국가 재정이 파탄에 이름

   ㉢ **개선을 위한 노력과 실패** : 암행어사를 파견하고 삼정이정청을 설치하는 등의 사회 문제 개선을 위한 시도가 있었으나, 제대로 실시되지 않았음

5. 대외 관계의 변화

(1) 17세기 청과의 관계

① **사대 관계** : 병자호란 이후 표면상 사대 관계를 맺고 활발히 교역함

② **북벌 정책** : 현실성이 낮았고 정권 유지 수단으로 이용된 측면이 있었으나, 양난 이후의 어수선한 민심을 수습하고 국방력을 공고히 하는데 기여함

③ **북학론의 대두** : 청은 중국의 전통문화를 중시하면서 서양의 문물도 수용하여 문화의 수준이 한층 높아짐 ⇨ 청에 다녀온 사신들은 <u>신문물과 서적을 가져와 소개함</u>
⌐•만국지도, '천주실의' 등

⇨ 일부 학자들은 청의 문물 중 이로운 것을 선별하여 적극적으로 수용하고 배우자는 북학론을 주장함

(2) 간도 귀속 문제

① **배경** : 청은 중국 대륙을 완전히 장악한 이후에도 그들의 본거지였던 만주 지방에 관심을 기울여 이 지역을 성역화 함

② **국경을 둘러싼 분쟁** : 조선에서 두만강을 넘어가 인삼을 캐거나 사냥을 하는 경우가 생기며 청과 국경 문제가 제기됨

③ **백두산정계비 건립 (백두산정계비 부근 지도)**

　㉠ **내용** : 양국 간의 국경은 서쪽으로는 압록강, 동쪽으로는 토문강(西爲鴨綠 東爲土門)을 경계로 한다

　㉡ **논쟁** : 19세기에 토문강의 위치에 대한 <u>해석상의 차이</u> 때문에 간도 귀속 문제 발생
　　⌐•청은 토문강을 두만강, 조선은 쑹화강의 지류라고 주장

④ **관리** : 서북 경략사(어윤중, 1882), 청과의 국경을 확정하기 위한 회담에 토문 감계사(이중하, 1885), 간도 시찰원(이범윤, 1902→1903 간도 관리사)등을 파견하여 간도를 관할ㆍ관리함. 1903년에 간도를 함경도에 편입시킴.

(3) 일본과의 국교 재개

① **배경** : 에도 막부(도쿠가와 막부)는 대마도주를 통해 조선에 국교 재개를 요청함. 조선은 강화를 위한 사신으로 사명대사를 파견하여 조선인 포로들을 데려옴(1604). 그 외에도 3차례 회답겸쇄환사라는 외교 사절을 보내 포로들을 송환하고 일본 국내 정세를 탐지하도록 함

② **기유약조 체결(1609)** : 부산에 왜관을 다시 설치하고 <u>제한된 범위</u> 내에서의 교섭을 허용함
⌐•세견선 20척, 세사미두 100석

③ **통신사 파견(1607~1811)**

　㉠ **배경** : 일본은 쇼군이 바뀔 때마다 국제적으로 인정받고, 조선으로부터 선진 문물을 받아들이기 위해 조선에 사절 파견을 요청함

　㉡ **규모와 대우** : 공식적으로 총 12회 파견. 국왕의 외교 문서인 서계(書契)를 가지고 가서 외교 사절로 활동하였고, 일본은 이들을 국빈으로 예우하고 막대한 비용을 들여 접대함

　㉢ **역할** : 막부 정권의 정통성을 인정해 주는 외교 사절 + 조선의 선진 문물을 전파하고 문화적으로 교류하는 역할 담당

　㉣ **중단** : 대내적으로는 접대비 및 재정에 대한 부담, 대외적으로는 서구 열강의 접근, 국학 운동으로 인한 반한 감정 등으로 인해 파견이 중단됨

(4) 울릉도와 독도 문제

① **조선 시대 이전** : 울릉도와 독도는 신라 지증왕 때 이사부가 신라 영토로 편입한 이래 우리 영토였음. 하지만 일본 어민들이 이곳에 자주 침범하여 충돌이 있었음

▲ 백두산정계비

▲ 통신사 행렬도

▲ 일본 태정관 문서

1877년 일본의 최고 행정 기관인 태정관은 '울릉도(죽도)와 그 외 1개 섬인 독도(송도)는 일본과 관계없다는 것을 심득(心得)할 것'이라고 기록하여 독도는 일본과 관계가 없다는 것을 공식적으로 결론내림

▲ 통신사 행렬도

② **안용복의 활약(1693, 1696)** : 숙종 때 동래 어민 안용복은 울릉도에 출몰한 일본 어민들을 몰아내고, 울릉도와 독도가 조선의 영토임을 일본에 건너가 인정받음

③ **관리 파견** : 19세기 말 울릉도를 적극적으로 관리하고자 이주를 권장하고 울릉도에 군을 설치하여 관리를 파견하고 독도까지 관할시킴

④ **대한제국 칙령 제41호(1900)** : 울릉도를 군(울도군)으로 승격시키고 독도까지 관할하는 칙령을 선포하여 독도가 한국의 영토임을 명확히 함

⑤ **일본의 독도 강탈** : 1905년 2월(러 · 일 전쟁 중) 일본은 시마네 현 고시를 통해 독도를 다케시마라고 명명하면서 자신들의 영토로 불법적으로 편입시킴

01 | 조선 후기 정치

001 ☐☐☐　　　　　　　　　　2018년 서울시(추가) 7급

〈보기〉의 정치적 사건이 일어난 왕대의 일과 가장 관련이 없는 것은?

─〈보기〉─
후궁이 낳은 왕자가 세자로 책봉되는 과정에서 서인이 몰락하고 남인이 집권하였으며, 송시열과 김수항 등이 처형당하였다.

① 청과 러시아 사이에 국경 충돌이 일어나자, 청의 요구에 따라 수백 명의 조총 부대를 영고탑(지금의 지린성)에 파견하였다.
② 병조판서 김석주의 건의에 따라 국왕 호위와 수도 방위의 핵심 군영 중 하나인 금위영이 설치되었다.
③ 안용복이 울릉도와 우산도(독도)에 출몰하는 왜인을 쫓아내고 일본 당국과 담판하여 그곳이 우리의 영토임을 승인받았다.
④ 삼남 지방에 대한 양전 사업이 완료되었고, 세종 때 설치하였다가 폐지한 폐사군의 일부를 복설하였다.

002 ☐☐☐　　　　　　　　　　2018년 국가직 9급

다음과 같이 주장한 인물에 대한 설명으로 옳은 것은?

달은 하나이나 냇물의 갈래는 만 개가 된다. …… 나는 그 냇물이 세상 사람들이라는 것을 안다. 빛을 받아 비추어서 드러나는 것은 사람들의 상이다. 달이라는 것은 태극이요, 태극은 나이다.

① 『해동농서』를 편찬하도록 하였다.
② 갑인예송에서 왕권을 강조하며 기년복을 주장하였다.
③ 이순신에게 현충이라는 시호를 내리고 강감찬 사당을 건립하였다.
④ 민간의 광산 개발 참여를 허용하는 설점수세제를 처음 실시하였다.

003 ☐☐☐　　　　　　　　　　2018년 법원직 9급

다음 군사 조직에 대한 설명으로 가장 옳은 것은?

국왕의 행차가 서울로 돌아왔으나, …… 이때에 임금께서 도감을 설치하여 군사를 훈련시키라고 명하시고 나를 그 책임자로 삼으시므로, …… 얼마 안 되어 수천 명을 얻어 조총 쏘는 법과 창, 칼 쓰는 기술을 가르치게 하였다. 또 당번을 정하여 궁중을 숙직하게 하고, 국왕의 행차가 있을 때 이들로써 호위하게 하니 민심이 점차 안정 되었다.　　　　　　　－《서애집》

① 갑사와 정군으로 구성되었다.
② 포수, 사수, 살수로 조직되었다.
③ 제승방략체제에 맞는 군사 조직이었다.
④ 신분 구분 없이 노비에서 양반까지 편성되었다.

◎ 정답·해설

정답　1.① 2.① 3.②

해설　1. 장희빈의 아들의 세자책봉을 두고 일어난 기사환국으로 숙종 때이다.(1689) ①나선정벌에 대한 설명으로 효종 때이다.
　　2. 자료의 인물은 정조이다. 정조의 〈만천명월주인옹자서〉이다. ② 갑인예송은 효종의 비가 승하하면서 자의대비의 상복기간을 두고 현종 때 일어난 사건이다. ③ 숙종 때 일이다. ④ 효종 때 일이다.
　　3. '조총 쏘는 법', '칼 쓰는 기술'을 통해 훈련도감임을 알 수 있다. ① 5위 ③ 왜란 전의 방위체제이다. ④ 조선 후기 지방군인 속오군에 관한 설명이다.

004 □□□
2016년 계리직 9급

다음의 사실들을 시기 순으로 바르게 나열한 것은?

> ㄱ. 화통도감을 설치하여 화약과 화포를 제작하였다.
>
> ㄴ. 훈련도감을 설치하고 속오법에 따라 지방군을 편제하였다.
>
> ㄷ. 일본에 부산포, 제포, 염포 등 3포를 개방하여 제한된 범위에서 교역을 허용하였다.
>
> ㄹ. 중앙에서 파견되는 장수로 하여금 방어 지역의 병력을 지휘하게 하는 제승방략 체제를 수립하였다.

① ㄱ－ㄴ－ㄷ－ㄹ
② ㄱ－ㄷ－ㄹ－ㄴ
③ ㄷ－ㄱ－ㄴ－ㄹ
④ ㄷ－ㄹ－ㄱ－ㄴ

005 □□□
2010년 국가직 7급

다음 자료는 조선 시대 어떤 군사 체제의 문제점을 지적하고 있다. 이 군사 체제에 해당하는 것은?

> 을묘왜변 이후 김수문이 전라도에서 처음으로 도내의 여러 읍을 순변사 · 방어사 · 조방장 · 도원수와 본도 병사 · 수사에게 소속시키니 여러 도에서 이를 본받았다. ……이리하여 한번 위급한 일이 있으면 반드시 멀고 가까운 곳의 군사를 모두 동원하여 빈 들판에 모아놓고 1,000리 밖에서 오는 장수를 기다리게 하였다. 그러므로 장수는 아직 때 맞추어 이르지 않았는데, 적은 이미 가까이 오게 되니 군심이 동요하여 반드시 궤멸하는 도리밖에 없다.
>
> ─《유성룡의 상계》

① 진관체제
② 5군영 체제
③ 속오군 체제
④ 제승방략 체제

006 □□□
2018년 교육행정

(가), (나) 붕당에 대한 설명으로 옳은 것은?

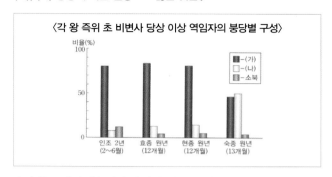

〈각 왕 즉위 초 비변사 당상 이상 역임자의 붕당별 구성〉

① (가) – 갑인예송에서 왕실의 예는 사대부와 다르다고 주장하였다
② (가) – 이이와 성혼의 학문을 계승한 사람이 대부분을 차지하였다.
③ (나) – 환국을 거치면서 노론과 소론으로 분화되었다.
④ (나)– 희빈 장씨 소생의 왕자를 세자로 책봉하는 것에 반대하였다.

007 ☐☐☐　　　　　　　　　　　　　　　2016년 계리직 9급

다음은 붕당 정치의 전개 과정이다. (가)에 들어갈 내용으로 적절한 것은?

효종이 죽자 인조의 계비 자의대비의 복제(服制)문제로 송시열을 비롯한 서인과 허목 등 남인 간에 예송(禮訟)이 발생하였다.

↓

(가)

↓

영조는 산림의 존재를 인정하지 않았으며, 이조 전랑의 인사 권한을 축소하였다.

① 사림이 동인과 서인으로 분당되었다.
② 소수가문이 권력을 독점하는 세도 정치가 나타났다.
③ 북인이 서인과 남인을 배제한 채 정권을 독점하였다.
④ 정국이 급격하게 전환되는 환국이 나타나기 시작하였다

009 ☐☐☐　　　　　　　　　　　　　　　2016년 지방직 9급

다음 정책을 시행한 왕에 대한 설명으로 옳은 것은?

- 『속대전』을 편찬하여 법령을 정비하였다.
- 사형수에 대한 삼복법(三覆法)을 엄격하게 시행하였다.
- 신문고 제도를 부활시켜 백성들의 억울함을 풀어주고자 하였다.

① 신해통공을 단행해 상업 활동의 자유를 확대하였다.
② 삼정이정청을 설치해 농민의 불만을 해결하려 하였다.
③ 붕당의 폐단을 제거하기 위해 서원을 대폭 정리하였다.
④ 환곡제를 면민이 공동 출자하여 운영하는 사창제로 전환하였다.

008 ☐☐☐　　　　　　　　　　　　　　　2012년 법원직 9급

(가)~(라)에 들어갈 내용으로 옳은 것은?

경신환국(숙종 6)	기사환국(숙종 15)	갑술환국(숙종 20)
(가)	(나)	(다)

신임사화(경종1~2)	이인좌의 난(영조 4)
(라)	

① (가) – 왕위 계승문제를 둘러싼 소론의 노론 공격
② (나) – 남인이 역모 혐의를 받아 몰락하고 서인 정권 수립
③ (다) – 폐비 민씨의 복위로 서인 정권 재수립
④ (라) – 장희빈의 소생이 세자가 되면서 남인 재집권

010 □□□

제시된 자료를 읽고 다음 전교를 내린 임금에 대한 설명으로 옳은 것을 〈보기〉에서 고른 것은?

> 붕당의 폐단이 요즈음보다 심한 적이 없었다. …… 다른 붕당의 사람들을 모조리 역당으로 몰고 있다. …… 사람을 임용하는 것은 모두 같은 붕당의 인사들만이니 이렇게 하고도 천리의 공(公)에 부합하고 온 세상의 마음을 복종시킬 수 있겠는가 …… 귀양 간 사람들은 그 경중을 참작하여 풀어 주고 관리의 임용을 담당하는 관서에서는 탕평(蕩平)하게 거두어 쓰도록 하라.

─〈보기〉─
ㄱ. 가혹한 형벌을 폐지하였으며, 『속대전』을 편찬하여 법전 체제도 정비하였다.
ㄴ. 정국을 주도하는 붕당과 견제하는 붕당이 급격히 교체되는 이른바 환국이 일어났다.
ㄷ. 통치 체제를 재정비하여 세도 정치의 문제점을 해결하고자 하였다.
ㄹ. 백성들의 군역 부담을 완화하기 위해 균역법을 시행하였다.
ㅁ. 군대를 양성하고 성곽을 수리하는 등 북벌을 준비하였다.

① ㄱ, ㄹ   ② ㄴ, ㅁ   ③ ㄱ, ㅁ
④ ㄴ, ㄷ   ⑤ ㄷ, ㄹ

011 □□□

다음과 같은 건의에 따라 실시한 정책으로 볼 수 없는 것은?

> 당론(黨論)의 폐단이 거의 1백 년이나 되었으니 어찌 갑자기 크게 변할 수 있겠습니까마는 세월을 두고 힘쓰면 혹 줄어드는 보람이 있을 것입니다. 위에서 지극한 정성으로 탕평하시면, 신하로서 어찌 감동하는 마음이 없겠습니까?

① 산림을 중용하였다.
② 서원의 수를 대폭 줄였다
③ 이조 전랑의 권한을 약화시켰다.
④ 각 붕당의 인물을 고르게 등용하였다.

012 □□□

다음의 행사를 주관한 국왕의 정책으로 옳지 않은 것은?

8일 간의 화성 행차
첫째 날: 창덕궁을 출발해서 시흥에 도착하다.
둘째 날: 시흥을 출발해서 화성에 도착하다.
셋째 날: 향교 대성전을 참배하고 과거를 실시하다.
넷째 날: 현륭원을 참배하고 장용영의 군사를 조련시키다.
다섯째 날: 혜경궁 홍씨의 회갑잔치를 베풀다.
여섯째 날: 노인을 위로하는 잔치를 베풀다.
일곱째 날: 화성을 출발해서 시흥에 도착하다.
여덟째 날: 시흥을 출발해서 창덕궁에 도착하다.

① 병법서인 『무예도보통지』를 편찬하였다.
② 초계문신 제도를 도입하여 관료들을 재교육하였다.
③ 수령이 군현 단위의 향약을 직접 주관하게 하였다.
④ 『대전회통』을 편찬하여 국정 수행의 편의를 도모하였다.

정답 · 해설

정답 10.① 11.① 12.④

해설 10. 자료는 영조의 탕평교서이다. / ㄴ.숙종/ ㄷ .흥선대원군의 개혁정책/ ㅁ.효종
　　　11. 영조 때 탕평을 건의한 내용이다. ① 산림은 관직에 등요하지 않고 정계에 영향력을 미치는 인물로 영조는 산림의 존재를 부정한다.
　　　12. 정조의 화성행차에 관한 자료이다. ④ 고종 때 편찬한 것이다. 정조 때는 〈대전통편〉이다.

013 □□□

밑줄친 ⊙~ⓔ에 대한 설명으로 옳지 않은 것은?

> 정조는 ⊙ 준론 탕평을 추진하여 영조 때에 세력을 키워 온 척신을 제거하였다. 이어 권력에서 배제되었던 ⓛ 남인 계열 인물을 중용하였고, 신진 인물이나 중·하급 관리 중에서 유능한 인사를 재교육하는 ⓒ 초계문신제를 시행하고, 규장각을 강력한 정치 기구로 육성하였다. 또한 자유로운 상업 행위를 허락하는 ⓔ 통공 정책을 실시하는 등 사회 전반에 걸친 개혁을 추진하였다.

① ⊙ - 각 붕당의 주장이 옳은지 그른지를 명백히 가리는 것이었다.
② ⓛ - 대표적 인물은 채제공, 이가환, 정약용 등이었다.
③ ⓒ - 37세 이하의 참상·참하의 당하관 중 젊고 재능 있는 문신들을 의정부에서 초선하여 6년간 규장각에 위탁 교육을 시켰다.
④ ⓔ - 육의전을 제외한 일반 시전이 소유하고 있던 금난전권을 폐지하였다.

014 □□□

다음 (가)에 대한 설명으로 옳은 것을 〈보기〉에서 고른 것은?

> 1862년에는 진주에서 몰락 양반 유계춘을 중심으로 경상 우병사 백낙신의 부정부패에 항의하는 농민 봉기가 일어나 진주성이 점령되었다. 이후 삼남 지방의 70여 곳에서 농민들이 봉기하였고, 곧이어 북쪽의 함흥 지역에서부터 남쪽의 제주도에 이르기까지 전국적으로 확산되었다. 농민 봉기에 당황한 세도 정권은 ⎯⎯(가)⎯⎯ 을/를 설치하고 개혁에 착수하여 민심의 동요를 진정시키고자 하였다.

〈보기〉
ㄱ. 박규수의 건의로 설치한 기구였다.
ㄴ. 전세, 공납, 군역의 삼정을 개선하기 위해 설치되었다.
ㄷ. 삼정의 문제를 해결하기 위해 '삼정이정절목'을 공포하였다.

① ㄱ
② ㄱ, ㄴ
③ ㄱ, ㄷ
④ ㄴ, ㄷ

015 □□□

다음 역사적 사실을 순서대로 바르게 나열한 것은?

> ㄱ. 청의 요청으로 조선은 나선(러시아)정벌에 조총병을 파병하였다.
> ㄴ. 청의 정세 변화를 이용하여 윤휴를 중심으로 북벌 움직임이 제기되었다.
> ㄷ. 조선과 청의 두 나라 대표가 백두산 일대를 답사하고, 국경을 확정하는 백두산 정계비를 세웠다.
> ㄹ. 안용복은 울릉도에 출몰하는 일본 어민들을 쫓아내고, 일본에 건너가 울릉도와 독도가 조선의 영토임을 확인받고 돌아왔다.

① ㄱ - ㄴ - ㄷ - ㄹ
② ㄱ - ㄴ - ㄹ - ㄷ
③ ㄴ - ㄱ - ㄷ - ㄹ
④ ㄴ - ㄱ - ㄹ - ㄷ

🎯 정답·해설

정답 13.③ 14.③ 15.②

해설 13. ③ 초계문신제는 정조 때 재능 있는 관리를 뽑아 학문에 매진하게 하여 성과를 국정에 반영하게 하는 제도이다. 참상, 참하를 구분하지 않는다.
14. 자료는 임술농민봉기에 관한 내용으로 (가)삼정이정청이다. / ㄴ.삼정은 전정·군정·환곡이다.
15. ㄱ.효종, 1654, 1658년 / ㄴ.숙종, 1675년 / ㄷ.숙종, 1712년 / ㄹ.숙종, 1693년, 1696년

01 조선 후기의 경제

1. 수취 체제의 개편

(1) **전세 제도의 개편** 영정법 시행

① **토지 결수의 격감** : 왜란을 전후로 경작지가 황폐화되고 토지대장이 소실되어 토지 결수가 격감
   ⇨ 개간을 통해 경작지를 확충하고자 함

② **정부의 대책**

   ㉠ 수리 시설 확충 : 현종 때 비변사에 제언사(국가의 지원 아래 수리 시설을 관리하도록 함)를
      설치, 정조 때 제언절목을 반포함, 국가 지원으로 제언, 보, 저수지 등을 새로 축조·보수하
      기 위해 노력

   ㉡ 농지의 개간 확대 : 신분에 관계없이 개간을 허용하여 개간지의 소유권을 보장, 실제로는 종
      친, 정부 기관, 양반 등 지배층이 중심이 되어 지주의 토지 겸병과 지주제가 확대 됨

   ㉢ 양전 사업 실시 : 은결(토지 대장에서 빠진 토지)을 찾아내어 세원을 증대시키고자 함

▶ 조선 시대 전국의 토지 면적

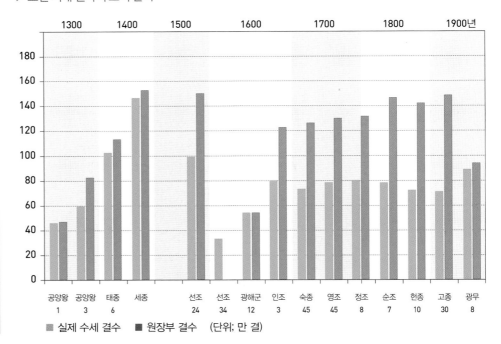

■ 실제 수세 결수 ■ 원장부 결수   (단위; 만 결)

❖ 수취 체제의 변화 모습

▶ 조세

과전법
•최고 1/10, 병작농 → 자영농화 •농민 지위 향상

▼

전분6등법, 연분9등법(세종)
•토지의 비옥도와 풍흉의 정도에 따라 → 4두~20두

▼

영정법(인조)
•풍흉에 관계없이 1결당 4주로 인하 → 양반지주 유리, 농민 혜택 없음

▶ 공납

전기
•공납 : 호세, 현물세 •연간 수요량은 각 군, 현에 배정 •군현마다 부담 차이가 남 •16세기 방납

후기
•대동법 : 공물 납부 방식을 토지 결수에 따라 쌀이나 삼베, 무명, 동전 등으로 납부 •17세기 광해군(경기도) → 18세 기 숙종(전국) •호세 → 전세화, 양반·지주 부담 증가(농민 부담 감소), 조세의 금 납화

③ **영정법의 실시(인조, 1635)**

  ㉠ 배경 : 세종대왕 시기부터 시행된 전분 6등법과 연분 9등법은 판정과 운영이 복잡하고, 관리의 부정이 개입할 여지가 많음

  ㉡ 영정법 : 연분 9등법을 폐지하고 전세를 풍년과 흉년에 관계없이 토지 1결당 4 ~ 6두로 고정함

  ㉢ 결과 : 농민의 대다수는 소작농이었으므로 큰 도움이 되지 못함. 각종 수수료, 운송비, 자연 소모에 의한 보충비 등의 부가세가 함께 부과되어 실제 납부액은 법적 수세액의 몇 배가 됨

④ **양척동일법(효종, 1653)** : 토질에 따라 토지의 넓이를 측정하는 자를 6등급으로 구분하여 쓰던 것을 바꾸어 같은 자로 측량함. 이에 따라 1등척 하나로 측량한 후 토지 등급에 따라 면적을 계산함.

(2) **공납 제도의 개편**

① **배경**

  ㉠ 공납 부과의 문제점 : 농민의 생산물량을 기준으로 한 과세가 아니라 국가의 수요량을 책정하여 각 고을 단위로 할당하고, 호를 기본단위로 부과하여 농민들에게 가장 큰 부담이 됨

  ㉡ 방납의 폐단 : 중앙 관청의 서리나 경저리, 시전 상인들이 공물을 대신 내고 그 대가를 챙기는 방납 성행함 ⇨ 농민의 토지 이탈 심화

② **수미법 주장** : 일부 지역에서는 공물의 폐단을 시정하기 위하여 현물 대신 쌀로 거두는 수령이 등장하기도 함(사대동(私大同)), 조광조의 대공수미법, 율곡 이이와 유성룡의 수미법 제안 등이 있어왔음

③ **대동법 실시(1608)**

  ㉠ 내용 : 호마다 토산물을 부과 징수 하던 방식을 토지 결수에 따라 쌀·삼베·무명·동전 등으로 납부하게 함 ┄┄●1결당 12두

   ┄●선혜청

  ㉡ 공인의 활동 : 관청에서 공가를 미리 받아 필요한 물품을 사서 납부함

   ┄●평안도, 함경도 제외

  ㉢ 단계적 실시 : 전국적 시행에 100년이 소요 ⇨ 양반 지주층·방납인·지방수령·토호 등의 반대가 심해 이들의 이해를 배려하면서 확대 시행

지역	시행 시기
경기도	1608년(광해군 즉위)
강원도	1623년(인조 1)
충청도	1651년(효종 2)
전라도	1658년(효종 9)
경상도	1678년(숙종 4)
황해도	1708년(숙종 34)

경창
공진창
성당창
군산창
법성창

□ 쌀 상납 지역
■ 삼베 상납 지역
■ 목면 상납 지역
■ 동전 상납 지역
□ 잉류 지역

▲ **대동법의 시행 확대**

④ **결과**

  ㉠ 공납의 전세화 : 토지 소유의 정도에 따라 차등을 두어 과세하여 보다 합리적인 세제임

  ㉡ 조세의 금납화 : 현물징수가 미곡·포목·전화 등으로 대체 됨

  ㉢ 농민 부담의 경감 : 과세의 기준이 종전의 가호에서 토지의 결수로 바꿈, 토지 1결당 12두를

납부함 ⇨ 토지가 없거나 적은 농민에게 공물 부담은 없어지거나 경감됨

　㉣ 토지를 많이 소유한 지주의 부담은 증가

　㉤ 국가 재정 사정이 다소 안정됨

④ 영향

　㉠ **상품 화폐 경제의 발달** : 공인들이 시장에서 많은 물품을 구매하여 상품 수요가 증가, 농민들도 대동세를 내기위해 토산물을 시장에 내다 팔아, 쌀, 베, 돈을 마련하여 물품의 수요와 공급이 증가함, 장시와 상공업이 발달함.

　㉡ 쌀의 집산지인 삼랑진, 강경, 원산 등은 상업 도시로 성장함

　㉢ **봉건적 양반 사회의 붕괴** : 농민층의 분해를 촉진하여 종래의 신분 질서와 경제를 와해시킴

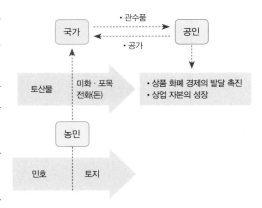

▲ 대동법의 실시

⑤ 한계

　㉠ 별공, 진상이 남아 있어 지방 관아에서는 필요에 따라 수시로 토산물을 징수함

　㉡ **수탈의 증가** : 중앙에 올리는 상납미(봄에 거둠)의 비율이 높아지고 지방 관아에서 사용하는 유치미(가을에 거둠)의 비율이 낮아져 지방 관아 재정이 악화되었고 수령 및 아전들에 의한 농민 수탈이 가중 됨

⑶ 군역 제도의 개편

① 군역 제도의 모순

　㉠ **수포군의 증가** : 양 난 이후 5군영의 성립으로 모병제가 제도화되자, 군영의 경비 마련을 위해 포를 내는 수포군이 증가함.

　㉡ 군대 운영비가 부족해지자 군포의 중복 징수가 많아짐, 군포의 양도 임의로 정함

　㉢ **군포액의 증가** : 납속이나 공명첩으로 양반이 되어 면역하는 자가 늘어나 군역의 재원이 줄어듦 ⇨ 한 사람이 납부해야하는 군포의 양이 증가함.

　㉣ **지방관의 농간** : 군포 수납 과정에서 실무를 담당하던 수령과 아전들에 의해 백골징포, 황구첨정, 강년채(60세 이상에게 군포를 부과하는 것), 인징, 족징 등의 폐단이 발생

　㉤ 과중한 군역부담은 농민들을 노비나 양반으로의 신분 이동을 유도함

　㉥ 농민의 부담이 심화되자 유망하거나 노비로 전락하는 경우가 많음

② **양역변통론의 대두**

　㉠ **농병일치제로의 환원론** : 공전제에 입각하여 군사제도를 농병일치제로 환원하자는 유형원의 주장 ⇨ 토지 제도의 개혁을 전제로 하는 것이어서 실현 불가능함

　㉡ **호포론의 대두** : 효종과 현종 때 일부 대신들 사이에서 제기되다가 숙종과 영조 때 본격적으

▶ **군역**

15세기
• 양민 개병 – 농병 일치 – 군정 수확대
• 대립제 : 15세기 말(성종)

16세기
• 군적 수포제
• 대립제 양성화
• 군역 → 조세화 – 군사력 약화

16세기
• 균역법 : 영조
• 1년 2필 → 1년 1필
• 부족분의 보충 　양반 : 선무군관포 1필 　지주 : 결작(1결 2두) 　잡세 : 어장세, 염전세, 선박세

로 논의되어 영조 시기에는 창경문 홍화문에 나아가 백성들에게 의견을 묻기까지 함. 그러나 신분제를 동요시킬 수 있는 요소가 내포되어 있어 시행되기 어려워 결국 감포론으로 귀결됨

③ 균역법(영조, 1750)

㉠ 실시 : 양역변통론을 절충한 감포론으로 양인에게 부과되던 군포의 액수를 1년에 2필에서 1필로 줄여준 제도

㉡ 감소된 군포 보충 : 결작 1결당 2두, 어장세, 염세, 선박세 등 왕실 수입에 해당하는 잡세로 보충, 지방의 토호나 부유한 집안의 자제들에게 선무군관이라는 칭호를 주고 군포 1필을 납부하게 함, 은결을 조사하여 공식 재정에 등록

㉢ 시행 결과 : 결작으로 지주부담은 증가하고 농민에게 부과된 군포 부담이 감소하면서, 일시적으로 농민들의 부담이 경감됨

㉣ 한계 : 결작이 소작농민에게 전가되어 농민의 부담 증가, 정부가 군적에 기재된 장정의 수를 무리하게 책정하여 군적의 문란이 심화되면서 족징, 인징의 폐단이 나타남

2. 서민 경제의 발전

(1) 양반들의 토지 경영

① 양 난 이후 : 토지 개간에 주력하고 토지를 사들여 농토를 늘림

② 18세기 말 : 토지를 소작 농민에게 빌려주고 소작료를 받는 지주 전호제가 일반화됨

(2) 지주 전호제의 변화

① 전기 : 양반들은 신분적 상하관계와 지주라는 경제적인 지위를 이용하여 소작료 뿐 아니라 그 밖의 경제 외적 부담을 강요함

② 변화의 계기

㉠ 상품화폐 경제의 발달

㉡ 소작인의 저항이 심해지자 소작인의 소작권을 인정하고 소작료를 낮추거나 일정액으로 정하는 추세가 나타남

③ 지주와 전호의 관계 : 신분적 관계에서 경제적인 관계로 바뀜

(3) 양반 계층의 변화

① 대지주 등장 : 소작료와 미곡 판매로 이득을 남기고 토지를 매입함

② 상인 물주 등장 : 상인에게 자금을 대거나 고리대를 하여 부를 축적

③ 몰락 양반 : 경제적 변동에 적응하지 못하고 몰락하는 양반이 생김

(4) 농업생산력의 증대

① 논농사

㉠ 이앙법의 전국적 확대 : 조선 전기에는 일부 남부지방에서만 이루어지다가 조선 후기에 전국적으로 확대됨

㉡ 이앙법 실시의 영향 : 노동력이 절감되고 단위 면적당 생산량이 증가하였으며, 벼와 보리의

이모작이 가능해짐, 보리는 수취대상이 아니어서 소작농들은 보리농사를 선호함

② **밭농사** : 밭고랑에 씨를 뿌리는 견종법 보급 ⇨ 노동력 절감, 바람과 추위에 유리

③ **농기구** : 쟁기 사용 확대, 거름주기 개선, 농기구의 개량 ⇨ 수확량의 증대

④ **광작 농업의 발달**

　ㄱ **배경** : 이앙법●이나 견종법의 보급 등 농업 기술의 발전으로 노동력이 절감되어 1인당 경작 면적이 확대 됨

　ㄴ **의미** : 모내기법으로 잡초를 제거하는 노동력이 줄자 농민들은 경작지를 확대하는 등 농업 경영 방식을 변화시킴, 이를 광작이라 함

　ㄷ **결과** : 지주들이 소작지를 회수하고 직접 경영에 나섬, 자작농은 물론 일부 소작농도 자신의 땅이나 남의 땅을 대규모로 빌려 광작 농업에 참여 ⇨ **일부 농민은 부농층으로 성장함**

　ㄹ **영향** : 대부분의 농민은 소작지를 얻기가 어려워 토지에서 이탈하여 품팔이 노동자로 전락하는 등 농민의 계층 분화가 이루어짐

⑤ **상품 작물의 재배**

　ㄱ **상품 작물** : 시장에 팔기 위해 담배, 인삼, 채소, 목화, 약재, 고추, 모시, 생강, 지황 등을 재배하여 가계 수입을 늘림, 왕십리, 송파 등지에서 인구가 늘어난 서울의 백성을 상대로 채소 재배가 성행함

　ㄴ **쌀의 상품화** : 쌀의 수요가 늘면서 밭을 논으로 바꾸는 현상이 활발

⑥ **구황 작물의 재배** : 기근에 대비한 구황 작물의 필요성이 높아져 고구마, 감자 등 새로운 작물이 널리 재배, 고구마는 18세기 후반 일본에서, 감자는 19세기 초 청에서 전래 됨

(5) 수리시설과 개간 · 간척 사업

① **저수지의 신축**

　ㄱ 현종 때 저수지 관리를 위해 비변사 직속의 제언사(국가의 지원 아래 수리 시설을 관리하도록 함)를 설치

　ㄴ 정조 때 개인이 독점적으로 소유하지 못하도록 하기 위하여 제언절목을 반포함

　ㄷ 당진의 합덕지, 연안의 남대지 등의 저수지와 작은 저수지들이 많이 만들어짐

② **논의 비율 증대** : 18세기 중엽 밭을 논으로 바꾸는 현상이 활발해짐

③ **개간 · 간척 사업**

　ㄱ 조선 후기에는 황무지 개간과 해안 지방의 간척 사업이 활발해 경지 면적이 늘어남

　ㄴ 내륙 산간 중심의 황무지 개간이 이루어지고 서해안과 큰 강 유역의 저습지를 중심으로 간척사업이 이루어짐

(6) 지대의 변화

① **배경** : 항조 운동의 대두 , 소작 쟁의의 증가

② **새로운 지대 납부 방식**

　ㄱ **도지권의 인정** : 전호권이 성장하면서 특별한 사정이 없는 한 지주가 함부로 소작지를 빼앗

❶ 이앙법

볍씨를 바로 논에 뿌리는 직파법과 달리 벼를 못자리에서 싹을 틔우고 기른 다음 논에 물을 대어 옮겨 심는 방법을 말함. 이앙법을 사용하면 김매기에 드는 노동력을 덜 수 있으며 수확량 증가와 이모작 등에 유리함. 그러나 가뭄이 들면 그해 농사를 망칠 위험성이 있기에 수리시설의 기반이 중요한 농사법임

지 못하게 함

ⓛ **도조법의 시행** : 지대를 일정 액수를 곡물이나 화폐로 냄

ⓒ **지대 변화의 결과** : 소작농이라도 상품 작물을 재배하거나 근면하고 시장 경제를 잘 이용하는 농민은 소득을 증가시켜 토지를 개간하거나 매입하여 지주가 되기도 함

③ **지대의 내용**

ⓛ **타조법** : 지주가 생산량의 50%를 가져가는 일반적인 납부방식, 전세는 지주가 부담하고 종자와 농기구 및 비료대는 소작인이 부담

ⓒ **도조법** : 풍흉에 관계없이 해마다 일정량의 지대를 납부 ⇨ 초과 생산분은 소작농의 몫으로 타조법보다 유리함 ·········●대개 수확량의 3분의 1

④ **소작료의 금납화** : 18세기 상품화폐 경제가 발전하면서 소작료의 금납화가 가능해짐 ⇨ 소작농의 농업 경영을 보다 자유롭게 해주는 기반이 됨

(7) 농민층의 계층 분화

① **경영형 부농의 등장** : 광작이 가능해지면서 소작지를 회수하여 직접 경영함 ⇨ 소작농의 소작지는 잃기 쉬워지고 얻기는 어려워짐, 소수의 부농들은 상업적 영농을 시작함

② **임노동자의 증가** : 농촌을 떠난 농민은 도시로 가 상공업에 종사하거나 광산이나 포구의 노동자가 됨

(8) 민영 수공업의 발달

① **시장경제의 확대**

ⓐ 상품 화폐 경제가 진전되면서 시장판매를 위한 수공업 제품의 생산이 활발해짐

ⓑ 도시 인구 급증으로 제품의 수요 증가

ⓒ 대동법이 실시되면서 관수품의 수요가 증가

② **부역제의 해이** : 16세기 이후 수공업자들이 관청에 등록하는 것을 기피하고 정부의 재정 상태도 좋지 않아 조선 후기에는 관영 수공업을 유지하는 것이 어려워짐

③ **민영 수공업의 성장**

ⓐ **납포장의 증대** : 장인세를 납부하는 납포장(장인세를 납부하고 자유롭게 물건을 만들어 파는 수공업자)의 활동이 많아지고 관영 수공업자의 제품에 비해서도 경쟁력을 갖춤

ⓑ **점(店)의 발달** : 18세기 무렵, 지역적으로 특화되어 유기점, 철기점, 자기점, 와기점과 같은 수공업 촌락이 발달

ⓒ **공장안의 폐지** : 18세기말 정조 때 공장안(국가에 귀속된 장인들의 명부)을 폐지하였고, 국가에서 직영하는 관영 수공업장에서도 사장을 고용함

④ **선대제 수공업의 발달** : 공인이나 상인들에게 주문과 함께 자금과 원료를 미리 받아서 제품을 생산하는 방식으로 당시에는 보편적인 수공업 형태였음 ⇨ 수공업자는 상업 자본에 예속됨

(9) 민영 광산의 증가

① **조선 전기의 광업** : 민간의 채굴을 금지하고 부역 노동을 통해 국가가 직접 광산을 경영함. 중국

의 조공 요구를 피하기 위해 금·은광은 개발을 기피함. 철광이 있는 인근 읍의 농민은 농한기에 부역으로 동원하여 채굴하는 철장도회제 등이 시행됨

② **16세기의 광업**

  ㉠ 철광 : 공납의 철이 쌀과 포로 대납되고 정부가 그것으로 민간 채취의 철물을 매입하는 경우가 많음

  ㉡ 은광 : 무역의 증가로 중단되었던 은 채굴이 시작됨, 연산군 때 효과적인 제련 기술인 <u>연은분리법</u>이 개발되면서 단천 광산 등 은광개발이 시작
  └──●단천연은법, 회취법

  ㉢ 운영 : 정부는 중국의 세공 요구를 염려하여 필요한 경우에만 부역을 동원하여 채굴하는 방식을 선호하였으나, <u>부상대고</u>의 민영화 요구와 잠채 성행으로 민간 채굴 허용
    └──●큰 자본금을 가지고 대규모로 장사하는 상인

③ **17세기의 광업**

  ㉠ 군·영문 감관제 : 왜란과 호란 이후 무기의 원료가 되었던 철과 유황, 은 광산의 경영을 군영에서 담당, 광산 경영의 경험이 있는 자를 감관(녹봉을 받는 관리로 임명)으로 삼아 생산을 감독하게 함

  ㉡ 설점수세제(효종, 1651) : 민간인이 정부의 감독 아래 광물을 채굴할 수 있도록 한 제도. 호조에서 파견한 별장이 세금을 거둠, 별장은 광산 설치와 징세 업무를 대행하였고, 광산의 실질적 경영은 점장의 우두머리가 주도함

  ㉢ 은점의 발달 : 민영 수공업의 발달에 따라 그 원료인 광물의 수요가 급증하게 되면서 금, 은, 동 등의 채굴이 촉진됨, 특히 청과의 무역으로 은의 수요가 늘어나면서 은광의 개발이 활기를 띰

④ **18세기의 광업**

  ㉠ 민영 광산의 발달 : 영조 때 별장수세제를 폐지하고 수령수세제 실시. 수령으로 하여금 세금을 거두게 함. 그러자 수령과 결탁한 잠채가 증가함

  ㉡ 18세기 말에는 상업 자본이 채굴과 제련이 쉬운 사금 채굴에 몰리면서 금광의 개발도 활발

  ㉢ 광산의 개발은 이득이 많아 몰래 채굴하는 잠채가 성행함

⑤ **분업에 토대를 둔 협업** : 경영 전문가인 덕대(광산 전문 경영자)가 물주(자본가)에게 자본을 받아 혈주(채굴업자)와 성영주(제련업을 하는 기업인), 편수(제련 기술자), 연군·광군(채굴 노동자) 등을 고용하여 광물을 채굴하고 제련하는 것이 일반적임

⑥ **광산 개발의 영향** : 일거리가 많은 광산에 사람들이 몰려 생필품의 값이 폭등하는 일이 종종 발생함, 성천, 수안, 단천 등과 같은 큰 광산촌이 형성됨, 잠채가 성행함

3. 상품화폐 경제의 발달

(1) 조선 후기 상업 발달의 배경

① 농업 생산력 증대와 수공업 생산이 활발해 상품의 유통이 활성화 됨

② 부세 및 소작료의 금납화는 상품 화폐경제의 진전을 촉진시킴

▲ 김홍도의 '대장간'

▶ **잠채**
설점수세제 폐지 이후 관의 허가 없이 몰래 광산을 개발하는 일

③ 농민의 계층분화가 심화되어 농촌에서 도시로 유입되어 상업활동이 활발

(2) 공인의 등장

① 역할

㉠ 시전 상인, 장인, 경저리 출신으로 대동법의 실시로 대두

┈┈┈┈┈●지방관이 중앙 관청에 파견한 아전

㉡ 어용상인으로서 관청에서 공가를 미리 받아 물품을 사서 납부함

② 성장

㉠ **상권의 독점** : 공인은 관청별로 또는 물품의 종목별로 공동 출자해 계를 조직하고 상권을 독점함, 납부할 물품을 수공업자에게 위탁하여 수공업의 성장을 뒷받침함

㉡ **도고의 성장** : 서울의 시전 뿐 아니라 지방 장시를 중심으로 활동, 특정 물품을 대량으로 구매 ⇨ 독점적 도매상인인 도고로 성장

(3) 사상의 대두

① 사상의 등장

㉠ **사상의 시초(17세기 초)** : 도시 근교의 농어민, 소규모 생산지, 훈련도감의 군졸이 직접 생산한 채소, 과일, 수공업 제품을 행상으로 판매

㉡ **중도아 등장** : 도시로 유입된 인구의 일부가 상업을 생업으로 삼고 시전에서 물건을 떼어 파는 중도아(중간 도매 상인)가 되기도 함

② 사상과 시전의 경쟁

㉠ **사상의 활동** : 사상들은 금난전권에 대항하여 종루ㆍ이현(배오개), 칠패 등을 중심으로 상행위를 계속함

㉡ **시전의 금난전권** : 정부는 국역을 부담하는 시전 상인에게 난전의 활동을 규제할 수 있고 특정 상품에 대한 전매권을 지킬 수 있도록 금난전권을 부여함. 사상의 활동이 활발해지자 시전 상인들은 금난전권을 통하여 사상의 활동을 억압하려 함

③ 금난전권의 철폐(정조, 1791)

㉠ **배경** : 정부가 사상의 활동을 규제할 수 없게 되었으며 시전상인의 횡포로 물가가 급등

㉡ **신해통공** : 육의전을 제외한 나머지 시전의 금난전권을 철폐 ⇨ 그 대가로 사상에게 일부 세금을 부과하여 국가재정을 확보

㉢ **결과** : 시전 상인은 위축되고 사상들은 육의전 상품이 아닌 것은 자유롭게 판매, 새로운 시장이 형성되고 일부는 도고로 성장 함

④ 사상의 활동

㉠ **도성** : 칠패, 송파 등 도성 주변

㉡ **지방** : 개성, 평양, 의주, 동래 등 지방도시, 각 지방의 장시를 연결하면서 물품을 교역하고 각지에 지점을 두어 상권을 확장

㉢ **대외무역 참여** : 청과 일본의 무역에 참여하여 부를 축적

㉣ **경강 상인(한강)** : 운송업에 종사 하면서 거상으로 성장한 선상, 한강을 근거지로 삼아 서남

▶ 경저리

지방에서 중앙으로 파견된 아전 또는 향리. 중앙과 지방의 문서 전달, 지방에서의 각종 상납물이 기일 내에 도착하게 관리하는 업무 등을 담당하며 각종 대납을 하기도 함. 이들의 대납 행위는 점점 중앙 관리와 결탁되어 백성의 삶을 피폐하게 함

▲ 조선시대 한성의 상권

▲ 칠패

연해안을 오가며 소금이나 어물 등을 판매함. 선박의 건조 등 생산 분야에까지 진출하여 활동함

ⓜ **송상(개성)** : 전국에 '송방'이라는 지점을 설치하여 활동 기반을 강화, 인삼을 재배하여 판매하고 청, 일본과의 대외무역에도 관여함. 이들은 복식부기의 일종인 '사개송도 치부법'을 개발하여 회계에 활용함

ⓑ **만상** : 의주의 만상은 주로 청과 사무역에 관여하며 중강 후시나 책문 후시에서 활동함

ⓢ **내상** : 주로 일본과의 무역에 관여함

(4) 장시의 발달

① **장시의 확대**

ㄱ **15세기 말** : 전라도에서 등장하여 남부지방에서 개설되기 시작함

ㄴ **16세기 중엽** : 전국적으로 확대, 일부는 정기시장으로 발전

ㄷ **18세기 중엽** : 전국적으로 1000여 개소가 개설

ㄹ **영향** : 조선후기 사상의 성장은 이 시기에 전국적으로 발달한 장시가 토대가 됨

② **장시의 기능**

ㄱ **교역 장소** : 일정한 날짜와 일정한 장소에 모여 물건을 교환함

ㄴ **오락 장소** : 각종 놀이 구경, 사당패, 같은 놀이패들이 장이 열리는 날을 이용하여 판을 벌임

ㄷ **정보 교환** : 장시를 무대로 활동하는 보부상들을 통해 정보들이 전국적으로 전파

③ **장시의 형태**

ㄱ 인근의 장시와 연계하여 하나의 지역적 시장권을 형성하는 것이 보통이었으며 대개 5일마다 열림

ㄴ 농민들은 행상보다 장시를 이용하면 좀 더 싸게 구입하고 비싸게 팔 수 있어 이를 이용하는 경향이 점차 증가함

ㄷ 항구를 낀 장시에서는 대규모 교역이 행해져서 도고업과 위탁 판매업, 창고업, 운송업, 숙박업, 은행업 등에 종사하는 객주·여각 등이 나타났고 거래를 붙이는 거간이 생김

④ **대표 장시** : 18세기 말 광주의 송파장, 은진의 강경장, 덕원의 원산장, 창원의 마산포장 등이 전국적 유통망을 연결하는 상업의 중심지로 성장함

⑤ **보부상의 활동**

ㄱ **역할** : 농촌의 장시를 하나의 유통망으로 연계하며, 생산자와 소비자를 이어주는 역할을 한 행상

ㄴ **활동** : 장날의 차이를 이용하여 일정 지역 안이나 전국적인 장시를 무대로 활동함

ㄷ **조합 결성** : 자신들의 이익을 지키고 단결을 굳게 하기 위하여 보부상단이라는 조합을 이루고 있음

(5) 포구에서의 활동

① **발달 배경** : 도로와 수레가 발달하지 못한 시기였기 때문에 육지보다는 수로를 통하여 운송함

▲ 김홍도, '장터길'

▲ 김홍도, '부부행상'

▶ **보부상**

조선 건국 초기부터 활동이 활발해진 관허 행상단으로, 지방 장시를 중심으로 특산물과 생활 필수품을 먼 지방의 향촌에 공급하였는데, 전란시에는 양식도 운반하였다.

② 역할 변화

  ㉠ 종래의 포구는 세곡이나 소작료를 운송하는 기지로서의 역할

  ㉡ 18세기에 이르러 상거래가 활발해지면서 상업의 중심지로 성장

  ㉢ 포구의 상거래는 장시보다 규모가 컸음

③ 상업 활동

  ㉠ 초기 : 연해안이나 큰 강 유역에는 포구가 형성되어 있었는데 인접해 있는 포구 간에는 인근
   의 장시와 연계하면서 상거래가 이루어짐

  ㉡ 후기 : 선상의 활동이 두드러지면서 전국 각지의 포구가 상업의 중심지로 새로이 성장하면
   서 하나의 유통망을 형성하여 감

  ㉢ 대표적 포구 : 칠성포(김해), 원산포 등의 포구에서 장시가 열렸음

④ 포구를 거점으로 한 상인

  ㉠ 선상 : 선박을 이용하여 각 지방의 물품을 구입해와 포구에서 처분

  ㉡ 경강상인 : 운송업에 종사하다가 거상으로 성장한 대표적인 선상

  ㉢ 객주 · 여각의 활동 : 각 지방의 선상들이 화물을 싣고 포구에 들어오면 그 상품의 매매를 중
   개하고 부수적으로 운송 · 보관 · 숙박 · 금융 등의 영업을 겸하는 상인. 포구나 큰 장시에서
   활동

⑹ 조선 후기의 대외무역

 ① 청과의 무역

  ㉠ 개시 : 국경 지대를 중심으로 공적으로 허용된 무역 ⇨ 의주(중강), 봉황(책문)

  ㉡ 후시 : 국경 지대에서 이루어진 사적인 무역

  ㉢ 교역품 : 수출은 은 · 종이 · 무명 · 인삼 등.
   수입은 비단 · 약재 · 말 · 문방구 등

 ② 일본과의 무역

  ㉠ 무역 형태 : 17세기 이후로 관계가 정상화되면서 왜관 개시를 통한 무역이 활발

  ㉡ 교역품 : 수출은 인삼 · 무명 · 쌀 등을 팔고 청에서 수입한 물품을 파는 중계무역, 수입은
   은 · 황 · 후추 · 물소 뿔 등. 이 중 은을 청에 수출하여 중간 이득을 취함

 ③ 사상의 활동

  ㉠ 국제무역에서 사적인 무역이 허용되면서 상인들이 적극적으로 참여

  ㉡ 만상(의주) : 대청 무역, 재화를 많이 축적

  ㉢ 내상(동래) : 대일본 무역을 주도함

  ㉣ 송상(개성) : 만상과 내상을 중계하며 이득을 남김

 ④ 국제 무역의 문제점 : 수입품에는 사치품이 많고 수출품에는 은과 인삼의 비중이 많아 국가 재정
  과 민생에 문제를 발생시킴

▲ 상업의 발달

⑺ 화폐 유통

① **배경** : 상공업의 발달 및 상품화폐 경제의 성장, 조세의 금납화에 따라 교환의 매개로 동전이 전국적으로 유통됨

② **보급과정**

　㉠ **인조** : 상평통보❶를 최초로 주조, 개성을 중심으로 통용시켜 쓰임새를 살핌

　㉡ **효종** : 17세기 상평통보를 널리 보급

　㉢ **숙종** : 상평통보의 발행을 공식적으로 결정하여 전국으로 유통

　㉣ **18세기 후반** : 세금과 소작료도 동전으로 대납 ⇨ 조세의 금납화 촉진

③ **동전 발행 증가** : 정부가 동전 발행을 권장하는 분위기 속에서 18세기 후반부터 동광 개발이 추진되어 동전의 원료인 구리 공급이 쉬워지면서 발행량 증가

④ **화폐의 용도** : 교환수단 뿐 아니라 재산 축적의 수단이 됨

⑤ **화폐 보급의 영향**

　㉠ **긍정적 측면** : 상품 유통 촉진에 기여

　㉡ **부정적 측면** : 동전 발행에 대한 통제가 해이해지면서 사적으로 주조하거나, 지주나 대상인이 동전을 재산 축적에 이용하면서 유통이 되지 않아 시중에 동전 부족 현상이 나타남

　　　　　　　　　　　　　　　　　　　　　　　　　　　　　　　　└┄┄┄┄● 전황

⑥ **신용화폐의 보급**

　㉠ **배경** : 동전의 중량 때문에 대규모 상거래에서 불편함

　㉡ **종류** : 환·어음 등의 신용화폐가 사용됨

　㉢ **의의** : 화폐 경제의 진전과 상업 자본의 성장을 보여줌

❶ 상평통보

memo

01 │ 조선 후기 경제

001 □□□
2018년 지방직 9급

다음에서 설명하는 인물의 저술로 옳은 것은?

> • 종래의 조선 농학과 박물학을 집대성하였다.
> • 전국 주요 지역에 국가 시범 농장인 둔전을 설치하여 혁신적 농법과 경영 방법으로 수익을 올려서 국가 재정을 보충할 것을 제안 하였다.

① 『색경』 ② 『산림경제』
③ 『과농소초』 ④ 『임원경제지』

002 □□□
2017년 국회직 9급

다음의 사료를 통해 알 수 있는 조세 제도의 개선책과 그 결과에 대한 설명으로 옳지 않은 것은?

> "백성의 뜻을 알고 싶어 재차 대궐문에 나아갔더니, 몇 사람의 유쟁이 '전하께서는 백성을 해친 일이 없는데 지금 이 일을 하는 것을 신은 실로 마음 아프게 여깁니다.'라고 말하고, 방민(坊民)들은 입술을 삐쭉거리면서 불평하고 있다고 말하니, 비록 강구(康衢)에 노닌들 어찌 이보다 더하겠는가 군포(軍布)는 나라의 반쪽이 원망하고 호포는 한 나라가 원망할 것이다. 지금 내가 어탑에 앉지 않는 것은 마음에 미안한 바가 있어서 그러한 것이다. 경 등은 알겠는가? 호포나 결포나 모두 구애되는 단서가 있기 마련이다. …… 경 등은 대안을 잘 강구하라" 하였다.

① 군포를 12개월마다 1필만 내게 하였다.
② 절감된 군포의 수입을 보충하기 위해 종래 군역이 면제되었

던 양반들에게 선무군관이라는 칭호를 주는 대신 군포 1필씩을 내게 하였다.
③ 지주에게는 결작이라고 하여 토지 1결당 미곡 2두를 부담케 하였다.
④ 각 아문이나 궁방에서 받아들이던 어세, 염세, 선세를 균역청에서 관할케 하였다.
⑤ 토지에 부과되는 결작의 부담이 소작 농민에게 돌아가는 경우도 있었다

003 □□□
2017년 교육행정

다음은 (가) 제도의 시행에 관한 자료이다. (가) 제도에 대한 설명으로 옳은 것은?

(가) 제도가 실시된 지역

■ 광해군 즉위년에 실시된 지역
□ 인조 이후에 확대된 지역

> 봄 · 가을로 7말씩 선혜청에서 수납하여 경기도에서 상납하던 모든 경납물(京納物)의 구매에 사용한다. ─《광해군일기》

① 지주에게 결작을 부과하였다.
② 상공을 현물 대신 쌀로 수세하였다.
③ 토질에 따라 6등급으로 나누어 수세하였다.
④ 풍흉에 관계없이 1결당 4두~6두를 부과하였다.

◎ 정답 · 해설

정답 1.④ 2.② 3.②

해설 1. '둔전을 설치'를 통해 서유구임을 알 수 있다. ①〈색경〉, 박세당 ②〈산림경제〉, 홍만선 ③〈과농소초〉, 박지원
2. '군포', '호포'를 통해 균역법이 시행되기 전 상황임을 알 수 있다. ② 균역법의 시행으로 부족분을 채우기 위해 일부 상류층에게 선무군관의 칭호를 주고 군포 1필을 거두었다. 군역이 면제 된 양반에게 준 칭호는 아니다.
3. 자료에서 광해군 즉위년에 경기 지역에 실시되었고 '선혜청'을 통해 (가)제도가 대동법임을 알 수 있다. ① 결작은 균역법의 보충분으로 토지 1결당 2두를 거두었다. ③ 전분6등법 ④ 영정법

004 ☐☐☐

2016년 교육행정

밑줄 친 '조치'에 대한 설명으로 가장 적절한 것은?

> 양인이 내는 포를 반으로 감면한 조치는 오로지 만백성을 걱정하는 뜻에서 나온 것이다. 감면한 것을 계산하여 보면 모두 50여만 필에 이르는데, 돈으로 계산하면 1백여 만 냥이다. 감면에 따라 각 아문과 영진(營鎭)의 비용을 줄였지만 아직도 40여 만 냥이 부족하다. 이에 어·염·선세를 받아들여 모자라는 액수를 충당하도록 하였다.

① 공인이 등장하는 계기가 되었다.
② 호를 단위로 군포를 부과하였다.
③ 군역의 폐단을 시정하기 위해 시행되었다.
④ 풍흉을 고려하여 전세를 차등 있게 징수하였다.

006 ☐☐☐

2010년 지방직 7급

다음은 수취 제도에 대한 설명이다. 시기적으로 가장 늦게 나타난 것은?

① 편성된 호는 인구와 장정의 많고 적음에 따라 9등급으로 나누어 부역시켰다.
② 전세를 토지 1결당 4두로 고정하였다.
③ 조세는 토지의 비옥도에 따라 6등급, 풍흉에 따라 9등급으로 나누어 거두었다.
④ 사람은 연령에 따라 6등급으로 구분하고, 가구는 사람의 다과에 따라 9등급으로 나누었다.

005 ☐☐☐

2015년 서울시 7급

다음 제도에 대한 설명으로 옳은 것을 〈보기〉에서 모두 고른 것은?

> 공물을 각종 현물 대신 쌀로 통일하여 징수하였고, 과세의 기준도 종전의 가호에서 토지의 결수로 변경하였다. 토지를 가진 농민들은 토지 1결당 쌀 12두만 납부하면 되었기 때문에 공납의 부담이 경감되었고 무전 농민이나 영세 농민은 일단 이 부담에서 해방되었다. 또 쌀을 납부하기 어려운 지방에서는 포목, 통전 등으로 대신하도록 하였다.

─〈보기〉─
ㄱ. 재정 감소분을 결작 등으로 보충하였다.
ㄴ. 이를 관리하는 기관으로 선혜청이 설치되었다.
ㄷ. 인징, 족징 등의 폐단을 해결하기 위해 도입되었다.
ㄹ. 전국적으로 실시 되는 데 100여 년의 시간이 소요되었다.

① ㄱ, ㄴ   ② ㄱ, ㄷ   ③ ㄴ, ㄹ   ④ ㄷ, ㄹ

🎯 정답·해설

정답 4.③ 5.③ 6.②

해설 4. '양인이 내는 포를 반으로 감면', '어·염·선세'를 통해 균역법에 대한 설명임을 알 수 있다. ① 대동법 ② 호포제 ④ 연분9등법
　　5. 대동법에 대한 자료이다. ㄱ.균역법 ㄷ.군역의 폐단을 위해 균역법을 도입하였다.
　　6. ① 고려의 9등호제 ② 인조 때의 영정법 ③ 세종 때의 공법 ④ 통일신라 때의 민정문서

다음과 같은 농사 기술이 널리 보급되던 시기의 생활모습이 아닌 것은?

> 일반적으로 모내기법을 귀중하게 여기는 이유는 세 가지가 있
> 다. 김매기의 수고를 줄이는 것이 첫째이다. 두 땅의 힘으로 하나
> 의 모를 서로 기르는 것이 둘째이다. 옛 흙을 떠나 새 흙으로 가
> 서 고갱이를 씻어 내어 더러운 것을 제거하는 것이 셋째이다. 어
> 떤 사람은 모낸 모가 큰 가뭄을 만나면 모든 노력이 허사가 된다
> 하여 모내기법을 위험한 방도라고 말한다. 그러나 여기에는 그
> 렇지 않은 점이 있다. 무릇 벼를 심는 논에는 물을 끌어들일 수
> 있는 하천이나 물을 댈 수 있는 저수지가 꼭 필요하다. 이러한 것
> 이 없다면 벼논이 아니다. 벼논이 아닌 곳에서 가뭄을 우려한다
> 면 어찌 유독 모내기법에 대해서만 그렇다고 하는가.
> 　　　　　　　　　　　　　　　　　　　　　　－《임원경제지》

① 중국으로부터 『농상집요』 등의 농서가 수입되어 발달된 농업
　　기술이 보급되었다.
② 광작(廣作)이 성행하게 되었는데, 광작은 지주도 할 수 있고,
　　병작인도 할 수 있었다.
③ 새로운 지대 관행으로 일정 액수를 지대로 납부하는 도조법
　　이 확산되어 갔다.
④ 쌀의 상품화가 활발해지면서 밭을 논으로 바꾸는 현상이 증
　　가하였다.
⑤ 병작지를 얻기 어려워진 농민들은 도시로 옮겨가 상공업에
　　종사하거나 임노동자가 되었다.

조선 후기 농촌사회의 양상과 관계 없는 것은?

① 상법적 농업의 보급
② 수리 시설의 발달
③ 직파법(直播法)에서 이앙법(移秧去)으로 변화
④ 도조제(賭租制)에서 타조제(打租制)로 변화
⑤ 광작(廣作)의 성행

다음 지도와 같은 상권이 형성되었던 당시에 볼 수 있는 모습으로 가장 적절하지 않은 것은?

① 그릇을 팔고 건원중보를 받는 보부상
② 쌀의 상품화로 밭을 논으로 만드는 농부
③ 지주의 결작을 대신 내야한다며 한숨 쉬는 소작농
④ 객주의 물건 독점으로 제사 물품 준비에 한숨 쉬는 아낙네

010 □□□

2016년 기상직 7급

㉠에 들어갈 정책으로 옳은 것은?

> 제가 장단 적소에 있을 때 면포 상인의 왕래가 끊이지 않는 것을 보았는데, 길 가는 사람들이 ㉠ 의 효과라 하였습니다. 작년 겨울 서울의 면포 가격이 이 때문에 등귀하지 않아 서울 사람들이 생업을 즐길 수 있게 되었습니다
>
> – ㉠ 에 대한 채제공의 평가, 《승정원일기》

① 균역법　　　　　② 대동법

③ 호포법　　　　　④ 신해통공

011 □□□

2014년 지방직 7급

조선의 화폐 유통에 대한 설명으로 옳지 않은 것은?

① 16세기 후반까지 대체로 쌀과 면포 등 현물이 화폐로 사용되었다.

② 임진왜란 시기 명군이 참전하면서 조선에서 은 유통이 활발해졌다.

③ 효종 때 동전을 처음 주조하여 개성을 중심으로 유통시켰다.

④ 17세기 중반 이후 후금, 일본과의 교역이 확대되면서 은이 더욱 활발하게 유통되었다.

012 □□□

2008년 지방직 9급

다음 글이 보여 주는 시기에 일어난 경제적 상황과 가장 관계가 없는 것은?

> 배에 물건을 싣고 오가면서 장사하는 장사꾼은 반드시 강과 바다가 이어지는 곳에서 이득을 얻는다. 전라도 나주의 영산포, 영광의 법성포, 흥덕의 사진포, 전주의 사탄 등은 비록 작은 강이나 모두 바닷물이 통하므로 장삿배가 모인다. 충청도 은진의 강경포는 육지와 바다 사이에 위치하여 바닷가 사람이 내륙 사람이 모두 여기에서 서로의 물건을 교역한다.

① 전국적으로 장시는 1천여 개소였고, 보통 5일마다 열렸다.

② 시전 상인의 금난전권이 더욱 강화됨에 따라 도고 상업이 위축되었다.

③ 경강상인의 활동으로 한강 유역에는 나루터가 많이 늘어났다.

④ 덕대(德大)가 노동자를 고용하여 대규모 광산을 개발하였다.

정답 10.④ 11.③ 12.②

해설 10. '서울 면포 가격이 등귀하지 않아'를 통해 ㉠에 들어갈 정책은 신해통공이다. ① 영조 때 실시한 정책으로 1년에 군포1필만 내는 것이다. ② 광해군 때 실시한 정책으로 토지 결수에 따라 1결당 12두의 쌀, 베, 무명, 동전으로 납부한다. ③ 가호를 기준으로 군포를 징수하는 것으로 흥선대원군의 개혁정책이다.

11. ③ 조선에서 처음 주조한 동전은 세종 때의 조선통보이다.

12. 자료는 조선후기 상업의 중심지인 포구에 대한 설명이다. ② 정조의 통공정책으로 육의전을 제외한 시전상인들은 금난전권이 폐지되었다. 대동법의 시행 등으로 도고상업이 활발하였다.

01 조선 후기의 사회

1. 사회구조의 변동

(1) 양반층의 분화

① **배경** : 조선 후기 수적으로 제한된 관직을 차지하기 위한 붕당간의 다툼이 다수 발생, 붕당간의 다툼에서 승리한 양반을 제외한 자들이 이 과정에서 몰락함

② **양반층의 분화**

　㉠ **권반** : 정권을 장악한 관료층으로 정치 · 경제 · 사회적 특권 독점

　㉡ **향반** : 벼슬을 하지 않은 채 낙향하여 향촌 사회에서 향약 · 사창 · 유향소 · 서원 · 향교 등을 중심으로 일정한 영향력을 행사.

　㉢ **잔반** : 몰락한 양반으로 평민과 다름없는 처지. 이후 사회 개혁 운동, 민란 등의 주체가 되기도 함. 진주 민란의 유계춘, 동학 농민 운동의 전봉준 등이 몰락한 양반 출신이었음.

(2) 중간 계층의 신분상승

▶ 조선 후기 신분별 인구 변동

(단위 : %)

	양반호	상민호	노비호
1729	26.29	58.78	13.93
1765	40.98	57.01	12.01
1804	53.47	45.61	10.92
1867	65.48	33.96	10.56

① **중인** : 좁게는 잡과를 통해 선발된 기술관을 의미하고 넓게는 양반과 피지배 계급인 양민 사이에 위치한 중간 계층

② **사회적 제약**

　㉠ **서얼** : 양반 사대부의 소생이나, 문과에 응시가 금지되는 등 사회활동에 각종 제한을 받아 불만이 큼(서자는 첩의 소생, 얼자는 노비의 소생)

　㉡ **기술직 중인** : 행정 실무를 맡고 있는 중인층으로 역할은 크지만 고급 관료로 진출할 수 있는 길이 제한됨

③ **중간 계층의 성장** : 양 난 이후 시행된 납속책❶과 공명첩을 발급을 통해 서얼이 관직에 진출

---

❶ 납속책

국가에서 일시적으로 특정 조건을 내걸고 소정의 곡식이나 돈을 받는 것

납속수직(納粟受職) : 곡물 등을 낸 사람에게 관직을 줌

납속면역(納粟免役) : 역을 면제해 줌

납속면천(納粟免賤) : 노비의 신분에서 해방시켜줌

▲ 공명첩

▲ 역관의 모습

④ **서얼의 허통운동**

　　㉠ **통청 운동(通淸運動)** : 청요직(淸要職) 진출에 대한 제한을 없애줄 것을 요구, 호부호형 허용 요구.

　　㉡ **정유절목(서얼허통절목, 정조, 1777)** : 유득공, 이덕무, 박제가 등 서얼 출신들이 규장각 검사관으로 등용

　　㉢ **신해허통(철종, 1851)** : 문과 급제자에 대한 서얼 차별 철폐를 요구함

　　㉣ **통청 실현(철종, 1857)** : 서얼의 문과 급제자가 승문원에 분관됨으로써 서얼의 완전한 통청이 실현

⑤ **기술직 중인의 신분 상승 운동**

　　㉠ **배경** : 축적한 재산과 탄탄한 실무 경력을 바탕으로 신분상승을 추구

　　㉡ **전개** : 누적된 불만을 표출한 중인들은 철종 때 대규모의 소청운동을 일으켰으나 성공하지 못함

　　㉢ **역관의 활약** : 청과의 외교 업무에 종사하면서 서학을 비롯한 외래문화 수용에 있어서 선구적 역할 수행

　　㉣ **시사(詩社)** : 시를 짓고 즐기기 위한 모임인 시사를 조직하여 문예 활동과 활발한 저술 활동을 통해 자신들의 위상을 높임(위항 문학)

(3) **상민의 신분 상승**

① **배경** : 군포를 면제받고 지배층의 수탈에서 벗어나기 위함

② **신분 상승 기회의 확대**

　　㉠ **합법적** : 군공을 세우거나 납속, 공명첩 등을 통해 국가에 재산을 납부하여 신분 상승.

　　㉡ **불법적** : 환부역조(換父易祖, 족보를 매입하거나 위조함), 모칭유학(冒稱幼學, 유학이라고 속이는 것), 홍패 위조 등

③ **신분 상승의 결과** : 양반의 수는 늘어나고 상민이나 노비의 수는 줄어들어 국가의 재정적 기반이 무너지고, 신분제가 크게 흔들리기 시작함

(4) **노비의 해방**

① **신분 상승 노력** : 군공과 납속 등을 통해 신분을 상승시킴

② **노비 정책의 변화**

　　㉠ **노비종모법 시행** : 아버지가 노비더라도 어머니가 양민이면 양민으로 삼는 법

　　㉡ **입역노비에서 납공노비로 전환** : 공노비 유지에 비용이 많이 들어 효율성이 떨어지자 공노비를 종래의 입역노비에서 신공을 바치는 납공노비로 전환시킴
　　　　　　　　　　　　　　　　　　·····●주로 포를 바침

③ **도망 노비 확산** : 도망가서도 임노동자, 머슴, 행상으로 생계를 유지할 수 있게 됨

④ **정부 대책**

　　㉠ **노비의 부담 증가** : 노비에게 너무 과중한 신공이 부과되어 도망가거나 양인 행세를 하는 노비 많아짐. 도망간 노비의 신공은 남아 있는 노비에게 부과하여 남아 있는 노비의 부담이 훨

씬 무거워짐

    © 노비공감법 : 영조 31년(1755)노비의 신공을 절반으로 줄여 줌

    © 노비추쇄법 : 도망간 노비를 붙잡아 원래 주인에게 되돌려 주어 신공을 계속하게 함. 별 효과를 내지 못하고 영조 때 사노비의 추쇄관 폐지(1728), 정조 때 공노비의 추쇄관 폐지(1778)

  ⑤ **공노비 해방(순조, 1801)**

▲ 돈을 받고 노비를 양인으로 풀어준 문서

    ⊙ 18세기 후반 공노비의 노비안(노비의 호구를 기록한 장부)이 도망과 합법적인 신분 상승으로 인하여 이름만 있을 뿐 신공을 받아 낼 수 없게 되자 순조 때에 일부를 제외한 중앙 관서의 노비를 해방(약 6만 6000명)

    © 노비를 상민 신분으로 인정하여 안정된 수취를 확보하기 위함

  ⑥ **노비제 철폐** : 갑오개혁(1894)으로 신분제가 폐지되면서 법적으로 해방됨

⑸ 가족제도

  ① **조선 전기**

    ⊙ **가족 제도** : 부계와 모계가 함께 영향을 미치는 형태

    © **남귀여가혼(男歸女家婚)** : 혼인 후 남자가 여자집에서 생활함, 처가살이, 서류부가혼(壻留婦家婚)

▲ 이이 선생 남매 분재기

    © **자녀 균분 상속** : 아들과 딸이 부모의 재산을 똑같이 상속, 집안의 대를 잇는 자식에게 5분의 1상속분을 더 줌

    @ **의무의 분담** : 재산 상속을 같이 나누어 받는 만큼 의무인 제사도 형제가 돌아가면서 지내거나 책임을 분담

  ② **조선 후기(17세기 이후)**

    ⊙ **특징** : 성리학적 의식과 예절이 발달하면서 부계중심의 가족제도가 확립

    © **친영 제도 정착** : 혼례를 올린 후 남자 집에서 생활하는 친영 제도가 정착됨

    © **장자 중심의 제사와 상속제 확산** : 제사는 큰아들이 지내야 한다는 의식이 확산되어 재산 상속에서도 큰아들이 우대를 받음

    @ **양자 입양 일반화** : 조선 후기 부계 중심의 가족 제도가 확립되면서 아들 없는 집안에서는 양자를 들이는 것이 일반화 됨

    ® **동성마을 형성** : 같은 성을 가진 사람끼리 모여 사는 동성 마을을 이룸

    ® **족보 편찬** : 문중은 선조의 문집이나 족보 발간에 주력하여 17세기 이후 족보 발간이 늘어남

    ® **문중 형성** : 부계 친족과의 관계가 친밀해지면서 구성원끼리 유대와 공동의 이익을 추구하기 위해 문중이 발달, 개인보다는 친족 집단의 일원으로 인식

⑹ 가족 윤리

  ① 가족 제도를 잘 유지하기 위한 윤리 덕목으로 효와 정절을 강조하며, 과부의 재가를 금지하고 효나 열녀를 표창

  ② 남녀 사이에 수직적 가족 관계가 확립됨

▲ 신행(김홍도)

▲ 단성현 호적 장부

(7) 혼인 풍습

① **연령** : 법적으로는 남자 15세, 여자 14세, 실제적으로는 20세 전후가 일반적

② **형태** : 족외혼을 바탕으로 한 일부일처제지만 남자들이 첩을 들일 수 있기 때문에 엄격한 의미의 일부일처제라고는 할 수 없음

③ **서얼 차별** : 첩이나 노비의 자식으로 문과에 응시할 수 없고 제사나 상속 등에서도 차별을 받음

(8) 인구 변동

① **호구 조사**

㉠ 목적 : 국가 운영에 필요한 인적 자원을 파악하기 위하여 제도를 정비하고 수시로 조사함

㉡ 호적 대장 작성 : 조선시대 인구에 관한 기본 자료로 3년마다 수정하여 작성

㉢ 호적 대장에 기록된 각 군현의 인구수를 근거로 해당지역에 공물과 군역을 부과함

② **인구의 변동**

㉠ 인구 분포 : 하삼도(경상도, 전라도, 충청도)에 50%, 경기도 · 강원도에 20%, 평안도 · 황해도 · 함경도에 30%가 거주

㉡ 인구수의 변화 : 건국 무렵 55만 ~ 750만, 임진왜란 이전 1000만, 19세기말 1700만으로 추정

㉢ 서울의 인구 : 세종 때 10만 명, 18세기 20만 명이 넘음

2. 향촌 질서의 변화

(1) 양반의 향촌 지배력 약화

① 평민과 천민이 부농이 되어 재산을 축적하는 경우가 증가함

② 몰락한 양반들의 증가로 사족 중심의 향촌 질서가 변화함

(2) 양반의 향촌 지배력 강화 노력

① **양반 명단의 작성**

㉠ 족보 : 신분제 동요 속에서 양반 가문임을 증명하기 위한 수단. 보학 발달

㉡ 향안 : 지방 사족의 명부

㉢ 청금록 : 서원 및 향교에 출입하는 양반들의 명단

② **동계 · 동약 실시** : 군현 단위의 농민 지배가 어려워지자 거주지 중심의 소규모 촌락을 단위로 동약 실시, 임란 이후 평민층까지 참여. 농민들은 자발적 생활 조직인 향도계나 동린계를 조직

③ **서원과 사우 건설** : 가문의 결합을 통하여 자신들의 지위를 지키기 위해 동족 마을을 만들고, 문중을 중심으로 서원과 사우를 건설하여 가문의 위상을 높이고자 함.

(3) 부농층의 도전

① **배경** : 부농층이 수령을 중심으로 관권과 결탁하여 향촌사회에 영향력을 키움

② **전개** : 재지 사족이 담당하던 국가의 부세 제도 운영에 참여하거나, 향임직에 진출.

(4) 신향과 관권의 강화

① 향전

㉠ 성격 : 성장하는 신향에 대한 구향(사족, 유림)의 대립

      ㉡ 전개 : 정부는 부세 수취에 협조적인 부농층을 적극 활용하고, 납속이나 향직의 매매를 통해 신분상승의 길을 열어 줌. 따라서 향전은 정부 시책에 대한 구향의 반발임 ⇨ 수령이 향전에 깊게 관여하면서 구향에게 불리하게 작용함

  ② **관권의 강화**

      ㉠ **수령의 권한 강화** : 수령이 부농층을 중심으로 한 신향층을 포섭하면서 향촌 지배력이 강화되었고, 정조 때에는 향약을 수령이 직접 주관하도록 함.

      ㉡ **향리의 역할 증대** : 수령을 중심으로 한 관권이 강화되면서 향리의 역할도 커짐 ⇨ 세도 정치 시기에 수령과 향리의 자의적인 농민 수탈이 강화되는 결과를 초래

      ㉢ **향회의 기능 변화** : 수령이 세금을 부과할 때 의견을 물어보는 자문 기구로 전락, 수령 중심의 관권이 향촌 사회에 영향을 줌

(5) **농민층의 분화**

  ① **부농층의 대두**

      ㉠ 광작 등으로 부를 축적한 부농이 공명첩을 사거나 족보를 위조하여 신분상승을 꾀함.

      ㉡ 양반이 되어 군역을 면하고 지배층의 수탈을 피함, 향임직에 진출

                                        ●향촌에 있는 향청(유향소)에서 일을 맡아보는 사람

  ② **임노동자의 출현**

      ㉠ 토지에서 밀려난 농민들이 도시나 광산으로 들어가 임노동자가 되기도 함 ⇨ 부역제가 무너지면서 국가에서 노임을 받고 일을 하거나 부농층에 고용됨

      ㉡ 의의 : 부농과 임노동자의 출현으로 농민층의 분화가 시작되었음을 알 수 있음

3. 사회 변혁의 움직임

(1) **사회의 동요 심화**

  ① 신분제의 동요는 양반 중심의 지배 체제에 위기를 가져 옴

  ② **지배층의 횡포** : 19세기 들어와 지배층의 수탈과 탐관오리들의 탐학과 횡포가 심해짐

  ③ **재난과 질병** : 1820년 전국적인 수해와 이듬해 콜레라의 만연으로 10만여 명 사망

  ④ **사회 비판 의식 심화** : 농민의 의식은 높아져 적극적인 항거 운동이 일어남

(2) **사회의 불안 고조**

  ① **민심의 불안** : 비기, 도참설이 퍼짐

  ② **서양의 접근** : 통상을 요구하는 서양의 이양선이 연해에 출몰

  ③ **도적의 횡행** : 사회 불안이 더해져 도적이 일어남

      ㉠ 화적 : 수십 명씩 무리를 지어 지방의 토호나 부상들을 공격

      ㉡ 수적 : 배를 타고 강이나 바다를 무대로 조운선이나 상선을 약탈

(3) **예언 사상의 대두**

  ① **비기 · 도참의 유행**

▲ 선운사 도솔암 마애불

⊙ 비기·도참사상 : 비기는 미래의 길흉화복에 대한 예언, 도참은 그러한 예언의 술법에 관한 책을 이르는 말, 성리학에 기반을 둔 지배층이 변화하는 사회에 대한 대안을 내놓지 못하자 유행

ⓒ 『정감록』: 이씨 조선을 무너뜨리고 정씨 왕조가 계룡산에 도읍을 정할 것이라는 예언사상.

② 무격신앙과 미륵 신앙도 점차 확장되어 미륵불을 자처하며 민중을 현혹시켜 끌어 모으는 무리가 등장.

(4) 천주교의 전파

① 천주교 전래

⊙ 서학으로 소개 : 17세기 사신들이 중국 베이징에서 서양 관련 서적을 국내에 가져오는 과정에서 종교가 아닌 학문으로 소개

ⓒ 신앙으로 수용 : 18세기 후반부터는 남인계열 일부 실학자들이 신앙생활 시작. 이승훈이 베이징에서 세례를 받고, 19세기에는 서양인 선교사가 국내에 들어와 포교 활동을 하면서 신자 수가 점차 확산

ⓒ 천주교의 확산 : 평등 사상과 내세 사상으로 하층민과 중인들, 상민과 부녀자들을 중심으로 확산

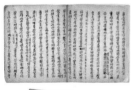
▲ 서울 명례방 집회

② 천주교 박해 배경 : 천주교 신자들이 유교의 제사 의식을 거부하자 이를 유교 문화에 대한 배격과 국왕의 권위에 대한 도전으로 인식.

③ 정조 : 집권세력인 시파가 남인계열로서 천주교에 대해서 다른 정치세력에 비해 비교적 호의적이었음. 신해박해 등의 사건이 있었지만 처벌면에서 관대하였음

⊙ 을사 추조 적발 사건(1785) : 이벽, 이승훈, 정약용, 권철신 등이 김범우의 집에서 비밀집회를 하다가 추조(형조)에 적발 ⇨ 한역 서학서의 도입을 금지하고 정부 소유의 천주교서를 불태움

▲ 천주실의

ⓒ 정미반회 사건 (1787) : 이승훈과 정약용이 반촌에서 집단적인 서학서 연구를 지도하다가 척사 세력의 공격을 받아 지방으로 축출

ⓒ 신해박해(1791) : 윤지충의 어머니 장례에서 윤지충과 권상연이 어머니의 신주를 불태운 후 천주교식으로 제사를 지내다가 고발됨(진산사건) ⇨ 윤지충과 권상연은 처형, 교주로 지목된 권일신이 유배를 감

④ 순조 : 노론 벽파가 집권하면서 대대적인 탄압이 가해짐

⊙ 신유박해(1801) : 천주교도의 전국적 수색 및 처벌 ⇨ 이승훈, 이가환, 정약종 및 외국인 신부 등 300여 명의 천주교도가 처형, 정약용과 정약전 등 유배

ⓒ 황사영 백서 사건(1801) : 황사영이 중국에 있는 주교에게 신유박해의 전말을 알리며 프랑스의 군사력을 조선에 동원하여 신앙의 자유를 얻게 해달라는 글을 비단에 적어 보내려다가 발각 ⇨ 박해 심화

▲ 황사영 백서

⑤ 헌종 : 1830년대에 조선 교구가 설정, 프랑스 신부의 입국과 포교로 대대적 박해와 처형 발생

⊙ 기해박해(1839) : 풍양 조씨가 벽파와 연계하여 세도 권력을 잡으면서 벌어짐 ⇨ 정하상, 프

▲ 김대건 신부

▲ 최제우

▲ 〈동경대전〉 수덕문

▲ 〈용담유사〉

랑스 신부 모방, 샤스탕, 앵베르 등 70여 명 처형

ⓒ **병오박해(1846)** : 한국인 최초의 신부 김대건은 충청도 당진을 근거로 포교 활동을 하다가 1846년 황해도에서 체포되어 관련자들이 처형

(5) 동학의 발생

① **동학의 개창** : 1860년(철종) 경주 잔반 출신인 최제우가 창시

② **배경**

　㉠ **세도 정치의 폐단** : 세도정치와 수취제도의 모순, 자연재해로 인한 사회적 불안

　㉡ 성리학이나 실학은 사회 문제의 대안이 되지 못함

　㉢ **천주교에 대항** : 천주교의 확산 및 서양 열강의 침략 위기 속에서 서학에 대항하는 민족 종교라는 의미에서 동학이라 칭함.

③ **동학의 사상 체계**

　㉠ **종합적 교리** : 유 · 불 · 선의 내용을 바탕으로 민간 신앙의 요소 결합

　㉡ **시천주(侍天主)와 인내천(人乃天) 사상** : 마음속에 한울님(천주)를 모시는 시천주와 모든 사람이 평등하다는 사상인 인내천을 바탕으로 노비제도 폐지와 여성과 어린이의 인격까지도 존중할 것을 주장하는 사회 추구

　㉢ **후천 개벽** : 운수가 끝난 조선 왕조 부정

　㉣ **보국안민** : 일본과 서양 국가의 침략을 막아내자고 주장

④ **교조의 처형** : 신분 질서를 부정하는 동학을 위험시하여 세상을 어지럽히고 백성을 현혹한다는 죄(혹세무민)로 최제우 처형(1864)

⑤ **경전** : 최시형은 교세를 확대하고 최제우의 교리를 정리하여 펴냄

　㉠ **〈동경대전〉** : 한문 경전, 포덕문, 논학문, 수덕문, 불연기연의 네 편으로 구성

　㉡ **〈용담유사〉** : 한글체로서 용담가, 안심가 등이 대중들에게 잘 이해되도록 한 가사들을 포함한 가사집

⑥ **교단 정비** : 의식과 제도를 정착시켜 포 · 접 등의 교단 조직을 정비

(6) 농민의 항거

① **초기** : 탐관오리의 학정을 비방하는 소청 · 벽서 · 괘서 등의 소극적 저항

② **후기** : 농민 봉기로 발전, 농민들의 사회의식이 강해지면서 지배층의 압제에 대해 적극적으로 대응함

(7) 홍경래의 난(순조, 1811)

① **배경** : 서북 지역에서는 차별 대우가 심하여 토착 세력이 성장하지 못함, 지리적 이점으로 상공업이 발달하였지만 세도 정치 하에 수탈이 심함

② **주도** : 홍경래(몰락양반), 김창시(진사 출신), 우군칙(서얼 출신), 이희저(천민 출신이나 금광과 상업으로 부를 획득하고 무과로 출세한 신향층) 등 사회의 다양한 계층이 주도적으로 참여.

③ **전개**

▲ 순무영진도

▲ 조선후기의 농민봉기

▶ **삼정이정청**
전정, 군정, 환곡 등 삼정의 폐단을
바로 잡기 위해 임시로 만든 관청

㉠ 봉기 : 금광 경영 및 인삼 무역을 통한 자금 확보, 무기와 군수 물자 준비, 영세 농민·광산 노동자·품팔이꾼·노비·소상인 등 다양한 계층으로 구성된 1000여 명의 병력이 모여 평안도 가산 다복동에서 봉기

㉡ 확산 : 선천, 정주 등을 점거하고 청천강 이북지역을 거의 장악했지만 정주성에서 5개월 만에 관군에 의해 진압

④ **성격** : 평안도 지역 차별을 명분으로 일어났지만 세도정권에 반대하는 반봉건적 항쟁으로 발전하여 농민 전쟁의 성격을 띠게 됨

⑤ **한계** : 지방 차별 타파라는 명분이 전국적인 호소력을 갖지 못함, 소농과 빈민층의 문제를 대변하지 못하고 하층민의 자발적 참여를 끌어내지 못함.

⑥ **의의** : 세도 정치를 타파하려는 정치적 목적을 가지고 장기간의 준비를 거친 민란으로 19세기 농민 항쟁의 선구적 역할을 함

⑻ 임술 농민 봉기(철종, 1862)

① **원인** : 경상우병사 백낙신과 진주 목사 홍병원 등 탐관오리와 토호의 탐학 및 삼정 문란으로 인한 농민의 부담 가중

② **발발** : 진주 몰락 양반 유계춘은 농민운동을 일으킬 것을 모의하던 중 단성 주민의 봉기에 자극받아 언방·통문을 지어 발표하면서 2월 18일 행동을 개시
　　　└······●사람들이 많이 다니는 길거리에 써붙이는 글

③ **진주성 점령** : 장터의 철시(撤市)를 강행하고 '초군'이라 부르며 머리에 흰 수건을 두르고 몽둥이와 농기구 등을 들고 진주성을 점령, 경상우병사 백낙신의 죄상을 밝히고, 지탄의 대상이 되었던 부호들을 습격하여 가옥을 파괴하고 재물을 빼앗음

④ **결과**

㉠ **조정의 대응** : 백낙신과 진주목사 홍병원을 파직하고 박규수를 진주 안핵사로 임명

㉡ **농민 봉기의 확산** : 임술년에 제주에서 함흥까지 전국적으로 농민봉기 확산

㉢ **삼정이정청 설치** : 삼정의 문란을 개혁하기 위해 정부가 삼정이정청을 설치하였으나 임시방편에 불과하였고, 관청과 관리들의 반대로 2개월 만에 실패.

⑤ **성과** : 부당하게 부담하던 부세(도결·전결·환곡·잡세 등)가 혁파되고, 징수 절차를 개선. 그러나 근본적인 문제의 해결은 이루어지지 않음

⑥ **의의**

㉠ 전직 관리, 몰락 양반, 농민 등 다양한 계층이 참여 함, 특히 전직 관리의 참여는 세도 정치에 대한 반감이 사족층에까지 번져 통치 질서가 붕괴하였음을 보여줌.

㉡ 농민군 향리를 파면하고 새로운 향리를 임명하는 등 종전에 비해 성장된 정치의식을 볼 수 있음

⑦ **한계** : 삼정 문란의 원인인 세도 정치에 대한 반발까지 이르지 못함. 봉건적 토지 제도나 신분제에 대한 전면적 부정에는 이르지는 못하고 군현 단위의 소규모 항쟁에 그침

01 | 조선 후기 사회

001 ☐☐☐   2018년 계리직 9급

조선 후기 사회에 대한 설명으로 옳지 않은 것은?

① 광산 경영 방식에 덕대제가 유행하였다.
② 상민 수를 늘리기 위하여 정부가 공노비를 해방시켰다.
③ 경시서를 두어 시전 상인의 불법적인 상행위를 통제하였다.
④ 동전을 재산 축적에 이용하여 유통 화폐가 부족해지는 전황이 발생하였다.

002 ☐☐☐   2017년 지방직 7급

조선 후기 신분 변화와 역할에 대한 설명으로 옳지 않은 것은?

① 양반의 수는 늘어나고 상민과 노비의 수는 줄어들었다.
② 역관은 외래문화의 수용에서 선구적 역할을 수행하였다.
③ 서얼은 신분 상승 운동에도 불구하고 관직에 진출할 수 없었다.
④ 군공이나 납속책 등을 통하여 노비의 신분이 상승되고 공노비는 해방되었다.

003 ☐☐☐   2017년 국가직(하반기) 7급

밑줄 친 ㉠, ㉡에 관한 설명으로 적절하지 않은 것은?

> • 사대부가 수백 년 동안 관직에서 막혀 있어도 존부(尊富)를 잃지 않는 까닭은 집집마다 각기 한 조상을 떠받들고 넓은 농지를 점하여 종족이 흩어져 살지 않으므로 그 ㉠ 풍습이 견고하게 유지되고 근본이 뽑히지 않았기 때문이다.
>   -《여유당전서》
>
> • 퇴계 이황이 영남 예안에 역동사(易東祠)를 창건하고 ㉡ 족보를 손수 필사하여 그곳에 보관하였다. …… 산이 있으면 물이 있는 것이니 백파(百派)가 순류하여 끝내 한곳에 모이는 것인데 이는 종합(宗合)의 뜻이다.
>   《단양 우씨 족보서》

① ㉠ - 친영이 일반화되었다.
② ㉠ - 이성불양의 관념으로 양자 제도가 확산되었다.
③ ㉡ - 동성 마을의 감소를 초래하였다.
④ ㉡ - 적서 차별과 가족 간의 위계를 중시하였다.

---

004 □□□ 2017년 지방직(하반기) 9급

조선 후기의 사상 동향에 대한 설명으로 옳은 것만을 모두 고른 것은?

─〈보기〉─
ㄱ. 서울 부근의 일부 남인 학자는 천주교를 수용하였다.
ㄴ. 정조는 기존의 문체에 얽매이지 않는 신문체를 장려하였다.
ㄷ. 복상 기간에 대한 견해 차로 인하여 예송(禮訟)이 전개되었다.
ㄹ. 노론과 남인 간에 인성(人性) 물성(物性) 논쟁이 전개되었다.

① ㄱ, ㄴ　　② ㄱ, ㄷ　　③ ㄴ, ㄹ　　④ ㄷ, ㄹ

005 □□□ 2011년 지방직 7급

조선 후기 신분제의 변화에 대한 설명으로 옳지 않은 것은?

① 양천제가 해체되면서 이를 대신해서 정부는 반상제를 법제적 신분제로 규정하였다.
② 노비는 군공과 납속 등을 통해서 자신의 신분을 상승시킬 수 있었다.
③ 서얼도 18세기 후반부터는 점차적으로 청요직의 허통이 이루어졌다.
④ '환부역조'와 '모칭유학' 등이 신분 상승을 위해 사용되었다.

006 □□□ 2015년 사회복지직 9급

다음 상황이 벌어지던 시기의 사회 모습으로 옳지 않은 것은?

• 근래 사족들이 향교에 모여 의논하여 수령을 쫓아내는 것이 고질적인 폐단입니다.
• 영덕의 구향(舊鄕)은 사족이며, 소위 신향(新鄕)은 모두 향리와 서리의 자식입니다. 근래 신향들이 향교를 주관하면서 구향들과 서로 마찰을 빚고 있습니다.

① 부농층이 성장하여 향임직에 진출하였다.
② 농촌 공동체 생활을 주도하는 향도가 등장하였다.
③ 수령이 세금을 부과할 때 향회가 자문 역할을 하였다.
④ 촌락 단위의 동약이 실시되고 동족 마을이 만들어졌다.

🎯 정답·해설

정답　4.② 5.① 6.②

해설　4. ㄴ.정조는 신문체를 비판하는 입장으로 정통적 고문을 모범으로 삼았다(문체반정) / ㄹ.호락논쟁으로 노론 내부에서 일어난 논쟁이다.
　　　5. ① 법제적 신분제는 양천제이다.
　　　6. 자료는 신향과 구향의 대립을 보여주는 향전에 대한 것이다. ② 향도는 고려시대에 생긴 불교의 신앙 공동체이다. 최초의 향도는 통일신라 김유신의 용화향도이다.

03. 조선 후기의 사회 **341**

007 □□□ 2015년 기상직 7급

다음 사료와 관련된 지역에 대한 설명으로 옳지 않은 것은?

> 어른과 아이(父老子弟)와 공사천민(公私賤民)은 모두 이 격문을 들어라. 무릇 관서는 기자와 단군 시조의 옛터로, 훌륭한 인물이 넘친다. …… 그러나 조정에서 서토(西土)를 버림이 분토(糞土)나 다름없이 한다.

① 탕평정치를 추진하던 영·정조 때에도 사헌부와 사간원의 진출은 제한되었다.

② 경제 성장을 바탕으로 부유해진 서민층이 향임을 차지하여 향권을 장악하였다.

③ 문과 시험에도 적극적으로 도전하여 8도 가운데 높은 급제자 비율을 보였다.

④ 급제율에 비해 벼슬을 얻는 취직률은 8도 가운데 가장 낮았으며, 그나마 홍문관이나 승문원등 청요직 벼슬은 거의 받기 어려웠다.

008 □□□ 2017년 경찰간부후보

천주교가 전래됨에 따라 일어난 사건을 시간 순으로 나열한 것으로 가장 옳은 것은?

> (가) 주문모 신부 입국
>
> (나) 안정복『천학문답』작성
>
> (다) 윤지충 신주 소각 사건
>
> (라) 김대건 신부 처형
>
> (마) 황사영 백서 사건

① (다) – (가) – (나) – (라) – (마)

② (가) – (나) – (다) – (마) – (라)

③ (나) – (다) – (가) – (마) – (라)

④ (가) – (나) – (다) – (라) – (마)

009 □□□ 2015년 서울시 9급

밑줄 친 ㉠과 직접 관련된 천주교 박해에 대한 설명으로 옳은 것은?

> 프란치스코 교황은 16일 오전 순교자 124위 시복미사에 앞서 한국 최대 순교 성지이자 이번에 시복될 124위 복자 중 가장 많은 27위가 순교한 서소문 성지를 참배했다. 이곳은 본래 서문 밖 순교지로 불리는 천주교 성지였다. 한국에 천주교가 들어온 후 박해를 당할 때마다 이곳에서 많은 사람들이 처형 당했으니 『황사영 백서』로 알려진 ㉠ 황사영도 이곳에서 처형되었다.
>
> – 한국일보, 2014년 8월 16일

① 모친상을 당해 신주를 불태운 것이 알려지면서 박해가 일어났다.

② 함께 발잡혀 박해를 받은 정하상은『상재상서』를 통해 포교의 정당함을 주장하였다.

③ 순조 즉위 후 정권을 장악한 노론 벽파가 반대파를 정계에서 제거하려고 박해를 일으켰다.

④ 대원군 집권기에 발생한 대규모 박해로, 프랑스 선교사를 비롯한 수천 명의 희생자를 낳았다.

정답·해설

정답 7.① 8.③ 9.③

해설 7. '관서는 기자와 단군 시조의 옛 터로'를 통해 자료의 내용이 홍경래 난임을 알 수 있다. 지역은 평양이다. ① 조선후기 평안도 지역은 경제력의 상승으로 과거 급제자가 많았고 정조 때에는 서얼, 서북민, 영남 유민 등 관직상의 차별을 폐지하였다.

8. (가) 1795년 한국 최초의 외국인 신부로 조선에 왔다. (나) 1785년 〈천학문답〉은 천주교 비판서이다. (다) 1791년 신주를 불태우고 천주교식으로 제사를 지냈다. (라) 1846년 병오박해 (라) 1801년 신유박해

9. 황사영 백서 사건과 관련 있는 천주교 박해는 신유박해이다. ① 신해박해 ② 기해박해 ④ 병인박해

조선 후기의 종교를 나타낸 것이다. ㉠, ㉡ 종교에 관한 설명으로 옳지 않은 것은?

> • 죽은 사람 앞에 술과 음식을 차려 놓는 것은 ㉠ 에서 금하는 일입니다. 살아 있을 동안에도 영혼은 술과 밥을 받아먹을 수 없는데, 하물며 죽은 뒤에 영혼이 어찌하겠습니까? …… 자식된 도리로 어찌 허위와 가식의 예(禮)로써 이미 죽은 부모를 섬기겠습니까?   - 《상재상서》
>
> • 사람이 곧 하늘이라. 그러므로 사람은 평등하며 차별이 없나니 사람이 마음대로 귀천을 나눔은 하늘을 거스르는 것이다. 우리 ㉡ 은/는 차별을 없애고 선사의 뜻을 받들어 생활하기를 바라노라.

① ㉠ - 17세기 프랑스 신부에 의하여 우리나라에 서학으로 처음 소개되었다.

② ㉠ - 정조 때에는 비교적 관대하였으나, 순조가 즉위한 직후 대탄압이 가해졌다.

③ ㉡ - 주문과 부적 등 민간 신앙의 요소들을 결합하여 민중적 성격을 지녔다.

④ ㉡ - 『동경대전』과 『용담유사』를 펴내어 교리를 정리하였다.

🎯 정답 · 해설

정답   **10.** ①

해설   **10.** ㉠ 천주교, ㉡ 동학이다. ① 청에 갔던 사신에 의해 학문으로 전래되었다.

Chapter 04 조선 후기 문화의 새 경향

| 1610년 허준 〈동의보감〉 | 1750년 신경준 〈훈민정음운해〉 | 1778년 박제가 〈북학의〉 | 1784년 유득공 〈발해고〉 |
| 1728년 정상기 〈동국지도〉 | 1770년 영조 〈동국문헌비고〉 | 1780년 박지원 〈열하일기〉 | 1818년 정약용 〈목민심서〉 |

01 조선 후기 문화의 새 경향

1. 성리학의 변화

(1) **성리학의 절대화**

① **배경** : 양 난 이후 국가 통치체제를 회복하기 위한 방법을 놓고 주자성리학을 더욱 강화하여 통치 질서를 회복하려는 세력과 이미 지배 이념으로서의 기능이 다한 주자성리학에서 탈피하려는 세력으로 나누어짐

② **성리학의 절대화** : 서인은 송시열을 중심으로 의리명분을 강화하며 주자 중심의 성리학을 절대화 함 ⇨ 성리학의 경직화로 성리학에 대하여 비판적인 사상을 사문난적❶으로 배척

> ❶유교 교리에 어긋나는 언동으로 유교를 어지럽히는 사람이라는 뜻

③ **성리학의 상대화**

㉠ **한백겸** : 주자의 주석에서 벗어나 6경을 독창적으로 해석

㉡ **조익** : 주자의 주석에서 벗어난 『중용』에 대한 주해를 효종에게 바침

㉢ **윤휴** : 대학, 중용, 주례, 효경 등을 독자적으로 해석, 유교 경전에 대한 독자적 해석인 『독서기』, 『중용주해』를 저술, 예송논쟁에서 패하고 사문난적으로 몰려 죽음을 당함

㉣ **박세당** : 양명학과 노장사상의 영향을 받아 『사변록』을 저술하여 주자와 송시열을 비판하였으나 사문난적으로 몰림

④ **이기논쟁의 지속** : 성리학의 이해가 깊어지면서 학자들은 인간 본성에 대한 깊이 있는 연구와 철학 논쟁을 벌임, 16세기 후반에는 퇴계 학파와 율곡 학파 사이에 이기론에 대한 논쟁이 벌어짐

⑤ **노론과 소론의 분화**

㉠ **노론** : 이이의 학통을 정통으로 계승, 주자 중심의 성리학을 절대적으로 신봉함, 18세기 이후 인간과 사물의 본성을 어떻게 볼 것인가 하는 문제를 둘러싸고 호락논쟁을 벌임

㉡ **소론** : 성혼의 학통을 계승하였고, 양명학과 노장사상을 수용하여 성리학 이해에 탄력성을 보임

⑥ **호락논쟁** : 노론 내부에서 호론과 낙론으로 나누어 인물성동이 논쟁을 전개함

㉠ **배경** : 조선 후기의 사회 · 경제적인 변화를 배경으로 노론 내부에서 사상적 논쟁이 전개

㉡ **발단** : 숙종 연간에 맹자와 중용에 있는 주자의 주석에 대한 해석의 차이로 송시열의 제자인 권상하의 문하생 한원진과 이간 사이에 논쟁이 벌어짐. 인간과 사물의 본성이 같은가, 성인

❶ **사문난적(斯文亂賊)**

정통 성리학이 보수화되고 교조화되면서 유학에 대한 일체의 비판을 허용하지 않고 비판 세력은 유학을 어지럽히는 유학의 반역자라 하였다. 숙종 때 윤휴, 박세당 등은 교조화된 주자의 학설에 이의를 제기했다가 사문난적으로 몰렸고 양명학, 서학, 동학 등도 사문난적으로 배척되었다.

▲ 화양리 석변에 새긴 명 의종의 친필

과 범인의 마음이 같은가에 대한 논쟁이 일어나 호론와 낙론의 분파가 발생

⑦ **호론의 내용**

　㉠ **호론의 중심인물** : 송시열의 학풍을 이어받은 권상하, 한원진, 윤봉구 등이 중심(충청 노론)

　㉡ **기 차별성 강조** : 인간과 사물의 본성이 서로 다름을 주장하면서 기의 차별성을 강조

　㉢ **양반중심 사회의 옹호** : 양반을 중심으로 하는 신분제와 지주전호제를 옹호함

　㉣ **계승** : 화이론을 계승하여 중화와 오랑캐를 본질적으로 구별되는 존재로 보려는 배타적 입
　　　　장이 깔림, 개항기 위정척사사상으로 연결

⑧ **낙론의 내용**

　㉠ **낙론의 중심인물** : 권상하의 문인이었던 이간, 김창협, 김창흡, 어유봉, 이재 등이 중심(서울
　　　　노론)

　㉡ **이의 보편성 강조** : 인간과 사물의 본성이 같음을 주장

　㉢ **사회 변화에 능동적 대처** : 변화하는 사회 · 경제적 변화를 인정하고 적절히 대응하고자 함

　㉣ **계승** : 19세기 최한기에게 영향을 주었고 서양 철학과 연결되어 화이론을 극복하는 개화사
　　　　상의 철학적 기반이 됨, 19세기 이후 서울 · 경기 지역의 노론 중에서도 기정진, 이항로 등은
　　　　주리론을 기일원론으로 발전시켜 위정척사 사상에 영향을 줌

2. 양명학의 수용

(1) 양명학의 전래

① **양명학** : 명나라의 학자인 왕수인이 만든 새로운 유학으로 성리학의 형식화를 비판하면서 심을
　　　중심으로 실천을 강조

　㉠ **심즉리** : '인간의 마음이 곧 이' 라고 주장

　㉡ **치양지설** : 인간이 상하 존비의 차별 없이 본래 타고난 천리로서의 양지를 실현하여 사물을
　　　　바로잡아야 한다고 주장

　㉢ **지행합일설** : 앎과 행함이 분리되거나 선후가 있는 것이 아니라 행함을 통해서 성립한다는
　　　　주장

② **전래와 배척** : 16세기 초반 중종 때 명에 왕래하던 사신을 통해 양명학의 경전인 〈전습록〉이 전
　　　래, 이황이 〈전습록변〉을 지어 정통 주자학 사상에 어긋난다며 양명학을 비판, 인조반정 이후
　　　주자 중심의 성리학이 사상계에서 확고한 위치를 점하게 되면서 양명학은 이단으로 간주

③ **수용 과정**

　㉠ **17세기** : 조선 성리학계가 율곡 이이 계통으로 정립되는 가운데 일부 학자들은 마음을 기질
　　　　지성과 동일시하여 심즉리를 이해하는 조선식 양명학을 정립, 남언경, 이요 등이 수용하고
　　　　장유, 최명길을 거치면서 체계화

　㉡ **18세기** : 분당 이후 소론이 정치적으로 패하고 실권을 잃으면서 소론 계통의 가학으로 계승
　　　　되었고 정제두에 이르러 조선 양명학이 집대성, 노론 내부에서 호락논쟁과 북학사상 등 현
　　　　실 개혁 사상이 출현할 때 일정한 영향을 끼침

(2) 양명학의 체계화

① **강화학파의 형성** : 18세기 초 소론 출신 윤증의 제자였던 정제두는 양명학을 체계적으로 연구하여 발전시킴

② **내용** : 정제두는 『하곡집』, 『존언』, 『만물일체설』, 『변퇴계전습록변』 등을 저술, 양명학에 성리학적 이기론을 반영하여 생리와 실리를 강조하는 독자적 이해방식을 보임

③ **사회사상** : 왕양명의 친민설을 적극 지지하여 일반민을 도덕 실천의 주체로 인정하고, 이를 바탕으로 양반 신분제를 폐지하자고 주장

④ **계승** : 정제두와 그의 제자들은 대부분 정권에서 소외된 소론이었기 때문에 그의 학문은 주로 후손과 인척을 중심으로 가학 형태로 계승

⑤ **영향** : 양명학을 바탕으로 역사학, 국어학, 서화, 문학 등에서 새로운 경지를 개척, 실학자들과도 서로 영향을 주고받음

(3) 양명학의 계승
정권에서 소외된 몇몇 소론 학자들이 개인적인 관심을 가지는데 그쳐 조선 정치나 사상계에 큰 위치를 차지하지 못함, 한말 · 일제 강점기 이건창, 이건방, 김택영, 박은식, 정인보 등은 양명학의 부흥을 주장

▲ 강화 학파의 계보

3. 실학의 발달

(1) 실학의 성격
17 ~ 18세기 조선의 사회 · 경제적 변동에 따른 사회 모순의 해결책을 구상하는 과정에서 대두한 학문과 사회개혁론으로 실증적 · 민족적 · 근대 지향적 특성을 지닌 학문

(2) 실학의 등장배경

① **정치적** : 양 난 이후, 붕당 간의 갈등과 대립이 심화되었고, 벌열 정치가 전개되면서 몰락 양반이 발생, 진보적 지식인들은 국가체제를 개편하고 민생을 안정시킬 수 있는 개혁 방안을 제시

② **사상적**

  ㉠ **성리학의 한계** : 당시 지배 이념이었던 성리학은 당면한 문제를 해결할 수 있는 기능을 수행하지 못함

  ㉡ **외래 사상의 수용** : 청의 고증학은 실사구시를 내세워 실증적 방법을 강조, 새로운 학문 연구 방법의 특징은 조선의 지식인들에게 자극을 줌

③ **경제적** : 지주전호제의 심화와 소작농의 몰락에 대한 해결책으로 토지개혁론과 감조론이 등장, 상품 화폐 경제의 발달로 인한 상업과 수공업에 대한 관심이 증대

④ **사회적** : 신분 질서가 붕괴되면서 정권에서 소외된 양반층의 경제적 몰락과 피지배층의 신분 상승이 나타남, 실학자들은 몰락한 양반층의 생계 대책과 서민층의 생존 문제에 주목함

(3) 실학의 전개 과정

① **17세기 전반**

    ㉠ **이수광** : 『지봉유설』을 저술, 실학을 최초로 이론화함, 유럽, 회교, 불교 문명권이 있음을 소개하여 문화의 인식의 폭을 넓힘

    ㉡ **한백겸** : 『동국지리지』에서 삼한의 위치를 고증하여 우리나라의 역사 지리를 연구하였으며 토지 소유의 편중을 개탄하고 대동법 확대를 주장

    ㉢ **유몽인** : 은광의 개발, 화폐의 유통, 선박과 수레의 이용, 벽돌의 사용, 상점과 여관을 합친 노포의 설치 ⇨ 유통 경제의 활성화를 통한 부국강병을 시도, 북학론의 효시

② **17세기 후반~ 18세기** : 경세치용의 학풍이 형성, 서울 근교 농촌에서 살던 남인을 중심으로 발전, 민생안정과 부국강병을 목표로 비판적이면서 실증적인 논리로 사회 개혁론을 제시

③ **18세기 후반** : 이용후생의 중상주의적 성격인 북학이 대두

(4) 농업 중심의 개혁(18세기 전반)

경세치용학파, 농민 생활 안정을 위한 토지 제도의 개혁을 중요하게 생각

① **미수 허목(1595~1682)**

    ㉠ **붕당 정치 비판** : 『기언』을 저술하여 북벌론과 붕당 정치의 폐단을 비판, 왕권과 6조의 기능 강화를 주장

    ㉡ **중농 정책 중시** : 민생안정을 위해 부세 징수의 완화를 주장, 사상을 통제하고 상공업을 억제하여 궁극적으로 자급자족적 농업 경제의 확립과 재야 선비 사회의 안정을 목표로 함

    ㉢ **양반 사회의 안정 추구** : 양반에게도 군포를 부과하는 호포제의 실시에 반대하고, 서얼허통에 반대하였다는 점에서 봉건적 양반제의 틀은 벗어나지 못했다는 한계가 있음

② **반계 유형원(1622~1673)** : 농업 중심 개혁론의 선구자로 『반계수록』을 저술

❶ **결부법과 경무법**
결부법은 수확량을 기준으로, 경무법은 토지의 면적을 기준으로 한 토지 계량법

    ㉠ **균전론** : 편향되어 있는 토지 소유관계를 혁신하고 국가가 이를 재분배하여 농민 생활과 국가의 재정을 안정, 종대의 결부법을 폐지하고 경무법❶ 실시를 주장하여, 토지를 1경 혹은 1무로 나누어 수확량에 따라 1/10을 징수, 신분에 따라 토지를 차등 지급, 역역을 토지에 부과함으로써 민생안정과 재정확보를 시도

    ㉡ **농병일치제** : 자영농을 바탕으로 한 농병일치제를 주장

    ㉢ **사농일치의 교육**

    ㉣ **유교적 한계** : 사농공상의 직업적 우열, 적서 차별과 군대편성에서의 양천의 구별, 노비제도의 인정, 노비세습의 모순을 비판하면서 노비고공제를 주장

③ **성호 이익(1681~1763)** : 18세기 전반에 주로 활동, 유형원의 실학사상을 계승 · 발전

    ㉠ **성호학파 형성** : 신경준, 정상기, 안정복, 정약용 등의 제자를 양성하여 성호학파를 형성하고 정약용은 성학파의 흐름을 집대성

    ㉡ **성호사설** : 천지 · 만물 · 인사 · 경사 · 시문 5개 부문으로 나누어 조선과 중국의 문화를 백과사전식으로 소개

한전론 ⇨ 자영농 육성을 위한 토지개혁론으로 한 가정의 생활을 유지하는 데 필요한 일정한 토지를 영업전(『곽우록』에서 호구마다 영업전의 면적을 설정할 것을 주장)으로 하고 그 밖의 토지는 매매 허용을 주장, 자유로운 매매를 통해 토지 평등화를 실현시키고자 함(토지의 하한선 제한)

ⓒ **나라를 좀 먹는 6가지 폐단(6좀론)** : 노비제도, 과거제도, 양반 문벌제도, 사치와 미신숭배, 승려, 게으름 ⇨ 나라가 빈곤하고 농업이 피폐한 원인, 노비제도 자체를 폐지하자는 주장은 아님

ⓔ **사창제** : 환곡제의 폐단을 시정할 목적으로 주장

ⓜ **폐전론** : 동전의 유통으로 고리대가 성행하면서 농민의 몰락이 촉진되고 농업이 위축되며 소비와 사치 풍조가 유행하는 것을 경계

ⓗ **중농정책 표방** : 농업이 근본이며, 유통 경제의 발전이 농촌 경제를 파탄시키고 있음을 경계

ⓢ **붕당론** : 양반은 증가하는데 관직은 한정되어 양반층의 권력 다툼에서 붕당이 발생한다고 지적 ⇨ 양반의 수와 특권을 제한함. 선비도 농사를 짓고 과거시험은 5년으로 늘려 합격자를 줄이고 전랑들의 후임자 천거권을 없애 군주의 인사권을 보장

ⓞ **우리 역사의 독자적 체계화 주장** : 실증적 · 비판적 역사 인식을 바탕으로 중국 중심의 세계관을 탈피 ⇨ 안정복으로 이어짐

④ **다산 정약용(1762~1836)** : 유형원과 이익의 실학사상을 계승하면서 실학을 집대성함, 성호학파를 비판적으로 계승하면서 노론 북학파의 사상도 수용

▲ 정약용이 유배시 살던 다산 초당

❶ **정전론**
모든 토지를 정자(井字)로 구획하고 불가능한 곳은 계산상으로 구획 후 1/9은 국가가 매입하여 공전으로 하고, 8/9은 가호마다 노동력의 양과 질을 따져 차등적으로 경작권을 주어 세를 거두자는 주장.

㉠ **여전론(『전론』 정조, 1798)** : 토지의 균등한 분배로 토지와 부가 집중되는 것을 방지함. 30가구를 마을 단위의 공동 농장 제도인 1여로 하여 노동량에 따라서 수확량을 분배하고자 함, 토지의 공동 소유, 공동 경작을 창안해서 토지는 사회적 소유로 간주. 무경작자의 토지 소유를 반대, 너무 이상적인 개혁론이라 실현 가능성이 없어 후에 정전론 주장

㉡ **정전론❶(『경세유표』 순조, 1817)** : 전국의 토지를 국유화하여 정전을 편성하고 국가 재정으로 사유 농지를 매입하여 전체 농지의 9분의 1을 공전으로 만들어 조세를 징수할 것을 주장, 공전은 토지를 분배받은 농민들이 공동 노동으로 경작

㉢ **향촌 단위 방위 체제** : 여전제의 토지 제도를 군사 조직의 근간으로 삼아 여 – 리 – 방 – 읍 에 따른 병농일치제적 군제 개혁안을 주장

㉣ **민본적 왕도 정치** : 통치자는 백성을 위해 존재함을 강조하여 백성의 의사가 반영될 수 있는 정치 제도의 개선을 주장

㉤ **과학 기술과 상공업에 대한 관심** : 거중기를 제작하여 수원화성을 축조할 때 사용. 배다리 설계, 선박, 총포, 병차 제도에도 관심을 가짐

㉥ **『목민심서』** : 목민관의 치민에 관한 도리를 역설

㉦ **『흠흠신서』** : 형옥에 관한 법률의 지침서, 형옥의 임무를 맡은 관리들이 유의할 사항을 청나라와 조선의 영 · 정조연간의 판례를 이용하여 설명

㉧ **『경세유표』** : 정전제를 제시하고 서양 과학 기술의 수용을 위해 '이용감'의 설치를 주장, 군주 중심의 정치체제를 수립하고 언관의 역할을 제한하며 6조의 기능을 재조정할 것을 제안, 지

방행정의 효율성을 높이기 위해 전국을 12개의 성으로 재편성, 고과 제도 개혁으로 관리의 전문성과 임기를 보장하여 능력을 극대화하고 민폐를 줄이려 함

- ㉛ **기예론** : 인간이 동물과 구별되는 것으로 기술을 창안하고 이를 실생활에 이용할 줄 아는데 있다고 보고 기술 혁신과 기술교육 등을 촉구
- ㉜ **탕론** : 은의 탕왕이 하의 걸왕을 무찌른 고사를 들어 민이 정치의 근본임을 밝힘. 이는 역성 혁명을 내포하고 있음
- ㉠ **원목** : 국왕의 권력은 백성들로부터 위임을 받은 것으로 통치자의 이상적인 상을 제시
- ㉤ **『마과회통』** : 제너의 종두법을 소개
- ㉥ **『아방강역고』** : 백제의 도읍지가 서울이며 발해의 중심지가 백두산 동쪽임을 고증

(5) 상공업 중심의 개혁론 이용후생학파(북학파), 서울의 노론집안 출신으로 청나라 문물을 적극적으로 수용하여 부국강병과 이용후생에 힘쓰자고 주장

① **농암 유수원(1694~1755)** : 상공업 중심 개혁론의 선구자

- ㉠ **『우서』 저술(영조, 1737)** : 중국과 우리나라의 문물을 비교하여 정치·경제·신분·사상 전반에 걸친 개혁안을 제시, 상공업의 진흥과 기술의 혁신을 강조하고 사농공상의 직업적 평등화와 전문화를 주장
- ㉡ **대상인의 형성** : 대상인에게 금난전권을 허용하여 대규모의 상인 자본으로 육성해야 할 것을 주장, 상인이 물품의 생산자를 고용하여 생산과 판매를 주관할 것을 주장 ⇨ 대자본을 육성하여 대상인에 의한 지역 발전을 유도
- ㉢ **농업생산성 향상 강조** : 농업의 상업적 경영과 기술혁신을 통한 생산성 향상을 강조

② **담헌 홍대용(1731~1783)**

- ㉠ **부국강병책** : 기술의 혁신과 문벌제도의 철폐, 성리학의 극복이 부국강병의 근본이라고 강조, 중국이 세계의 중심이라는 생각을 비판
- ㉡ **임하경륜**
  - 균전제 – 성인 남자들에게 2결의 토지를 지급. 죽을 때 반납, 병농일치의 군대를 조직할 것을 제시
  - 양반의 생산 활동 참여 주장
- ㉢ **의산문답**
  - 서양의 과학 사상 소개 – 의무려산에 사는 실옹과 조선의 학자 허자가 서로 대화하는 방식을 이용하여 지금까지의 성리학적 고정 관념을 상대주의적 시각으로 비판
  - 지전설 주장 – 지구가 우주의 중심이 아니며 하루에 한 번씩 회전을 한다는 지전설을 주장
  - 성리학적 화이관 비판 – 중국이 세계의 중심이라는 지역적인 자연관을 근거로 한 화이의 구분을 부정하여 민족의 주체성을 강조
- ㉣ **주해수용** : 조선 후기 수학 이론을 집대성 함

③ **연암 박지원(1737~1805)** : 개혁의 주체로서 선비의 자각을 강조

- ㉠ **과농소초** : 영농방법의 혁신, 상업적 농업의 장려, 수리 시설 확충 등을 통하여 농업생산력을

▶ **박지원의 양반제도 비판**

『방경각외전』에 민옹전, 양반전 등 9편의 한문소설(9전)을 수록하여 양반제도의 비생산성을 비판함

▲ 연암 박지원

높이는데 관심을 기울임, 한전제를 주장하여 토지소유의 상한선 제한

 ⓛ **열하일기** : 청의 문물을 소개하고 상공업의 진흥을 강조하면서 수레와 선박의 이용 및 화폐 유통의 필요성을 주장, 양반 문벌제도의 비생산성을 비판함(『허생전』, 『호질』)

 ④ **초정 박제가(1750~1805)** : 정조 때 규장각 검서관을 지내고 청나라에 다녀온 후 『북학의』를 저술하여 청의 문물을 적극적으로 수용

  ㉠ **상공업 진흥 주장** : 양반의 상업 종사를 강조, 수레와 선박의 이용 증대, 소비와 생산의 관계를 우물물에 비유하여 절약보다는 소비를 강조

  ㉡ **청과의 통상 강조** : 청 문물을 적극 수용하고 무역 증대를 주장

  ㉢ **서양 과학 기술의 도입** : 서적의 수입, 청나라에 전문성 있는 인원의 파견, 서양 선교사의 초빙 등의 방법을 통해 서양의 과학 기술을 배우자고 주장

 ⑤ **중상주의적 실학사상의 의의** : 북학파의 개혁 사상은 농업에만 치우친 유교적 이상 국가론에 탈피하여 부국강병을 위한 보다 적극적인 방안을 제시, 19세기 개화사상으로 이어짐

(6) **실학사상의 의의와 한계**

 ① **연구 영역**

  ㉠ **근대 지향적 성격** : 사회 체제의 개혁, 생산력의 증대를 통한 근대 사회로의 이행을 목적으로 함

  ㉡ **실증적 성격** : 문헌학적 고증의 정확성을 존중하고 과학적이고 객관적인 학문 태도를 중시

  ㉢ **민족주의적 성격** : 실학자들은 우리 문화에 대한 독자적이고 주체적인 인식을 강조

  ㉣ **피지배층의 처지 옹호** : 성리학이 봉건적 지배층의 지도 원리였지만 실학은 피지배층의 입장을 옹호한 개혁론, 실학자들은 농민을 비롯한 피지배층의 생활 및 권리 신장에 주목

 ② **역사적 의의** : 성리학적 폐단과 조선 후기의 각종 사회 모순을 개혁하려는 현실 개혁적 사상

 ③ **실학의 한계** : 정치적으로 몰락한 지식층의 개혁론이었고 이들을 지지해 줄 사회적 토대가 미약, 실학자들의 학문과 사상은 당시의 정책에 반영되지 못함

4. 국학 연구의 확대

(1) **실학적 역사학의 특징**

 ① 중국의 문화권에서 탈피, 우리나라 역사를 독립된 단위의 역사로 파악, 이수광의 『지봉유설』, 이익의 『성호사설』 등이 선구적인 저서

 ② 문헌 고증 방식을 추구

 ③ 도덕 중심 사관을 비판하고 자강을 강조하여 고대사 강역에 대한 역사 지리 연구가 활발

(2) **17세기 역사학**

 ① **관점의 다양성** : 붕당의 입장이 반영되어 당색에 따라 역사를 보는 관점이 다양

 ② 성리학의 정통론이 자국사에 적용되어 강목체가 강조

 ③ **역사서**

  ㉠ 이수광 『지봉유설』(광해군, 1614) : 우리 역사의 유구성을 강조하며 중국과 대등한 문화임을 강조 ⇨ 중국을 큰 나라로 보는 것은 잘못이라 지적, 한사군이 조선 땅의 일부이고 고대사의

▶ **박제가의 상공업 진흥론**

재물은 대체로 샘과 같다. 퍼내면 차고, 버려 두면 말라 버린다. 그러므로 비단옷을 입지 않아서 나라에 비단 짜는 사람이 없게 되면 여공이 쇠퇴하며, 찌그러진 그릇을 싫어하지 않고 기교를 숭상하지 않아서 공장(工匠)이 기술을 익히지 않게 되면 기예가 사라지게 되고, 농사가 황폐해져서 그 법을 잊었으므로, 사민이 모두 곤궁하여 서로 구제할 수 없게 된다.

여러 지명이 만주에 있었다는 것을 고증함

ⓒ 홍여하 『휘찬여사』(인조, 1639) : 기전체 형식으로 고려사 재정리, 기자 → 마한 → 신라를 정통국가로 내세운 삼한 정통론을 내세움

ⓒ 유계 『여사제강』(현종, 1667) : 서인의 입장에서 서술, 서인의 북벌론 운동을 합리화, 고려가 북방 민족에게 항전한 것과 재상이 주도권을 잡은 사실을 강조하여 노론 사이에서 가장 추앙 받는 사서

ⓔ 허목의 『동사』(현종, 1667) : 남인의 입장에서 서술, 북벌 운동과 붕당 정치를 비판한 사서, 우리나라의 자연환경과 풍속·인성의 독자성을 강조하면서 그에 맞는 정치를 추구

ⓜ 홍여하 『동국통감제강』(현종, 1672) : 『동국통감』의 요점을 편년체로 남인 입장에서 서술, 왕권 강화를 강조하고 붕당 정치의 폐지를 역설하여 송시열 일파의 예론과 대립. 기자 → 마한 → 신라를 정통국가로 내세움, 남인들 사이에서 가장 추앙받는 사서

(3) 18 · 19세기의 역사학 연구

① 실학의 발달과 함께 민족의 전통과 현실에 대한 관심이 깊어지면서 역사. 지리, 국어 등을 연구하는 국학이 발달

② 역사서

ⓐ 홍만종 『동국역대총목』(숙종, 1705) : 단군 → 기자 → 마한 → 통일신라를 정통국가로 봄. 고려와 조선의 역사를 왕실 중심으로 서술. 단군 정통론은 이익과 안정복에게 영향을 줌

ⓑ 임상덕의 『동사회강』(숙종, 1711) : 유계의 『여사제강』을 계승, 삼한과 고려의 강역과 단군·기자에 대한 고증을 첨가 ⇨ 『동사강목』에 영향을 줌, 삼국을 무통으로 봄

(4) 이익의 역사 연구

① 시세론 : 역사를 객관적 사실의 인과적 상호관계로 파악하며 실증적이고 비판적인 역사 서술을 제시, 역사를 움직이는 기본 동력은 '시세(물리력) – 행불행(우연) – 시비(도덕)'의 순서로 인식

② 주체성 강조 : 중국 중심의 역사관에서 탈피하여 우리 역사를 체계화할 것을 주장 ⇨ 민족에 대한 주체적 자각을 높임

(5) 안정복의 역사 연구

▶ 안정복의 삼한정통론
삼국은 무통이라 주장하며 고구려의 강대함을 강조하여 신라 중심의, 『삼국사기』를 비판함

① 동사강목(정조, 1778)

ⓐ 이익의 역사의식을 계승

ⓑ 독자적 정통론 : 우리 역사의 독자적 정통론을 세워 체계화하고 치밀한 문헌 고증방식으로 여러 문헌을 비교, 분석, 종합하여 집대성한 통사

ⓒ 강목체 서술 : 고조선(단군) ~ 고려 말까지의 역사를 강목체이면서 편년체 통사로 명분과 의리에 바탕을 둔 성리학적 사관에 입각하여 서술

ⓔ 삼한정통론 주장 : 단군 → 기자 → 마한 → 통일신라 → 고려 정통론을 내세워 민족이 역사적 정통성을 밝히고자 하였으며 중국 중심의 역사관에서 탈피를 시도함

ⓜ 고증 사학의 선구자 : 역사 사실들을 치밀하게 고증하여 신화·설화의 기록에서 믿을 수 없는 내용을 비판하였으며 고증사학의 토대를 마련, 발해를 기술했지만 말갈 역사로 봄

② **열조통기** : 태조 ~ 영조까지의 역사를 편년체로 서술한 역사서. 1767년에 편찬을 시작. 완성된 시기는 밝혀지지 않음

(6) **이긍익의 연려실기술(순조, 1806)** 야사를 참고하여 조선 왕조의 정치사를 실증적이고 객관적인 입장에서 서술하고, 조선 시대의 정치와 문화를 백과사전식으로 정리한 기사 본말체 형식의 사서

(7) **한치윤의 해동역사(순조, 1823)**

500여 종의 다양한 외국 자료를 참고하여 문헌적 고증을 통한 기전체 형식의 사서로서 민족사 인식의 폭을 넓히는데 이바지함. 정통적인 역사 인식을 청산, 열전은 없으며 유서적 성격❶을 지님

(8) **이종휘 · 유득공**

① **이종휘의 『동사』(순조, 1803)** : 고조선부터 고려 말까지의 역사를 기록한 기전체 역사서, 고구려 전통을 강조하면서 만주 수복을 연구

② **유득공의 『발해고』(정조, 1784)** : 발해사 연구를 심화, 신라의 삼국 통일을 불완전한 것으로 규정하고, 남의 신라와 북의 발해를 병립시켜 '남북국 시대'라고 할 것을 제안

③ **의의** : 고대사 연구를 만주지방으로 확대시킴으로써 반도 중심의 협소한 사관을 극복

(9) **김정희의 『금석과안록』(철종, 1852)** 북한산비, 황초령비가 신라 진흥왕순수비임을 밝힘, 황초령비문을 판독

5. 지리서와 지도연구/ 언어연구/ 백과사전

(1) **지리지**

① **역사 지리지** : 고증학을 바탕으로 편찬

㉠ **한백겸의 『동국지리지』(광해군, 1615)** : 역사 지리서의 효시, 고대 지명을 새롭게 고증, 객관적인 역사 연구를 추구, 고구려 발상지가 만주 지방임을 최초 고증

㉡ **정약용의 『아방강역고』(순조, 1811)** : 백제의 첫 도읍지가 한성이라는 것, 발해의 중심지가 백두산의 동쪽이라는 것을 고증함

㉢ **신경준의 『강계고』(영조, 1756)** : 상고에서 조선 중기에 이르기까지 시대별로 국토의 강계 · 위치 · 산천 · 성첩 · 섬 · 교린 · 외침 등 영토의 신축에 관한 사항

② **인문지리지**

㉠ **유형원의 동국여지지(효종, 1656)** : 전국 지리지, 국가 재정수취의 보조자료로 이용

㉡ **이중환의 택리지(영조, 1751)** : 각 지역의 자연환경과 인간생활의 관계를 인과적으로 논하며 물산, 풍속, 인심 등을 서술하고 어느 지역이 살기 좋은 곳인가를 서술, 팔도총론과 복거총론으로 구성, 사찬❷

㉢ **정약용의 대동수경(순조, 1814)** : 강을 중심으로 한반도의 역사와 국토 지리를 체계적으로 정리

(2) **지도** 중국으로부터 서양식 지도가 전해져 정밀하고 과학적인 지도가 제작

① **정상기의 동국지도 (영조, 18세기)** : 우리나라 최초로 축척이 표시된 지도, 최초로 100리 척을 사용하여 정확하고 과학적인 지도 제작에 공헌

❶ 유서적 성격
백과 사전식 항목 분류 형식

❷ 사찬
백과 사전식 서술이 아닌 개인의 경험을 토대로 사적을 편찬한 것

지리적 경계 ●

▲ 대동여지도

▲ 이수광의 지봉유설

▶ 서유구의 『임원경제지』
• 헌종 때 편찬
• 농촌생활 백과 사전
• 지주제를 인정하는 둔전론 주장

▶ 이규경의 『오주연문장전산고』
• 홍봉한의 동국문헌비고와 이덕무의 청장관전서를 통합
• 중국과 우리나라 고금의 사물을 고증적 방법으로 설명

② 김정호의 지도 제작

 ㉠ 대동여지도(철종, 19세기) : 현존하는 전국지도 중 가장 큰 지도로 1/16 만 축척으로 정밀하게 표시한 분첩지도, 기호를 이용하여 산맥 · 하천 · 포구 · 도로망의 표시가 정밀하였고 거리를 알 수 있도록 10리마다 눈금이 표시, 목판으로 인쇄

 ㉡ 청구도(순조, 19세기) : 정상기의 동국지도를 바탕으로 제작, 천문 관측에 의한 경선과 위선을 표시하고 서양의 기하학 원리를 이용하여 확대와 축소를 정확하게 함

 ㉢ 동여도 : 청구도를 발전시켜 채색을 이용한 전국지도

(3) 언어 연구

① 음운학 : 신경준의 『훈민정음운해』(영조, 1750), 유희의 『언문지』(순조, 1824), 등이 편찬

② 어휘 수집 : 이성지의 『재물보』, 권문해의 『대동운부군옥』(선조, 1589), 정약용의 『아언각비』(순조, 1819), 우리의 방언과 해외 언어를 정리한 이의봉의 『고금석림』(정조, 1789)도 편찬

(4) 백과사전의 편찬

① 실학이 발달하고 문화 인식의 폭이 넓어짐에 따라 백과사전류의 저서가 많이 편찬

② 이수광의 『지봉유설』(광해군, 1614) : 백과사전류의 효시

③ 이익의 『성호사설』(영조, 18세기) : 천지 · 만물 · 인사 · 경사 · 시문 5개 부문으로 조선과 중국의 문화를 백과사전식으로 소개 · 비판한 책

④ 이덕무의 『청장관전서』(정조, 18세기) : 서유구의 『임원경제지』(19세기), 이규경의 『오주연문장전산고』(19세기) 등이 나옴

⑤ 홍봉한의 『동국문헌비고』 : 영조 때 국가적 사업으로 편찬, 우리나라 역대 문물제도를 정리한 최초의 관찬 한국학 백과사전

6. 과학기술의 발달

(1) 서양 문물의 수용

① 전래 : 17세기부터 청에 왕래하던 사신들이 선교사들을 통해 서양 문물을 들여옴, 세계지도, 화포, 천리경, 자명종 등을 전함,

② 수용 계층 : 이익과 그의 제자들 및 북학파 실학자

③ 서양인의 표류

 ㉠ 벨테브레이(박연) : 제주도에 표류한 네덜란드인으로 훈련도감에 소속되어 서양식 대포의 제조법과 조정법을 가르침(인조)

 ㉡ 하멜 : 효종 때 제주도에 표류, 현종 때 탈출하여 네덜란드로 돌아가 『하멜 표류기』를 지어 조선의 사정을 전함

(2) 천문학

① 지전설

 ㉠ 이익 : 서양 천문학에 관심을 가지고 한문으로 번역된 과학 서적으로 연구

 ㉡ 김석문 : 『역학도해』에서 최초로 지전설을 주장

ⓒ **홍대용** : 지전설 주장, 지구가 우주의 중심이 아니라는 '무한 우주론'을 주장, 혼천의 제작

ⓔ **최한기** : 코페르니쿠스의 지구 자전과 공전을 설명한 『지구전요』를 저술, 뉴턴의 만유인력설과 같은 서양의 과학을 소개한 『명남루총서』, 사물에 대한 사고를 과학적인 방법으로 해야 한다는 것을 인간의 신체를 분석하여 비유한 『기측체의』 저술

② **지전설의 의의** : 전통적인 우주관에서 벗어나 근대적 우주관으로 접근, 성리학적 세계관을 비판하는 근거가 됨

(3) **역법**

① **시헌력** : 선교사인 아담 샬이 중심이 되어 만들어 청에서 사용

② **시헌력의 사용** : 효종 때 김육 등의 노력으로 시헌력을 채용 ⇨ 서양식 각도, 시간 측정법

(4) **수학**

① **기하원본 도입** : 마테오리치가 유클리드 기하학을 한문으로 번역

② **황윤석** : 『이수신편』을 저술하여 전통 수학을 집대성

③ **홍대용** : 『주해수용』을 저술하여 우리나라, 중국, 서양 수학의 연구 성과를 정리

(5) **지도**

① **곤여만국전도의 전래** : 마테오리치가 그린 세계지도가 중국을 통해 전해져 과학적이고 정밀한 지식을 가짐

② **세계 지도 전래의 영향** : 세계관의 확대

(6) **의학**

① **특징** : 실증적인 태도로 의학이론과 임상의 일치에 주력

② **17세기 의학**

ㄱ **동의보감(허준)** : 전통 한의학을 체계적으로 정리, 모든 향약명을 한글로 표시하여 의료 지식의 민간 보급에 공헌, 중국과 일본에서도 간행, 세계 기록 유산(광해군)

ㄴ **침구경험방(허임)** : 침구술을 집대성(인조)

ㄷ **벽온신방(안경창)** : 온역(전염병)의 치료에 관한 의서

③ **18세기 의학**

ㄱ **마과회통(정약용)** : 마진(홍역)에 관한 연구를 진전시키고 이 분야의 의설을 종합하여 편찬(정조) ⇨ 제너의 종두법을 처음으로 소개

ㄴ **종두방서** : 정약용이 박제가와 함께 종두법을 연구, 실험함

④ **19세기 의학**

ㄱ **방약합편(황도연, 황필수 증보)** : 처방들을 상·중·하 3단에 나누어 의방과 약물의 지식을 일목요연하게 이해할 수 있도록 하여 한의학의 대중화에 기여(고종)

ㄴ **동의수세보원(이제마)** : 사상의학을 확립 ⇨ 사람의 체질을 구분하여 치료하는 체질 의학 이론

(6) **기술의 개발**

① **정약용**

▲ 곤여만국전도

▶ **종두법**
천연두를 예방하기 위해 소로부터 면역 물질을 얻어내는 방법. 1796년 에드워드 제너가 발견함

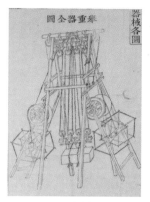

▲ 거중기

⊙ 기예론 : 과학과 기술의 중요성을 확신하여 기술 개발에 앞장섬. 기술의 발달이 인간 생활을 풍요롭게 한다고 믿음

ⓒ 거중기 제작 : 서양 선교사가 중국에서 펴낸 『기기도설』을 참고하여 만듦, 수원 화성을 지을 때 사용되어 공사기간을 단축하고 공사비를 줄임

ⓒ 주교(배다리)설계 : 정조가 수원에 행차할 때 한강을 안전하게 건너도록 설계

ⓔ 기타 : 과학 기술에 대한 관심이 많아 농업과 방직, 선박의 건조와 교량 건설, 성의 축초 등을 연구

(7) 농서

① 신속의 『농가집성』: 17세기 중엽에 강남의 선진 농업 기술을 받아들여 『농가집성』을 편찬 ⇨ 『농사직설』을 계승하면서 벼농사 중심의 수전농법을 소개하고 이앙법의 보급에 공헌(효종)

② 박세당의 『색경』, 홍만선의 『산림경제』: 상업적 농업이 발달하고 농업의 영역이 확대됨에 따라 채소, 과수, 원예, 양잠, 축산 등의 농업 기술을 소개(숙종)

③ 서호수의 『해동농서』: 정조의 명으로 우리 고유의 농학을 중심에 두고 중국 농학을 선별적으로 수용하여 새롭게 체계화 함

④ 서유구의 『임원경제지』: 19세기 농업경영론(둔전제)과 농촌 생활에 필요한 것을 종합한 농촌 생활 백과사전을 편찬(헌종)

(8) 어업

① 어구의 개량과 김 양식

⊙ 어살 설치하는 어법 실시, 어망의 재료 ⇨ 면사

ⓒ 김 양식을 전라도 중심으로 보급

ⓒ 18세기 후반 냉장선의 등장으로 어물의 유통 활발

② 정약전의 자산어보(1814, 순조)

⊙ 흑산도 유배 중 흑산도 근해의 해산물 등을 직접 채집하여 조사한 내용

ⓒ 155종의 해물에 대한 명칭, 분포, 습성 등을 기록

7. 문화의 새 경향

(1) 서민 문화의 발달

① 배경 : 상공업의 발달, 농업 생산력의 증대, 서당 교육이 보급, 서민의 경제적·신분적 지위 향상

② 중인층과 서민층의 참여 : 역관이나 서리 등의 중인층 및 상공업 계층과 부농층의 문예 활동이 활발, 상민이나 광대의 활동

③ 문화의 성격

⊙ 조선 전기 : 생활의 교양 심성 수련 ⇨ 정적이고 소극적

ⓒ 조선 후기 : 양반과 사회 모순에 대해 신랄하게 풍자, 인간의 감정을 적나라하게 표현

④ 한글소설의 보급 : 평범한 인물이 주인공, 현실적 배경, 누구나 쉽게 읽을 수 있어 영향력이 큼

(2) **판소리와 가면극**

① **판소리 형태**

㉠ 구체적인 이야기를 창가 사설로 엮음 ⇨ 감정표현이 직접적이고 솔직함

관중들과 추임새로 어울림

▲ 판소리

② **판소리 작품**

㉠ 작품 : 춘향가, 심청가, 흥부가, 적벽가, 수궁가 등 다섯 마당만 전함

㉡ 신재효 : 판소리 사설을 창작하고 정리(19세기 후반)

③ **판소리 의의** : 서민을 포함한 넓은 계층으로부터 호응을 받았으며 서민 문화의 중심이 됨, 세계

무형 유산

④ **가면극**

㉠ 탈놀이 : 향촌에서 마을 굿의 일부로 공연함

㉡ 산대놀이 : 산대라는 무대에서 공연되던 가면극이 민중 오락으로 정착되어 도시의 상인이나

▲ 산대놀이

중간층의 지원으로 성행

⑤ **가면극 내용**

㉠ 지배층과 그들을 의지하며 사는 승려들의 부패와 위선을 풍자

㉡ 하층 서민인 말뚝이와 취발이가 등장 ⇨ 양반들의 허구를 폭로하고 욕보임

⑥ **의의** : 상품 유통 경제의 활성화와 함께 당시의 사회의 모순을 드러내면서 자신들의 존재를 자각

하는 데 기여함

(3) **한글 소설**

① **배경** : 평민층의 사회·경제적 성장과 함께 문화적 욕구가 증대되었고, 한글 해독 인구가 증가하

여 상업적 출판 및 서책 유통업 등의 활기를 띰

② **한글 소설**

㉠ **홍길동전(허균)** : 최초의 한글소설, 서얼에 대한 차별 철폐, 탐관오리의 응징을 통한 이상 사

회의 건설을 묘사 ⇨ 현실을 날카롭게 비판

㉡ **춘향전** : 신분차별의 비합리성을 나타냄

㉢ **토끼전** : 제 목숨을 구하기 위하여 남의 생명을 빼앗으려는 용왕을 골려 주는 내용으로 지배

층의 불합리성을 비판

㉣ **심청전** : 부모에 대한 지극한 효성으로 왕비가 된 이야기

㉤ **장화홍련전** : 불합리한 가족 관계에서 희생 된 이야기로 가부장적 사회 제도를 비판

(3) **사설시조**

① **서민들의 감정을 솔직하게 표현**

② **형식**

㉠ 작가 : 몰락한 양반, 서리, 기생 등

㉡ 내용 : 격식에 구애됨이 없이 감정을 구체적으로 표현

(4) 시조 · 가사집 작품

18세기 서리 출신인 김천택과 김수장은 역대의 시조와 가사를 모아 『청구영언』과 『해동가요』를 편찬하여 문학사 정리함

(5) 한문학

① **내용**

㉠ 실학의 유행과 함께 사회의 부조리한 현실을 비판

㉡ 인간의 자연스러운 감정인 천기를 중시하면서 성리학 문학관을 비판

② **정약용** : 조선풍의 한시, 삼정의 문란을 폭로하는 한시를 남김

③ **박지원**

㉠ 실용적 태도 강조 : 양반전, 허생전, 호질, 민옹전 등의 한문 소설을 써서 양반 사회의 허구성을 지적

㉡ 문체혁신 시도 : 현실을 올바르게 표현할 수 있는 패관소품체로 문체를 혁신할 것을 주장

㉢ 문체반정 운동 : 정조는 박지원의 신체문이 품위상실은 물론 당시 조선의 성리학적 정치 노선에 대한 도전으로 생각하고 역대 고문체로 돌아갈 것을 주장

(6) 위항문학

① **배경** : 중인층과 서민층의 문학 창작활동이 활발

② **시사조직** : 동인들이 모여 시사를 조직, 중인은 중인끼리, 상민은 상민끼리 조직

③ **대표적 시사** : 천수경의 '옥계시사', 최경흠의 '직하시사' 등이 있으며 이들 시사에서는 동인지를 간행

(7) 풍자시인 김삿갓, 정수동 ⇨ 민중속으로 파고들어 민중과 어울려 활동

(8) 야담 잡기류 유몽인의 『어유야담』, 작자 미상으로 야담류 57종을 모은 『대동야승』

8. 그림과 서예의 새 경향

(1) 조선후기 그림의 새 경향

① **진경산수화** : 18세기 전반 중국 남종 화법과 북종 화법을 수용하여 우리 고유의 자연과 풍속에 맞춘 새로운 화법

② **겸재 정선** : 진경산수화를 개척한 화가
·······●조선 고유의 화법으로 산수화의 새로운 경지

㉠ 대표작 : 인왕제색도, 금강전도, 압구정도 ⇨ 바위산(선), 흙산(묵)

③ **풍속화** : 각 계층 사람들의 일상생활과 생업상의 모습을 그림 ⇨ 해학과 낭만, 풍류와 감각적 성향을 담음

④ **단원 김홍도** : 정조의 총애를 받아 화원출신으로 벼슬을 지냄, 정조의 화성 행사 등 중요한 왕실 행사를 묘사한 의궤 등이 있음.

㉠ 특징 : 일에 몰두하는 사람들의 모습을 소탈하고 익살스럽게 묘사, 18세기 후반의 생활상과 활기한 사람들의 모습을 살필 수 있음

▶ **삼재**
심사정, 정선, 김득신

▲ 인왕제색도

▲ 금강전도

▲ 오원 장승업의 고양이

⑤ **혜원 신윤복** : 양반과 부녀자의 생활과 유흥, 남녀 사이의 애정 등을 감각적이고 해학적으로 묘사 ⇨ 그림에 대한 사회적 인식의 변화를 보여줌

▲ 쌍검대무(신윤복)

▲ 단오풍정(신윤복)

▲ 월하정인(신윤복)

⑥ **긍재 김득신** : 도화서 출신으로 인물과 풍속화를 그림 ⇨ 섬세하고 부드러운 느낌의 선, 역동적인 움직임

⑦ **서양화 기법의 영향** : 강세황(18세기)은 서양화의 수채화 기법을 동양화에 접목, 원근법을 도입

▲ 영통동구도(강세황)

▲ 파적도(김득신)

▲ 벽오청서도(강세황)

⑧ **19세기의 화풍** : 남종화의 부활

　ㄱ **장승업** : 강렬한 필법과 채색법, 대표작으로 군마도, 홍백매도, 호취도

　ㄴ **문인화 유행** : 군더더기 없이 간결하게 그림, 김정희 때 절정을 이룸

　ㄷ **진경산수화 풍속화** : 침체 → 세한도, 모질도, 부작란도

　ㄹ **궁궐도** : 궁궐과 도시의 번영을 그린 대작이 병풍형식으로 제작, 창덕궁과 창경궁의 전모를 그린 동궐도가 유명

▲ 세한도(김정희)

▲ 부작란도(김정희)

⑨ **민화** : 서민의 미적 감각을 나타냄(작자 미상이 대부분)

　• 종류 : 화조도, 어해도, 영모도, 십장생도, 무속도

▲ 효제 문자도

▲ 십장생도

▲ 작호도

▲ 닭(민화)

▲ 동국진체(이광사의 글씨)

(2) 서예

① **이광사** : 우리의 정서와 개성을 추구, 동국진체(단아한 글씨)

② **김정희** : 고금의 필법을 두루 연구하여 굳센 가운과 다양한 조형성을 가진 추사체를 창안

▲ 추사체

9 건축의 변화

(1) 건축

① **특징** : 양반, 부농, 상공업 계층의 지원 아래 사원이 세워지고, 정치적 필요에 따라 대규모 건축물이 세워짐

(2) 사원 건축

① **17세기 사원건축** : 불교의 사회적 지위 향상

㉠ 건축물 : 법주사 팔상전(목탑양식), 화엄사 각황전, 금산사 미륵전

▲ 법주사 팔상전

▲ 화엄사 각황전

▲ 금산사 미륵전

㉡ 특징 : 불교의 사회적 지위 향상과 양반 지주층의 경제적 성장 반영

② **18세기 사원건축** : 부농과 상인의 지원

㉠ 건축물 : 논산 쌍계사, 부안 개암사, 안성 석남사

㉡ 특징 : 부농과 상인의 지원을 받아 그들의 근거지에 장식성이 강한 사원 건립

▲ 논산 쌍계사 대웅전

(3) 수원 화성

① **축조** : 18세기 정조 때 정약용이 설계 ⇨ 거중기 사용

② **특징**

㉠ 공격을 겸한 성곽 시설 : 방어와 공격을 겸한 성곽 ⇨ 전통적인 성곽의 장점에 서양식 건축기술을 도입

㉡ 종합도시 건설 : 국영 농장인 대유둔전이 설치되어 평상시의 생활과 경제적 터전까지 조화시킨 계획도시

▲ 수원화성

(4) 19세기 건축

① 재건한 경복궁의 근정전과 경회루 ⇨ 국왕의 권위를 높일 목적

▲ 서북공심돈

▲ 경복궁 경회루

10 백자와 생활 공예 · 음악

(1) 공예

① 자기 공예

㉠ 배경 : 산업 부흥에 따라 민간에까지 널리 사용되며 발전

㉡ 청화백자 : 제기와 문방구 등 생활용품이 많고, 형태와 문양이 어울려 우리의 독특하고 준수한 세련미, 안료인 회회청의 국산화로 민간에 유행

㉢ 옹기 : 서민들이 주로 사용

② 목공예

㉠ 배경 : 생활수준이 높아짐

㉡ 특징 : 장롱, 책상, 문갑, 소반, 의자, 필통 등 나무의 재질을 살리면서 기능도 함께 갖춘 작품을 만듦

㉢ 화각 공예 : 우리의 멋을 풍기는 작품

(2) 음악

① **발전** : 향유층이 확대 ⇨ 다양한 음악이 나타남

② **양반층** : 가곡, 시조

③ **서민층** : 농가월령가, 한양가, 연행가

④ **직업적인 광대, 기생** : 상업의 성황으로 판소리와 산조, 서민이 부르는 잡가 등을 창작하여 발전시킴

⑤ **특징** : 감정을 솔직하게 표현

▲ 백자 청화 용무늬 항아리

▲ 백자 철화 포도무늬 항아리

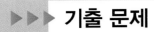

01 | 조선 후기 문화

001 □□□
2018년 국회직 9급

다음과 같은 주장을 편 학자들과 그 사상에 대한 설명으로 옳은 것은?

> 이 (理)는 본래 하나이다. 그러나 형기를 초월하여 말하는 것이 있고, 기질로 인하여 이름 지은 것이 있고, 기질을 섞어 말한 것이 있다. 형기를 초월한 것으로 말하면, 곧 태극이라는 명칭이 이것으로, 만물의 이가 동일하다. 기질로 인하여 이름 지은 것으로 말하면, 곧 건순오상(健順五常)의 이름이 이것으로 사람과 동물의 본성이 같지 않은 것이다. 기질이 섞여 있는 것으로 말한다면, 곧 선악의 성이 이것으로, 사람과 사람, 동물과 동물이 또한 같지 않은 것이다.

① 성리학 이해에 탄력적이었다.
② 강화학파의 형성에 기여하였다.
③ 청의 문물을 도입하자고 주장하였다.
④ 한말 위정척사 사상으로 계승되었다.
⑤ 한양 인근에 사는 노론들이 주류를 형성하였다.

002 □□□
2017년 지방직 7급

㉠~㉢에 들어갈 책의 이름으로 옳은 것은?

- (㉠)에서는 『주례』에 나타난 주나라 제도를 모범으로 하여 중앙과 지방의 정치 제도를 개혁할 것을 제안하였다.
- (㉡)는 수령들이 백성을 수탈하는 도적으로 변한 현실을 바로잡기 위하여 백성을 기르는 목민관으로서 지켜야 할 규범을 제시한 일종의 수신 교과서이다.
- (㉢)는 백성들이 억울한 벌을 받지 않도록 형법을 신중하게 집행하기 위하여 지은 책이다.

	㉠	㉡	㉢
①	경세유표	목민심서	흠흠신서
②	목민심서	경세유표	흠흠신서
③	흠흠신서	목민심서	경세유표
④	경세유표	흠흠신서	목민심서

003 □□□
2018년 기상직 9급

다음과 같은 주장을 제기한 학자에 대한 설명으로 옳은 것은?

> 어찌하여 하늘은 천한 금수(禽獸)에게 후하게 하고 귀하게 해야 할 인간에게는 야박하게 하였는가. 그것은 인간에게는 지혜로운 생각과 교묘한 궁리가 있으므로 기예(技藝)를 익혀서 제 힘으로 살아가게 한 것이다.
>
> …… 온갖 공장의 기예가 정교하면 궁실과 기구를 만들고 성곽과 배, 수레, 가마 따위도 모두 편리하고 튼튼하게 될 것이니, 진실로 그 방법을 다 알아서 힘껏 시행한다면 나라는 부유해지고 군사는 강성해지고 백성도 부유하면서 오래 살 수 있을 것인데 이를 알면서도 고치지 않는구나.

① 지식과 행동의 통일을 주장하였으며, 강화학파를 이끌었다.
② 마을 토지를 공동 경작하고 노동량에 따라 소득을 분배할 것을 주장하였다.
③ 생산과 소비를 우물물에 비유하였다.
④ 무한 우주론, 지구 구형(球形)설, 지전(地轉)설 등을 제시하여 중국 중심의 세계관을 비판하였다.

004 □□□
2018년 경찰간부후보

아래의 자료와 관련된 인물에 관한 다음 설명 중 가장 옳지 않은 것은?

> 실옹과 허자의 문답 형식을 빌려 지금까지 믿어 온 고정 관념을 상대주의 논법으로 비판하였다. 그리하여 지구 자전설을 주장하고 인간은 다른 생명체보다 우월하지 않다는 것, 다른 별들에도 우주인이 있을 수 있다는 것 등 파격적인 우주관을 피력하였다.

① 중상학파이지만 농업 개혁론으로 균전제를 주장하였다.
② 『의산문답』에서 성리학의 극복이 부국강병의 요체라고 주장하였다.
③ 『사변록』을 지어 성리학을 비판하다가 사문난적으로 몰리기도 하였다.
④ 『임하경륜』에서는 놀고먹는 선비들이 생산 활동에 종사할 것을 역설하고 성인 남자들에게 2결의 토지를 나누어 줄 것을 제안하였다.

005 □□□
2017년 국가직(하반기) 7급

다음과 같이 주장한 실학자에 대한 설명으로 옳은 것은?

> 재물은 대체로 샘과 같다. 퍼내면 차고, 버려 두면 말라 버린다. 그러므로 비단옷을 입지 않아서 나라에 비단 짜는 사람이 없게 되면 여공이 쇠퇴하며, 찌그러진 그릇을 싫어하지 않고 기교를 숭상하지 않아서 공장(工匠)이 기술을 익히지 않게 되면 기예가 사라지게 되고, 농사가 황폐해져서 그 법을 잊었으므로, 사민이 모두 곤궁하여 서로 구제할 수 없게 된다.

① 『의산문답』에서 중국이 세계의 중심이라는 생각을 비판하였다.
② 서양 선교사를 초빙하여 서양의 과학 기술을 배우자고 제안하였다.
③ 신분별로 차등을 둔 토지 재분배로 자영농을 안정시킬 것을 주장하였다.
④ 중국과 일본에 있는 우리나라 관련 기록을 참조하여 『해동역사』를 저술하였다.

🎯 **정답·해설**

정답 3. ② 4. ③ 5. ②

해설 3. '기예를 익혀서 ~'를 통해 정약용의 〈기예론〉임을 알 수 있다. ② 정약용이 주장한 여전론의 내용이다. ① 정제두 ③ 박제가로 소비를 강조하였다. ④ 홍대용

　　　　4. 자료는 홍대용의 〈의산문답〉이다. ③ 박세당에 대한 설명이다.

　　　　5. '재물은 대체로 샘과 같다'를 통해 박제가임을 알 수 있다. ① 홍대용 ③ 유형원은 균전론을 주장하였다. ④ 한치윤

006 □□□

〈보기〉는 어느 책의 일부를 발췌한 것이다. 이 책을 저술한 사람은?

---〈보기〉---
하늘이 재능을 균등하게 부여하는데 관리의 자격을 대대로 벼슬하던 집안과 과거 출신으로만 한정하고 있으니 항상 인재가 모자라 애태우는 것은 당연한 일이다. 어느 시대, 어느 나라에서 노비나 서얼이어서 어진 인재를 버려두고, 어머니가 개가하였으므로 재능을 쓰지 않는다는 것은 듣지 못하였다.

① 이황　　　　　　② 이이
③ 허균　　　　　　④ 유형원

008 □□□

조선 후기의 학문과 사상에 대한 설명으로 옳지 않은 것은?

① 허목은 중농 정책의 강화, 부세의 완화, 호포제 실시 반대 등을 주장하였다.
② 호락논쟁은 인성과 물성이 같다고 주장하는 노론과, 다르다고 주장하는 소론 사이의 논쟁이다.
③ 이익은 나라를 좀먹는 악폐로 노비 제도, 과거 제도, 양반 문벌, 사치와 미신, 승려, 게으름 등을 들었다.
④ 민족의 전통과 현실에 대한 관심이 깊어지면서 우리의 역사, 지리, 국어 등을 연구하는 국학이 발달하였다.

007 □□□

밑줄 친 '시집'에 해당하는 것으로 옳은 것은?

위항인들은 인왕산, 삼청동, 청계천, 광교 등의 지역에 많은 시사를 결성하여 문학 활동을 벌이면서 자신들의 위상을 높여 갔다. 그리고 문학을 하는 능력에는 신분의 귀천이 없음을 주장하면서 자신들의 시를 집성한 시집을 편찬하였다.

①『어우야담』　　　　②『연조귀감』
③『호산외기』　　　　④『소대풍요』

정답 · 해설

정답 6.③ 7.④ 8.②

해설 6. 자료는 허균이 저술한 〈유재론〉이다. 출신에 의해 인재가 관직에 나아가지 못함을 비판하고 있다. 우리나라 최초의 한글소설 〈홍길동전〉을 저술하였다.

7. '시사'는 중인, 상민들의 문학 모임이다. ① 유몽인, 광해군 ② 이진흥, 정조 ③ 조희룡, 헌종

8. ② 호락논쟁은 노론내부에서 일어났다. 호론은 인간과 사물의 본성은 다르다(인물성이론) 낙론은 인간과 사물의 본성이 같다(인물성 동론)

009 □□□

아래의 사료와 관계있는 인물에 대한 설명으로 가장 옳은 것은?

> 우리나라는 본래부터 명분을 중히 여겼다. 양반은 아무리 심한 곤란과 굶주림을 받더라도 팔짱끼고 편하게 앉아 농사를 짓지 않는다. 간혹 실업에 힘써서 몸소 천한 일을 달갑게 여기는 자가 있으면, 모두들 나무라고 비웃기를 종처럼 무시하니, 자연히 노는 백성은 많아지고 생산하는 자는 줄어든다. 재물이 어찌 궁하지 않을 수 있으며, 백성이 어찌 가난하지 않을 수 있겠는가? 과목별로 조항을 엄격히 세워야 마땅할 것이다. 그중에서 사농공상에 관계없이 놀고먹는 자는 관에서 벌칙을 마련하여 세상에 용납할 수 없게 해야 한다.

① 홍대용은 신분 제도를 전면적으로 부정하고 양반 제도를 폐지할 것을 주장하였다.

② 정약용은 남인 출신으로 이익의 실학사상을 계승하였다.

③ 홍대용은 중국이 세계의 중심이라는 생각을 비판하였다.

④ 정약용은 임금도 여러 사람에 의해 추대되었으므로 임금이 잘못하면 여러 사람이 의논하여 바꿀 수 있다고 하였다.

010 □□□

조선 후기 토지 개혁론에 대한 설명으로 옳은 것을 〈보기〉에서 모두 고른 것은?

─〈보기〉─

ㄱ. 연암 박지원은 한전론(限田論)을 제안하였는데, 토지 소유의 상한선을 정하면 토지 소유의 양극화를 해소할 수 있다고 생각하였다.

ㄴ. 풍석 서유구는 둔전론(屯田論)을 주장하였는데, 소농 생활의 안정을 위해서는 세금을 줄일 뿐만 아니라 지주제도 철폐해야 한다고 생각하였다.

ㄷ. 다산 정약용은 정전론(井田論)을 제시하였는데, 구획이 가능한 곳은 정자(井字)로, 불가능한 곳은 계산상으로 구획한 뒤 노동력의 양과 질에 따라 토지를 차등적으로 분급할 것을 주장하였다.

ㄹ. 성호 이익은 농가를 안정시키는 방법으로 매 호마다 영업전(永業田)을 갖게 하고, 그 이외의 토지는 매매를 허락하여 점진적으로 토지 균등을 이루어 나가자고 주장하였다.

① ㄱ, ㄴ, ㄷ

② ㄱ, ㄴ, ㄹ

③ ㄱ, ㄷ, ㄹ

④ ㄴ, ㄷ, ㄹ

 정답 · 해설

정답 9.③ 10.③

해설 9. '사농공상에 관계없이 ~'를 통해 홍대용의 《담헌서》의 내용임을 알 수 있다. ① 홍대용은 양반들의 생산 활동 참여를 주장하지만 신분사회를 부정하거나 폐지를 논하지는 않는다. ② 이익의 사상을 계승한 것은 안정복이다. ④ 정약용은 지도자가 백성을 위해 존재해야 한다고 주장했다.

10. ㄴ. 서유구는 둔전론에서 정부가 부농층으로 하여금 토지에서 배제된 농민을 고용하여 집단 농장을 형성하여 경영하게 하려고 하였다. 지주전호제 철폐는 가능하지 않은 것으로 생각했다.

011 □□□

(가), (나) 인물에 대한 옳은 설명을 〈보기〉에서 고른 것은?

```
                조선 후기 실학자
        ┌───────────────┴───────────────┐
       (가)                             (나)
  • 중상학파                        • 중농학파
  • 대표 저서: 『북학의』              • 대표 저서: 『여유당전서』
```

〈보기〉
ㄱ. (가)는 '양반전'과 '호질'에서 양반의 부패를 풍자하였다.
ㄴ. (가)는 생산력을 높이기 위해 소비를 권장해야 한다고 주장하였다.
ㄷ. (나)는 여전론을 토지 제도 개혁안으로 제시하였다.
ㄹ. (나)는 서얼 출신으로 정조 때 규장각 관원으로 채용되었다.

① ㄱ, ㄷ   ② ㄱ, ㄹ   ③ ㄴ, ㄷ   ④ ㄴ, ㄹ

012 □□□

다음 주장을 한 인물의 저술로 옳은 것은?

그들의 권능은 사람을 경사스럽게 만들기 충분하며 그들의 형률과 위엄은 사람을 겁주기에 충분하다. 그리하여 거만하게 제 스스로 높은 체하고 태연히 제 혼자 좋아서 자신이 목민자임을 잊어버리고 있다. 한사람이 다투다가 찾아가 판정해 달라고 하면 불쾌한 표정으로 말하기를 "어찌 이렇게 시끄럽게 구느냐?"라고 하고, …… 곡식이나 옷감을 바치지 아니 하면 매질이나 몽둥이질을 하여 피가 흘러서야 그친다. 날마다 문서 장부에다 고쳐 쓰고 덧붙여 써서 돈과 베를 거두어들여 그것으로 밭과 집을 장만한다. 또한 권귀와 재상에게 뇌물을 써서 훗날의 이익을 도모하고 있다. 그리하여 "백성이 목민자를 위하여 살고 있는 것이다."라고 말하지만 그것이 어디 이치에 합당하겠는가? 목민자는 백성을 위하여 있는 것이다.
– 《원목》

① 『곽우록』   ② 『강계고』
③ 『과농소초』   ④ 『마과회통』

정답 11.③ 12.④
해설 11. (가) 〈북학의〉를 저술한 박제가, (나) 여유당전서를 저술한 정약용이다. ㄱ.박지원 ㄹ.정약용은 남인 출신으로 관직에 올랐다.
      12. 〈원목〉은 정약용의 저서이다. ①이익 ②신경준 ③박지원

013 □□□ 2015년 기상직 7급

조선 후기 학문의 변화를 정리한 내용 중 (가)에 들어갈 내용으로 옳지 않은 것은?

시기	학문의 변화
16세기	이황 학파와 이이 학파 사이에 이기론 논쟁이 일어났다
17세기	윤휴와 박세당은 성리학의 절대화 경향을 비판하였다.
18세기	(가)

① 유형원은 균전론을 내세워 자영농 육성을 위한 토지 제도의 개혁을 주장하였다.

② 홍대용은 『의산문답』에서 서양의 과학 사상을 소개하였다.

③ 한원진과 이간 사이에 인간과 사물의 본성을 어떻게 볼 것인가 하는 문제에 대한 논쟁이 일어났다.

④ 정제두는 양명학을 체계적으로 연구하여 학파로 발전시켰다.

015 □□□ 2017년 국가직 7급

조선 후기 역사서에 나타나는 정통론에 대한 설명으로 옳지 않은 것은?

① 홍여하의 『동국통감제강』에서는 기자의 전통이 마한을 거쳐 신라로 이어졌다고 하여 기자-마한-신라를 정통 국가로 내세웠다.

② 홍만종의 『동국역대총목』에서는 단군을 배제하고 기자-마한-통일 신라의 흐름을 정통으로 규정하였다.

③ 안정복의 『동사강목』에서는 삼국을 무통으로 하고 단군-기자-마한-통일 신라를 정통으로 하였다.

④ 임상덕의 『동사회강』에서는 마한을 정통으로 인정하지 않고 삼국을 무통으로 보았다.

014 □□□ 2017년 서울시 9급

조선 후기에 전개된 국학 연구에 대한 설명으로 옳지 않은 것은?

① 유희는 『언문지』를 지어 우리말의 음운을 연구하였다.

② 이의봉은 『고금석림』을 편찬하여 우리의 어휘를 정리하였다.

③ 한치윤은 『기언』을 지어 토지 제도의 개혁을 주장하였다.

④ 이종휘는 『동사』를 지어 고구려사에 대한 관심을 고조시켰다.

🎯 정답·해설

정답 13. ① 14. ③ 15. ②

해설 13. 18세기 (가)에 들어 갈 학문은 '실학'이다. ① 유형원은 17세기 실학자로 중농학파의 선구자적인 인물이다. 대표적으로 〈반계수록〉을 저술하였다. 양반 문벌제도와 과거제도, 노비제도의 모순을 비판하였다.

14. ③ 〈기언〉은 17세기 남인의 허목이 지은 것으로 붕당정치와 북벌정벌의 폐단을 시정을 주장하였다. 한치윤의 저서는 〈해동역사〉이다.

15. ② 홍만종은 단군-기자-마한-삼국 무통-통일 신라-고려-조선으로 체계화하여 단군 전통론을 주장하였다.

다음 실학자와 그의 저서에 대한 설명으로 가장 옳지 않은 것은?

① 홍대용은 『주해수용』을 저술하여 우리나라, 중국, 서양수학의 연구 성과를 정리하였다.

② 이긍익은 조선 시대의 정치와 문화를 정리하여 『연려실기술』을 저술하였다.

③ 안정복은 『열조통기』에서 한반도의 고대 여러 지명이 사실은 만주에 있었다는 것을 새롭게 고증하였다.

④ 한백겸은 『동국지리지』에서 고구려의 발상지가 만주 지방이라는 것을 처음으로 고증하였다.

빈칸에 들어갈 숫자를 모두 합하면?

- 대동여지도는 (　　)리마다 눈금을 표시하였다.
- 대동법은 기존의 공납 대신 토지 1결당 대동미 (　　)두를 납부하게 하는 제도이다.
- 균역법은 군역의 폐단이 심해지자, 군포 부담을 1년에 (　　)필에서 (　　)필로 줄인 제도이다.

① 20　　　　② 25　　　　③ 35　　　　④ 115

다음 서적들의 편찬 시기를 순서대로 나열한 것은?

ㄱ. 『오주연문장전산고』	ㄴ. 『만기요람』
ㄷ. 『신증동국여지승람』	ㄹ. 『연려실기술』
ㅁ. 『동의보감』	

① ㄷ — ㅁ — ㄹ — ㄱ — ㄴ

② ㄷ — ㅁ — ㄹ — ㄴ — ㄱ

③ ㅁ — ㄷ — ㄴ — ㄱ — ㄹ

④ ㅁ — ㄷ — ㄹ — ㄴ — ㄱ

정답　16.③　17.②　18.②

해설　16. ③ 이수광의 〈지봉유설〉에 대한 설명이다. 안정복의 〈열조통기〉는 조선 태조 ~ 영조까지의 역사를 편년체로 서술하였다.

17. 대동여지도는 10리마다 방점을 찍었다. 대동미는 1결당 12두를 납부한다. 군포는 1년에 2필에서 1필로 줄여주었다. 10 + 12 + 2 + 1 = 25

18. ㄱ.이규경(1788 ~ 1863)이 저술 한 책으로 19세기 학자이다. ㄴ.1808년 순조 때 편찬되었다. ㄷ.중종 때 편찬하였다. ㄹ.실학자 이긍익(1736 ~ 1806)이 편찬한 책이다. ㅁ.광해군 때 허준이 만들었다.

조선 후기 문화와 대표적인 작품이 올바르게 연결되지 않은 것은?

① 한문학 – 박지원의 양반전

② 진경산수화 – 안견의 적벽도

③ 서예 – 김정희의 추사체

④ 풍속화 – 신윤복의 단오풍정

조선 후기 지도 편찬에 대한 설명으로 옳지 않은 것은?

① 김정호는 대동여지도를 편찬하기 이전에 이미 청구도를 제작하였다.

② 정상기는 백리척을 이용하여 동국지도를 제작하였다.

③ 모눈종이를 이용한 정밀한 지도도 제작되었다.

④ 대동여지도가 완성되자 나라의 기밀을 누설시킬 우려가 있다고 하여 판목은 압수 소각되었다.

(가) 그림과 (나) 그림이 그려진 시기의 문화에 대한 설명으로 옳지 않은 것은?

① (가) – 무위사 극락전, 화엄사 각황전, 법주사 팔상전 등의 건축물이 만들어졌다.

② (가) – 소박한 무늬와 자유로운 양식의 분청사기가 유행하였다.

③ (나) – 평민의 감정을 솔직하게 표현한 사설시조가 유행하였다.

④ (나) – 양반의 위선을 풍자한 탈춤이 유행하였다.

🎯 **정답 · 해설**

정답   19.②   20.①   21.④

해설   19. ② 안견은 조선 전기에 활동한 화가이며 '몽유도원도'가 대표적이다. 진경산수화는 정선이다. '인왕제색도'가 대표적이다.

     20. (가) 조선전기 강희안의 '고사관수도' (나) 조선후기 정선의 '인왕제색도'이다. ① 무위사 극락전은 조선전기, 화엄사 각황전, 법주사 팔상전은 17세기 건축물이다.

     21. 나라의 기밀을 누설시킬 우려가 있어 압수 소각되었다는 설이 있었으나 판목본이 발견되면서 사실이 아님이 드러났고, 압수 소각되었다는 설은 일제가 조작한 것이다.

        ① 청구도는 1834년(순조 시기)에 간행, 대동여지도는 1861년(철종 시기)에 간행 ② 영조시기 정상기는 최초로 백리척을 이용해 동국지도를 제작하였다. ③ 조선 후기에는 중국의 방안법(모눈종이에 지도를 그리는 양식)이 유행하였다.

1 조선의 건국과 체제 정비

태조	• 국호 '조선' (고조선 계승 의미) • 한양 천도함 • 정도전 : 성리학 통치 이념 확립, 재상중심의 정치주장, 문물 제도 정비 　　　『불씨잡변』, 『조선 경국전』, 『삼봉집』, 『고려국사』 등
태종	• 왕권강화 : 6조 직계제, 사병 혁파 • 재정확보 : 양전 사업(세금을 징수할 토지 조사), 불교사원의 토지 몰수, 호패법 실시
세종	• 유교정치 : 의정부 서사제 (왕권과 신권 조화, 인사와 군사 분야는 왕이 장악) • 부국 : 집현전설치 ― 훈민정음 창시, 조세제도 개혁(연분9등법, 전분6등법) 　　　생산력 증가 ― 측우기, 자격루, 앙부일구, 칠정산, 농사직설 등 발명 • 강병 : 북쪽 ― 최윤덕과 김종서를 파견하여 4군과6진 개척 　　　남쪽 ― 이종무를 파견하여 쓰시마 정벌
세조	• 수양대군으로서, 계유정난을 일으켜 단종을 몰아내고 정권 장악 • 왕권강화 : 6조 직계제 실시, 집현전과 경연을 폐지하여 독재적 정치 • 『경국대전』 편찬 시작
성종	• 유교정치 : 의정부 서사제, 홍문관을 두고 관원에게 경연관을 겸하게 함. • 문물제도 정비 : 『동국통감』 ― 『동국여지승람』 ― 『경국대전』 완성 • 훈구대신을 견제하고자 사림파(김종직)를 최초로 등용하기 시작함.

2 조선 전기의 문화 ― 과학 기술의 발달

훈민정음		[용비어천가] : 왕실과 조상의 덕 찬양, 피지배층 교화 목적, 불경·농서·윤리서·병서·하급 실무 지침서 등 한글로 편찬
천문역법	측청, 천문도	혼의·간의(천체), 앙부일구·자격루(시간), 측우기(강우량) 천문도 : 천상열차분야지도(태조, 고구려 천문도 바탕)

	역법	칠정산 : 세종, 한양 기준 역법서, 중국 수시력과 아라비아 역법 참고
의학		• 향약집성방(세종, 풍토에 맞는 약재와 치료법) • 의방유취(세종, 의학백과사전)
기타		• 농사직설(세종, 정초) 우리나라에 맞춘 최초의 농서 • 총통등록(세종) : 화약무기의 제작과 사용법 정리 • 최해산이 태종 때 신기전을 장착한 화포와 화차 개량 • 거북선, 비거도선 : 태종 대 제작된 전선

3 조선 전기의 문화 – 문화의 발전

	15세기	16세기
공예	분청사기	백자
그림	고사관수도 몽유도원도	사군자 유행, 초충도(신사임당) 월매도(어몽룡)　송하보월도(이상좌)

4

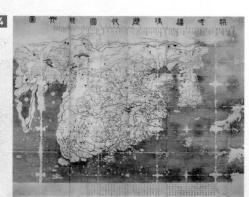

혼일강리역대국도

5 조선 후기의 경제 · 사회 · 문화

▲ 인왕제색도

▲ 김홍도의 자리짜기

▲ 신윤복의 단오풍정

▲ 호작도(작자미상)

6 조선 후기 – 실학의 발달

중농학파 (남인출신, 경세치용)	• 유형원 : 『반계수록』, 균전론, 양반문벌 – 과거 · 노비제 비판 • 이　익 : 『성호사설』, 한전론, 6좀(노비, 과거, 양반 문벌, 사치, 승려, 게으름) • 정약용 : 『목민심서』, 여전론 · 정전론 – 마을 단위 공동 농장제도
중상학파 (노론출신, 이용후생)	• 유수원 : 『우서』, 사농공상의 직업적 평등화 주장 • 홍대용 : 『임하경륜』, 지전설 주장 • 박지원 : 『열하일기』, 『양반전』, 『호질』 수레와 선박 이용, 화폐 유통 강조, 양반의 비 　　　　　생산성 비판 • 박제가 : 『북학의』, 수레와 선박 이용, 소비 권장

거중기

7 조선 후기 – 새로운 사상의 등장

예언 사상의 유행	• 정감록 · 미륵 신앙 유행 → 민중의 변혁 의지 반영
서학(천주교)	• 학문으로 연구 → 신앙으로 확대 • 평등과 내세 사상을 내세워 민간에 확산 → 제사 거부로 정부의 탄압
동학	• 최제우가 창시(1860), 인내천(평등) · 보국안민 강조 → 정부가 최제우 처형 • 최시형이 [동경대전], [용담유사] 저술 → 종교 형태로 조직

8 조선 후기 – 다양한 문예 활동

① 서민 문화 발달 : 서민의 경제력 향상 · 서당 교육 확대를 배경으로 발달
② 문예 활동

문학	• 한글 소설(홍길동전, 춘향전) · 사설 시조 유행 • 한문학(박지원의 양반전 · 허생전 → 양반 사회 비판) • 중인과 서민층의 시사 활동 • 판소리 · 탈춤 공연 성행
건축 · 공예	• 화엄사 각황전 · 법주사 팔상전(17세기), 화성(18세기) • 백자와 청화 백자 유행

9 붕당 정치의 전개와 변질

선조	동인이 정국 주도 → 정여립 모반 사건으로 남인과 북인으로 분화
광해군	북인이 권력 독점 → 서인 주도의 인조반정으로 몰락
인조	서인이 남인 일부와 연합해 정국 운영,
현종	차남으로 왕위에 올랐던 효종과 효종 비의 사망과 관련해 인조의 계비인 자의대비의 복제와 관련된 두 차례의 예송 발생 → 서인과 남인의 대립 심화
숙종	• 환국으로 서인과 남인이 번갈아 집권 → 상대 붕당에 대한 탄압과 보복으로 붕당 정치 변질, 서인이 노론과 소론으로 분화 • 경신환국(숙종6, 1680) : 1680년 남인이 대거 실각하여 정권에서 물러난 사건이다. 이 사건으로 서인이 득세하게 되었다. • 기사환국(숙종15, 1689) : 서인을 내몰고 남인을 등용하고 인현왕후를 폐비하였다. • 갑술환국(숙종20, 1694) : 남인을 내몰고 서인을 등용하였고, 인현왕후가 복위되었다.

10 영조와 정조의 탕평책

	영조	정조
탕평책	• 탕평파 중심의 정국운영 • 이조전랑 권한 축소 : 3사 인사권 폐지, 후임자 추천권 축소 　(정조 때 폐지) • 서원 정리	• 노론 · 소론 · 남인을 고루 등용 • 규장각 : 권력 · 정책 뒷받침 (서얼 등용) • 초계문신제 실시 : 신진 관리 교육 • 장용영 : 국왕 친위부대
편찬	속대전	대전통편, 무예도보통지
개혁 정책	• 균역법 시행 • 가혹한 형벌 폐지 • 삼심제 시행	• 수원 화성 건립 • 신해통공 : 육의전을 제외한 시전상인의 금난전권 폐지 • 수령의 권한 강화 → 국가통치력↑
한계	강력한 왕권으로 붕당 사이의 다툼을 일시적으로 억누른 것에 불과